인류의 기원, 희망의 대륙
아프리카 지정학
Géopolitique de l'Afrique

인류의 기원, 희망의 대륙
아프리카 지정학

초판 발행   2019년 11월 14일

지은이   필립 휴건
옮긴이   김현권

펴낸곳   도서출판 팡세
등 록   2012년 8월 23일 제2012-000046호
주 소   서울특별시 성동구 살곶이길 50. 105-2403호
전 화   02-6339-2797
팩 스   02-333-2791
전자우편   pensee-pub@daum.net

© 팡세, 2019

ISBN 978-89-98762-08-7   93300

책값 24,000원

인류의 기원, 희망의 대륙

아프리카 지정학
Géopolitique de l'Afrique

필립 휴건 **지음**

김현권 **옮김**

 도서출판 팡세

옮긴이 서문

이 책은 필립 휴건(Philippe Hugon)이 쓴 *Géopolitique de l'Afrique*(3rd éd., Armand Colin, 2012)를 우리말로 옮긴 것이다. 필립 휴건은 프랑스 학자로서 특히 흑아프리카 개발경제학자이다.

옮긴이는 아프리카를 이해하기 위해 이미 두 권의 책을 번역했다. 첫 번째는 『한 권으로 읽는 아프리카: 현대의 정치, 경제, 사회, 문화』(지식의 날개, 2015)로 영국의 중동 및 아프리카 비교국제정치학자인 헤더 디건(Heather Deegan)이 저술한 책이며, 두 번째는 『아프리카 아이덴티티: 2,000개의 언어를 둘러싼 통합과 발전의 과제』(지식의 날개, 2016)로 미국의 아프리카 및 아시아 사회언어학자인 앤드류 심슨(Andrew Simpson)이 저술한 책이다. 두 권 모두 영어로 기술되어 있다.

지금까지 번역한 책들은 저자의 국적도 다르고, 전공한 분야도 다르고, 관점과 접근방식도 다르며, 해석 또한 다르다. 첫 번째 책은 국제정치학자로서 사회과학의 시각에서 아프리카를 보았다면, 두 번째 책은 사회언어학자로서 아프리카의 여러 국가에서 발전의 기틀로서 언어가 가진 기능과 중요성을 부각시킨다. 그리고 이번에 펴내는 『아프리카 지정학』은 개발경제학자로서 발전에 대한 도전의 장으로서 아프리카를 들여다본다.

어느 국가나 지역, 대륙을 이해하기 위해서는 시공간의 넓이와 깊이, 그 안에 담긴 인간과 삶과 사회, 그리고 이들이 만들어낸 역동적 문화와 다채로운 문명이 가진 다양성 및 거기에 내재한 정신과 마음을 이해해야 한다. 균형 잡힌 시각과 앎을 가지려면 그만큼 복합적이고 다방면의 접근이 요구된다. 이러한 점에서 이 책은 그 의미가 깊고 생각해볼 주제나 이슈가 다양하고 풍부하다.

이 책의 특징은 '하나의' 아프리카인가 아니면 '복수의' 아프리카인가 하는 문제제기로 시작된다는 점이다. 다각적이고 다차원적 시각에서 아프리카를 상하·좌우·고저·내외·고금·전후의 맥락을 고려하며 기술하고 분석하되 다양한 통계적 데이터를 이용하여 기술한다. 다루고 논급하는 분야와 주제만 보더라도 역사, 지리, 정치, 경제/산업, 사회, 인류학, 민족지학, 국제정치, 외교, 군사, 안보, 문화과학, 인구학, 보건/의료, 종교, 법률, 행정, 심리, 도시화, 교육, 법률, 식량, 빈곤, 환경, 기후변화, 국제기구, 언어, 금융/화폐, 거래, 개발, 생물다양성, 일상생활 등의 인간 삶의 전 분야에 걸친 다양한 주제이며, 이와 관련해서 개발과 진화의 장으로서 아프리카가 갖는 문제를 구체적인 자료를 가지고 해박하게 분석적으로 제기한다.

이 책의 저자는 단순한 개발경제학자라기보다는 아프리카를 대상으로 20권 이상의 전문적 저술과 수많은 논문, 정책보고서, 현지 분석 문서 등을 생산한 아프리카에 관한 박학다식한 백과사전적인 전문가이다. 개발·발전은 경제적인 의미만을 지닌 소극적인 개념이 아니기 때문이다.

전체 책은 4부로 구성된다. 제1부 역사적 시각에서 사회·문화·정치의 특색, 제2부 지리경제학, 제3부 지속 가능한 개발, 제4부 국제관계이다. 결론에서 저자는 총체적 분석에서 도출한 지식과 추론에서 제시하는 아프리카의 당면한 도전 모델로 네 가지를 제시한다. 즉 ① 공중 투하 모델, ② 따라잡기 모델, ③ 재정비 모델, ④ 새로운 도킹 모델이다. 이들 중 어느 모델을 가지고 미래에 도전장을 던질 것인지는 그곳에서 미래를 건설하는 아프리카 사람들의 전통과 역사에서 축적된 지혜와 지식, 기술과 능력이 결정할 것이다.

지정학적으로 볼 때 해방 이후 한국은 선진국의 발전과 개발 모델을 가지고 멀리는 주로 미국과 가까이는 일본의 정치, 경제, 기술, 산업, 금융, 인적 자산과 학술, 지식의 도움과 영향으로 OECD의 반열에 올라섰다. 빈국·후진국·개도국·선진국의 과정을 불균형하지만 빠른 시일 내에 단계별로 겪으면서 경제적 성장과 발전을 이루었다. 우리가 겪은 단계별 발전에 처한 세계의 수많은 나라가 부러워하는 모습을 가지고 21세기를 1/5을 지나는 시점이다. 그러나 국가나 사회의 부문별 발전 지표를 보면 최빈국보다 못한 지점이 있는가 하면, 데탕트 이전의 고착화된 이데올로기에 사로잡혀 역사의 바퀴를 거꾸로 돌리려는 부문도 있다. 54개국의 아프리카를 총체적으로나 개별적으로 살펴보면 반사적으로 우리의 민낯을 투영하는 곳이 수없이 많다.

우리가 아프리카에 대한 무지(無知)로 아프리카를 무시(無視)하는 어리석음을 범하지 않고, 세계화된 공동체의식과 보편적인 시민의식, 고양된 규범과 질서를 지닌 세계시민이 되는 길에 이 책이 한 이정표가 되었으면 한다.

2019년 8월
옮긴이

차례

서론

Afrique(아프리카)란 단어의 기원은 논란이 분분하다. 라틴어로는 Ifriqiya (베르베르어 Ifri[바위]에서 유래하거나 오늘날 튀니지의 마제르다의 북부 주민을 가리키는 Afris[아프리족]에서 유래)인데, 로마인들은 이 단어를 먼저 그리스인들이 Λιβύα(리비아)로 명명한 지역인 프로빈키아 아프리카(Provincia Africa, 오늘날의 튀니지)에 적용했다. 그 후 아프리카란 명칭은 점차 마그레브(Maghreb)[*]를 가리켰고, 그 후 아프리카 대륙 전체를 지칭하게 되었다. 그러나 많은 작가들의 관행에 따라 지중해 세계와 연관을 가지고 있던 대륙 북부는 제외되었으며, 사하라 사막 이남의 49개국을 지칭할 때는 흑아프리카 또는 사하라 이남 아프리카(Sub-Saharan Africa: ASS)란 용어를 사용했다.

아프리카의 모든 지역은 자의적으로 분할되었고, 국경들은 긴장 상태를 나타낸다. 북아프리카와 사하라 이남 아프리카 사이에 단절이 있는가? 사하라 사막은 벽이나 육교인가, 아니면 접촉 장소인가?

'아랍'의 흑인 노예조약(7~20세기), 북아프리카의 지중해와 아랍무슬림 세계 정착, 권력의 불균형, 개발 격차, 심지어 문명 격차 같은 것이 지중해의 '백'아프리카와 사하라 이남의 '흑'아프리카를 나누는 요인이다. 열강의 전략적 비전도 이러한 분할을 강조한다. 미국의 '대중동(Grand Moyen-Orient)', 유럽연합의 '아프리카·카리브·태평양(African-Caribbean-Pacific: ACP)' 국가연

---

[*] 리비아·튀니지·알제리·모로코 등 아프리카 북서부 일대._옮긴이주

합과 '지중해연합(Union pour la Méditerranée: UPM)' 같은 개념이 모두 그렇다.

비록 아프리카연합(Union africaine: UA)이나 아프리카개발신파트너십(Le Nouveau Partenariat pour le Développement de l'Afrique: NEPAD) 같은 많은 기획이 아프리카 대륙 전체와 관련 있지만, 이 책에서 아프리카는 '사하라 이남 아프리카'의 의미로만 사용한다.

1. 아프리카: 단수와 복수

아프리카는 그 구성 요소들이 차이가 크게 나므로 복수(複數)로 여러 아프리카라고 해야 할까, 아니면 세계 경제와 국제 질서에서 차지하는 미미한 역할, 대륙이라는 차원, 범아프리카주의의 관점에서 단수(單數)로 하나의 아프리카라고 해야 할까? 아프리카는 단수이자 복수이다. 지리적·역사적·경제적·문화적·지정학적 관점에서 아주 다양화되어 있기 때문이다.

몇 가지 지리적 기준을 선택할 수 있다. 기후 편차로 인해 아프리카는 사막에서 사바나, 삼림과 지중해성 식생에 이르기까지 다양하다. 또한 아프리카 대륙의 지형은 고저에 따라 평야, 계곡, 고원, 산악 등이 선명하게 구별된다. 이러한 다양한 지리적 요인으로 아프리카는 수단-사헬* 아프리카, 습윤과 저습윤의 서아프리카, 저습윤·반건조의 남아프리카로 나뉜다.

'전사'와 유목 목축인(사하라·사헬)의 서아프리카는 곡창(조·옥수수) 지대인 수단 아프리카, '바구니(괴경·삼림인)'나 벼농사 지대의 삼림 아프리카와는 차

---

* 여기서 수단은 국가의 이름이 아니라 옛 프랑스령 수단(지금의 말리공화국)과 현재의 수단공화국을 잇는 지역을 일컫는다. 또한 사헬은 사하라 사막 남쪽 가장자리의 지역을 일컫는다. 세네갈 북부와 모리타니 남부에서 말리 중부, 니제르 남부, 차드 중남부까지, 서쪽에서 동쪽으로 띠 모양으로 이어져 있다._옮긴이주

<지도 1> 아프리카 자연 환경

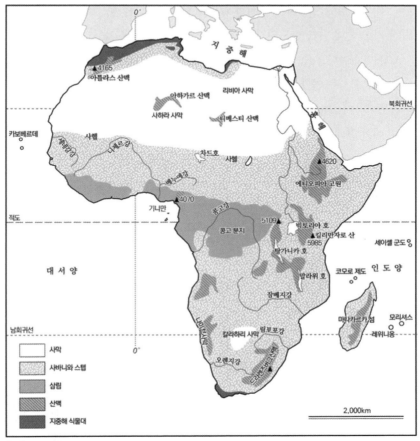

지중해

▲4165
아틀라스 산맥

아하가르 산맥   리비아 사막

사하라 사막   티베스티 산맥   홍해

북회귀선

카보베르데   사헬   세네갈강   니제르강

차드호   사헬   ▲4620
에티오피아 고원

백나일강

적도

기니만   ▲4070   콩고강   5109▲   빅토리아 호
콩고 분지   ▲킬리만자로 산   세이셸 군도
5985   탕가니카 호

대 서 양   말라위 호   코모로 제도   인 도 양

잠베지강

남회귀선   마다가스카르섬   모리셔스

칼라하리 사막   림포포강   레위니옹

0°   사막

사바니와 스텝   오렌지강   드라켄즈버그 산맥

삼림

산맥   2,000km

지중해 식물대

출처: J. Sellier, *Atlas des peuples d'Afrique*, Paris, La Découverte, 2005.

이가 있다(Pourtier). 인구가 밀집한 두 거대 집단을 구분할 수도 있다. 사헬
(아랍어로 '강가'의 의미)과 대서양 중간의 서아프리카 권역(인구 2억 명), 그리
고 동부의 에리트레아에서 남아프리카공화국까지 펼쳐진 광활한 고지대
로 구분된다. 이들 두 '척추' 지대 사이에 수단에서 콩고를 거쳐 나미비아에
이르는 인구 침하 지대가 있다. 극한 환경인 사하라·나미브·칼라하리에는

사막이 펼쳐져 있다.

지리적 형세는 정치적·경제적 함의를 갖는다. **지정학적** 관점에서 결정적인 기준 중 하나는 반도인가, 내륙인가, 해안인가이다. 아프리카의 면적은 3,000만㎢이다. 이는 지구 전체 육지의 22.5%로, 유럽의 3배이다. 인도양의 섬나라와 홍해 연안 국가를 제외한 지역들에서 바다와 냉혹한 해안은 개방 관문이라기보다는 장애물이다. 즉 해양지정학적으로 접근이 제한되어 있다. 이와 반대로 사하라 사막은 장벽이라기보다는 북부 아프리카와 남부 아프리카를 연결하는 가교이다. 해외 연결 통신망과 연관된 기반시설의 미비로 아프리카는 국제적 연계망과 고립되어 있다. 기술과 재정 수단의 부족으로 항공지정학은 허약하다. 보는 관점에 따라 또 다른 분류도 가능하다.

사회경제적 관점에서 인간의 활동과 밀도에 따라 사회를 분류할 수 있다. 수렵채취인(부시맨, 호텐토족, 피그미족), 농경인과 목축인, 정착민과 유민(무어족, 투아레그족, 풀라니족, 아파르족, 소말리아족), 시골 사람과 도시인, 생산자와 상인, 육지인과 해상인, '비공식적' 기업인과 기업가 등이다. **정치적** 측면에서 보면, 서로 다른 지역을 연결하는 지대는 단절된 것이 아니라 중첩되고 연속된 다수의 문화권역이다. 몇몇 완충국은 아랍무슬림권과 나일 아프리카권에 속한다(모리타니, 수단, 차드). 다수의 지역 강국도 출현한다. 남아프리카의 남아프리카공화국, 서아프리카의 나이지리아, 아프리카뿔의 에티오피아 등이다. 열강 세력 특히 미국에 대해 이들은 현실적이고 잠재적인 지역의 주축국이자 패권국[1](남아프리카공화국)으로서 아프리카 평화(Pax Africana)에 이바지한다.

모든 지역 분류는 자의적인 측면도 있지만, 설명을 명료하게 하기 위해 지리적·역사적·문화적·경제적·정치적 기준을 결합한 복합 기준에 따라 아

---

1. 헤게모니(hégémonie, 패권): 행위주체(국가, 사회계급 등)가 동의를 요하는 규범과 규칙을 시행하는 절차. 헤게모니는 특히 강제와 설득을 통해 행사된다.

<지도 2> 아프리카의 5대 권역

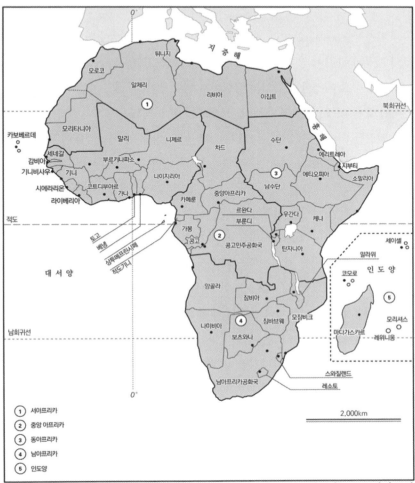

① 서아프리카
② 중앙 아프리카
③ 동아프리카
④ 남아프리카
⑤ 인도양

출처: Ph. Hugon, *Géopolitique de l'Afrique*, Paris, Armand Colin, 2006. 앙골라는 1999년에 중앙
    아프리카국가경제공동체(CEEAC)에 가입했고, 르완다는 여기서 탈퇴하고 동아프리카공
    동체(EAC)에 가입했다.

프리카를 다섯 개의 대지역 또는 권역으로 나눈다.

2. 아프리카 지정학

지정학(géopolitique)이란 용어는 19세기 후반 독일 제국주의와 식민 지배의 팽창과 관련이 있다. 식민지를 직접 통치했던 1870~1905년 시기에 아프리카는 주요 지정학적 논의의 핵심이자 영토 정복, 국경의 재정의, 힘의 역학관계 및 이들 상호간의 관계를 보여주는 한 사례였다.

엄밀한 의미의 지정학[2]은 지리적 요인이 정치에 미치는 영향에 대한 연구이다(라첼[3]과 라코스트[4]의 전통에 따라). 보다 일반적으로 말하면, 정치 영역에 작용하는 세력들에 대한 연구로 정의할 수 있다.[5] 지정학의 목표는 시공간상의 복잡한 상황을 이해하는 것이다. 행위, 행위주체(누가), 행동과 활동(무엇을), 요인(어떻게), 지역 이슈(왜)에 초점을 맞추어 연구한다. 규율·기술 및 사회규범, 의미를 지닌 상징으로 제도화된 상황에 자리 잡은 행위주체들의 이해관계와 권력을 다룬다. 또한 지정학은 **국제관계**(상호 존재권리를 인정하는 독립 개체인 국가들 간의 관계)와 **세계체제**(이해관계, 세력, 원칙, 가치로 보는 행동의 장)에도 속한다. 또한 국가가 아닌 국제적으로 상호작용하는 다수의 행위주체, 자치집단, 다국적기업, 국제연대조직, 교회, 이민자, 유민 등도 다룬다. 아프리카와 열강 세력의 힘의 불균형 관계에서 역사적으로 강요와 특

---

2. 지정학은 세력과 공간 사이의 관계를 다룬다. 독일어 Geopolitik는 국가의 영토 전략을 우선시한다. 영어 geopolitics는 지리와 관계되는 정치적 대치를 중요하게 생각한다. 프랑스어 géopolitique는 영토에 대한 사회적 관계(영어 policy)를 더욱 중시한다.

3. 라첼(Friedrich Ratzel, 1844-1904): 'Lebensraum(삶의 공간)'이란 개념을 만든 학자. 이는 식민지 지배를 정당화하기 위해 사용한 것으로 독일 영토 문제를 역동성 있게 제기했다.

4. 라코스트(Yves Lacoste, 1929-): 지정학을 재구축한 프랑스 지리학자로서 '나치의 학문'으로 일컬어지는 지정학의 부정적 이미지를 탈피시켰다. 지정학 잡지 《헤로도토스(Herodote)》를 창간했다.

5. P. Gauchon, J. M. Huissoud, *Les 100 mots de la géopolitique*, Paris, PUF, coll. Que sais-je?, 2008.

히 군사력으로 표현되는 하드파워가 소프트파워 즉 "문화적 수단과 이데올로기를 통해 다른 정치집단의 행동과 이해관계에 간접적으로 영향을 미치는 정치집단의 역량"[6]과 점차 결합해가는 추세이며, 이 과정에서 설득·협상·선전이 그 일익을 담당한다.

오늘날 아프리카는 겉보기에는 한때 명확히 대조되던 세계의 전략적 이슈의 주변에 있는 듯이 보인다. 독립 이래로 아프리카는 발언권을 갖기 원하는 국제관계의 주역이 되었다. 1989년 베를린 장벽 붕괴 이후 아프리카에서 서유럽과 공산주의 진영은 더 이상 투쟁하지 않는다. 공적개발원조(ODA)의 축소가 그 신호였다. 21세기 초부터 안보, 지하자원(광물, 탄화수소) 및 토지자원(농지, 산림)의 개발, 생물다양성의 역할, 국제기구에서의 지지 모색, 아프리카의 빈곤, 인구와 이주에 대한 예외적 상황 인식, '지구촌'의 전염병과 환경이 상호의존하고 통합되는 현상 등과 같은 여러 가지 이유로 아프리카를 지정학적으로 새롭게 분류했다. 전통적으로 유럽 지향적이던 아프리카는 아시아와의 관계, 특히 중국과의 관계로 전략적 질서와 영향권을 바꾸었다. 경제수준의 저하, 심지어는 재식민 지배의 위험성을 무릅쓰고 시도된 이러한 새로운 관계 덕택에 경제 성장이 활성화되었다.

3. 아프리카에 대한 시각: 비관주의와 현실주의

아프리카는 사회과학 담론이 서로 부딪히는 건물과 같다. 아프리카에 대한 저술들이 출간된 이래로 아프리카는 세계에서 가장 오래된 대륙이지만 '유아기 대륙'이라는 비관주의적 모습이 지배적이었고, 그 주요 특징은 맬

---

6. J. Nye, *Bound to lead: The Changing Nature of American Power*, NY, Basic Books, 1990.

서스(Thomas Malthus)가 세 가지 치명적 운명으로 말한 전쟁·질병·기아이다. 오늘날의 지배적인 모습은 비관주의[7]와 아프리카 중심주의 사이를 오간다. 노예조약으로부터 식민 지배를 거쳐 오늘날의 비극적 상황에 이르기까지 아프리카의 모든 불행은 외부에서 유래한 것이라고 생각한다.

우리가 취하는 관점, 우리가 선택한 시각, 우리가 끼고 있는 안경에 따라 그 모습은 달라진다. 또한 우리가 선호하는 조망에 따라서도 달라진다. 아프리카의 장구한 역사 속에 서서 과거를 바라보는 시각을 가지면 지속과 단절의 면면을 파악할 수 있다.

하향식(top down) 관점은 아프리카를 국제 규범이라는 지표를 기준으로 바라보는데, 흔히 '비관주의'적 시각을 제공한다. 이에 따르면, 아프리카는 장기간의 생산성 침체로 국제 교역과 금융 흐름의 주변에 내몰려 있고, 21세기 초부터 경제 성장의 재개가 관찰되지만 관리하기 어려운 대외 부채를 짊어지고 있는 상황이다. 아프리카에는 세계 인구의 12%가 살고 있지만, 전 세계에서 차지하는 경제적 비중을 살펴보면, 국내총생산(GDP)은 1.5%, 교역은 2%, 외국인직접투자는 3%에 불과하다. 1조 8천 억 달러 규모의 사하라 이남 아프리카의 GDP는 러시아·브라질·인도와 비슷한 수준이지만, 아프리카 전체의 GDP는 10억 명의 인구에 2조 8,250억 달러이다. 2011년 구매력평가(PPP) 기준 1인당 GDP는 사하라 이남 아프리카 2천 달러, 마그레브 2,825달러이다. 빈곤지수는 세계에서 가장 높다. 아프리카에는 세계 최빈국 49개국 중 33개국이 있고, 최하위의 인간개발지수를 기록한 45개국 중 36개국이 있다.[8] 1억 8천 만 명이 영양실조 상태이고, 2억 5천만 명이 에이즈

---

7. 스미스(S. Smith)의 *Négrologie*(Callmann-Levy, 200)에는 아프리카 비관주의가 지배적이다. 그러나 어떤 학자들은 낙관적이며, 심지어 이상적인 견해를 표명한다. 라투슈(S. Latouche)의 *L'autre Afrique entre don et marché*(Albin Michel, 1998)가 대표적이다.

8. 최빈국은 세 가지 기준을 조합해서 정의한다. 저소득, 빈약한 인적 자본, 경제적 취약성이다. 인간개발지수는 1인당 소득, 문맹률, 평균기대수명 등을 조합한 종합 지수이다.

바이러스(HIV)에 감염되어 있다. 그리고 2011년에는 6개국이 교전 상태였다. 또한 인구 증가는 느리게 멈칫거리지만 명확하게 시작되었으므로 인류사의 어떤 사회도 겪지 못한 엄청난 인구 증가를 관리해야 한다.

아프리카는 지정학적 행위주체라기보다는 피동적인 주체이다. 국제 판도에서 지정학적으로 낙오되고, 최근 굴절이 없는 것은 아니지만 세계화되었다기보다는 더욱 거세진 세계화의 파고(波高)를 맞고 있다. 정태적이고 통계적인 측면에서 아프리카의 개발 지표는 국제적으로 최하위 등급에 분류·배정된다. 그런데 잘 알다시피 사람들은 중요한 점을 거의 고려하지 않는다. 즉 빈국의 통계는 별로 신뢰성이 없다는 것, 빙산의 일각만 포착된다는 점이다. 하향식 조망은 2000년대 이후 연평균 5% 이상의 성장률을 가진 더 긍정적인 모습을 보여준다. 세계 인구의 15%를 차지하는 아프리카 대륙은 2050년에는 그 비중이 25%가 될 것이다.

다양한 행위주체들의 현장 관행에서 출발하여 그 관찰 시각을 바꿔 상향식(bottom up) 관점을 택하면, 그 광경은 더욱 명확해진다. 즉 '내부의 역동적 모습'이 투명하게 드러나고, 복수의 아프리카가 더욱 명확히 부각된다. 아프리카의 불행(분쟁, 기아, 질병)은 일부에 국한된 지역적 현상으로 전후 맥락을 고려해야 한다. HIV는 주로 남부 아프리카와 관련되는 현상으로, 이곳은 오늘날에는 분쟁이나 통제를 벗어난 인구상의 특징을 보이지 않는다. 가뭄이라는 환경 위협은 주로 사헬 지대와 관련되는 반면, 삼림 아프리카는 특히 부실한 삼림 관리로 위험에 노출되어 있다.

동일한 도전에 대한 행위주체들의 반응도 사회구조나 정책 선택에 따라 달리 나타난다. 일반적으로 독립 이후 아프리카인은 자체적으로 3배 증가한 인구 및 10배 증가한 도시 인구를 관리했고, 신생 국민국가로서의 헌법적 영토 경계를 보전했다. 이들은 두 세대 만에 문화적·구조적으로 엄청난 변화를 겪었다. 예외 없이 가시덤불의 야생세계가 새로운 사회기반시설·이미지·문화준거를 가진 도시로 이행했다. 재정 개혁이든 무역 자유화든 민주주의 발전이든 제도 변혁도 격심했다. 아파르트헤이트도 사라졌다. 사회 저변의 행위주체들이 기본 욕구 충족을 위해 활동하고 혁신하고 창조한다. 주민경제, '비공식' 경제가 다수 주민의 삶과 생존의 기발한 적응방식이 되었다. 교육받은 엘리트와 시민사회의 출현뿐만 아니라 사회기반시설, 보건위생체제, 생산시설 등의 발전으로 21세기의 아프리카는 식민 지배에서 탈피했던 때의 모습과는 완연히 달라졌다. 완만한 민주화 과정도 진행 중이다.

피사체 내부로 초점을 조정하면, 외면적인 모습을 넘어 심층적인 아프리카가 드러난다. 기본 서비스, 장기적인 가치, 종교와의 관계, 사회구조, 세계적인 템포와 일치하지 않는 리듬, 현실 권력의 모습과 단절, 심지어 약탈경제와 전쟁을 둘러싼 불법 활동, 폭력과 종교적 결사체 등에 의한 파괴와 사회 재구축의 모습을 볼 수 있다. 아프리카 중심주의적 견해는 흑아프리카 문명을 전면에 부각시킨다. 탈근대적 견해는 근대의 범주인 국가·민족주의를 해체하고 저항, 간교한 속임수, 민중행동을 부각시키는 것을 목표로 한다. 베를린 장벽 붕괴 이후의 새로운 지정학적 상황에서 21세기부터 아프리카는 파트너를 다변화하고 경제 성장을 추구하는 지역으로 등장했다. 더불어 미래 전망은 특히 세계화뿐만 아니라 세대 간 변화와 관련하여 단절과 분리도 진행 중인 점이 눈에 띈다. 그리고 이러한 전망은 미래의 도전 즉 인구·도시화·생태·안보·제도라는 척도로 발전의 궤적을 추적하는 천년개발목표(MDG)와의 격차도 보여준다. "개발을 보유한"(Brunel) 아프리카는 특히 지구상에서 천연자원의 전략적 보고(寶庫)이며 세계 경제의 새로운 전선(前線)이 될 것이다.

아프리카와 아프리카인의 원형 진화

아프리카의 모습을 표상할 때 인간 기원의 기본 신화로 이용되었고, 또한 현대성의 이미지 전도(轉倒. 즉 전통, 주술, 열정)를 반사하는 거울이나 비판(관계, 연대, 공동체)으로도 이용되었다. 탐험가, 정복자, 상인, 학자들에 의한 아프리카의 '발견'은 열광·공포·동정·선전열이 마구 뒤섞인 채로 이 타자에 대한 명명으로부터 시작되었다. 즉 선한 야만인, 유아, 미개인, 형제, 노예, 빈자 등의 이미지가 이 타자를 가리키는 데 번갈아 가면서 사용되었다.

아프리카와 아프리카인에 대한 이러한 원형은 역사적 근거가 있다. 선한 야만인 이나 형제는 18세기 계몽주의 철학에서 지배적으로 나타났고, 미개·야만·문명의 구분은 19세기의 특징으로서 특히 고전경제학, 철학(헤겔 같은 철학자), 역사가, 마르크스에게서 나타난다. 인류학자들은 '인종'을 분류하려고 했고, 종족의 경계를 구분하려고 했다. 과학시대의 생물학적 인종주의는 인종 차이와 진화론에 기초를 두었다. 인종은 유전적 공통성에 기반하지 않는다거나, 가시적인 차이는 인간 지놈의 무한한 배율에서 유래한다는 인식으로 문화 정체성과 사고 형식을 결과적으로 강조하게 되었다.

식민 지배는 행정 편의를 고려하여 인종, 부족, 종족, 고정된 원형, 정지 필름 사진 영상으로 분류하는 일이 다반사였다. 이들 타자는 근본주의적이고 무역사적 시각에서 분류되고 '생물학적으로' 취급되었다. 선한 야만의 원형은 식민 지배와 서구에 대한 비판이라는 맥락에서 출현했다.

노예와 피착취민이라는 모습은 마르크스 인류학의 흐름 속에서 배태되었다. 노예 이미지는 해방운동에서, 형제 이미지는 국제연대의 자선운동에서 재차 횡행했다. 탈 식민과 후기 식민의 준비기에는 이와 반대로 역사의 재착취, 정치·사회적 역동성, 민중 행동양식이 특징을 이루었다.

문화 상대주의는 식민 담론에는 비판적이지만, 인간 원형을 근본주의 관점에서 고찰하고 고착화시킨다. 가치의 비보편성, 인간 표상의 차이, 정신구조에 역점을 두는데, 이는 그 가치를 고양시키거나(레비스트로스처럼) 비교하거나('이들은 열등한 것이 아니라 다르다') 격하시키기 위해서('아프리카인은 미래로 뛰어들지 않는 개인이다'_G. Georgy) 그렇게 한다. 아프리카의 인간에 대한 근본주의적 표상 이미지는 사라지지 않았다. 2007년 다카르 연설에서 니콜라 사르코지는 식민 지배의 오류와 범죄 사실뿐만 아니라 "진보의 여지가 없는 세계에서 부동(不動)하는 아프리카 사람"

이라고 말했다.

정치인류학[9]은 신화가 난무하는 아프리카에 대한 무시간적 표상과 단절하고, 식민 상황을 고려하여 지배-피지배 관계를 도입했다. 오늘날 이미지 표상의 작용은 모호한 유산을 거부하는 부서진 기억 속에 폭력, 동정, 또는 공포에 의한 지배적인 이미지나 표상(이주민, 굶주린 아동, 군인, HIV의 희생자)의 흐름 속에 부유한다.

피지배 관계 속에서 피식민 지배자에 대한 대안은 동화(시민권), 차이 인정(흑인 정체성), 이중 귀속의 반대나 인정의 선택이다. 식민 지배 시대에 인종(문명화된, 법률)과 부족(비문명화된, 관습)이 대립했다. 색깔의 문제는 핵심적이기도 하고 동시에 배척된 것이기도 했다. 프란츠 파농은 이 타자의 아프리카적 존재와 검은 피부/흰 마스크로부터의 소외를 얘기했다. 원래 범아프리카주의는 흑아프리카인을 우선적으로 지시하는 지칭이었다. 남아프리카의 백인, 서아프리카의 레바논인, 동아프리카의 인도인에 대한 아프리카인의 지위 인정은 오래전부터 지금까지 논란의 대상으로 남아 있다. 오늘날 범아프리카주의는 아프리카 대륙 전체를 말한다(아프리카연합).

오랜 기간 말과 글을 빼앗긴 수많은 아프리카 지식인은 자기 고유의 사회 분석을 시도하여 정체성을 추구하는 담론에 기초한 아프리카 사회과학을 정립하거나, 어떤 점에서 아프리카의 악(惡)이 아프리카 상상력을 절도한 외부로부터 오게 되었는지를 보여주는 반담론을 구축하거나(아프리카 중심주의), 아니면 특히 프랑스어권 저술에서 나타나는 과거 식민 지배자의 편파적인 접근을 상대화하여 보편주의적 담론의 구축을 원하기도 한다(후기 식민 연구). 어떤 작자들은 아프리카주의를 극복하고 식민 지배가 전체주의에 지나지 않는다(아렌트)고 하거나, 주변 외곽 지대의 사회 분열이 식민 지배이며 인종차별이라고 생각한다. 후기 식민 연구는 식민 지배자들이 스스로 탈식민 지배를 하지도 않고 식민 지배로부터 벗어났다고 하거나, 이들이 인종의 부정(否定), 역사 공유의 철폐, 인권이라는 추상적 보편주의를 넘어 잠재적인 이슬람 선호를 주장한다는 사실을 고발한다(음벰베 참조). 이와 반대로 학문적 조명과 관점을 대조시켜 범주화·역사화하고, 관찰 현상을 넘어서 설명 모델이나 유형 설정을 가능케 하는 양식화된 사실들을 구축하는 것이 중요하다.

---

9. G. Balandier, *Anthropo-logiques*, Paris, PUF, 1974.

4. 종족 중심과 이타 중심

인류학자 보아스(Franz Boas)는 콰키우틀족(Kwakiutle)이 "나는 세상의 중심이다"라고 외친다고 전한다. 이와 마찬가지로 자신을 둘러싼 주변부를 야만의 땅이라고 생각했던 고대 이집트나 중국을 비롯한 모든 사회는 자신을 세계의 중심이라고 생각했다. 프로메테우스적이고 정복 야욕에 불타는 서구 사회는 무기와 부로써 권력을 탐한 것이 특징이며, 동시에 과학과 철학의 상대주의도 노정했다.

사회과학의 모습은 종족 중심주의(스스로를 지시 대상으로 규정)이자 이타 중심주의(격차를 생각해서 중심부를 상대화)이다. 지구가 태양계의 중심이 아니라는 것, 그래서 중심도 없고 동서도 없다는 것, 위에서 아래로, 아래에서 위로, 좌에서 우로, 우에서 좌로 기술할 수 있다는 것을 알게 되면, 이러한 차이에 방향성을 부여한다. 그리하면 진보(진화주의자), 유형(분류), 의미체계(체계성) 그 어느 방향으로도 논의가 가능하다.

_이미지와 즉시성이 지배하는 아프리카 세계에서 미디어의 지각 변동으로 동정(同情)과 위급사태가 발생하기도 한다. 단기(短期) 선호와 개발에 대한 인도주의적 행위 우위론은 지속 가능한 개발과 세대 간 문제를 담론으로 가진 자유주의적 세계화에 자연스레 따르는 문제이다. 세월의 근저에서 유래하는 전통의 늪에 빠져 저개발되고 낙후된 아프리카와, 동정 어린 인도주의적 접근이나 반식민 지배의 호전적 접근을 정당화시키는 소외되고 착취당한 아프리카 사이에 오락가락하는 기성관념에서 어떻게 하면 벗어날 수 있을 것인가? 근대성(효율성, 자유, 합리화)에 편입된 아프리카 사회가 방향과 의미를 지닌 후기 근대성(지속가능성, 시민의식)을 구축하면서 어떤 방식으로 전통(종교화, 관계, 위계)을 계승하는지 이해할 수 있을까? "정체성이 모호한 아프리카(L'Afrique ambiguë)"[10]는

여러 여정을 거쳐 후기 근대성을 구축한다. 아프리카는 부족이나 종족으로는 그 정체성을 부여할 수 없다. 소위 연대(連帶)라는 이름으로 합의한 마을 공동체를 이상화할 수 없다. 공공재를 둘러싸고 분쟁과 힘의 역학관계가 작용한다. 아프리카는 인간 사회의 공통의 몫인 폭력의 특정 희생물이 아니다. 다수의 레지스터·규범·규율·상징을 관찰할 수 있다. 지시 대상의 투과성, 이종교배, 혼합 등이 혼재한다. 지시 대상들 사이의 긴장이 행위주체들에게 협상·기지·타협·위기·폭력을 유도하고 이로써 여러 가지 역사 궤적이 생겨난다.

거리를 둔 객관적 분석은, 보편적인 용도를 지닌 이론과 현장의 특수 사정 사이의 반복을 전제로 한다. 개념의 모사(模寫)나 이식(移植)이라는 위험성은 피해야 한다. 사회과학(국가, 주권), 정치학(안보), 경제학(자원 배분, 소유권, 생산과 소비, 시장, 화폐) 등과 같은 범주의 역사를 살피고 상대화하면서 이들 과학의 근저를 이루는 개념을 총동원하는 것이 중요하다. 행위주체의 모습이나 관행은 기구와 기관들 속에 들어온다. 이들은 발전하며, 여러 차원에서 해석될 수 있다. 행정가·국가·기금출연자·비정부기구의 '외부적' 방식은 개발, 인도주의, 통합 등과 같은 것을 우선시하는 프로젝트와 관련된 개입 방식이다. 사회과학의 객관적인 '내부적' 방식은 표상체계와 사회구조를 이해하는 것이다. 사실상 역사 속에 편입된 사회는 여러 혼합 범주를 가진 다양한 모습·관행·제도를 낳는 외부적이고 내부적인 변증법으로 표상된다. 오늘날 '식민 지배/공동체'라는 개념 쌍은 '세계화/정체성 확인'이라는 개념 쌍으로 대치되고 있다.

차이 속에서 발견하는 타자는 자신의 특징을 증폭시키는 '확대경 효과'를 갖는다. 몽테뉴(M. de Montaigne)[11]—특히 그의 저서 『카니발(Cannibales)』—로부

10. G. Balandier, *L'Afrique ambiguë, Paris*, Plon, 1957.

11. M. de Montaigne, *Cannibales, Essais*, Livre 1, chapitre XXX, Paris, Gallimard.

터 레비스트로스(C. Lévi-Strauss)[12]에 이르기까지 미개인은 미개인이 존재한다고 믿고 이 타자를 이처럼 부르는 자들이다.

일반적인 용도를 지닌 이 책은 비판의 여지도 있다. 이 책은 다학문적(多學問的) 접근방식을 채택하고 있으며, 고도로 전문화된 학문세계에서 경제학자가 쓴 것이기 때문이다. 이미 예전에 글이 없던 자들이 글을 활용하려는 시대에 비아프리카인이 쓴 것이다. 이 책은 역사적 전망과 사회 심층의 역동적 변동의 시각에서 현재 사건을 다루면서 '교양인'이면 알아야 할 아프리카의 모습을 제시하는 것을 목표로 한다. 이 책은 4부로 나뉜다. 제1부 역사 궤적과 정치 · 사회 · 문화의 틀, 제2부 지리경제학, 제3부 지속 가능한 개발, 제4부 아프리카와 국제관계가 그것이다.

---

12. C. Lévi-Strauss, *Race et histoire*, Paris, Gallimard, Folio Essais, 1987.

제1부
역사 궤적과 정치·사회·문화의 기틀

아프리카는 세계체제 내에 포함되었지만 주변부에 위치한다. 역사적·사회적·공간적 구성으로 볼 때 그 주변성은 담론 및 권력과 관련 있다. 세계체제의 변천과 맥락을 이해하고 서구 중심적 시각을 피할 수 있는 것은 주변부의 역동성을 또한 이해할 때이다. 아프리카는 세계경제의 중심도 아니고 중동처럼 서양과 동양의 가교도 아니다. 그 역사는 거개가 외부 관계에 의해 결정되었다. 오랫동안 인접국의 정복경제를 위한 인간과 부의 창고 역할을 했다. 누비 왕국과 이집트 왕국, 사하라 횡단 무역과 동양 교역을 제외하고는 대서양조약 때까지 유럽인에게는 '미지의 땅(terrae incognitae)'으로 인식되었다. 문화 영역에서는 주요한 역할을 하지만, 오늘날에도 기본적으로는 여전히 원자재와 인력의 공급처로 남아 있다. 아프리카는 아랍, 포르투갈, 네덜란드, 영국, 프랑스, 독일, 스페인, 이탈리아 등의 정복을 겪었으나 외부 세계에 대해 정복자는 아니었다.[1]

아프리카와 아프리카인은 또한 문화, 종교, 사회정치 모형에 닻을 내린 역동성이 있다. 이주(移住)는 상시적이었고 외부 세계의 기여는 아프리카 사회의 사회정치적·사회문화적 구조화와 관련해 재해석되었다. '취약' 사회는 자원과 무기를 이용하여 전복하고 계략을 쓰고 혁신을 했다.

다양하고 진화하는 복잡한 아프리카 사회를 어떻게 재건하고, 이해 가능

---

1. 권력(pouvoir): "불균형 관계로 인해 타자의 행위에 대해 행위를 가할 수 있는 능력"(M. Foucault, *Dits et écrits*, tome, Paris, Gallimard, 2001).

한 언어를 사용해 개념들을 표현할 것인가? 역사·문화·사회·정치의 차원은 맞물려 있으나, 학문은 분석적 분할에 기초하며 각 분야는 각기 고유한 언어와 정합성을 가지고 있다. 학문을 넘나들면서 피상적인 현상에 머물러 흐름의 거품만 포착하고 사회 심층부의 움직임을 포착하지 못하는 일반론적인 소개는 피해야 한다. 따라서 관건은 식민 이전과 식민시대의 긴 역사를 다룸으로써 사회관계 및 정치권력뿐만 아니라 문화·종교·법률 영역의 지정학적 관계도 따로 분화하여 살피는 것이다.

식민 지배 이전부터 20세기까지

오랫동안 유럽 역사가들은 아프리카 역사를 유럽인의 '아프리카 대륙 발견'과 식민화에서 시작되는 것으로 인식했다. 그리하여 유구한 아프리카 역사는 유럽 역사학자들의 관점으로 해석되었고, 유럽과 관련된 프리즘을 통해 왜곡되었다. 즉 마르크스의 저술을 포함한 수많은 연구가 "아프리카는 세계사의 어디에도 속하지 않는다. 아프리카에는 괄목할 만한 정신적 사조나 진보도 없었고, 역사적 개혁도 자체적으로 존재하지 않는다"는 헤겔의 사상에 기초해서 서술되었다. 기록문헌이 부재하거나 미비하고, 정치적 조직이 결여되어 있고, 심연 속에서 혼란을 겪어 온 식민시대 이전 아프리카의 모습은 이런 견해를 정당화시켜주었다.

　아프리카에 대한 이해는 민족지학자와 민속학자·지리학자들에 의해 역사적 맥락 밖에서 이루어졌다. 이들은 시간에 대한 개념 없이 개별적 사실을 정립하거나 토지나 종족·부족에 대한 정보를 기록하려고 했으며, 전통과 현대, 야만과 문명, 원시와 진화의 양면성을 대비시켰다. 최근에 세워진 마을조차도 조상 대대의 촌락으로 지칭되었고, 부족들 역시 변함없이 똑같은 종족 명칭으로 불렸다.

　그러나 이와 같은 상황에서도 아프리카의 역사는 점차 유럽 중심의 설명에서 벗어났고, 아프리카 또는 비아프리카의 역사가들은 다양한 원자료를 이용해 여행자들 특히 아랍인 여행자들의 이야기를 종합하고 구전을 엄밀하게 해석함으로써 아프리카 사회의 역사성을 복원할 수 있었다.

　아프리카는 지역적으로나 시대적으로 완연한 대조를 이룬다. 기나긴 식민 이전 시대와 식민시대를 통해 아프리카 사회는 가치와 정신 표상, 공간적 구성, 공동체·가족·종족의 사회적 네트워크의 역할 등 다양한 측면에서 지속적인 모습과 단절된 모습을 동시에 보여준다. 아프리카인은 흔히는 역사를 강요당하기도 했지만, 역사를 새로이 재해석하고 자기 것으로 적용하여 그들 나름의 역사로 내재화시켰다.

1. 식민 지배 이전의 역사 궤적

기록문헌이 거의 없다는 점이 아프리카 사료 편찬 연구의 주요 난제로 남아 있긴 하지만, 아프리카 역사가 존재한다는 것은 엄연한 사실이다. 희귀하지만 눈에 띄는 역사적 유산으로는 악숨 왕국의 유산과 짐바브웨 왕국의 유적이 있다. 오늘날의 아프리카는 식민시대 이전의 다소 신화적으로 보이는 역사로 거슬러 올라가야만 이해할 수 있다. 거기에는 정체성도 있고, 나아가 진정성을 보여주는 주요한 명칭들도 있다.

키제르보(Joseph Ki-Zerbo)는 다음과 같이 기술한다. "과거의 아프리카는 다시 현대의 소재가 된다. 아프리카 역사는 과거가 아니며, 여러 가지 점에서 낡은 것은 더더욱 아니다. 아프리카 전통 수장(首長)의 가르침을 따라 동일한 의식(儀式)이 100년이나 500년 이상 반복해서 치러지고 있다. 제문(祭文)은 아마도 천 년 이상 달라지지 않았을 것이다."[1]

아프리카는 거대하지 않고, 기술과 경제 진보가 뒤떨어졌고, 과학기술 혁신의 특징인 창조적 파괴가 취약했던 만큼이나 그 역사의 비중은 한층 더 중요하다. 역사는 진리를 추구하는 과학이자 또한 다양한 인간집단의 정신 표상과 행위를 바탕으로 하는 기억이다.

다음에 제시한 항목들은 오랫동안 역사를 박탈당했던 아프리카 사회의 주요 차별성들을 몇몇 지리적·연대기적 틀 안에서 폭넓게 살펴보기 위한 것이다.

---

1. J. Ki-Zerbo, *Histoire de l'Afrique*, Paris, Hatier, 1978.

1) 민족 구성과 정치조직

(1) 공통적 특징

에티오피아를 제외한 대다수 아프리카 사회의 공통점은 멀리서도 다스릴 수 있는 문자 그리고 이동수단이 없었다는 점이다. 비삼림권 사회에서만 말(馬)을 이용했다. 반면에 원시 형태의 화폐가 상아나 노예·금의 거래에 지속적으로 사용됐음을 관찰할 수 있다. 또한 건국 신화를 중요시한 것도 목격할 수 있다.

병기·농경·직조(織造) 등의 기술 수준은 매우 낮았다. 생존한 사회는 가혹한 환경과 복잡한 생태계에 적응했지만, 기술 혁신으로 사회 변화를 꾀하는 일은 드물었다. 가장 큰 기술 혁신은 석기시대에서 철기시대로, 채집생활에서 농경으로 전환한 것이었다. 각 시대에 사용한 기술은 부족한 자원을 가진 환경에 적용되었다. 화전농경은 땅이 풍부한 상태에서는 노동생산량을 높일 수 있었지만, 노동생산에 비해 땅이 소규모일 때는 집약농경으로 헥타르당 높은 수익을 거두었다. 농부들은 작물을 선별하고, 생물다양성을 관리했으며, 새로운 종자—예컨대 아메리카 대륙에서 건너온 카사바과 식물인 마니옥(manioc)—를 이식하여 재배하는 방법을 알았다. 반면에 세계를 정복할 수 있는 항해술이나 군사기술은 전혀 없었다.

토지 양도는 불가능했다. 토지는 산 자와 죽은 자를 연결하는 신성한 것이었으며, 지주가 관리하는 사회적 공동자산이었다. 토지 소유권은 로마법처럼 절대적이어서 독점할 수 있는 것으로는 절대 인정하지 않았다. 노예제도는 일반화되었지만, 주로 집안 하인으로만 사용하는 것이 일반적 원칙이었다. 종교와 예술은 밀접하게 혼합되었다. 키제르보는 "자연의 힘에 억눌린 아프리카인은 자연을 마치 공모하고 착취해야 할 거대한 세력들의 경합장으로 간주하는 세계관을 형성했다. 다시 말하면, 역동적인 갈등의 소용돌이 속에서 헤엄치는 물고기가 되었다. 거기에서 복종하기보다는 참여하기를 원했다. 이러한 태도를 통해 놀랄 정도로 풍부한 정서와 실존·정신도 얻었다. 그렇지만 실용성의 측면에서는 길을 제대로 접어들지 못했다"고 술회했다.

조방(粗放)농업에 유리한 저밀도 인구, 알 수 없는 위험을 피할 수 있는 보안체계의 필요성, 자원 이용을 위한 집단규칙의 존재, 불안스럽고 불안정한 환경 등이 자리 잡았다. 이러한 요인들 속에서 개인적 행위와 기술 혁신은 무시된 채 공동체 조직이 형성되었고 소규모 위계가 우선시되었다. 아프리카 사회가 집단적인 보수성을 갖게 된 이유는 바로 여기에 있다. 동시에 권력관계는 봉건체제나 조공체제의 위계구조 내에서 조공의 대가로 재산을 탈취하고 약탈하는 자들을 방어하면서 이들 사회를 통합했다.

(2) 사회의 다양화·분절화·중앙집권화

역사의 복원은 집단의 규모에 의해 좌우된다. 아프리카에는 850여 개 공동체와 1,500여 개 언어가 있는 것으로 추정된다. 아프리카 공동체 간의 편차는 크고 다양하다. 기술력의 차이와 무기의 성능이 중요했다. 철과 말은 비삼림권 공동체에서는 필수 불가결한 요소였다. 목축하는 자와 농부, 수렵채취자와 농경민, 정주자와 유목민, 그리고 상인·전사·농민이 서로 대립했고, 주인과 노예의 대립관계도 나타났다.

아프리카 공동체는 강력한 중앙집권형에서 분절형에 이르기까지, 대사헬 지대에서 소지역 통제에 이르기까지 그 형태가 다양했다. 아프리카 사회는 이처럼 다양한 형태의 국가와 권력을 경험했는데, 발랑디에(G. Balandier)에 따르면, 이는 "사회 혼란을 위협하는 엔트로피에 대응하여 투쟁할 수밖에 없는 필연적 결과물"[2]이다. 그럼에도 불구하고 **지도자**가 **통치자**보다 더 많이 존재했다. 아프리카는 서유럽의 민족국가, 국가를 건설한 동아시아,

권력 국가 이전에 한 민족이었던 중동 제국 등과 같은 역사를 거의 경험하지 못했다. 식민시대 이전의 아프리카 국가들은 국경을 빼앗겼다. 완충지역이나 안전지대로 커다란 제국이 흩어졌다. (아보메 왕국처럼) 폭정이 있었는가 하면, (탁상공론식의) 참여민주 형태도 드물게 존재했다. 하지만 대부분의 국가는 전제(專制)체제로 제국, 왕국, 수장제 혹은 (우두머리가 없는) 무지도자 사회로 구분할 수 있다. 식민 지배 이전 시대의 전횡적 독재는 대체로 권력 저항세력에 의해 완화되었다. 대부분의 전제체제하에서 사회집단은 전사나 종교인·상인의 기능을 집결시키면서 왕권을 제약했는데, 왕의 권력은 무엇보다도 정치권력에 머물렀다.

에번스프리처드(E. Evans-Pritchard)는 아프리카 사회를 **무정부적 분절사회**—사회적 노동의 분화가 미약한 균등한 분절사회로 구성되었다—와 **중앙집권조직**으로 나누었다.[3] 무정부적 분절사회의 기저에는 부족의 성이 같은 부계 중심의 대가족으로 조직된 사회집단(clan)이 있었고, 그 정점에 연장자가 권력을 행사하는 종족이 있었다. 중앙집권조직에서는 다양한 카스트나 위계구조의 사회계층이 관찰되는데, 무지도자 사회들부터 회교 군주국, 왕국, 국가에 이르는 다양한 연속체가 존재한다.

(3) 제국

일반적으로 제국이란 용어는 **통치권력**(imperium)[4]이 다스리는 정치적 공간조직이라기보다는 실제로는 민족집단이 확장된 영역이라는 의미이다.

11세기의 가나 제국, 14세기의 말리 제국, 16세기의 송하이 제국과 보르

---

2. G. Balandier, *Anthropo-logiques*, Paris, PUF, 1974.

3. E. Evans-Pritchard, M. Meyer-Fortes(eds.), *Systèmes politiques africains*, Paris, PUF, 1964.

4. 통치권력(imperium): 고대 로마에서 국가를 다스리던 자(집정관, 총독, 독재자, 황제)의 정치·사법·군사권·행정권을 가리키던 포테스타스(potestas)와 대립되는 개념이다.

누 제국 등과 같은 서아프리카의 대제국은 아랍과의 교역에 의존한 정치조직이었다. 그들은 정책적 기반과 권력기관을 갖추었고 강을 따라 강물이 합류하는 지점에 대도시들이 자리 잡았다. 가나 제국은 팀북투에서 대서양까지 세력을 펼쳐 나갔다. 다른 제국들은 부족—세네갈의 월로프족 국가, 나이지리아의 하우사족 도시, 마다가스카르의 메리나족 왕국 등—에 크게 의존하면서 경제기지를 확장했다. 흑아프리카의 대왕국이었던 가나 제국과 말리 제국과 무타파 제국은 종교와 정치가 연계되고 상인의 역할이 컸으며, 권력이 사유화되고 광대한 영토의 조직이 기록문서 없이 분권화되어 있었지만 적응력을 갖추고 있었다. 중앙권력은 고가품을 독점했고 부족의 재산과 노동을 착취했다. 수입은 주로 농산물이나 가축에서 거둔 세금이나 조공, 값비싼 철의 징수, 통행세, 전쟁에서 포획하거나 빼앗은 전리품이었다. 서수단 대제국의 출현과 쇠퇴는 사하라 횡단무역의 흥망성쇠와 밀접한 관계가 있었다.

(4) 경제의 종속적 지위

식민 지배 이전 시대에도 지역 시장과 중장거리의 교역에 기반한 교환이 있었다. 교역은 교역로의 안전과 관련이 깊었고 무기의 교역은 제한적이었다. 이 교환경제는 자급자족으로 사는 공동사회의 모습과는 거리가 멀었다. 수출 품목에서 금, 노예, 콜라나무 열매, 고무, 후추, 상아, 가죽 등이 큰 비중을 차지했다. 수입 품목은 소금, 철괴, 구리, 천, 진주, 무기 등이었다. 서아프리카의 허파와 같은 이 교역은 정치권력의 기반이 되었지만, 반면 부의 축적은 안전과 정치적 안정에 좌우되었다.

10세기 가나와 14세기 말리의 대거래상은 아랍 상인이나 나아가 제네바와 베니스 상인 못지않은 부를 축적했다. 하지만 이러한 교역은 해상 정복으로는 나아가지 못했고 그저 지역적 규모의 거래에 머물렀다. 대량의 재화는 경제거래 권역에 속하지 않았다. 대부분의 재화는 친족·봉건영주·국가 사이에서 유통되어 귀중품이나 특산품과 생필품의 교환은 이루어지지 않았다.

아프리카 화폐의 역사는 물물교환에 의한 화폐가 정당화되는 자급자족 경제의 얘기가 당연히 아니다. 그러나 언어와 마찬가지로 화폐도 인류학적 불변요소는 아니다. 현대 상업 사회와는 반대로 아프리카의 화폐는 가치와 권력의 근거가 되는 제도가 아니었다. 살린스(Marshall Sahlins)가 말한 풍요의 사회에서 화폐가 지니는 물질적 재화 축적과 화폐의 변제권을 사회적 규칙이 제약한다. 화폐는 우선 권력에 대한 채무를 소멸시키고, 다음으로 재화 간의 등가관계를 구축해주는 역사적 구조물이다. 화폐는 철이나 조개, 그 이외의 다른 재화 형태로 특히 조공의 상납과 교역에서 사용되었다. 목축사회에서 가축은 화폐(계산단위, 가치 보유, 부와 권력의 상징, 가축은행)의 역할을 한다. 자패(紫貝), 진주, 천, 소금 막대기, 금 등과 같은 '원시화폐'나 '고대화폐'는 물건이지만, 물질적 재화나 인간(전쟁에서는 남자, 혼인관계에서는 여자)을 대체하거나 이와 대등한 가치를 가졌다. 이러한 원시화폐는 빚을 갚거나 탕감하는 데 쓰였지만 물건을 구매할 수는 없었다. 또한 이러한 원시화폐는 상업경제의 화폐와 함께 사용되었다.

아프리카에서 수세기 전부터 화폐가 통용되었지만, 그것은 몇몇 사회 영역에 국한되었다. 화폐에 의한 상업 유통망과 조공 또는 금전상 부채는 화폐사회로 나아가지 못했는데, 실제적이거나 상징적인 재화에 대한 소유나 소유권의 이전으로 생겨나는 부채나 신용의 조직이 없었기 때문이다. 화폐라는 규범이 모든 곳에서 내재하지 않았다. 파편화된 화폐만이 있었다. 화폐는 지배력의 발현이 아니었고, 무차별적 권리를 표현하면서 상품화된 모든 재화에 변제력을 갖는 보편적인 등가물도 아니었다. 화폐는 상업경제와 자본주의의 모든 기능을 획득하지는 못했다. 즉 교환의 매개체와 지불수단으로서 채무를 순환시키거나 회계 단위, 가치 보유, 신용화폐, 재산 축적 등의 기반으로서 역할을 하지 못했다. 화폐와 상품의 확장성은 금지와 사회적 규칙이라는 경계석에 의해 제약을 받았다.

시장은 존재했지만 특별한 재화에 한정되었고, 생산력이나 폴라니(K. Polanyi)가 가상상품으로 정의한 생산력이나 생산요소(토지, 노동)에 관여하지 않았다. 농민은 토지가 공동 소유권을 지닌 자산으로 된 사회체제에 속해 있었다. 토지 이용권을 가진 자들은 노동의 대가로 혜택은 누렸지만, 토지 수용권은 일반적으로 지주의 몫이었다. 노동시장은 존재하지 않았다. 농촌 사회는 동일한 가계 공동체로 구성되었고 권리와 의무의 네트워크로 짜여 있었다.

물품의 순환은 물품이 순환 방향과 의미가 있었다는 사실을 보여준다. 성층화되지 않은 분절사회의 기부(寄附)경제에서 기증자는 수여자보다 높은 위치에 있다는 것이 확인된다(기증자의 손은 수여자의 손보다 위에 있다). 그 결과 기부에 대한 반대급부를 강제하는 부채가 발생한다. 더 계층화된 사회에서는 조공자가 바친 조공은 지배자에 대한 복종의 표시이다. 고가품의 순환은 부와 권력의 관계를 표시한다. 권력은 목축 사회에서 보는 것처럼 단지 물질재화만이 아니라 상징재화인 사회관계의 축적물이기도 하다.

(5) 완만하고 가역적인 진보

기술적 진보는 느리게 진행되었다. 아프리카 사회는 주요 사건에만 반응했고 하찮은 일들은 그냥 넘겼다. 대다수의 분절사회는 구조를 갖춘 왕국이 되었다. 흑아프리카의 제도들은 놀라운 적응능력을 보여주었다. 인구밀도의 측면에서 보면 농촌에는 단위면적당 소출이 적은 조방농업 형태의 사회와 인구집중적인 사회(예컨대 부룬디나 르완다의 고원 지대, 바밀레케족이 거주하는 고원 지대, 마다가스카르의 고지대 등)가 있었다.

(6) 이민과 정복으로 얼룩진 개방사회

아프리카의 역사는 변하지 않는 마을 공동체의 신화적 모습과는 거리가 멀다. 이민과 유동인구, 전쟁과 약탈의 역할이 주요한 고려 사항이다. 이민이 지속적으로 이루어졌지만, 그중에서도 두 가지 이주가 아프리카의 역사를 지배했다. 즉 기원전 1000년에서 기원후 1000년에 이르기까지 서쪽에서 동쪽으로 그리고 서쪽에서 남쪽으로 이동한 반투족 농경민의 이주와 동아프리카의 호수 주변 지역으로 이동한 나일 사하라의 유목민 이주 사례이다. 또한 홍해의 통제와 아랍무슬림의 정복도 아프리카 대제국의 형성과 교역 확장에 결정적인 요인이었다.

지구사(histoire globale)*는 유럽 중심주의에서 벗어나는 것을 목표로 삼는다. 지구사는 유라시아, 동부 아프리카, 인도양의 세계체제가 2,000년이 넘는 동안 해양로를 따라 어떻게 통합되었는지, 지중해로부터 사헬 지역에 이르는 육상 교역로가 어떻게 개척되었는지를 밝혀준다. 아시아 및 동양의 핵심 국가들과 명확한 노예조약에 얽매인 아프리카 주변국들 사이의 관계는 불평등한 것이었다.

아프리카는 유럽의 '대발견' 이전에도 사하라 사막, 홍해, 인도양을 통해서 개방되어 있었다. 첫 접촉은 분명히 아시아인들이었고, 다음으로 페니키아인, 카르타고인, 이집트인, 그리스인(헤로도토스)이 홍해와 인도양의 아프리카 해안을 누볐다. 이들 이후로는 아랍 항해자(El Yacourt)와 하산 알 와잔(Hassan al-Wazzan, 16세기)이 뒤를 이었다. 한편 당시에는 암거래도 성행했지만, 금의 탐사가 아프리카를 찾은 주요 동기가 되었다. 고대 흑아프리카 두

---

* 전 지구적 관점에서 역사를 연구하는 방법론. 지구의 모든 문화권에서 나타나는 공통 유형을 규명하고, 나아가 지구사의 과정이 어떻게 세계의 사람들을 이끌어 냈는지(통합)와 지구사의 유형이 어떻게 인간 경험의 다양성을 드러내는지(차이) 등이 주요 연구 관점이다._옮긴이주

곳에 누비 왕국(현재의 수단)과 악숨 왕국(현재의 에티오피아) 대문명이 출현했는데, 고대 이집트에서 이들 흑아프리카인이 어떤 역할을 했는지에 대해서는 논란이 없지는 않다. 역사는 7세기부터 이슬람과 콥트교회의 분쟁이 시작되었고, 중앙권력의 강화와 내분이 번갈아 일어났다고 기록하고 있다. 중국 탐험가들은 유럽인보다 앞서 동아프리카를 발견했다(15세기 중국 항해자 정허[鄭和]가 200척의 배로 3만 명을 이끌고 왔다). 적어도 11세기 전에 인도네시아인도 돛단배를 타고 아프리카 동부 해안과 마다가스카르 섬에 도달했다. 오만인도 10세기에 왔다. 아프리카는 15세기에 대서양을 통해 '발견되었는데', 포르투갈의 해양왕 엔리케(Henrique) 시절에 인도 항로를 찾으러 가다가 폭풍의 봉우리 즉 희망봉(1487)을 지나치던 바르톨로메우 디아스와 바스코 다 가마가 발견했다. 포르투갈은 대서양 해상 교역로를 통제하고, 그 후 몸바사를 함락한 후에는 홍해도 통제했다. 교역과 종교를 가지고 아프리카에 침투한 것이었다. 포르투갈은 유럽 무역회사들이 아프리카 해안을 통제하려고 치열하게 경쟁하기 전에 일찌감치 인도양 항로를 포기하고, 기항지들을 통해 교역을 독점하는 것을 관건으로 삼았다.

농경 사회나 조방 목축을 체계화할 수 있는 모델을 제안할 수 있을까? 코케리 비드로비치(C. Coquery-Vidrovitch)와 메이야수(Cl. Meillassoux)의 연구를 토대로 다음과 같은 모델을 제안한다.[5] 즉 (가족과 마을 등과 같은) 공동체 사회와 원거리 외부 관계의 두 가지 병행 모델이다. 먼저, 공동체 사회의 특징은 사회의 미분화와 노동의 미분화, 자원의 공동 소유와 상호성 규칙, 상납-재분배와 교환의 규칙(이로써 귀중품과 생업 재화의 소비와 파괴가 차별적으로 이루어진다)이다. 화폐는 부차적인 역할을 했다. 확장된 기저를 가진 이 사회는 외부 충격이 가해지지 않으면 기술 혁신을 이룩하기 힘들다. 두 번째의 원거

---

5. Cl. Meillassoux, *Femmes, greniers, et capitaux*, Paris, Maspero, 1974; C. Coquery-Vidrovitch, *Afrique noire, permanences et ruptures*, Paris, Harmattan, 1992.

리 외부 관계의 특징은 장거리 교역과 친족 엘리트에 의한 전쟁이다. 친족 엘리트는 본질적으로는 교역과 약탈에서 부를 축적한다. 권력은 공동체 성원을 착취하기보다는 이러한 외부 재원에 더 의존했다. 금전은 이 공동체 사회의 반경 내에 침투하지 않았다. 동양·서양·남방의 노예조약은 이런 사회체제에 어려움 없이 진입했고, 이 체제를 고착화시키는 데 일조했다. 물론 이처럼 다소 '도식화된 사실'은 권력층이 수하 사람들에 대한 내부 조공의 강요 여부, 생산체제가 어느 정도 광범위하고 집중적이냐의 여부, 공동체 사회의 분화도 등에 따라 분명히 상대적이다. 이 부분은 역사적으로 고증해야 할 문제이다.

2) 아프리카의 '대발견'

(1) 삼각무역

중상주의시대(16~18세기)에 유럽 열강의 아프리카 직접지배는 한계가 있었다(케이프 식민지 제외). 무역은 대륙 내부의 중계 지점뿐만 아니라 식민 기점과 기항지의 설치를 통해 이루어졌다. **물물교역**은 직물·철물·주류·무기·잡화품을 금·노예·상아 등과 교환하는 것이었다. 1652년 네덜란드 동인도회사가 개척한 케이프 식민지는 아프리카 해협과 더불어 인도로 가는 항로의 중요한 기항지였다. 당시 서아프리카는 외부에 거의 개방되지 않은 상태였다. 삼각무역은 노예 공급지인 아프리카, 귀금속·설탕·담배·럼·향신료의 원산지인 미국, 그리고 잡화류(직물, 유리 장신구)와 주류·무기를 아프리카로 수출하던 유럽을 서로 연결해주었다.[6]

---

6. 중상주의(mercantilisme): 부와 권력은 서로 연관되어 있으며, 독점무역은 유럽 열강의 대립을 초래한다는 원리와 관행.

(2) 노예제도

유럽 중심적 시각과 반노예주의 비판으로 오랫동안 대서양 노예조약은 관심의 대상이었으나 다른 노예조약들은 은폐되었다. 당시 노예조약은 실제로는 훨씬 더 많았다. 서아프리카는 북아프리카와 유럽의 정복에 의해, 동아프리카는 인도와 아랍세계에 의해 억압의 굴레에 매여 있었다.

아프리카는 역내 조약뿐만 아니라 대서양 노예조약, 사하라 노예조약, 동양 노예조약까지 체결했다. 이들 노예조약으로 650년에서 1920년까지 1,700만 명이 노예로 전락했는데, 대부분은 여성이었다. 1450년부터 1869년까지 대서양 노예조약으로 1,100만 명의 노예가 팔려 나갔다. 19세기에 절정을 이룬 대서양 노예조약은 1815년 빈 회의[7]에서 공식적으로 폐지를 선언했지만, 노예제도가 폐지(1848년 프랑스 식민지, 1865년 미국 식민지, 1885년 브라질 식민지)된 후에 비로소 축소되었다.

동양 노예조약과 대서양 노예조약은 아프리카 노예제—전쟁포로, 부채, 약탈, 유목민에 종속된 흑인 농민 등으로 구성—에 근거를 두고 있었다. 코케리 비드로비치에 의하면, 식민 지배 이전 서아프리카 인구의 1/4이 이미 노예 신분이었다고 한다. 많은 중개국이 대서양 노예조약으로 부를 축적했는데, 서아프리카의 아샨티·베냉·다호메이·오요, 중앙아프리카의 콩고·마탐바·루안다·루바 등과 같은 왕국이었다. 동쪽 해안의 잔지바르와 아덴은 노예를 매매하는 대항구였다.

(3) 아프리카 사회에 미친 근본적인 영향

흑인 노예제의 **문화적·정치적 영향**은 절대적이었다. 직접적인 식민 지배는 노예조약으로 정당화되었다. 식민 지배자들은 흔히 예전의 포로나 피지

---

7. 빈 회의(Congrès de Vienne): 나폴레옹 전쟁 이후 지속적인 평화를 확립하기 위한 회의. 1815년의 최종 협약으로 신세계질서가 확립되었다.

배 집단에 의존했다. 사하라 노예조약이나 동양 노예조약, 대서양 노예조약에 대한 기억은 지금도 남아 있지만, 베냉과 사헬 지역의 요루바족처럼 과거에 수탈당한 자들의 후손들은 공개적으로 논의되지 않는다. 굴욕적인 체험에 항거한 수많은 저항과 보복이 노예제의 역사에 뿌리내리고 있다. 이 노예제는 모리타니(1980년 폐지)와 수단에서는 지금까지도 여전히 그 일부가 남아 있다.

최근 대서양 노예조약만 '인류에 대한 범죄'로 인정했지만, 이 노예조약으로 인해 중요한 지정학적 쟁점뿐만 아니라 좌절, 원한, 분쟁, 강한 적개심 등이 발생했다. 어떤 이들은 희생의 논리 차원에서 유럽의 회개나 받은 피해에 대한 보상, 또는 이 두 가지를 모두 원하지만, 수많은 아프리카계 미국 흑인 노예의 후손은 아프리카 약탈자들과 동양 노예조약에 책임이 있다는 점을 강조한다. 또 다른 이들은 이 노예조약으로 유럽은 막대한 부를 얻었고, 마르크스가 말하는 '원시자본'을 축적하여 아프리카 대륙 착취의 시동을 걸었다고 강조한다. 특히 프랑스의 역사학자 페트레 그르누이요(O. Pétré-Grenouilleau)는 이러한 주장을 강하게 비판했다.[8] 아프리카 노예제는 다른 노예조약보다 대서양 노예조약을 더욱 강조함으로써 분쟁 악화의 요인으로 지목되지만, 지금도 여전히 주요한 지정학적 이슈이고 앞으로도 계속 주요 이슈가 될 것이다.

3) 대조적인 식민 지배 이전의 역사

식민 지배 이전의 아프리카를 크게 다섯 지역으로 구분하여 역사의 흔적

---

8. 페트레 그르누이요는 *Les traites négrières*(Gallimard, 2004)에서 노예조약들에 대한 설명이 초점을 벗어났다고 강력히 이의를 제기하고, '아랍무슬림 노예조약'으로 잘못 명명된 지중해 및 동양 노예조약을 강조했다.

을 복원하고 가다듬어야 한다. 다음의 몇 가지 괄목할 만한 역사적 사실은 식민 지배 이전 다양한 역사를 잘 예시해준다.

(1) 서아프리카

서아프리카는 사하라 사막과 적도 삼림 지대에 위치한 대초원 지역이다. 이 지역은 사헬의 반건조 대초원 지역에서 사헬 남부의 삼림 지역까지 펼쳐져 있다. 대초원에 사는 종족들은 주로 사하라 사막 접경 지역에 거주하는 반면, 삼림과 해안에 거주하는 종족은 15세기 말부터 대서양 기슭에 살았다. 수세기 이상 계속해서 인구가 증가한 지역을 크게 세 권역으로 구분할 수 있다. 후에 대서양 노예조약의 직접적인 중개 지역이 될, 인구밀도가 높고 도시화된 해안·삼림 권역, 사하라 사막과 해양 연안의 연계 지대에 편입되는 대초원과 사헬-수단 권역, 대하천을 따라 형성된 인구밀집 권역(니제르, 세네갈, 볼타)이다.

현재의 종족은 1000년 말엽부터 여기에 살았다. 서아프리카의 공통점은 고대 국가라는 점, 사하라 횡단로와 대서양을 통해 외부세계에 개방되었다는 점, 도시들과 무역망이 중요 역할을 했다는 점이다. 또한 제국의 팽창으로 모든 집단에서 분쟁이 일어났고 노예 약탈전으로 분쟁이 더욱 악화되었다는 것도 공통된 특징이다. 수단에 위치한 국가들은 베르베르 선교사와 흑인 농민의 접촉으로 출현했다. 11세기에는 이슬람이 널리 전파되었다. 대제국을 연대순으로 살펴보면, 8~12세기에 가나 제국, 12~16세기에 말리 제국, 송하이 제국, 하우사 도시국가, 카넴 왕국, 16세기에 베냉 왕국, 이페 왕국, 오요 왕국, 보르누 왕국 그리고 모시 왕국이 존재했다. 이들 제국의 단절과 연관관계를 보면, 이들 제국은 오늘날 대부분 민족국가로서 기독교화된 삼림 지대 민족이나 물활론자(animiste)이고 대체로 분절사회에서 유래하지만 노예조약으로 중개국이 된 반면에, 그 외의 국가들은 원거리 교역과 관

〈지도 3〉 노예조약

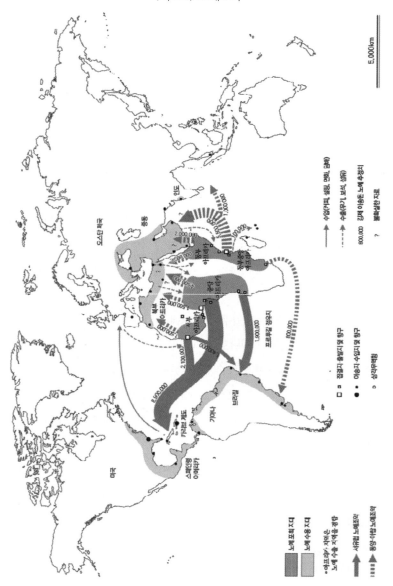

출처: Courade Georges, *L'Afrique des idées reçues*, Paris, Belin, 2006.

련 있는 국가들을 이룩한 이슬람화된 대초원 민족이었다. 이러한 역사는 디울라족의 교역망, 권력관계, 남과 북의 분할, 국경을 넘나드는 종족(세누포족, 풀족, 디울라족)의 존재 등을 해명할 때 현재에도 여전히 생생하게 현존한다. 이들의 역사는 민족의 차이나 대립을 뛰어넘어서 서아프리카경제통화연합(UEMOA)과 서아프리카국가경제공동체(CEDEAO) 같은 기구를 통해 지역 통합을 건설하려는 의지의 근거가 되고 있다.

(2) 중앙아프리카

기본적으로 삼림 지대인 중앙아프리카는 콩고 강과 그 지류, 차드 호 주변 지역에 터를 잡고 있다. 이 지역의 인구밀도는 아주 낮다. 언어 동질성은 1000년에 카메룬 서부의 근거지를 떠나 2000년경 아프리카 남부에 도달한 반투족의 이주 결과로 생겨났다. 그렇지만 이곳에서 인종 간 차이는 여전히 크게 드러난다.

북쪽으로는 나이지리아 동부부터 수단과 콩고 국경까지 **사바나** 지대가 2,500km에 걸쳐 펼쳐져 있다. 언어는 비반투어로서 나이저콩고어족에 속한다. 식민 지배 이전 아다마와(Adamawa)에 사는 종족은 욜라(Yola) 지역의 수장이 지배하는 조공 사회로 조직되었고, 각 조공국은 라미도(lamido. 풀풀데어로 '통치자'를 의미)가 다스렸다. 우방기 분지에 사는 종족은 이슬람국(카넴보르누 왕국, 와다이 왕국, 다르푸르 왕국)의 노예 사냥 대상이 되어 약탈을 당했다. 17세기에 잔데족은 그들의 언어와 사회조직을 퍼뜨렸다.

기니 만의 반투족은 연안의 두알라족, 아주 위계화된 수장제를 가진 바밀레케족과 바문족, 개척 전사들의 마을 조직을 가진 팡족(파후인족)으로 분화되었다. 1470년 포르투갈인은 기니만의 '새우 강(o rio dos Camaroës)'으로 불리는 우리(Wouri) 강 하구에 있는 페르난도 포 섬(Fernando Po. 현 적도기니의 비오코 섬)을 발견했고, 그 후 프린시페와 사우 토메 섬, 가봉만을 발견했다.

이로 인해 대서양 해안을 따라 더욱 많은 중개국들이 생겨났다.

콩고에서 가장 오래된 민족은 수렵채집 생활을 하는 피그미족이다. 현재의 콩고민주공화국(콩고킨샤사)과 콩고브라자빌, 두 국가의 영토에 위치한 콩고 왕국을 제외하면 다른 민족들은 소규모 집단의 부족이었다. 가봉의 팡족은 토지 소유관계가 거의 균등했고 땅을 조성하는 기술이 별로 발달하지 않았으며 균등한 사회조직을 가졌던 반면, 바콩고인은 토지 수장제와 노예제와 위계조직이 있었다. 마니콩고 왕은 세습제가 아니었다. 마니콩고 왕국은 포르투갈이 점령한 시기에 전성기를 이루었다. 초기에는 포르투갈 왕과 아폰소(Affonso) 왕의 관계가 평등했다. 아폰소 왕은 기독교로 개종하고 학교교육을 도입했지만 노예제에는 반대했다. 테케족은 청동과 노예제로 번성했다.

(3) 동아프리카

동아프리카는 수천 년 전부터 홍해와 인도양을 통해 개방되어서 아랍과 아시아의 영향을 받았다. 수단이나 에티오피아와 같이 사하라 이남의 가장 오래된 왕국들은 고대부터 이집트 및 중동과 관계를 맺었고, 그 후로는 아랍무슬림과 관계를 맺었다. 동아프리카에는 문자와 중앙집권화된 국가가 있었다. 7세기부터 12세기 중반까지 에리트레아와 현재의 남아프리카공화국 사이의 동부 해안에 이슬람 상인과 해적, 이슬람을 전파한 아랍인이 건설한 상업기지와 도시들이 급증했다. 전설에 의하면, 페르시아의 시라즈에서 온 시아파가 몸바사와 잔지바르에 자리를 잡았다고 한다. 상거래 대부분은 북쪽의 상아, 남쪽의 금과 노예였다. 동아프리카는 오만 제국의 범선과 중국 및 인도 배의 왕래로 아라비아·페르시아·극동아시아와 연결되었다.

동아프리카는 몇 지역으로 구분된다.

아프리카뿔 지역은 아주 넓은 유목지로 인구 이동이 잦고 해적 활동이 활발했다. 소종족으로 나뉜 유목민인 소말리족은 1000년경에 아덴만에서 왔을 가능성이 높다. 디르족·이삭족·다로드족·하위브족·사브족은 아프로아시아어족에 속한 언어를 사용하는 주요 집단이었다. 이들은 후에 영국령 소말리아와 이탈리아령 소말리아의 주민, 그리고 프랑스령 해안의 소말리아(지부티) 주민으로 귀속되었다. 그들은 홍해와 아덴만 무역을 통제했던 아랍인에 의해 이슬람화되었지만 언어는 그대로 유지했다.

조금 더 남쪽으로 가면, 동부 고원의 초기 정착민은 코이산어를 사용하는 수렵채집자였다. 그 후에 나일어를 사용하는 종족에 이어 반투어를 사용하는 종족이 정착했다. 목가적인 사회(마사이족, 키쿠유족), 북부 사바나에 사는 종족, 유목민, 농경인, 고지대 농경인, 남부 사바나에 사는 종족으로 구분할 수 있다.

아프리카 고지대는 인구밀도가 높다. 루안다-우룬디 고원 지대에서 소수의 유목민(투치족)은 이들에게 종속된 대다수의 농경인(후투족)과 명백하게 대조된다(부룬디와 르완다의 후투족은 투치족과 대조되고, 히마족은 우간다 남서부의 바이루족과 대조된다). 이러한 종족 구분은 지배 군주의 '인종'과 관련이 있는 것은 아니지만, 부와 권력의 척도인 가축, 인구 규모의 차이, 생활방식이나 결혼풍습 등과 관계가 깊다. 전제군주시대에 투치족과 후투족이 사는 고지에는 가축 사육을 책임지고 경작세를 징수하며 군대 인력을 징집하는 등의 일을 맡은 수장들이 있었다. 후투족과 투치족의 대립은 부족 간의 대립(그들은 언어, 종교, 문화관습이 같다)이나 카스트 계급의 대립(근친결혼도 많이 한다)이 아니었다. 대립이라기보다는 프랑스 대혁명 이전의 의미로 '신분'(성직자, 귀족, 평민) 즉 생업활동(전통적인 유목 및 농경)과 연관된 세습적 지위와 소종족과 관련이 깊다. 지위가 높은 투치족은 '귀족'이었지만, 나머지 대다수 후투족은 가난한 자들이었다. 투치족과 후투족의 대가문 사이에는 후견제가 있었는데, 이로 인해 몇몇 투치족은 부유해지기도 했다.

루안다-우룬디 옆의 빅토리아 호수 지역에 있는 부간다(우간다)는 16세기에는 부족 결성체였다. 이 결성체는 18세기에 부냐로족의 희생을 발판 삼아 세력을 확장했다. 19세기에 카바카 왕(부간다족 통치자)들은 넓은 땅을 차지하고 상아를 스와힐리어권 아랍인의 화약무기와 교환하며 세력을 더 확장했다. 19세기 말 부간다에서 기독교, 가톨릭, 무슬림, 물활론자 사이에 종교 전쟁이 일어났다.

동부 해안은 아랍과 인도의 영향을 많이 받았다. **스와힐리어권**이 바다와 접해 있었기 때문이다. 반투족은 8세기와 9세기에 아프리카 서쪽에서 이주해 왔고, 시라즈의 무슬림 항해자들은 목재와 상아·노예를 얻기 위해 침입했다. 바스코 다 가마는 1498년에 희망봉을 지나서 모잠비크 섬과 몸바사에 도달했고, 그 후에 (케냐의) 말린디에 도착했다. 동아프리카의 항구들은 포르투갈에 의해 무역 기항지이자 도시국가의 세금 징수지로 건설되었다. 17세기부터 네덜란드가 이 지역의 주도권을 잡았다. 1652년 오스만 제국의 이슬람 지도자(술탄)는 포르투갈이 점령했던 잔지바르와 몸바사를 탈취했다. 그 당시 세 가지 상업활동이 동아프리카에 성행했다. 상아 무역, 정향 재배, 노예 매매가 그것이다.

(4) 남아프리카

지리적 공간 구조를 보면 이곳은 대하천(잠베지 강, 인코마티 강, 림파가 강, 오바방고 강, 오렌지 강) 지역과 연결되며, 유럽인의 출현에 직면해 코사족과 줄루족이 이주한 것과 관계가 깊다. 남부 사바나의 종족들은 여러 체제를 구성했는데, 그중에는 거대한 영향력을 행사한 루바 제국과 루안다 제국이 있었다. 이 두 제국은 거대한 노예 공급처였다. 루안다족의 통치자인 '음완트 야오(mwant yaw)'는 새로 등극할 때마다 항상 전임 통치자로부터 모든 친족관계('영속적인 친족관계')를 자동적으로 물려받았다. 사촌형제에 예속된 신하들도 영원히 그대로 계승했다. 은동고 왕국의 응골라(Ngola. 여기서 앙골라 Angola가 생겨났다) 왕은 15세기부터 포르투갈과 관계를 맺었다. 브라질을 목적지로 한 노예무역이 18세기의 주된 활동이었다.

반투족은 남아프리카 동쪽을 장악했다. 잠베지 강 인근 지역은 금의 교역으로 성장하여 소국가들이 생겨났는데, 각 소국에는 정치적·종교적 장소인 '짐바브웨'(zimbabwe는 '거대한 돌집'이라는 뜻)가 있었다. 대짐바브웨는 14세기에 절정을 이루었다. 포르투갈이 모노모타파(Monomotapa)라고 부른 '음웨네 무타파(mwene Mutapa)' 왕국은 금을 수출했다. 포르투갈은 1629년에 보호령을 선포했다. 보츠와나 결성체는 현재의 남아프리카공화국이 있는 곳이었다.

유럽인과 반투족이 들어오기 전에 남아프리카공화국에는 코이산족이 있었다. 이들은 (유럽인이 부시맨이라고 부른) 수렵채집인 산족과 (호텐토트족으로 불리던) 목축인 코이코이족으로 구성되어 있었다. 반투족의 식민 지배는 천몇 백 년 동안 코이산족을 제거하거나 흡수했다. 반투족은 코이산족과 달리 농경과 목축을 병행한 혼합 농경을 했고 야금술을 다루었고 세습적 수장제였다. 반투족에게서 가축은 권력과 부의 상징이었다. 줄루족(하늘의 민족)은 원래 중앙아프리카 원주민 출신으로 남아프리카에 정착한 종족인데, 19세기 초에는 족장 샤카에 의한 정복 전쟁으로 강력한 국가와 왕국을 건립했다.

(5) 인도양의 섬들

아랍인·인도네시아인·인도인·반투족이 이곳에 주로 영향을 미쳤다. 코모로 제도는 스와힐리어권 아랍계에 속한다. 모리셔스 섬과 레위니옹 섬으로 구성된 마스카렌 제도는 유럽인이 노예들을 이끌고 도착하기 전에는 무인도였다. 마다가스카르는 말레이폴리네시아인과 아프리카인이 섞여 사는 섬이었다. 첫 이민자들은 5세기 이후에 연안 교역을 목적으로 인도양, 아라비아해, 동아프리카의 해안을 따라서 돛단배를 타고 온 항해자들로 추정된다. 초기 이주자들은 물결처럼 계속 밀려들었지만 언어는 하나로 통일되었다. 또한 동쪽 해안에 미친 아랍무슬림의 영향도 목격할 수 있다. 아랍글자를 이용해 말라가시어(마다가스카르 언어)를 기록한 『소라베(sorabe)』에는 무슬림화된 종족들의 전통이 실려 있다. 메리나족은 그 후에 뒤늦게 도착했다.

16세기 초에, 지금도 살고 있는 다양한 집단이 마다가스카르 섬을 장악했다. 이들의 사회조직은 수장제였으며, 그중 몇몇 집단은 왕국이 되었다. 16세기 초에 유럽인은 해변 지역에만 집중적으로 몰려왔다. 1787년부터 1810년까지 안드리아남포이니메리나 왕은 이메리나족을 통일하고 대수리사업을 벌였다. 그의 아들 라다마 1세는 영국의 도움으로 이 섬의 주요 부분을 차지하고 선교사들의 도움을 받아 라틴 알파벳을 만들었으나, 부인인 라나바로나 1세는 선교사들을 내쫓고 전통을 강화했다. 그녀의 아들 라다마 2세와, 그 후에 수상이자 세 여왕의 남편이었던 라이니라이리보니는 근대화를 꾀했다. 이렇게 해서 마다가스카르 국가가 탄생했다.

이들 역사의 흐름은 내부 정복 및 외부 교섭과 관련되고 문명의 혼합으로 표출되는데, 이러한 흐름은 현재의 다양한 아프리카 사회를 이해하기 위해서는 필수적이다. 이러한 역사의 흐름을 보면 아프리카 식민 지배의 여러 형태가 대부분 설명된다.

2. 직접적인 식민 지배(1870~1960)

1) 유럽 열강의 아프리카 정복과 분할

(1) '식민지'와 '식민 지배'

'식민지'와 '식민 지배'란 용어는 적극적으로 식민 주민을 살게 하여 부를 증식시키고 활용하는 현상으로 정의하는 입장—예컨대『로베르 소사전(Petit Robert)』의 정의—과 정복의 폭력 및 인간의 착취와 사물화를 강조하는 입장—예컨대 세제르(Aimé Cesaire)—사이에 논란이 분분한 대상이다. 아주 오랜 역사를 가진 식민 지배는 토착 주민을 복종시키거나 제거하면서 그들의 영토를 침략하여 점유하고 착취하는 과정으로 정의될 수 있다. "식민 상황"(G. Balandier)은 식민지화하는 사회와 식민 지배자를 위해 도구화된 피식민 사회의 불균형한 상호의존의 결과이다. 식민 상황은 혼란·오해·좌절·의존 또는 피식민지의 이중적 준거를 초래한다. 피식민 지배자는 식민 지배자의 의지와 권력에 비추어 보면 종교적·사회적·정치적·경제적 관행이 상당히 자율적이다. 식민 지배 제국의 패권은 관할 지역과 주민에 대한 차별에 그 근거를 두고 있다.

식민 지배를 지배 자본의 확장으로 해석하는 주장에 반대하여, 오히려 보호 지역에서 위협받는 유럽의 국가와 기업이 철수한 결과로 보는 관점도 있다. 이윤 추구는 분명히 식민 지배 예찬자가 표명했지만, 경쟁하는 프랑스의 섬유기업을 보호하거나(쥘 페리[Jule Ferry][9]와 같이) 식민 지배를 통한 자유 교역이라는 환상(폴 르루아 보리외[P. Leroy-Beaulieu][10]처럼)에 연유하기도 한다는 것이다. 또한 식민 지배는 팽창주의적 민족주의에 연유하거나 인문주의자의 이상과 상상력의 발현과도 관련이 있다. 아프리카는 유럽이 지배할 수 있는 최후의 정복지였다. 프랑스의 정치가 대룰레드(Paul Déroulède)는 "나는 두 명의 누이(알자스와 로렌)를 잃었으나, 당신은 나에게 20명의 하인을 주시는구려"라고 말했다.

---

9. 쥘 페리(Jule Ferry, 1832-1893): 프랑스의 식민 지배 정치를 비약적으로 발전시킨 정치인. 튀니지 총독령, 마다가스카르 식민 지배, 드 브라자(Pierre Savorgnan de Brazza)를 통한 콩고 정복, 통킹 정복 등.

10. P. Leroy-Beaulieu, *De la colonisation chez les peuples modernes*, Paris, Felix Alcan, 1908.

<지도 4> 식민 지배 직전의 아프리카(1875)

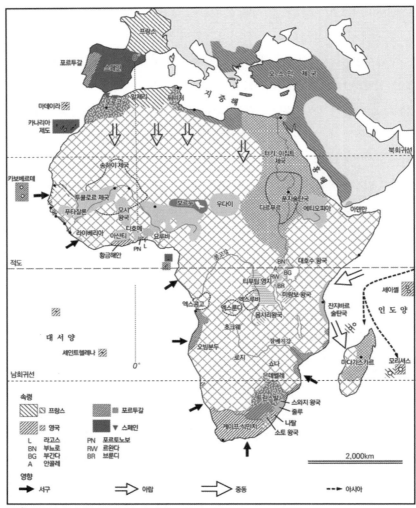

출처: J. Sellier, *Atlas des peuples d'Afrique*, Paris, La Découverte, 2005.

(2) 정복

아프리카의 어떤 곳은 이와 같은 시대 구분이 들어맞지 않는데, 특히 에티오피아와 남아프리카연합이 그러하다. 남아프리카연합에서는 영국의 정복에 대해 줄루 왕국뿐만 아니라 19세기 초부터는 케이프타운의 네덜란드 식민지가 그리고 20세기로 전환되는 시기에는 보어인이 대항했다. 식민 지배에 앞서 탐험과 정복도 있었다. 이러한 탐험과 정복은 국가적 정책이 수행되기 이전에 이루어진 개인적 행동이었다. 19세기의 처음 3/4 분기 동안 열강 대국의 직접 식민지화는 1808년에 식민지가 되어 바다에서 재포획한 노예를 유치했던 프리타운이나 생-루이·생-마리 같은 항구 건설에 국한되었다. 직접 식민 지배를 초래한 정복은 1870년대에 시작되었고, 유럽 열강이 아프리카를 나눈 베를린 회의(1884~1885)로 막을 내렸다.

과학적 호기심, 정복과 모험정신, 금광 탐색, 노예반대 투쟁의 인도적 동기, 신앙 전파의 의지, 유럽 국가들이 아메리카 대륙에서 잃어버린 영토에 대한 보상 등은 식민 지배의 확장을 설명하는 요인들이다. 탐험가들(문고 박, 던햄, 카이에, 리빙스턴, 브라자, 스탠리)이 유럽인에게 아프리카를 꿈꾸게 만들었다. 프랑스의 쥘 페리, 영국의 체임벌린, 벨기에의 레오폴드 2세, 독일의 비스마르크는 식민제국주의의 찬양자였다.

유럽의 팽창은 기존의 정착지 덕택에 (예컨대 서아프리카에서 프랑스는 세네갈로부터, 영국은 가나로부터 시작된) 탐험과 군사 정복을 통해 이루어졌다. 보호국 조약은 영토 양도와 토지 소유에 관해 조인국들 간에 해석상의 모호함이 있었지만 조인되었다.[11]

식민국 군대가 기술적으로 우월함에도 불구하고 정복은 두 가지 커다란 장애물에 부딪혔다. 즉 사하라 이북과 이남 잇는 운송(교통)과 연안 침투의 어려움 그리고 열대성 질병 특히 말라리아였다. 마다가스카르의 여왕 라나발로나 1세는 통행로의 부재와 말라리아가 침략자를 막아주는 가장 훌륭한

---

11. 보호국(protectorat): 한 보호 국가가 다른 국가(피보호국)에 대해 통제권을, 특히 대외 관계와 안보 문제와 관련해 행사하는 법적 체제.

보호자라고 했다.

정복은 흔히 폭력적으로 이루어졌고(황금해안의 아샨티족과 소말리아의 무하마드 하산[Mohammed Hassan]에 대한 영국의 정복, 사모리 투레[Samory Touré]와 마다가스카르의 메리나 왕국에 대한 프랑스의 정복이 그렇다), 때로는 장기간 지속되었다. 영국과 프랑스 사이에 벌어진 파쇼다(Fachoda) 촌락에서의 분쟁이 증명하듯이 정복으로 인해 열강은 서로 대립했다.[12]

(3) 나눠먹기

유럽 열강들 사이의 영토 분쟁을 해결하고, 조약을 조정하여 서명하고, 땅을 분할하기 위해 여러 차례 회의가 열렸다. 그리하여 아프리카의 국경은 세계의 다른 지역처럼 역사의 상처이지만, 내부적 분쟁의 산물이라기보다는 타율적으로 만들어진 결과물이다. 수로에 의한 논리(하천이나 바다 항로 접근성)나 하천의 자연적 경계가 역사적 형상보다 더 우세하게 작용한다. 그러나 아프리카는 열강의 경쟁(쟁탈전)과 군대의 진격으로 임의로 분할되었다. 식민 열강은 동일한 사회·정치 집단에 속한 주민을 분리하는 '분열·정복'을 꾀하지 않았지만, 인종·언어적 집단을 분리시키고 상대적으로 인구 이동이 심한 사회·정치집단의 범위를 한정하는 그런 식민지를 건설했다. 민족국가의 전통을 유지한 세리프 왕국, 이집트 왕국, 에티오피아 왕국, 마다가스카르의 메리나 왕국 등 극소수 국가를 제외하면, 대부분의 국가는 인정받을 만한 국가조직·민족·국경 등의 문제를 해결해야 하는 상황에 처했다. 국경으로 경계가 한정되고 제왕적인 권위가 지배하는 영토 내에 공생하는 모습은 대부분 식민 지배 시대로부터 유래한다. 국가의 영토와 언어·인종적 영토

---

12. 파쇼다 사건(Incident de Fachoda): 프랑스 원정군이 1898년에 영국 세력하에 있는 나일 강 상류의 파쇼다를 점령했지만 영국의 최후통첩으로 퇴각했다. 파쇼다 점령 실패는 프랑스에 강한 영향을 주었다.

는 거의 일치하지 않았다. 그리하여 아프리카 국경은 "훨씬 많은 문제를 제기하는데, 국경의 재분할 때문이 아니라 다시 통합해야 하기 때문이다"(M. Foucher).

따라서 베를린 회의는 국경을 확정한 것이 아니라 열강 대국이 자국의 민간 기업을 보호할 수 있도록 세력권을 규정한 회의였다.[13] 당시 수많은 국경을 결정한 조약이 조인되었다. 외부로의 수송로, 원자재 확보, 무력에 의한 팽창주의 등이 이들 조약을 설명하는 요인들이다. 국경은 유럽 열강의 영향권에 따라 정해졌다. 1880년부터 1895년까지 프랑스가 점령한 면적은 100만㎢에서 950만㎢로 확장되었다.

프랑스와 영국은 앞서 진출해 있던 포르투갈 곁에서 과자의 대부분을 갈라먹었다. 독일은 일부 조각만 받았고, 스페인과 이탈리아는 과자 부스러기로 만족해야 했다. 인위적인 식민지 국경을 강조하는 주장과는 달리, 전체적으로 식민지 국가들은 과거의 권력에 기반을 두었다고 생각할 수도 있다. 오트볼타는 모시 왕국, 세네갈은 월로프족과 세레르족, 수단은 말링케족과 밤바라족, 가나는 아샨티족, 코트디부아르는 바울레족과 아그니족이 기반이다. 물론 다종족 국가(카메룬, 니제르, 나이지리아, 차드)도 있고, 나뉜 종족(하우사족과 투쿨로르족)이 사는 지역도 있다. 유럽의 국경 개념은 불가침의 경계선이지만, 식민 지배 이전의 아프리카는 인구 이동이 자유롭고 행정력도 제한적으로 미치는 여백과 완충 지대를 지닌 땅이었다. 식민 지배국이 여러 가능성을 두고 중재할 수 있었다는 점에서 국경 분할은 '자의적'이었다. 그러나 결코 근거가 전혀 없는 인위적인 분할만은 아니었다(P. Boiley).

---

13. 베를린 회의(Conférence de Berlin, 1884-1885): 독일, 영국, 벨기에, 프랑스, 포르투갈, 터키가 아프리카에 각국의 세력권 경계를 설정한 회의. 여기서 "아프리카 과자 나눠먹기"(레오폴드 2세)란 표현이 생겨났다.

(4) 평정

'평정'은 완력을 행사하지만 갈리에니[14]처럼 훨씬 관용적인 방법을 사용하면서 진압에서 협상에 이르기까지 다양한 형태를 띠었다. 또한 반란에서 복종에 이르기까지 다양한 형태의 저항이 전개되었다. 무기를 가진 노예무역국(예컨대 베한진[Behanzin] 왕 치하의 아보메 왕국), 사모리 왕국, 마다가스카르 왕국, 아비시니아(오늘날 에티오피아) 왕국, 나미비아에서 인종 학살의 희생자가 된 헤레로족 등이 가장 강력하게 저항했다. 아비시니아의 메넬릭 2세는 이탈리아인을 쳐부줬고, 라이베리아는 미국의 통치하에 독립국으로 남아 있었다.

2) 식민 체제

(1) 일반적 특징

식민 체제는 3C 즉 문명(civilisation)·기독교화(christianisation)·무역 (commerce) 또는 3M 즉 군대(militaitres)·선교사(missionnaires)·상인(marhands)으로 요약된다. 식민 체제의 다섯 가지 일반적 특성은 다음과 같다.

- 새로운 공간망의 조직과 통화로 징세하는 행정 조직의 정착.
- 주민 거주 식민지의 활용. 전체적으로는 농업 식민지화는 보잘것없다.
- 수출입회사와 (생산자본보다 더 많은 가치를 창출하는) 상업자본의 지배.[15]
- 본국과 식민지 사이의 식민지 협정 체결.
- 강제노동(우푸에 부아니[16]는 '은폐된 노예'라고 표현했다)과 임금 착취. 화물

---

14. 갈리에니(Joseph-Simon Gallieni, 1849-1916): 1896년부터 1905년까지 재임한 마다가스카르의 총독. 반란을 진압하고, 여왕 라날로나 3세를 퇴위시키고, 군사행동과 정치행위를 동시에 구축하여 마다가스카르 섬을 식민 지배했다.
15. 상품자본(capital marchand), 생산자본(capital productif): 상품자본은 교환(수출입)을 통해 부가가치를 얻고, 생산자본은 생산체제 변화와 기업혁신을 통해 부가가치를 얻는다.

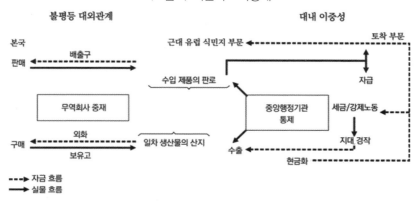

〈그림 1〉 식민지 조약경제

불평등 대외관계

본국
판매 ◀---- 배출구 ----

근대 유럽 식민지 부문 ◀----------- 토착 부문

수입 제품의 판로

무역회사 중재

중앙행정기관 통제

대내 이중성

자급

세금/강제노동 ◀----

지대 경작

구매 ◀---- 외화 ---- 일차 생산물의 산지

보유고

수출 ◀----

현금화 ----------

- - -▶ 자금 흐름
——▶ 실물 흐름

Ph. Hugon, *L'économie de l'Afrique*, Paris, La Découverte, 2006.

운송, 사회기반시설 건설, 플랜테이션, 식민회사 등의 노동 조건은 '원주민의 태만'으로 불린 저항에 직면했다.

(2) 조약경제

조약경제는 가치 창출이 아니라 고갈경제이며, 축적경제가 아니라 지대경제이다. 식민지는 기초산물의 창고이며 제조 물품의 배출 장소이다. 농산품 생산자, 장인, 시장 상인, 하급 행정관리 등은 '토착인'이었다. 유럽인은 경제 체제를 외국인(그리스-레바논인, 중국인, 인도인, 오만인)을 이용해 통제했다. 전체적으로 보면, 광물 탐사는 거의 없었던 것으로 보인다. 예외는 영국이 지배하는 남아프리카공화국의 광산, 벨기에가 지배하는 콩고의 구리, 그리고 가나의 황금이었다.

1880~1930년에 인구가 정체한 것으로 나타난다. 아프리카 인구는 강제

---

16. 우푸에 부아니(Felix Houphouët-Boigny, 1905-1993): 코트디부아르 공화국 초대 대통령. 1960년부터 1993년까지 대통령직에 있으면서 장기 집권했다.

노동(앙드레 지드의 『콩고 여행』* 참조), 등짐 운반, 질병, 인종 학살(나미비아의 헤레로족의 3/4이 몰살되었다) 등으로 2억 명에서 1.5억 명으로 줄었다. 인구는 제2차 세계대전 이후에 팽창했다.

(3) 권력과 문화

명시적 원칙에도 불구하고 식민지 정치체제는 독재체제는 아니었지만 적어도 엄청나게 독단적인 체제였다. 백인 지휘관이 자유재량권을 가지고 있었다. '권력이 없는 황제'의 무리에 속한 행정관들은 개인적인 운신의 폭이 컸다. 부패가 식민 지배 이후만큼 대규모는 아니었지만, 반대세력이 없는 상태에서 특권을 누리고 처벌을 받지 않았다.

권력구조는 새로운 엘리트의 출현 특히 피지배층(르완다와 부룬디의 후투족, 오트우방기의 반투족, 나이지리아의 이보족) 엘리트의 출현으로 또한 행정관들과 수장들의 야합으로 재편되었다. 문화적 박탈로 언어가 바뀌고 지명이 변경되었지만 국제 언어권에 진입할 수 있었고, 활용·저항·기지·혼합·재해석 등의 훌륭한 역량을 보여주는 이종교배가 생겨났다. 식민 체제, 특히 프랑스 식민 체제는 차별·굴종·동화 사이를 오갔다.

식민 지배에 대한 상반된 견해

유아기 및 야만의 대륙

무엇보다도 야만의 대륙, 유아기적 맹신과 잔혹의 세계. 그 역사는 부분적으로 발명, 사회·정치적 형태의 혁신, 종교 발달, 문학, 예술이 없는 역사이다.

_G. Hardy, *L'Histoire de l'Afrique*, Paris, A. Colin, 1922, p. XVIII.

---

* André Gide, *Voyage au Congo*, Gallimard, 1927(『앙드레 지드의 콩고여행』, 한길사, 2006)._ 옮긴이주

식민 지배는 문명화하기 위한 것

야생의 아프리카는 양면만 있다. 사람이 사는 곳은 미개이고, 사막은 야만이다. 19세기에 백인은 흑인을 인간으로 개조했으며, 유럽은 아프리카를 하나의 세계로 만들 것이다. 새로운 아프리카를 개조한다는 것은 옛 아프리카를 쉽게 문명화시키는 것이며, 이것이 문제이다. 유럽이 이 문제를 해결할 것이다.

_Victor Hugo, *Discours sur l'Afrique*, 18 mai 1879.

개발

식민지를 지배하는 프랑스는 분명 국익을 위해 착취를 획책했지만, 낙후한 이들 나라의 토착민이 단독으로 개발할 수 없거나 개발할 줄 모르는 세상·영토·자원에서 생기는 일반적 이득을 자국민을 위해서 활용할 수 없었고, 따라서 그 이득도 토착민이나 세계 문명에 아무 이득 없이 상실했다.

_A. Sarraut, *La mise en valeur des colonies francaises*, Paris, Payot, 1923.

반식민주의

식민 지배의 광기는 영원히 끝나지 않을 것인가.

_A. France, *Courrier viennois*, mi- septembre 1904.

우리는 거주하려고 노력해야 하는 곳에 거주한다. 우리는 인간삼림의 채벌꾼인가.

_A. Londres, *Courrier viennois*, 25 octobre 1928.

3) 분화된 식민 체제

(1) 식민 지배자에 의거한 구분

프랑스의 문화적 동화주의 모델, 벨기에의 실용적 모델, 포르투갈의 통합주의 모델, 영국의 간접통치 모델 등과 같은 진부한 구분은 피해야 한다. 식민 지배의 관행은 변했고 피지배 사회에 따라 달랐다. 그렇지만 어떤 특징들은 식민 지배 모습의 차이를 보여준다. 가장 중요한 영국 모델과 프랑스 모델을 중심으로 그 내용을 살펴보자.

영국 모델

영국의 식민지 정책은 아주 실용적이고 다변화되어 있었다. 간접통치 방식은 나이지리아의 영국 행정관 루가드(F. Lugard)가 천거한 방식을 오랫동안 이 정책을 특징짓는 사례로 활용했다. 수장들은 감독을 받았지만(노예제 폐지, 세금 절반 지불 등) 계속해서 통치했다.[17] 이 모델은 중앙집권적 정치구조가 있는 경우에는 성공했지만, 식민지 현지 권력이 분절사회(이보족)나 해체된 사회(요루바족)인 경우에는 실패했다.

프랑스 모델

프랑스의 식민지 모델은 직접지배와 중앙집권제에 기반을 두었다. 집단을 다스리는 집단 지휘관이 상당한 권력을 지녔지만, 족장의 비중은 전통적으로 매우 허약했다.

프랑스의 식민지 정책은 시간이 지나면서 변화했고 사회에 따라 다양하게 발달했다. 준거 모델은 1904년 프랑스령 서아프리카(AOF) 모델이다. 이것은 총독, 식민지 총독, 약한 행정력에 비해 중요한 역할을 지닌 집단 지휘관(5,000명)으로 구성된, 아주 계층화된 구조에 따라 편성되었다. 하위 계급에는 (세금 징수, 징발, 징병을 맡은) 토착민 수장들이 있었다.

식민 지배 체제의 특징은 토착민의 지위가 열등하고 시민권 획득이 극히 제한되었다는 점이다. '토착민'을 프랑스 시민 또는 이와 유사한 존재로 만드는 것을 목표로 한 동화주의 원칙은 1929년 대공황 이후 우선적으로 실시되었다. 이에 따라 프랑스어권 국가들은 프랑스의 행정관행 즉 중앙집권화, 계층화, 생산성과 상관없는 보상, 학위에 따른 집단 구별, 연공서열 등

---

17. 간접통치(indirect rule): 식민 지배국을 위해 현지 정부기관이 식민지를 '간접적으로 통치하는 행위.'

을 이어받았다. 이러한 관행의 원칙은 무상 서비스의 원리다. 아렌트(H. Arendt)는 프랑스 식민 지배의 특징으로 식민지 주민을 형제와 신하로 취급한 것을 꼽는다.[18] 국가를 우선시하고 보호주의를 취한 이 '콜베르식' 모델은 현재의 정치·행정 체제의 기능을 일부 설명해 준다.

대조적인 교육 체제

영국의 점유지에서는 지역적 특성을 좀 더 존중하는 정책 즉 지역 사회에 맞는 교육, 개인적 노력의 강조, 토착어 교육, 전문직업 훈련 등이 실시되었다.

벨기에의 식민지 특히 콩고에서는 투자가 이루어지지 않았고, 종족 간 차별을 악화시켰을 뿐만 아니라 투자 없이 값비싼 인건비에 의존한 경제적 착취가 진행되었다.

프랑스 영토에서는 일반적인 교육과 제3부문의 직업(사무실 고용, 통역사, 간호원, 교사) 교육을 허용하는 프랑스 문화 모델이 적용되었다. 이러한 '이원' 체제는 실제로는 토착민 교육(국가자격증 수준)과 프랑스 시민을 차별화했다. "골족이 우리 조상이다"라는 것을 가르치는 교육 체제로 통일된 것은 전후의 일이다. 이 모델은 국가 엘리트 양성에 상당히 큰 영향을 끼쳤다.

포르투갈의 식민지에서도 교육받은 동화된 자와 그렇지 않은 자를 차별했다.

(2) 아프리카의 지역 대분류

서아프리카

서아프리카 지역은 19세기에 영국과 프랑스 두 열강이 영토 팽창 경쟁을 벌인 곳이다(기니, 포르투갈령 카보베르데, 1914년까지 독일령 토고, 1823년 독립한

---

18. H. Arendt, "L'impérialisme," *Les origines du totalitarisme*, Paris, Fanyard, 1982.

이후 미국의 영향 아래 있던 라이베리아 등은 제외). 군사적 대결 이후 프랑스와 영국은 세력권의 경계를 정하고 정복지를 분명히 구별했다.

프랑스는 세네갈에서 상업시설과 특혜상업회사 자산을 보유했다. 페데르브(H. Faidherbe)는 상인들의 압력에 못 이겨 1854~1858년 2만 명을 앞세워 무어족과 엘 하지 오마르(El Haji Omar)와 전쟁을 벌였다. 군대는 세네갈 강으로부터 도로를 건설하면서 서아프리카를 점령했다. 베르베르족(세네갈에서는 '제네가[Zenegal]'라고 부른다), 아랍인, 푸라그미족, 풀라니족, 투쿨로르족, 만딩고족(밤바라족, 말링케족, 소닝케족), 월로프족, 세레르족 등을 서로 차별하면서 행정을 펼쳤다. 이들 사회는 자유인과 (가옥에 속하거나 밀거래되는) 노예로 나뉘어졌고, 배타적 지위를 가진 자(예컨대 대장장이)도 있었다.

프랑스령 서아프리카(AOF)는 1895년에 세네갈, 프랑스령 수단(현재의 말리), 기니, 코트디부아르를 합해 세워졌는데, 수도는 다카르였고 우두머리는 총독이었다. 1904년에 확정된 이 식민 연방은 모리타니·니제르·오트볼타(현재의 부르키나파소)·다호메(현재의 베냉) 등도 포함되며, 영토는 470만㎢였다.

AOF의 행정 체제는 매우 위계적이었고, 경제 체제는 영세 농민에 기반을 둔 수출입회사의 통제를 받았다. AOF의 경제에서 특용작물·카카오·커피·팜유 등을 생산하는 남부와 곡류와 면화를 생산하는 북부는 상호 보완적이었으며, 오트볼타 지역은 특히 플랜테이션 재배와 대공사(도로, 철도 등)에 필요한 노동력을 제공했다. 1932년에 AOF는 둘로 나뉘었고, 남부는 코트디부아르에 합병되었다.

프랑스 시민권은 1946년까지 극소수의 사람들에게만 허용되었다. 프랑스 시민이 아닌 아프리카인은 저급한 잡일에 종사했다. 선발 교육 체제는 3학년을 넘어가지 못했다(오지의 교사와 의사는 제외). 이 교육 체제는 이슬람화된 사바나 지역과 식민지 학교에 적대적인 주민보다는 기독교화된 삼림 지대 주민 사이에게 더 빨리 확산되었다. AOF는 두 번의 세계대전에 크게 기여했다(예컨대 '세네갈 저격병'으로).

영국의 식민지 확장은 초기에는 상업적 형태였으나 점차 군사적 성격이 가미되었다. 전체적으로 간접통치의 원칙은 시에라리온, 황금해안, 나이지리아에 널리 적용되었다.

중앙아프리카

중앙아프리카는 벨기에·독일·프랑스에 의해 식민지화되었다. 가봉 해안에서 프랑스의 정복자 드 브라자는 폭력적인 방법에 비판적이었던 '이상론자' 테케족의 왕 마코코와 협상을 체결했고, 그 후에 '장애물 제거자'인 영국의 탐험가 스탠리가 콩고 강 하구에 도착해 상업 요충지 풀말레보를 건설했다. 베를린 회의에서 독일·벨기에·프랑스는 중앙아프리카를 분점했다.

프랑스령 콩고의 영토 70%는 38개 사기업이 소유했고 이들은 프랑스에 이익금의 15%를 바쳤다. 이 체제는 AOF 모델에 따라 **프랑스령 적도아프리카**(AEF)가 창설될 때까지 지속되었다. 콩고-대서양 철도를 건설하면서 2만 명의 사상자가 발생했다.

아프리카 서쪽으로 불리는 가봉과 프랑스령 콩고는 노예조약(1839~1844)의 대상지였다. 상업로를 찾아 나선 드 브라자의 일차 탐험은 1875년에 시작되었다. 마코코와의 협약은 이때 조인한 것이다.

독일의 탐험가 나흐티갈(G. Nachtigal)의 압력으로 **카메룬**은 독일의 식민지가 되었다. 독일은 남부에서는 직접통치를 실시했고 북부에서는 간접통치를 실시했다. 제1차 세계대전으로 카메룬은 1918년에 영국과 프랑스에 위임통치 형식으로 분할되었다. 서부는 사실상 나이지리아에 합병되었다. 반대로 프랑스령 카메룬은 AEF에 합병되지 않았다.[19]

---

19. 위임통치 영토(territoire sous mandat): 행정을 타국에 위탁하는 방식으로 맡기는 행정구역.

벨기에령 콩고는 국왕 레오폴드 2세의 영지였기에 특수한 지위를 누렸다. 이 왕은 자원이 풍부한 카탕가 지역을 장악했다. 벨기에 정부의 지원으로 엄청난 수익을 얻기 전에 이미 투자가 이루어진 상태였다. 1885년 베를린에서 합의한 자유 교역에 반대해서 보호주의 체제를 갖추었다. 그는 상아와 고무의 독점권을 획득했다. 식민 지배의 착취 체제는 매우 가혹했다. 천연자원과 토착 노동력의 착취로 경제는 급성장했다. 가부장적 식민 지배 체제는 세 가지 축을 기반으로 한다. 3E(국가[État], 교회[Église], 기업[Entreprise]) 즉 행정, 선교, 광업 및 금융 대기업(벨기에은행은 오트카탕가 광산연합을 지배했다)이다. 정치 운동은 기본적으로 종교 운동이었다(킴방구주의[20]). 전후에 벨기에령 콩고에서는 경제 붐이 일어났다.

동아프리카

독일과 영국이 동아프리카를 '발견'했을 때 포르투갈과 오만은 이미 그곳에 진출해 있었다. 나일 강 상류의 통제와 선교사 보호는 영국의 주된 진출 동기였다. 베를린 정부와 런던 정부는 이곳 정복지를 분할했다. '아프리카의 진주' 우간다와 케냐는 영국에 귀속되었고, 탕가니카와 루안다우룬디는 독일에 귀속되었다. 독일은 제1차 세계대전 이후에 이 식민지들을 잃었다. 식민 지배자는 루안다의 부족 분열을 종족 분열로 바꾸어버렸다. 이들은 몇몇 종족 예컨대 외부에서 들어온 엘리트 종족인 투치족이 내적으로 동화시킨 신화를 만들어내기도 했다.

남아프리카

케이프 식민지는 유럽인의 첫 플랜테이션 지역이었다. 1652년 네덜란드

---

20. 킴방구주의(Kimbanguisme): 1920년대 종교지도자 시몬 킴방구(Simon Kimbangu)가 일으킨 기독교 메시야 운동으로서 콩고의 독립과 콩고왕국의 재건을 부르짖었다. 최초의 민족주의 운동 형태였다.

동인도회사는 희망봉에 기항지를 건설했다. 이 식민지는 회사 직원, 프랑스의 위그노파와 합류한 네덜란드의 자유 식민 농민, 노예, 코이코이족, 신천지를 찾아온 이주 농민 등으로 구성되었다. 남아프리카에서는 줄루족이 강력한 군대를 바탕으로 결집력이 강한 국가를 세웠다. 코이산족은 1세기 동안(1779~1878) 전쟁을 벌였지만 결국 유럽 정복자들에게 굴복했다.

케냐의 가장 좋은 땅은 백인 식민 지배자들이 탈취했다. 마우마우족의 반란은 매우 격렬했다.

1814년 영국의 희망봉 합병과 영국인 이주 및 1833년 노예제 폐지 등으로 많은 보어인이 희망봉 지역을 떠났다(Grear Krek[보어인의 대이동]). 이들은 1840년 블러드 강에서 코이산족과 전투를 벌였고, 독립된 공화국을 두 나라 세웠다. 이후 두 나라는 영국으로부터 독립을 인정받았다. 이렇게 해서 보어인의 국가인 트란스발공화국(1852)과 오렌지자유국(1854)이 생겨났다. 1872년에는 케이프 식민지의 자치정부가 수립되었다. 영국의 사업가 로즈(Cecil Rhodes)는 다이아몬드를 거의 독점했다(그는 킴벌리 일대의 다이아몬드 광산을 대부분 사들여 '드 비어스 연합 광산 회사'를 설립했다). 그는 네덜란드 식민 주민인 보어족과 손잡고 영국 제국의 틀 내에서 강력한 남아프리카 국가를 세우고자 했다. 트란스발공화국의 지도자 크루거(P. Kruger)에 대한 그의 적개심으로 보어족과 영국인이 서로 대적하는 보어족 전쟁이 일어났다. 그리고 1910년에 남아프리카연합과 남로디지아와 북로디지아가 건국되었다. 민족주의적 감정은 1897년에 영국에 대한 저항으로 표현되었고, 1970년 줄루족의 반투스탄(남아프리카 흑인 영토)이 세워지면서 더 고조되었다(줄루랜드는 콰줄루[Kwa Zulu]가 되었다).

남아프리카의 다른 지역에서 식민지 정복은 기본적으로 영국(로디지아·잠비아)과 독일(탕가니카·나미비아)에 의해 이루어졌다. 남서아프리카는 1892년에 독일 식민지가 되었다. 헤레로족은 1904~1906년에 절멸했다. 남아프리카의 식민지 정복은 1914~1915년에 이루어졌고 행정은 1920년 남아프리카공화국에 의해 실시되었다.

인도양

마다가스카르에서 영국인에 의한 플랜테이션 경영은 19세기 초 선교사들(런던선교회)과 상인들이 시작했다. 이 섬 밖으로 외국인들을 퇴각시키려는 의지는 꺾였고 이들은 그곳에 거주하게 되었다. 19세기 3/4분기에 프랑스 세력은 영국 세력과 대립했고, 값비싼 희생을 치른 1895년의 프랑스군 원정과 1896년의 합병 때까지 계속되었다. 갈리에니가 이끈 '평정'은 1899년까지 계속되었으나 저항이 없었던 것은 아니었다. 갈리에니는 마다가스카르 총독들에 의지하여 정교분리를 주장했고 권력을 통일했다. 그는 또한 프랑스어를 강요하고 '분리와 지비'의 인종 정책을 폈다.

인도양의 섬들에는 인도네시아, 인도, 중국, 오만, 아프리카, 유럽 등의 주민이 거주했는데, 그들의 세력권은 오래되고 숫자가 많은 것이 특징이다. 다문화주의와 도서 특성이 이 지역의 특징이다.

3. 진화, 독립, 그리고 식민 지배 이후

1) 진화하는 체제

식민 지배 체제는 중요한 변화를 겪었다. 군사력에 의한 '평정'에 이어 행정이 정착되었지만 개발은 아주 늦게 시작되었다. 제2차 세계대전 이후에만 진정한 개발 정책이 국가자본주의에 의해 교육과 보건 인프라 계획을 가지고 추진되었고, 이에 따라 인구도 급팽창하고 동화 정책도 실시되었다.

(1) 뒤늦은 개발

아프리카는 각기 연합군과 독일 편에 서서 무장 군대, 자금과 물자를 지원하는 것으로 제1차 세계대전에 참여했다. 전후에 독일 식민지(카메룬, 탕가니카, 나미비아, 토고)는 영국과 프랑스의 총독령이 되었다. 1929년의 대공황 이후 식민지 본국이 여러 식민지에서 철수하는 모습을 관찰되었다. 당시 동화 지지자와 적응 또는 연맹 지지자 사이에 논쟁이 있었다. 아프리카는 나름으로 무기·군대·자금을 통해 1945년 유럽 연합군의 승리에 결정적으로 기여하기도 했다.

제2차 세계대전은 아프리카에 근본적인 변화를 가져왔다. 1945년부터 상당한 투자가 이루어졌는데, 공적원조(서유럽에 대한 미국의 원조 계획 마셜 플랜에 상응하는 사회경제개발투자기금[FIDES] 계획에 따른 원조) 덕택이었다.

사회·경제적 기반시설에 대한 공공 투자는 민간 투자를 유발하는 효과가 있었다. 수입대체산업과 광물 탐사뿐만 아니라 시골 개발사업도 일반화되는 것을 확인할 수 있다. 경제성장률도 높아졌다(5~6%). 사회적 측면에서 인구와 도시 팽창 및 교육 확대가 전반적 변화의 특징이다. 국가자본주의가 외부의 도움으로 정착되기 시작했다. 안정화 메커니즘(영국 식민지에서의 시장위원회 또는 안정화기금)이 일반화되었다. 1945년과 1960년 사이에 1인당 소득이 늘어났고, 1950년대 중반에는 동남아시아의 소득수준보다 높아졌다(70달러 대 85달러).

(2) 동화 정책과 독립의 싹

중요한 변화로 인해 독립 준비가 진행되었다. 아프리카의 프랑스 식민지에서는 1946년까지 신화로만 남아 있던 동화 정책이 점차 정착되었다.

드골이 주도한 브라자빌 회의(1944)는 실제로 프랑스 본국과 아프리카 식민지의 관계에 대한 새로운 개념을 보여주었다. 뒤이어 취해진 1945~1946

년의 개혁 조치로 1945년 제헌의회는 아프리카의 대표성을 인정하게 되었고, (프랑스 '제국'을 계승하는) '프랑스 연합(Union française)'의 창설, 토착민에 대한 억압의 철폐, 강제노동 근절, 교육에서의 동화 정책 실시로 이어졌다. 당시 연방 지지자인 레오폴 세다르 상고르와 해외 영토(TOM) 형태로 AOF의 탈중앙집권화를 지지하는 펠릭스 우푸에 부아니가 논쟁을 벌였다. 탈중앙집권은 1956년의 드페르(Deferre) 법으로 시행되었다. 이 법에 따라 흑아프리카 식민지 주민에게 국민투표권이 부여되었고, 1946년에 설립된 식민지 의회(Assemblée territoriale)의 권리가 강화되었으며, 행정의 탈중앙집권화가 시행했다.

동화 정책은 결국 교육제도를 통일하고, 평균 생산성과 관계없이 공공 급여를 책정하기에 이르렀다(아프리카인과 유럽인의 동일한 급여를 규정하는 '라미네 기예 법[loi Lamine Gueye]'). 정당과 의회의 역할에 이어 시민권 부여와 국민투표가 확대되었다. 그리하여 아프리카는 식민 지배를 계승하기보다는 제2차 세계대전 직후에 이루어진 제도들을 승계했다.

2) 독립

(1) 탈식민화

독립은 상황에 따라서 격렬한 분쟁으로(마다가스카르, 카메룬), 총 끝으로(포르투갈 식민지), 탈취로(자이레는 콩고민주공화국이 되었다), 반발과 분리를 통해(나이지리아의 비아프라 지방, 자이레의 카탕가 지방), 심지어 양도로(대부분의 프랑스 식민지) 이루어졌다. 식민지 주민의 지배적 요구는 프랑스인과 동일한 권리와 의무였다. 국제적 맥락과 동화 정책의 비용으로 인해 과도적 해결책이 마련되었다. 드골에게 아프리카 식민지의 독립은 너무 때가 이르고 파국일 수도 있었지만 어쩔 수 없는 필연적인 일이었다.

아프리카 국가들의 독립은 1956년과 1990년 사이에 진행되었다. 그러나 1947년 6만 명의 사상자를 낸 마다가스카르, 카메룬인민연합(UPC)이 역할을 한 카메룬, 카탕가, 앙골라와 모잠비크 전쟁을 겪은 포르투갈 식민지 등을 제외하면 반식민 투쟁으로 독립을 이루었다기보다는 독립이 부여되었다.

드골이 실시한 1958년의 국민투표에서 프랑스 식민지의 주민은 프랑스 공동체(Communauté française)에 소속되는 것을 찬성했으나, 세쿠 투레(Sékou Touré, 기니 초대 대통령) 치하의 기니는 예외였다. 그는 "풍요 속의 노예보다 빈곤 속의 자유가 더 낫다"고 주장했다. 프랑스 공동체에는 수반(결정을 내리고 고시하는 프랑스 대통령), 의회 대표(공동체 상원), 법정이 있었다. 이 공동체는 제도적으로는 이미 없어졌지만 프랑스 권역에서 차지하는 프랑스 재무성의 비중, 아프리카 안정과 반공 투쟁을 지원하는 프랑스군의 역할, 국가 수반에 대한 사적 지원 및 그에 따르는 조직망과 위계 등으로 그 잔재가 일부 남아 있다.

반면에 영국의 식민지는 독립 이후 영연방(Commonwealth of Nations)[21]에 통합되었으나, 영국은 아프리카 문제에 거의 개입하지 않았다.

탈식민화는 새로운 국제적 맥락에 시작되었는데, 소련, 미국, 쿠바, 아랍 국가 같은 비유럽 열강의 지원을 받았다. 탈식민화는 특히 '지나친 제국주의적 팽창'[22]과 가중되는 식민지의 부담을 보여주는 손익계산의 결과로 생겨났다(드골의 『희망의 기억』* 참조). 부분적으로는 민족해방운동에 의해 탈

---

21. 영연방: 제1차 세계대전 직후 출범한 영국(United Kingdom)과 자치령 정부의 연합 조직(현재 가입국은 53개국).

22. P. Kennedy, *Naissance et déclin des grandes puissances*, Paris, Payot, 1989(폴 케네디, 『강대국의 흥망』, 이왈수 외 옮김, 한국경제신문, 1997). 폴 케네디는 이 책에서 미국의 '지나친 제국주의적 팽창'에 대한 주장을 펼쳤다.

* Charles de Gaulle, *Mémoires d'espoir*, Plon, 1959(『드골, 희망의 기억』, 은행나무, 2013)_옮긴이주

〈지도 5〉 식민 지배 시대와 식민 지배 이후의 아프리카

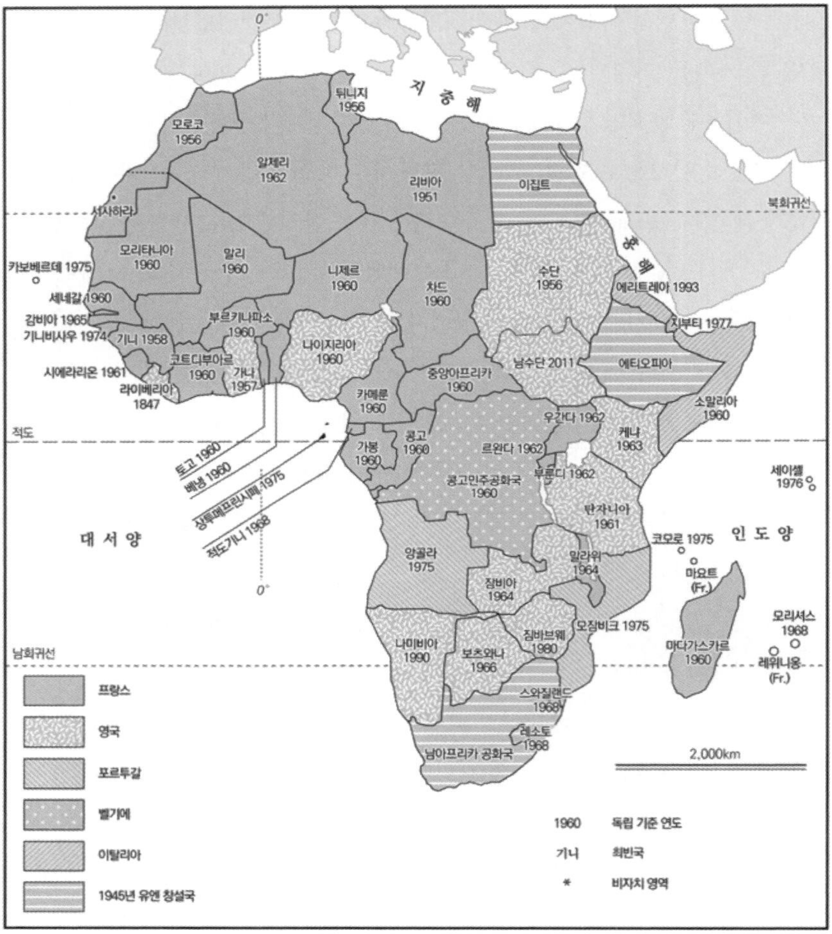

지중해

튀니지 1956
모로코 1956
알제리 1962
리비아 1951
이집트
북회귀선
서사하라
카보베르데 1975
모리타니아 1960
말리 1960
니제르 1960
차드 1960
수단 1956
에리트레아 1993
세네갈 1960
감비아 1965
기니비사우 1974
기니 1958
부르키나파소
나이지리아 1960
지부티 1977
시에라리온 1961
코트디부아르 1960
가나 1957
라이베리아 1847
카메룬 1960
중앙아프리카 1960
남수단 2011
에티오피아
소말리아 1960
적도
토고 1960
베냉 1960
상투메프린시페 1975
적도기니 1968
콩고 1960
가봉 1960
르완다 1962
우간다 1962
케냐 1963
대서양
콩고민주공화국 1960
부룬디 1962
탄자니아 1961
세이셸 1976
앙골라 1975
말라위 1964
코모로 1975
인도양
잠비아 1964
마요트 (Fr.)
모리셔스 1968
나미비아 1990
짐바브웨 1980
모잠비크 1975
마다가스카르 1960
레위니옹 (Fr.)
보츠와나 1966
스와질랜드 1968
레소토 1968
남아프리카 공화국
2,000km

프랑스
영국
포르투갈
벨기에
이탈리아
1945년 유엔 창설국

1960 독립 기준 연도
기니 최빈국
* 비자치 영역

출처: Ph. Hugon, *Géopolitique de l'Afrique*, Paris, Armand Colin, 2006.

식민지화가 이루어지기도 했는데, 특히 카메룬, 마다가스카르, 가나, 케냐, 포르투갈 식민지 같은 곳이 그렇다.

대부분의 아프리카 대표자들은 독립보다는 동화에 더 우호적이었다. 대부분의 식민 행정관들은 독립이 시기상조라고 생각했다. 식민지 주민은 자

기 권리를 잃고 싶지 않았다. 많은 사람의 몰이해, 심지어는 배반도 있었다. 영국은 재빨리 식민지와의 관계를 정상화했다. 포르투갈은 격렬한 전쟁의 상처를 안고 식민 제국에 안간힘을 썼다. 프랑스는 프랑스-아프리카 공동 체를 결성하여 과도기를 관리했다.

(2) 국가주권과 경제 의존

정치적 독립의 달성은 아프리카 국가들을 주권을 가진 국제적 주역으로 만들었지만, 처음부터 경제 체제를 근본적으로 바꾸지 못했다. 아프리카는 경제적으로 지나치게 의존적인 상황이었다. 높은 개방 비율, 수출의 다변화 부재, 무역 특혜 유지, 과거 식민 본국과의 외환 양극화, 극히 낮은 교육 수준, 높은 임신율 등의 지표는 아프리카의 경제 의존도가 매우 높은 상황임을 보여주었다. 에너지 제품, 중간재 및 설비, 숙련된 노동력과 경영진 등의 핵심은 외부에서 들어왔다. 외국 기업과 정부는 은행, 상업, 운송 및 산업 분야에서 결정적으로 중요한 역할을 했다. 아프리카 국가는 자신의 과거사를 재활용했다. 그들은 종종 국가 명칭을 바꾸었다. 다호메(베냉), 콩고(자이레), 오트볼타(부르키나파소), 우방기샤리(중앙아프리카), 남로디지아(짐바브웨), 프랑스령 수단(말리) 등이 그러한 사례이다.

당시 아프리카는 여러 정치 체제를 실험했다. 대부분의 국가가 일당제를 채택했다. 식민 지배 이후 이 모델은 유럽의 지지를 받지 못했고, 국가 건설자가 대규모 부패 사건의 당사자(부의 횡령자)가 되면서 점차 사라졌다.

전반적으로 탈식민화로 인한 세 가지 단절 요인이 드러났다.

- 인구 압력과 저급한 기술로 인해 주요 제품의 수출 모델이 부적절하고, 생태계 재생이 불가능 상태(휴경지의 축소, 산림 파괴 등)이다.
- 수입대체 전략은 소규모 국가에서는 타당성이 극히 제한적이다. 이들 국가에서는 작은 규모의 시장은 정체되고 국경에 빈 구멍이 많으며, 자

유화가 진행된다.

- 국가는 경제 주체지만 경제 틀이나 제도는 미비하고, 치안을 비롯한 주권적 기능을 행사할 수 없다.

(3) 국가의 발흥과 아프리카의 분열

제2차 세계대전 이전에 독립국은 에티오피아, 이집트, 남아프리카연합의 세 나라뿐이었다. 1951~1958년에 6개국, 1960년에 17개국, 1961~1968년 21개국, 1974~1977년에 7개국, 1990~1993년에 2개국, 2001년과 2011년에 각각 1개국이 독립했다. 아프리카에서 독립 국가가 많이 증가했고, 나이지리아연방을 제외하고는 지역별 식민지 집단(프랑스령 서아프리카와 프랑스령 적도아프리카)으로 와해되었다. 역내 정치 통합에 우호적인 범아프리카주의 입장(상고르, 모디보 케이타, 세쿠 투르)과 더욱 규모가 큰 국가집단(예컨대 수단과 세네갈의 합병)에도 불구하고 아프리카는 소국가로 분열되었다. 국경·자치·분리로 인한 국가 재편성 요인으로 분리 전쟁(나이지리아의 비아프라, 자이레의 카탕가 등)과 수많은 국경 분쟁이 일어났다. 그러나 정치 지도(地圖)는 독립 이후 매우 안정적이었다. 1963년에 국경불가침 원리가 아프리카연합기구(OUA)에 의해 천명되었고 전반적으로 준수되었다. 1960년대에 분리운동(콩고의 카탕가, 나이지리아의 비아프라)은 실패로 돌아갔다. 지부티와 오가덴의 소말리아인을 규합하는 대소말리아 건국의 꿈과 국내 종족 투쟁의 현실 사이의 소말리아는 내부적으로 폭발했다. 국경불가침의 유일한 예외는 역사가 동일하지 않았던 에티오피아와 에리트레아의 분리(1993), 소말리랜드의 주권(2001), 남수단의 분리(2011년 7월)였다. 분리에 우호적인 수많은 세력과는 반대로 연방제나 영토자치제(카사만스, 코모로, 니제르강의 델타, 북부 말리, 오가덴)도 있었다. 수많은 분쟁이 영토 경계를 둘러싼 것이었다. 아프리카 대륙은 2011년 7월에 54개국이 되었다.

3) 식민 지배의 모습

식민 지배는 나치주의나 스탈린주의처럼 이데올로기와 연관된 체제로 분석할 수 없다. 그것은 팽창주의 세력이 서로 상충하면서 추진하는 다양한 진화 과정이다. 식민지 장관을 지낸 알베르 사로는 "식민 지배란 원래는 개인적 이해관계를 지닌 시도이며, 가장 강한 자가 가장 약한 자에게 일방적으로 자행하는 자기 중심적 기도에 지나지 않는다"고 했다. 그는 "[식민 지배는] 물질적·정신적 발전을 가져오는 문명 도약이어야 한다"고 첨언했다(A. Sarault, *Grandeurs et servitudes coloniales*, 1931). 더욱이 식민 지배는 역사적 맥락이나 당대의 지배적인 정신 표상을 고려하지 않고 무시간적으로 분석할 수 없다. 직접 식민 지배는 긴 역사의 차원에서 보면 단기간 시행되었다. 그것은 분명 아프리카 사회에 족적을 남겨 놓았지만, 그들은 식민 지배의 기여를 재해석하고 그것을 자기 것으로 활용했다.

식민 지배는 여러 측면에서 역사의 막간(幕間)으로 보인다. 역사적 기반을 가진 복잡한 현상인 식민 지배는 '긍정적' 또는 '부정적'인 주관적 판단 대상이 아니다. 식민 지배는 식민 제국의 향수에 젖은 자들이 회고하는 황금기가 아니다. 또한 인간 존엄성과 자유의 침해, 미개인을 개화시켜야 한다는 백인 인종주의, 아동 교육을 목표로 하는 가부장적 태도에도 불구하고 지성인들이 비난했던 절대적인 악도 아니다. 그것은 군사력, 문화의 힘, 경제력으로 뻗어 나가던 유럽 팽창주의 시대의 산물이었다.

전반적으로 보면, 군대·행정가·선교사·교사·기업은 열등하고 뒤처진 민족을 화평케 하고 다스리고 교화하고 교육하여 개발시킴으로써 진보를 가져오리라고 믿었다. 유럽에서 식민지 모험은 미개인과 아동("맘씨 좋은 아저씨." *Y a bon banania, Tintin au Congo*[틴틴의 콩고 모험])이라는 측면에서 감행한 성공적인 식민지 원정인 동시에 탐험가·정복자·타자에 대한 우상 숭배의 환상이었다. 식민지는 노예제 폐지, 사회기반시설 개선, 취학, 의료 향상 등으로 진전되었으나 인명 희생도 엄청나게 많았다(콩고-대서양철로의 건설에 1미터당 시체 한 구가 생겨났다). 또한 양차 세계대전의 인간 포탄이나 유럽 열강의 식민지 전쟁은 말할 필요도 없다. 아파르트헤이트와 강제노동이 제2차 세계대전까지 지속되었다. 흔히 정신의 식민 지배, 역사의 박탈, "상상의 강간"(Aminata Traoré. 말리의 작가이자 정치가)이었다. 아프리카에서 식민 지배는 승자와 패자를 가르는 권력관계와 사회적 위계를 전복시켰다.

식민화 과정은 그 상반된 모습에서만 분석될 수 있다. 식민 지배는 폭력과 간섭을 통해 '문명화'된다. 문화적 몰이해가 아주 원시적인 식민지 민족학과 더불어 만연했던 그 당시에 식민 지배 내에는 다문화 모델이 있었다. 식민화는 기독교화하려는 선교사들과, 1905년의 정교분리법과 세속주의 및 이슬람의 위계에 의지하는 행정관리들 사이의 긴장을 반영하고 있다. 식민화와 탈식민지화는 배반과 몰이해의 감정을 가지고서 이를 경험한 자들을 서로 찢어놓았다. 우리는 몸으로 직접 체험하고 진보주의와 고향땅에 대한 애착 사이의 긴장으로 맘에 상처가 난 카뮈(Albert Camus)의 고통이 사르트르(Jean-Paul Sartre)의 왜곡된 흑백이원론이나 아렌트의 지적 체계보다 훨씬 강하다고 생각한다.

(1) 아프리카의 현재 상황에 미친 식민 지배의 무게

객관적인 평가는 분명 불가능하다. 여러 행위주체자의 입장, 그들의 선택적 기억과 시간이 지나면서 변하는 가치체계에 따라 평가가 달라지기 때문이다. 오늘날의 준거 척도로도 판단할 수 없다.

평정·발전·교육 같은 용어는 원시적인 옛 아프리카 사회를 근대화하려는 인도주의적 기도(企圖)로서 식민 지배를 기술한다. 식민 지배자는 노예제도 근절, 의료 수준의 향상, 물리적 사회기반 건설, 행정·사법기관의 설립 등을 통해 문명화 사명을 정당화하려 한다. 그들은 전쟁, 강제노동, 갖가지 물품의 강제징수는 단지 '대의명분을 지닌 부패'나 문명화 사명을 달성하는 과정의 불가피한 오류로 치부한다. 수출 작물, 사회기반시설의 건설(대륙 침투 도로 및 철로), 사회투자(전염병 퇴치, 취학률의 완만한 상승)에서 큰 진전이 있었으나 인명이 많이 희생되었고 사회는 아주 불평등해졌다.

더욱 근본적으로는 식민 지배는 식민 지배자의 이해에 피지배자를 종속시키는 모델을 설정했으며, 아파르트헤이트[23]의 기준에 입각해서 오랫동안 차별했다. 선교사의 관용과 어려운 여건하에서 몸 바쳐 봉사한 행정관리도 있었지만, '인종'전쟁과 흔히 아프리카 문명을 부정하는 폭력 행사가 문제였다. 독점권을 가진 회사가 가장 약탈적이었다. 식민 지배는 거의 비용을 치르지 않고 이루어졌다. 1900년 4월 23일의 프랑스 법률은, 식민지는 필요한 자금을 스스로 조달해야 한다고 규정했다.

식민 지배의 유산은 오늘날의 아프리카 지정학을 이해하는 데 매우 중요하다. 식민 지배자는 정복과 유역 및 시설 관리의 편의에 따라 국경선을 그었다. 이러한 국경선은 범접할 수 없는 것이 되었으며, 작은 국가로의 분립(특히 AOF·AEF의 해체)으로 나타났다. 국경은 주민들에게 내재화되지 못했다. 연안, 항구, 유럽과의 연계성, 수도의 위치 등과 얼마나 유리한가에 따라 **공간이 재편성**되었다.

식민 지배 체제의 다양성(식민 지배자의 정체성, 식민 지배 유형, 농업 착취의 유형, 식민지 사회의 구조 등)이 아프리카 사회의 추후 궤적에 미친 영향(경로의존성)은 많은 연구가 다룬 주제이다. 코뇨(D. Cogneau)에 따르면, 프랑스의 식민 지배는 영국의 식민 지배보다 교육시설의 보급에 더 집중했고 보다 심각한 불평등을 낳았다고 한다. 옛 영국의 식민지에는 보다 역동적인 경제 부문,

---

23. 아파르트헤이트(apartheid): 1990년까지 남아프리카공화국에서 공식적으로 실시되었던 서로 다른 종족 집단 간의 분리 정책.

우수한 대학, 보다 전문적인 언론이 있었다. 그러나 인과관계의 문제가 제기된다. 식민 지배 체제나 이후의 체제가 이들 식민지의 높은 잠재력을 설명하는 요인이 될 수 있을까?

요컨대 식민지화는 분명 아프리카 사회를 강력히 구조화시켰다. 식민 지배 유산은 문화적(건축, 의상, 도시화, 교육, 언어), 심리적(피식민지의 열등의식), 제도적(식민지 국가), 물질적(노예조약 경제)이었다. 식민 지배자는 진보에 대한 실증주의적 시각에서 전통 사회가 근대성의 방향으로 나아가도록 강제했다. 그러나 식민 지배는 소멸되지 않고 부분적으로 살아남은 오래된 족적에 접목되었다. 식민 지배 이후의 시기(50년 이상)는 식민 지배 시기(평균 60년)와 거의 비슷하다. 인구의 90%가 독립 이후에 태어났으며, 아프리카의 현 상황에서 식민지에 대한 책임은 점차 젊은 세대에게는 줄어들고 있다.

(2) 식민 지배국의 현 상황에 미친 식민 지배의 무게

직접 식민 지배는 유럽 열강 사이의 긴장과 갈등으로 시작되었다. 이들은 유럽 건설에 통합되면서 사라졌다. 유럽 열강과 아프리카 식민지 사이의 인구학적 비중은 완전히 역전되었고, 아프리카는 파트너를 다각화하면서 점차 세계화되었다. 레오폴드 2세의 영지였던 벨기에령 콩고를 제외하면, 식민지의 수익성을 설명하기가 매우 어렵다. 몇몇 행위주체(수출입 무역회사, 독점산업)는 식민 지배의 승자였다.

전체적으로 식민 지배는 상업 자본가와 금리생활자를 선호했고 영국·벨기에·프랑스 자본주의의 변천·발전을 지체시켰다. 터무니없이 비싼 가격은 유럽 상인의 수익을 높여주었지만 원료에 대한 추가 비용도 창출했다. 이런 의미에서 탈식민지화는 유럽의 자본주의 변화와 옛 피식민국의 유럽으로의 통합과 일치한다.

반면에 식민 제국과 식민지 군대는 양차 대전에는 결정적인 공헌을 했고,

특히 프랑스에 그 기여도가 컸다. 가스통 모너빌(Gaston Monerville. 프랑스 정치가·법률가, 노예의 손자)은, 식민지 군대가 없었더라면 프랑스는 자유는 얻었겠지만 승전국은 되지 못했을 것이라고 말한다. 퇴역 군인에 대한 연금 삭감을 비롯해 이러한 피의 대가는 거의 인정되지 않았다(셈벤 우스만[Sembéne Ousmane] 감독의 〈티아루아 캠프[Camp de Thiaroye]〉나 라시드 부사렙[Rachid Bouchareb] 감독의 〈토착인[Indigènes]〉 참조).

때로는 폭력으로 식민 제국이 몰락하면서 장기간 망각 상태에 있다가 최근에 뉘우침, 양심불량, 역사를 기록하려는 정치적 의지, 카르티에주의자(Cartiériste, 식민 지배 비용이 너무 비쌌다는 주장)의 용어를 재인용하는 민족우선주의—"잠베지강보다 코레즈를 먼저(La Corrèze avant la Zambèze)"—등과 같은 정치적 논쟁이 재개되었다. 식민 지배의 유산은 프랑스에서는 시민권의 정의와 국가 통합의 핵심 사안이다. 식민 지배의 역사는 이 역사를 경험한 자들과 이 역사를 기록하는 자들을 계속 갈라놓는다. 그것은 억압되었다가 고정관념과 흑백론으로 축소되어 버린다. 만약 식민 지배의 기억이 없다면, 프랑스와 포르투갈은 복잡하게 얽힌 관계가 된다.

프랑스는 식민 제국의 단편적 잔재(해외도[DOM], 해외영토[TOM])를 계속 소유하고 있다. 프랑스는 프랑스어를 퍼트리고 경제와 군사력의 확장을 목표로 한다. 확장된 영토이자 이주민의 영토인 프랑스는 다문화·다종교의 '무지개' 국가가 되었지만, '가톨릭교회의 장녀' 프랑스는 단일색의 역사를 준거로 삼고 있다. 보편적 가치(인권)를 확산시키려고 하지만, 아프리카인에게는 차별 정책을 우선시하고 엘리트들이 북아메리카에 정착하는 것을 관망하고 있다. 국제 협력과 비정부기관은 다른 맥락에서 식민 지배의 확장하지만, 내정 간섭에 관한 동기(개발, 원조, 이국취향, 재정적 이해관계, 정치적 약속)와 인권과 '현실정치'의 갈등, 인도주의와 군사력의 관계 등과 같은 모순을 함께 가지고 있다.

제2장

문화·종교·법의 지정학

4세기	누비 왕국과 악숨 왕국의 기독교화
12~14세기	수단-사헬 지대 왕국들의 점진적 이슬람화
19세기 초	서아프리카 해안, 남아프리카와 중앙아프리카의 개신교· 가톨릭교의 복음화
양차 대전 사이	흑인정신 옹호(상고르, 세자르)

"세속적인 관점에서 생각하면, 우리는 아프리카의 그 무엇도 이해하지 못한
다고 스스로 규정해버린다."_함파테 바(Hampate Ba)

　권력은 국내와 국가 사이에서 강제와 무력으로뿐만 아니라 지배와 헤게
모니의 관계를 지닌 문화·언어·종교·법률 영역에서 그리고 저항·지략·재점
유에 의해서 표출된다. 아프리카 과거사의 흐름이 다양한 것은 문화·종교·
법규가 다양하다는 특징 때문이다. 이러한 결과는 대부분의 사회와 마찬가
지로 아프리카 대륙 내부의 과정 및 대륙 외부와의 접촉, 그리고 그 상호작
용에서 생겨난 것이다. 그리하여 규칙과 법적 규율의 제반 양태에 미친 상
호작용의 혼합·이종교배·융합을 관찰할 수 있다.

제2장 문화·종교·법의 지정학　81

1. 문화지정학

문화는 삶과 죽음에 의미를 부여하고, 인간이 자연을 지배하는 가치·관념·기술의 총합이다. 문화는 또한 공통의 정체성, 상징적 의미작용, 열망에 대한 모델의 총합이기도 하다. 문명은 언어, 기술, 예술, 종교적 신앙, 경제·사회·정치 조직, 제도로써 규정된다. 문화를 이해할 때 전통과 이타성(異他性)을 고착시키는 문화주의[1]와 문화적 "비교의 무관심"(A. K. Sen)[2]을 가진 이해관계자의 획일주의라는 두 가지 함정을 피해야 한다.

1) 아프리카 문화의 다양성과 문화적응

(1) 문화 매트릭스의 역할

문화 매트릭스는 다양한 가치의 보존 및 창의성과 관련된 긍정적인 이미지와 관계가 있다. 또한 두 가지 역할 즉 문화 자산과 문화 서비스의 가치를 부여함으로써 생기는 경제적 기능과 소프트 파워를 통한 지정학적 기능을 갖는다.

동일한 사회문화권에 사는 주민은 삶과 죽음, 육체와 정신에 대한 관념표상을 공유한다. 또한 이들은 자기 사회와 관련 있는 규범과 가치에 준거를 두고, 이 가치가 형성·전달되는 방식을 참조한다. 아프리카 문화는 행위주체의 관행을 이해하는 데 기본적이다. 또한 아프리카 문화를 전통과 관련 있는 발전·개발을 가로막는 장애물로 취급해서는 안 된다. 아프리카 문화는

---

1. 문화주의(culturalisme): 사회의 다른 영역에서 독자적이고 불변하는 준거로 문화 환경이 미치는 영향을 고찰하는 사회이론.
2. A. K. Sen, "How does culture matter," V. Rao, M. Walton(eds.), *Culture and Public Action*, Stanford University Press, 2004.

진화하며 근대성 건설의 다양한 궤적을 표현하고 있다. 그 문화는 (조그만 촌락에서 대규모 사회문화권역에 이르기까지) 규모에 따라 다르며, 상호적이고 이종교배적이며 혼합되어 있다. 아프리카 문화는 그 의미를 부여하는 관행과 제도 내에 재편입되기도 한다. 강제적 차원(주술, 개인적 권력, 원로정치)은 분명 개인주의화 과정을 가로막는다. 하지만 아프리카에는 다른 모든 사회처럼 개인주의와 사회 통합 과정 사이에 긴장이 존재한다. 희생 제물로 바치는 염소가 집단정신의 구축에 중심 역할을 한다.

아프리카 문화와 문명은 극히 **다양하다**. 아프리카를 단수로 취급할 수 없다. 전통 자체는 진화하지만, 유목민의 환대, 삼림수렵인의 소비 또는 포틀래치(potlatch),[3] 카메룬 바밀레케족 농민의 저축과 투자, 사헬 지대 대상인의 부의 축적, 마사이족이나 사하라 전사의 용감무쌍한 전투력 같은 전통은 일반화할 수 없는 특유한 특징이다.

여성의 지위는 분명 문화 창조의 중심 역할을 하며, 그 지위는 문화에 따라 다르다. 여성은 식량 생산과 재생산을 위한 가내 노동에서 중심적 역할을 한다. 여성은 땔나무를 해오거나 물을 길어오는 육체노동에 필수적인 존재이다. 도곤족은 "여성은 우리의 수로(水路)"라고 말한다. 정도는 다르지만, 여성은 흔히 남성보다 지위가 열등(할례, 일부다처제)하지만, 어떤 사회에서는 정치적·종교적 역할을 하기도 한다. 여성은 할례 반대 및 일부다처제 반대 운동에 참여하고 권리를 인정받기 위한 투쟁에도 참여한다.

(2) 구전 문화와 시골 문화

많은 아프리카 문화는 구전 문화와 시골 문화라는 특징이 있으며, 우주 탄생 이야기[4]를 갖고 있다. 시골 사회에서는 전수되는 문화적 유산과 인간관

---

3. 포틀래치: 별개의 사회집단 사이에 증여와 상징적인 경쟁으로 표현되는 의례.
4. 우주 탄생 이야기(cosmogonie): 신화·설화·격언 등으로 표현된, 깊은 지혜를 담고 있는

계를 창조하는 증여(贈與)가 상품교환에 의한 관계보다 훨씬 우세하다. 또한 다산과 대가족을 중시하고 원로정치를 존중하며 양성 간의 불평등이 지배적이다.

구전 문화가 지배하는 세계에서는 가계, 신화, 겪은 수모, 위대한 승리가 세대에 걸쳐 전수된다. 아마두 함파테 바(Amadou Hampâté Bâ. 말리 작가·인종학자)는 "아프리카에서 죽어가는 노인은 불타는 서고(書庫)"라는 유명한 말을 남겼다. 구술적 종교세계가 가진 풍부하고 충만한 의미는 다양한 문화적 현상으로 나타난다. 아프리카 예술은 미적 통일성과 다양한 스타일이 특징이다. 그것은 변형되고 의례와 신화를 통해 재현된다. 예술가는 엘리트 장인(匠人)이며, 대개는 대장장이이다. 예술의 대상은 작품으로 만들기 이전에 이미 주술적 힘과 생명력뿐만 아니라 상징적 의미로 가득 차 있다. 마스크는 죽은 자의 영혼을 지닌 얼굴이다. 신의 계시를 받고 신들린 상태는 보이지 않는 세력들과 소통하는 순간이다. 빙의 의식(儀式)이 제공하는 신접(神接) 경험은 풍요·임신·치유를 지배하는 조상 및 신들과의 결맹을 새롭게 갱신한다. 신접 의식은 숨겨진 것을 발견하고 신체를 제어하도록 만든다.

(3) 문화적 이종교배

이러한 문화적 준거는 정복, 노예조약, 식민 지배, 도시화, 세계화와 관련되는 다른 준거와 접촉하면서 분명히 변화했다. 구전에 의해 전승되던 종교는 문서 기록을 지닌 종교에 의해 변화했다. 학교 교육에서는 상징적 사고에 인과관계·실험·분석의 의미가 도입되었다. 휴대전화는 기계화·자동화와 새로운 사회화 과정의 요인이 되었다. 그렇다고 해서 주술적 종교세계가 완전히 사라진 것은 아니다.

―――――――
우주 생성에 대한 이야기.

식민 지배는 다른 가치체계를 강요했다. 이로 인해 언어·종교·규범의 영역에서 대립하고 융합하는 모습이 나타났다. 기술문명과 산업문명은 기술적·군사적 우위와 경제적 효율성을 스스로 확보했다. 여기에서 서로 다른 문명의 접촉·대면·토착화(내재화)와 관련된 **문화적응**[5] 과정이 진행되었고, 그 결과 문화들이 융합했을 뿐만 아니라 다수의 문화 준거 사이에 균열이 생겨났다. 많은 아프리카인은 신석기시대나 정자마루에 발을 딛고 서 있지만, 머리를 인터넷과 금융시장에 틀어박고 있다. 라비르트톨라(Ph. Laburthe Torla)에 의하면, 공동체 논리에서 미덕(일부다처, 연대, 규범과 위계 존중)은 효율성과 경쟁의 논리에는 악(족벌주의, 보스 제도, 부족주의)이 된다. 아프리카 문학은 이러한 아프리카 문화의 양면성과 중의성을 표현한다(세이크 아미두 칸[Cheik Hamidou Kane]. 세네갈 작가).[6]

2) 언어 유산 또는 바벨탑의 유산

(1) 언어 모자이크

언어는 세계를 표상하는 수단이며, 문화를 형성하고 기억을 만들어낸다. 아프리카는 1,500개의 언어를 가진 대륙으로 화자 수가 아주 불균형하지만, 세계에서 가장 큰 언어 유산을 가지고 있으며 이로 인해 인종언어학적으로 아주 세분화되어 있다. 예컨대 콩고민주공화국에서는 200여 인종언어군이 4개 다른 언어[교통어]와 수백 개의 방언을 사용한다. 언어구조는 정신세계와 그 정신 표상을 조직한다. 언어 문제는 보편주의와 개별주의 사이에 긴장

---

5. 문화적응(acculturation): 강제적이든 아니든 새로운 문화, 새로운 신조, 새로운 행태에 적응하는 것.

6. Ph. Laburthe-Tolra, Ph. Warnier, *Anthropologie. Ethnologie*, Paris, PUF, 1990; C. H. Kane, *L'avenir ambiguë*, Paris, Julliard, 1961.

을 유발한다. 언어 효율성은 화자 수에 달려 있으며, 교통어가 지배적인 언어로 기능한다. 그러나 그 언어의 깊이는 언어가 의미하는 이타성, 언어가 표현하는 문화적 뿌리, 그것이 허용하는 저항에서 유래한다. 이러한 딜레마에 봉착해서 아프리카인들은 언어 다원주의를 실천한다. 보통 다언어 화자인 아프리카인은 국제 교통어, 국내 교통어, 모어를 사용하며, 이러한 다언어 구사력은 곧 적응력이 뛰어나고 여러 준거 세계에 참여하는 능력을 보여준다.

토착어는 여러 어족으로 나뉘는데, 에티오피아어족(암하라어, 티그레어. 화자 3,600만 명), 쿠치·차드어족(120개 언어. 화자 4,000만 명), 나일사하라어족(140개 언어. 화자 4,700만 명), 나이저콩고어족(20여 개 언어. 화자 20만 명), 코이산어족(30여 개 언어. 화자 20만 명), 마다가스카르어(화자 1,650만 명)이다. 교통어는 서로 다른 언어를 사용하는 종족 사이의 의사소통 수단으로 사용된다(서아프리카의 디울라어·하우사어, 동아프리카의 스와힐리어, 중앙아프리카의 링갈라어·히방가어). 식민시대에서 유래하는 유럽어로는 아프리카 대륙 내외에서 사용되는 영어·프랑스어·포르투갈어·아프리칸스어(afrikan)가 있다. 언어가 섞인 혼합어도 수없이 많은데 피진어·크레올어 같은 언어이다. 언어 연대는 사하라이남 25개국이 속해 있는 프랑스어 국제기구(OIF)와 영연방 그리고 포르투갈어권 공동체(CPLP)를 통해서 이루어진다.

이러한 언어 유산은 아프리카의 위대한 자산 가운데 하나지만, 문화적 소외 현상도 목격된다. 1960년대 카메룬에서는 제복을 똑같이 입은 초등학교 학생들이 프랑스 군대가 만든 국가를 불렀다. "오, 우리 조상의 요람인 카메룬이여, 너는 옛적에 야만인으로 살았으나 지금은 태양처럼 막 떠올라 미개에서 벗어나는구나."

(2) 언어의 지정학적 이슈

동일 언어권에 속하기 때문에 강한 유대가 맺어지며, 이로부터 지배적인 언어에 대항하는 종교적·민족적·국가적 이슈가 대두한다. 언어는 또한 권력의 문제이기도 하다. 언어 이슈는 문화권역의 귀속 방식처럼 전략적인데, 소수집단이 국제소통어와 과학지식을 획득할 수 있는 언어를 장악하기 때문이다. 언어의 국유화(국어화)는 흔히 소통어를 구사하는 이중언어 사용 엘리트와 민중을 분열시킨다. 광범위한 의사소통어의 구축은 국가 건설의 핵심이다. 오늘날 소통어는 시청각과 정보통신기술의 세계로 구현된다. 국가 차원에서 보면, 과거 식민 제국의 언어는 군대를 사병화하고 "전쟁의 풍부한 노획물을 차지하는 수단"(Yacine)이었지만, 민족주의나 지역주의의 미명하에 국제소통어를 구사하지 못하고 이 언어를 통해 지식을 획득할 수 없는 민중을 통제하는 수단이기도 했다. 국제적 차원에서 보면, 언어는 영어 지배 추세(3억 명의 화자)와 함께 지정학적 무기가 된다. 아프리카인의 20%는 프랑스어 화자이며(2억 3,000만 명), 4%는 포르투갈어 사용자, 20%는 아랍어 사용자이다. 프랑스어권과 일부 포르투갈어권은 영어권과 부딪혀 언어 전투를 벌인다. 아프리카의 새로운 파트너들은 언어장벽에 부딪힌다. 중국은 자국 언어와 문화를 전파하기 위해 텔레비전 채널이나 공자학원을 확대할 뿐만 아니라 자국 내에서도 프랑스어권 아프리카에 상주하기 위해 알리앙스 프랑세즈를 활용한다.

토착어와 국제소통어에 대한 언어 인정이 우선적인 사항이다.

3) 아프리카 문화 영역의 세계화

(1) 문화적 창조성의 발현

예술 부문에서 아프리카의 창조적 재능은 풍부한 조각, 춤, 음악뿐만 아니라 삶의 약동성 포착이라는 측면에서도 환기된다. 아프리카는 문화를 통해 광채를 크게 발휘하고 그 창조성을 보여준다. 문학이든(소잉카[W. Soyinka], 가디너[N. Gardiner], 쿳시어[J. M. Coetzee] 같은 노벨 문학상 수상자), 음악이든, 디자인이든, 영화든 어디서나 그렇다. 라베아리벨로(Jean-Joseph Rabearivelo), 라베마난자라(Jacques Rabemananjara), 상고르 같은 시인은 고향 땅에 대한 애착과 보편성을 동시에 표현한다. 유민, 문화적 혼효, 다양한 이주는 아프리카가 세계 속에 현존함을 나타낸다. 특히 세제르(Aimé Cesaire. 마르티니크 출신의 작가·시인·정치가)와 상고르 등이 이끄는 네그리튀드(négritude, 혹인정신)[7]을 옹호하기 위한 문화 투쟁은 식민 지배자뿐만 아니라 아랍무슬림 백인에 대항하는 아프리카의 정체성을 확인하는 주요 계기였다.

(2) 세계체제에의 편승

이와 더불어 아프리카는 새로운 통신체제로 세계체제와 연결되고 있다. 텔레비전 채널과 위성방송은 열강 제국(아랍, 미국, 중국, 유럽)의 전략적 이슈가 되었다. 휴대전화, 텔레비전, 비디오카세트, 인터넷 사이버카페 등을 통해 전달되는 영상과 정보는 돈·풍요·폭력·섹스의 세계로 연결된다.

뒤브러쏭과 레종에 따르면, "도덕, 폭력, 물질적 성공신화는 새롭게 뒤섞이고 통합되어 폭발적인 칵테일이 되었고, 누구보다도 먼저 성장에서 소외된 젊은이들, 웹 접속 닌자들, 콩고나 소말리아의 람보들이 이를 즐긴다."[8] 키제르보는 이를 "아프리카 문화의 완만하지만 확실한 침식"[9]이라고 지적

---

7. 네그리튀드: 1930년대 혹아프리카의 모든 문화적 가치를 주장하고 문화적 동화를 거부하는 혹인 지식인들에 의해 만들어진 용어. 상고르(Léopold Sédar Sénghor)는 1960년 세네갈 초대 대통령이자 시인(*Anthologie de la nouvelle poésie nègre et malgache de langue française*, 1948)이다.
8. A. Dubresson, J.-P. Raison, *L'Afrique subsaharienne, Une géographie du changement*, Paris, Armand Colin, 2011(3^e éd.).

한다. 문화적 준거는 세대에 따라 다르다. 도시의 젊은이는 원로정치 구조와 족장제를 문제시한다. 발랑디에는 "문화의 혼합·이종교배·적응이 변형·결합·창조·추가된다"[10]고 강조하면서 아프리카 문화의 생명력을 설명한다. DIAL*이 실시한 설문조사는 아프리카 5대 대도시가 가진 미래 열망의 보편성을 보여준다. 응답자의 95%가 기본 욕구의 보장을 우선 사항이라고 답했고, 81%는 엄청난 소득격차 해소를, 81%는 자기 실적에 따른 인정을 꼽았다.

(3) 스포츠 지정학

스포츠 또한 사회적·정치적 측면에서 중심 역할을 한다. 그것은 국가 화합의 감정(코트디부아르의 축구 대표팀은 '코끼리' 군단, 카메룬의 축구 대표팀은 '불굴의 사자' 군단으로 불린다)을 유발시키고, 아프리카 대륙 전체의 소속감(아프리카 네이션스컵 축구대회[CAN])을 고취한다. 그것은 젊은이들의 열망을 담고 있다. '스포츠 아프리카'는 국제무대에서 떠오르고 있다. 월드컵에도 출전한다. 아프리카 선수들은 대륙의 최고 외교사절이다. 그들은 아프리카의 긍정적 이미지를 전달한다(조지 위어[George Weah]는 상징적 인물이다. 1995년 발롱도르 상을 수상한 축구선수였던 그는 2005년 라이베리아 대통령 후보였고, 2017년 선거에서 당선되었다). 카메룬계 프랑스인 노아(Yannick Noah. 테니스 선수이자 가수)는 2011년 프랑스의 가장 인기 있던 인물이었다.

스포츠는 양면성이 있다. 그것은 국가 건설을 도와주는 요인이며 상징적 가치가 큰 요소이다(클린트 이스트우드 감독의 〈우리가 꿈꾸는 기적[Invictus]〉은

---

9. J. Ki-Zerbo, *Histoire de l'Afrique*, Paris, Hatier, 1978.

10. G. Balandier, *Civilisés dit-on*, Paris, PUF, 2003.

* DIAL(Développement institutions et analyses de long terme)은 개발도상국의 경제 및 인구 통계학적 분석을 전문으로 하는 공공 연구센터이다._옮긴이주

1995년 럭비월드컵 당시 만델라가 남아프리카공화국을 건설하기 위해 어떻게 백인 럭비팀 스프링복스를 활용했는지 잘 보여준다). 스포츠는 젊은이들이 자기 정체성을 확인할 수 있는 모델을 만들어낸다. 그것은 '평화와 스포츠'라는 갈등에서 벗어나려는 젊은이들에게 재사회화를 조장한다. 하지만 스포츠는 동시에 폭력을 표출하며 일상의 '빵과 게임'을 잊게 하는 아편이다. 때로는 비극적인 사건을 일으키기도 한다. 영상을 통해서 오늘날 스포츠는 좋은 면(2010년 남아프리카공화국이 주최한 월드컵 축구)에서든 좋지 않은 면(2010년 카빈다해방전선[FLEC]을 공개적으로 세상에 알린 토고 축구선수들에 대한 공격)에서든 세계적 현상이 되었다. 스포츠는 국제적인 불균형을 보이며 '황금빛 노예조약'이라는 새로운 조약으로 표출된다. 유럽에서 뛰는 외국 축구선수의 절반은 아프리카인이다.

아프리카 영화와 남북 진영의 불평등 관계

아프리카 영화는 아프리카 시와 정치를 표현하는 주요한 방식이다. 예술의 힘은 예술을 박탈당한 자들에게 언어를 돌려주고 이미지를 통해 기억 속의 과제를 준다. 장 루쉬(Jean Rouch)의 영화는 사라지는 사회(〈사자사냥[La chasse au lion à l'arc]〉에 나오는 송하이족)나 아크라(가나의 수도)의 도시화가 지닌 이중성 및 빙의와 악귀추방 의식에 사로잡힌 아프리카인(〈광란의 지도자들[Les maîtres fous]〉)에 대한 증언이다.

영화는 번창하고 성장하는 경제활동이기도 하다. 1억 5,000만 명의 관객을 끌어들이는 영화와 비디오를 제작하는 놀리우드(Nollywood. Nigeria와 Hollywood의 합성어)가 있는 나이지리아는 미국(Hollywood)을 앞지른 제2의 영화산업 강국이다(제1위의 영화산업국은 인도[Bollywood]다). 또한 부르키나파소 수도 와가두구에서 열리는 페스카포(FESPACO. 범아프리카영화제)는 세계적으로 알려진 영화 축제이다.

우스만 상벤(Ousmane Sembène)의 〈티아루아 캠프(Camp de Thiaroye)〉나 라시드 부샤렙의 〈토착인(Indigènes)〉은 전쟁의 부채를 인정하고 아프리카 군인의 연금 지불을 거부하는 조국을 조명한다.

다큐멘터리 〈다윈의 악몽(Le cauchemar de Darwin)〉은 기술적으로 성공한 유럽연합의 프로젝트인 빅토리아 호수의 '나일 농어' 양식과 무기밀매의 사회적·경제적·환경적 재앙에 대해 이야기하고 있다.

압데라만 시사코(Abderrahmane Sissako)의 〈바마코(Bamako)〉는 같은 건물의 안마당이나 법정에서 벌어지는 고통, 죽음 임재, 상부상조, 낙관론이 지배하는 일상적인 삶을 보여주면서 동시에 북부 진영의 이기심이 드러나는 세계은행과 IMF 및 목숨을 걸고 엘도라도를 찾으려는 자들의 절망과 질병을 마주하는 공포와 무관심을 보여준다.

차드인 마하마트 살레 하룬(Mahamat Saleh Haroun)의 〈부르짖는 남자(L'homme qui crie)〉는 전쟁을 배경으로 호텔 경영합리화와 개축을 위해 새로 온 중국 소유주들이 수영장 관리인이 된 옛 수영 챔피언을 어떻게 파멸시키는지를 잘 보여준다. 이 남자의 외침에는 전쟁, 노화의 고통, 가족 배반의 극적 전개가 뒤섞인다.

참여 영화의 힘은 단순한 흑백논리를 넘어 아프리카에 대한 가상의 폭력성을 고발하고 고통 받는 자들의 힘과 존엄성을 보여주는 것이다. 반면에 자기비판적인 영화는 많지 않다.

4) 문화, 권력, 발전

문화 매트릭스는 사회의 궤적과 인간이 어떻게 근대성을 형성하고 의미를 부여했는지를 이해하는 데 중심 역할을 한다. "문화는 궁극적인 의미를 제공하는 의미의 틀로서, 이를 준거로 사건과 상황이 그 의미작용을 획득한다"(d'Iribarne).

문화 상대주의자적 시각에서 보면, 문화 준거가 어떤 점에서 기술 혁신과 자산 축적에 방해되는지를 확실히 알 수 있다. 마다가스카르에서는 무덤에 큰돈을 쓰고, 코모로에서는 결혼식에 목돈을 투자한다. 목축 사회에서 소를 희생 제물로 바치면서 이루어지는 소비를 목격할 수 있다. 시골 사회에서는 흔히 사람이 자연과 통합되어 있고 조상의 옛 관행을 되풀이하는 생태 중심의 관념이 여전히 우세하다. 카메룬에서는 어떤 장소·지위·직책·거래로부터 이득을 끌어내는 '뜯어먹기'가 만연한데, 이는 혼자 독식하는 것이 아니라 소속집단 전체가 이 '뜯어먹기'에서 이득을 보도록 하는 것이다.

이와 동시에 아프리카의 문화 준거는 다수이고 진화한다. 르완다 전통의 위계적인 질서 사회는 콩고 분지의 상대적으로 무정부적인 사회와 다르다. 저축, 혁신, 부의 재분배와 관련된 행태는 매우 다양하다. 그래서 사회문화적 폐쇄성은 상대적이다. 아프리카의 여러 사회는 불안정하고 불확실한 세계에서 위험을 방지하고 단기간에 일을 처리하려는 방식에 따라 서로 다른 관행을 갖게 되었다. 아프리카 사회는 준거가 다수이기 때문에 집단 간(장자와 다른 형제 사이, 기업가와 금리생활자 사이)에 갈등이 많다.

오늘날 식민 지배자와 피지배자 또는 서구나 아시아 기업가와 아프리카 노동자 사이에 노동의 리듬과 위계와 관련해서 문화적 긴장이 존재한다. 산업문화는 조직의 규정과 규범을 학습하는 과정이다. 조직에서 가족 재분배 체계와 경영 규칙이 긴장상태이거나 위상차가 있을 수 있다. 기업은 특히 장기적인 관점에서 감가상각과 유지·보수를 상정하는데, 이는 수많은 행위 주체의 운명은 제외하더라도 유연성 있는 관행들과는 거리가 멀다. 자본주의 기업은 규칙, 절차, 위계, 생산 목표, 시장이 인정하고 궁극적으로 돈의 가치로 인정되는 수익성으로 구성된 조직과 가치를 특징으로 한다. '상위' 봉급자와 '하위' 봉급자는 흔히 재분배나 '독식하지 않는' 면에서 서로 준거가 다르다. '비공식' 집단에서는 다른 문화준거가 맞물려 있는 법규와 계약 외에도 사적인 개인관계가 지배적이다.

이러한 지적은 상대적이다. '문화충격'은 기억(노예조약, 강제노동, '외국' 기업)을 참조하면서 진화한다. 효율적인 조직 모델은 여럿이다. 핵심 문제는 이익 분배의 다양한 양태 중 어떤 것을 취해 이용하느냐 하는 것이다. 각자는 빌린 급전은 갚아야 한다는 것, 택시 소유자는 50만 킬로미터 이상 차를 굴려야 한다는 것을 잘 안다. 산업체는 '목소리', 충성 또는 출구전략이 지배적인 행위주체의 관행과 더불어 여러 방식으로 경영될 수 있다. 보편주의적 시각에서 각 문화는 자신의 원동력과 특수성을 잘 발견하는 것이 중요하다. 위계관계는 국가·전통·법·의무로 규정되는 인간관계를 맺게 하여여러 가지 효율적인 경영방식을 만들어내기 때문이다.[11] 모든 문화는 특정한 조건에서 기술 혁신과 양립이 가능하다.

　문화적 다양성과 예술적 창조성은 유산이자 소득 창출의 원천 자본이며경제·사회 발전의 원동력이다. 개발과 발전은 서로 다른 표상체계와 가치체계를 지닌 사회의 잠재력과 개인 역량의 발견으로서 다양할 수밖에 없다.

2. 종교지정학

　종교로의 복귀와 의존이 점차 심화되고 있다. 종교는 아프리카에서 매우 중요한 역할을 한다. 대부분의 사회처럼 아프리카에서 종교는 상징체계의 핵심이며, 정치 게임, 인구학적 행태, 삶과 죽음, 학교와 건강 등에서 일정한 의미를 갖는 표상이다. 종교는 개인적 신조로 환원되지 않고 일상적 레크리에이션과도 동일시할 수 없다. 그것은 외부에서 이식된 것이 아니라내면적으로 형성되어 자기 것으로 체화된 것이기 때문이다. (연결 기능을 지닌) 종교와 신성(희생제사와 신성모독)은 모든 사회·정치·경제 제도의 주춧돌이다. 종교망은 교육과 보건 및 사회 서비스의 영역에서 국가와 제도의 미비점을 보완하면서 눈부시게 발전한다. 종교망은 사람들이 겪은 비극을 이

---

11. Philippe d'Iribarne, *La logique de l'honneur*, Paris, Seuil, 1998.

겨낼 수 있도록 도움을 준다.

1) 여러 가지 종교

(1) '전통' 종교의 비중

계시된 것이 없고 토착적이고 구어성을 지닌 **물활론적 종교** 즉 '전통' 종
교는 심지어 '물신 숭배'까지 포함해서 재생산의 사회질서에 기반해서 조상
숭배와 이와 관련한 전승세계에 준거를 둔다. 정령은 살아 있는 존재에 현
재하며 귀속집단의 행·불행에 영향을 미친다. 조상과 살아 있는 자들을 중
개하는 연장자는 사회와 가시세력/비가시세력 사이의 협약을 보증한다. 자
연은 신성하며 문화와 분리할 수 없다. 계시는 생태 중심적이다. 마을에서
종교 직능은 지주나 또는 할례 시에 특히 신성한 직능을 행사하는 대장장이
에 의해 행사되며, 재해를 막고 보호해주는 '신성한 것을 말하는 자'도 이를
행사한다. 무기와 도구를 관장하는 대장장이의 지위는 매우 중요하다. 비
를 내리게 하는 자는 파종과 수확 시기를 알려준다. 접신과 빙의 의식에서
춤은 중요한 역할을 한다. 종교는 특히 도시에서 크게 되살아나고 있다.

많은 시골 사회에서 성속(聖俗)의 구별은 사라지고 있으며, 모든 경제활동
과 사회활동은 종교 의식의 대상이 된다. 자연은 자연에 정기를 불어 넣어
주는 세력들을 통해 표출된다. 인간과 자연은 긴밀한 관계를 맺고 있으며,
둘은 동일한 생명력을 지닌다. 죽은 조상은 산 자와 공생한다. 미래의 가치
하락은 저승에서는 가치의 상승이다. 마다가스카르에서 삶이란 덧없는 것
이고 죽음을 맞이하는 것은 영생을 얻는 것이기 때문에 물질적 재산보다
무덤에 큰돈을 쏟아 붓는다. 미래란 단지 조상의 기획이 구현된 것으로 인
식된다. 사람들은 죽음을 맞는 것이 아니라 죽음으로써 조상으로 되살아나
는 것이다.

초자연과 자연 사이에는 구별이 전혀 없거나 거의 없다. 종교세계가 사물의 유일한 질서이기 때문이다. 동물, 식물, 광물, 물건, 땅, 별 등도 동일한 삶의 질서에 참여한다. 신화의 기원은 동일하며 생명력도 동일하다. 조상은 규율, 행동 규범과 사회 결속, 위계 준수 여부를 감시한다. 불행이 닥쳤을 때는 주술에 의해 어떻게 행동할지를 알게 된다. 참을 수 없는 인연의 관계를 단절하는 것도 허락한다. 중앙 정치조직이 없는 모든 아프리카 사회에서 권력 투쟁은 극도의 마법적인 고발 과정을 거친다. 이 고발은 또한 규율 위반에 대한 제재이기도 하다.

주술 의식은 형태는 다르지만 도시에서도 발견된다. 오순절교회에 의해 전파된 통합적 성격의 종교는 주술과 관련해서 행해진다. 보이지 않는 세계의 세력을 이용해 축구경기를 이기거나 권좌를 차지할 수 있다. 엔지니어들도 물속에 사는 백인 여성인 마마 와타(Mama Wata)에게 번제를 올리고 악어들이 다리 기둥을 삼켜 먹지 못하도록 빈다.

예컨대 조상 숭배, 정령의 역할, 다양한 신의 존재, 빙의, 주술 같은 것에서 물활론적인 공통점을 볼 수 있다. 제의의 수장, 신, 치유·주술사 사이에는 차별이 있다. 일신교의 신은 유일한 초월자이지만, 정체를 규정할 수 없는 아프리카의 신들은 생태계에 속한 내재적 수단일 뿐이다. 어떤 사회에서 토템은 종교적·정치가족적 현상으로서 그 집단과 이름이 같은 동·식물 종을 숭배하는 것으로 표출된다. 조상 숭배는 제례 의식의 주축인 신과의 소통 형식이다.

이러한 제의의 불변요소를 넘어서 제의는 진화하며, 오늘날 혼합 양상을 띤 것이 특징이다. 대장장이 신인 오군(Ogun)은 자동차의 신이 되었다. 아프리카 기독교교회에는 카리스마를 지닌 지도자가 있다. 관광객이 발견한 도곤족 신화는 조상 신화보다는 인류학자 그리올(M. Griaule)의 재해석과 더 관계가 깊다.

무당(사냥꾼)의 역할을 모르면 오늘날 말리의 정치 게임을 이해할 수 없고, 부두교의 역할을 모르면(주민의 2/3가 자신을 부두교도로 여긴다) 베냉의 정치 게임을 이해할 수 없다. 인간 중심적이 아닌 생태 중심적 관념에서는 자연의 세력을 존중하고 그들을 정복하지 않는다. 세속화된 물질적 경제 행위는 부차적인 것에 지나지 않는다. 세속 재물의 사용은 신성한 것의 사용보다 중요하지 않다. 전통적 행위는 생산적 행위보다 더 우위에 있다. 증여와 그 반대급부는 서로 다른 재화의 교환이며, 이러한 재화 교환은 중개 과정이나 의미가 상업적인 등가 교환과는 다르다(팡족의 비롤라[Bilola]는 멜라네시아의 포틀래치와 유사하다). 아프리카 사회는 상징관계의 체계이지 교환의 체계는 아니다. 종교는 과거를 현재화하는 것이지 미래에 투사하는 것이 아니다. 종교는 의식(儀式)이 혁신하는 것 이상의 것을 재생산한다.

(2) 급격히 팽창하는 이슬람의 여러 분파

아프리카의 이슬람은 대부분 수니파이다. 오늘날 아프리카인 3명 중 1명은 무슬림이다. 사하라 이남 무슬림은 1910년 15%에서 2010년 29%로 증가했다(Pew Forum). 간단히 말해서 과거의 원로 및 평신도 이슬람과 아랍화하는 급진적 이슬람으로 구분된다. 평신도 조직(19세기 세네갈의 카디리야·티자니야, 18세기 세네갈의 무르디야, 20세기 수단의 삼마니야·카트미야)은 늘 중요한 역할을 했다. 지하드(Djihad) 운동은 오래되었다. 19세기 초 나이지리아의 북부 지역에서 우수마누 단 포디오(Usumanu dan Fodio)가 지하드 운동을 벌여 회교국을 세웠고, 이후 이 운동은 수단에서 발전했다.

아프리카화된 이슬람은 8세기 이후 카라반과 상인들이 수단 서쪽 지방에 이식했다. 이슬람의 전파는 평등사상과 5개 기둥(이슬람의 주요 교리)의 단순함뿐만 아니라 정복과 교역으로 설명될 수 있다. 이슬람화는 18~19세기 이슬람 부흥운동 때 평신도 조직의 출현, 식민 지배 투쟁에 참여한 다양한 지하드 운동, 그 후 식민 지배 시기에 주민을 다스리는 이슬람 사회 조직에 대한 식민 통치자의 지원 등으로 인해서 더욱 가속화되었다. 이슬람은 점차 확산되어 오늘날 수단-사헬 전 지역과 동아프리카, 중앙아프리카까지 퍼져 나갔고, 무슬림은 약 3억 6,500만 명에 이른다. 이슬람에는 사회적 상황이 반영되어 있다. 베르베르족의 이슬람은 시아파와 마찬가지로 근본 원리 고수, 엄격한 도덕률, 평등주의를 특징으로 한다. 평신도 조직(자우리아스[Zaourias])은 지역 및 시골 전통에 뿌리를 두고 있는 반면, 수니파의 말레키트(Malekite)는 도시에 뿌리를 두고 있다. 몇몇 극단주의 운동(예컨대 무슬림형제단)은 이슬람 사회의 세속화에 대한 반동이며 정치 게임에서 배제된 협상의 변절자들이다.

아라비아 사막 한가운데서 탄생한 이슬람은 유목민·전사·성자·예언자들에 의해 발달했다. 그러므로 그 성격이 아주 복합적이다. 아라비아 사막의 수니파 이슬람은 식자(識者) 이슬람과 구별된다. 베르베르 기원의 서부 이슬람(마라부[이슬람 종교 교사], 평신도 조직)과 아랍 기원의 동부 이슬람(소말리아, 수단)은 아주 다르다. 와하브파(중세기의 순수 이슬람)는 평신도 조직의 수니파와 대립된다. 역사적으로 볼 때 아프리카에서 지배적인 수니파 이슬람은 수니파 내부의 보수적인 살라프파와 와하브파에 의해 도전받았다.

현재 이슬람의 부활은 독립 당시의 민족주의와 마르크시즘(서구의 부패와 국가의 쇠퇴를 주장)을 대체하는 역할과 무슬림 국가에서 전파된 열성적 포교(미디어를 통한 포교, 자금 지원)에 기인한다. 사우디아라비아는 수니파 와하브 이슬람을 전파한다(수단의 메디나 이슬람 대학 참조). 서구화된 신흥 이슬람 엘리트는 다와(da'wa. 이슬람의 전도)에 협조한다.

이슬람 운동은 세속 민족주의와 서구 현대화에 대한 반작용이다. 정치와 종교의 비분리는 신도 공동체인 움마(Umma)의 이름으로 국가를 거부하거나 상대화시킨다. 교세는 모스크·쿠란학교·종교학교를 통해 확산된다. 관습을 도덕화하고 서구와 관련된 세력에 반대한다. 아프리카 대륙에 아랍 국가가 출현함으로써 사하라 이남 지역에 이슬람의 정치화가 시작되었다. 시아파 이슬람은 여전히 아주 제한적이기는 하지만 나이지리아 북부에서 친시아파 연합이 역동적으로 활동하는 것을 관찰할 수 있는데, 세네갈에서는 마라부에 대한 젊은이들의 반발, 이란식 모델에 대한 유혹, 심지어는 이란과 레바논의 열성적 포교로 발달했다. 시아파(전 세계 무슬림의 10%)는 아랍 페르시아만 국가들이 지원하는데, 특히 이란과 레바논의 이슬람 공동체가 지지 세력이다. 시아파는 사우디아라비아가 지원하는 와하브파와 충돌한다. 이와 동시에 이슬람 사회(풀라니족, 하우사족)에 복음기독교가 발흥하는 것을 목격할 수 있다. 서구 열강은 과거 식민 지배 때나 아프가니스탄에서처럼 중앙 권력이 적법성을 상실하면 흔히 이슬람 온건파가 변절 지하드파를 피할 수 있고 사회 평화를 유지할 수 있는 최소한의 필요악일 것이라고 생각한다.

2001년 9·11일 사태 이후 부각된 급진화된 이슬람을 목격할 수 있다. 샤리아(charia. 이슬람 계율)는 수단, 북부 나이지리아, 소말리아에 널리 퍼져 있다. 악을 물리치는 성전인 지하드는 특히 이슬람 신도회(Umma al Islmiyya)에 소속된 흑인 이슬람과 공존한다. 권좌에 있는 이슬람은 정치의 세속화를 거부하고 정치 영역과 사적 영역을 구별하지 않는다. 그것은 사회를 도덕화하는 것뿐만 아니라 국가의 변화를 목표로 한다. 아프리카에는 과거에 신정(神政)이 있었고, 지금도 몇몇 나라 예컨대 수단·모리타니·소말리아·코모로·지부티 같은 곳에는 여전히 남아 있다. 오늘날 많은 정치권력이 이슬람을 정치도구로 이용한다.

실제로 급진적 이슬람은 신앙이 돈독하고 통합 교리를 실천하는 혼합된 이슬람과 양립이 불가능하다. 그러나 버림받은 젊은이들과 절대자를 추구하는 자들에게는 매력적이다. 이슬람 조직망은 기본적으로 사회적 역할(상호부조, 재분배)과 도덕적 준거(부패와 이자利子 비판, 십일조)에 의해 발달했다. 그러나 사적 영역과 공적 영역의 분리나 여성의 지위 같은 문제는 지금도 여전히 제기된다.

(3) 다양한 형태의 기독교

아프리카 기독교인(약 5억 2,000만 명)은 사하라 이남 인구의 2/3에 해당하며, 전 세계 기독교인의 거의 1/4이다. 이는 1세기 이전의 1.4%(900만 명)와 대비된다. 기독교인이 많은 국가는 나이지리아(8,000만 명), 콩고민주공화국(6,000만 명), 에티오피아(5,000만 명) 등이다. 개신교도는 약 36%이고, 가톨릭 신자는 20% 이상이며, 정교회 교인은 약 5%이다.

에티오피아 교회를 제외하면, 기독교 전파는 파드라도(padrado. 신부)가 특권을 누린 포르투갈의 선교활동 시기인 1643년까지 거슬러 올라간다. 개신교 개혁 선교(노예폐지운동과 인도주의적 사조[12]와 관련되었다)와 가톨릭 선교는 19세기로 거슬러 올라간다. 개신교 선교는 프리타운과 케이프에서 시작되었다(이곳은 선교사이자 탐험가인 리빙스턴의 탐험 출발지였다). 아프리카 가톨릭 선교(백인 신부)는 1868년에 최초로 시작되었다.

선교사들은 의식적으로 또는 무의식적으로 상인과 군인보다 앞서 들어오거나 같이 들어왔다(선교사[missionnaires], 상인[marchands], 군인[militaitres]을 3M이라 칭한다). 선교사들은 종종 고래의 가치를 무시하고 열렬하게 선교활동을 했다. 개신교보다 가톨릭이 좀 더 동화주의적 선교를 강조했다. 그래서 실제로 식민 지배자와의 관계는 긴장이나 갈등 관계였다(특히 1905년 프랑스의 정교분리 정책 시기에). 식민 행정부는 특히 간접통치를 통해서 행정력의 실행을 이슬람에 의존하기도 했다. 식민 통치 시기에는 이러한 간접통치가 아

---

12. 인도주의적 사조(courant humanitarien): 영국인들에게 널리 퍼진 인권 존중의 사조.

주 발달했다. 선교는 영적인 사역 외에도 사회활동과 교육활동 영역에서도 이루어졌다. 교회는 민족주의 엘리트를 양성하는 데 매우 중요한 역할을 담당했다.

독립 이후에는 문화 선교운동(가톨릭)이나 토착 선교운동(개신교)이 나타났다. 오늘날 기독교는 삼림 지대에 널리 확산되고 있다(서부 아프리카, 적도아프리카. 또한 대호수 지대 및 동부 아프리카와 남부 아프리카까지). 에티오피아 교회 또는 메시야교회와 복음교회 같은 독립 교회는 중요한 역할을 한다(콩고 민주공화국의 킴방구주의 교회의 신종교운동 참조). 이들은 외래 종교의 토착화 내지는 자생적 변화를 꾀한 교회이다. 열성 교도들이 설립한 부활절교회는 신도가 약 1,500여 명으로 추산된다. 이들은 부패와 성적 방탕을 비난하고 신앙공동체에 속한 신도를 칭송하면서 아프리카인의 재신화를 설파한다.

2) 종교의 정치 수단화

종교와 정치의 복잡한 관계와 역사적 전망을 고려하면, 헌팅턴[13] 같은 유형의 이원론을 피할 수 있다. 헌팅턴은 아프리카를 기독교와 무슬림 세계 사이의 문명 충돌 지대로 파악하려고 애를 썼다. 그는 아프리카 문명에는 지배적인 종교는 없고 오히려 갖가지 물활론적 종교 관행이 있다고 지적하면서 무슬림은 21세기에 큰 분쟁 요소가 될 것이라고 말했다. 교회는 정치권력에 반대하는 저항 세력인 동시에 지지 세력이었다. 기독교 교회는 사회·정치적 타협에 강력히 영향력을 행사했다(아파르트헤이트 이후 남아프리카공화국 화해에 기여한 투투[Desmond Tutu]의 역할, 2001년 마다가스카르 교회의 역할 참조). 교회는 쇠락하는 국가의 중재자였다(교육과 의료 지원, 사회보장). 종교망

---

13. S. Huntington, *Le choc des civilisations,* Paris, Odile Jacob, 1997.

은 사회화, 상부상조, 교육, 보건, 소득 재분배의 장소였다. 그들은 가난한 자들의 구제에도 참여했다. 종교는 세계를 향해 열린 창이었고, 종교를 통해 자금과 정보가 흘러들어왔고 국제적인 망이 형성되었다.

반대로 '정치꾼들'은 종교 의식을 베풀고 종교단을 활용하거나 교회를 권력의 수단으로 만들어 이득을 취한다. 또한 종교는 서구 열강과 아랍, 페르시아만 세계의 전략적 이해와 관련해서 발달한다. 종교적 근본주의는 미국이 지원하는 오순절교회와 함께 성장하고 몇몇 아랍 강국이 지원하는 이슬람과 함께 공존한다. 종교의 도구화는 수단, 소말리아, 에리트레아, 에티오피아, 나이지리아, 심지어 코트디부아르, 차드 등에서 국가 분쟁의 핵심에 있으며, '북부 진영 무슬림'과 '남부 진영 기독교'가 대립하는 양상이다.

종교는 희생양이 된 불평분자를 낙인찍고 거세하는 데 기여한다. 통합주의가 가치의 보편성과 문화 정체성의 다양성을 부정하는 순간부터 종교는 "살해하는 정체성"(Maalouf)이 된다. 인종·종교적 분쟁은 일반적으로 원한에 기초하며 그 역사적 뿌리는 굉장히 오래되었다. 이 분쟁은 토지 분쟁, 공직이나 공공 수입, 학교, 권력의 접근성 등과 관련 있다. 기본적으로 종교는 도구화되었지만, 종교 지도자들은 지하드 또는 기독교 교회의 이름으로 극단적인 경우에는 분쟁을 선동할 수도 있다(2010년 코트디부아르의 그바그보[L. Gbagbo], 1994년 르완다의 인종 학살 지원 참조).

종교는 그 자체로는 경제 개발의 장애물이 아니다. 이슬람 은행은 기독교와 함께 은행 업무를 수행한 것처럼 상황에 적응하고 예기치 못한 변동을 피할 수 있는 방법을 알고 있다. 종교망은 복지국가를 대신하는 보험체제·구제체제·사회보장체제이다. 하지만 몇몇 종교적 준거는 과거 가치를 강조하고 혁신과 창조적 파괴를 제한한다.

3. 법의 지정학

1) 복수(複數)의 법규

법은 사회생활의 조정자이자 상호적인 강제원리이다. 법만이 서로 다른 가치체계를 양립하게 하고 그 가치체계를 효율적인 사회규약으로 변화시킨다. 그런데 아프리카의 **제도와 법률 형성** 과정은 지층 구조에 비유된다. 즉 관습법과 공동체법, 정복에 의한 법(이슬람법, 앵글로색슨법, 로마게르만법), 고유한 독립 법, 브레턴우즈 협정 또는 유럽연합의 조건부에 따른 법 등이 중첩되고 서로 엉켜 있다.

(개인적, 배타적, 절대적) 재산에 대한 민법적인 의미는 토지(공동관리 또는 공유)와는 거리가 멀다. 관습적 '소유권'은 매우 복잡한 취득 법규인데, 재산권과는 구별된다. 촌락은 전통적으로 토지 수용권을 가진 지주의 통제 아래 집단책임을 규정한 토지법에 근간을 둔다. 많은 사회에서 유산은 양도할 수 없다. 토지는 사유재산권의 대상이 될 수 없다. 문화유산은 양도될 수 없다. 식민시대의 토지 정책은 토지에 대한 복수의 사용권을 인정하면서 국가의 수용재산으로 확립했고 사유재산으로는 거의 확립하지 않았다. 오늘날 토지 분쟁은 장자와 나머지 형제, 토착민과 이주민, 이민족, 새로 시골에 정착한 교육받은 젊은이, 토지를 획득하려는 목축인 사이의 관계에서는 핵심 사안이지만, 토지를 사거나 장기임대 계약을 하려는 외국 투자자, 사용권을 가지려는 농민과 목축인 사이에서는 토지가 점차 희귀해지고 있다. 법적 준거와 법제화가 여럿이기 때문에 재산권과 소유권 사이에 갈등이 생긴다.

이정표를 설치하는 법규는 이처럼 다수이고 서로 위배된다. '전통적인' 몇몇 사회는 옛 사회의 관례를 구현하기도 하고, 또 다른 거대한 사회는 미래에 투사되기도 한다. 사유재산권은 옛 질서를 파괴하더라도 확대되고 있다. 비공식적인 수많은 활동은 불법적이거나 무법적이지만, 여전히 허용되고 있다. 법률과 법에 위배되지만 사회적인 적법성을 갖는다. 규범 질서들 간의 긴장은 협상·타협·위기·폭력을 초래하기도 한다. 이러한 복수의 준거를 기준으로 행위주체들은 법규를 지키려 하지만, 사법체계의 철저한 실패로 인해 법규가 쓸모없게 된다. 그리하여 법적 질서들은 혼합되고 뒤섞인다. 합법적 정부가 부재하거나 허약하면 흔히 계약을 위반하고, 이러한 위반을 구속하는 사법부의 법적 제재는 없다. 제대로 급여를 받지 못하는 판사들의 부패는 기업가적 위험부담의 부재를 설명하는 기본 요인 중 하나이다. 법적 테두리 밖의 관행은 아프리카 사회의 공통된 운명이다. 그것은 위로는 합법적 정부의 부재(독립성 결여, 사법권의 직무유기)로 설명되고, 아래로는 특정 관행의 합법화와 불법적 규칙(상환의 의무가 없는 현금, 수완 등)으로 설명된다. 행위주체는 복수의 법규를 기반으로 활동한다. 이 법규는 적정 규모에서는 제대로 효과를 발휘하지만, 지역적 규모의 합법적 관습은 더 광범위한 대규모의 사회와는 조화되지 않는다.

2) 국제규범의 이슈

(1) 인권의 보편성
비록 인권의 보편성을 실제적인 것으로 만드는 제도와 관행이 있어야 하지만, 인권을 근본적으로 뒷받침하는 보편성 자체는 존재한다. 아프리카의 거의 모든 나라는 세계인권선언(1948), 인간과 인민의 권리에 관한 아프리카 헌장(1981), 경제적·사회적 및 문화적 권리에 관한 국제 규약(1966)에 서명했다. 그들은 또한 인권과 인민의 권리에 관한 아프리카 법정(1998)을 설립했다. 집단행동으로 인한 지닌 주관적·경제적·사회적·정치적·문화적 권리가 부상하고 있다(물, 건강, 교육, 사회규범에 대한 권리). 이러한 권리의 준거는 현실정치[14]와 그 비효율성에 비추어 보면 유토피아적인 것 같다. 의무가 수반되는 시민권·경제권·사회권은 안보와 장기적 경제 개발의 근본이다. 이들은 또한 법적 규제 방도이며, 법적 처벌이 없는 문화에서 정당한 독립적 사법권이 얼마나 시급한지를 보여준다. 아프리카 국가들 간의 분쟁을 판단하거나 중재하는 국제사법재판소, 반인륜 범죄나 전쟁 그리고 아프리카 지도자들이 인종 학살을 제재하는 국제형사재판소 같은 국제사법기관은 정의의 진보이지만, 국제형사재판소는 종종 아프리카 독재자들에게 초점이 맞춰져 있어서 타당성이 없는 것으로 인식되고 있다.

(2) 법과 규범의 지정학적 이슈

법의 문제는 또한 열강 세력의 지정학적 게임에 속한다. 중국은 문화 상대주의와 인권의 서구적 특성이라는 수사학적 표현을 이용하여 아프리카에 진군한다. 반대로 미국이라는 초강대국을 비롯한 강대국 세력의 패권은 오늘날 거의 대부분 규범적 틀 내에서 개발은 효율적인 법 제도, 부패 방지 및 경제 주체의 안전 보장을 위한 법치 및 규칙의 존재 여부와 밀접한 관련이 있다는 신념으로 행사된다.

기업가와 국가 간의 문제(채권자의 법적 보호, 재산권, 계약이행 등)는 민주주의와 거버넌스의 방향으로 나아가고 있다. 세계은행의 몇몇 업무는 로마게르만법이나 '법 중심주의적' 법보다는 앵글로색슨법(개인주의에 기초한)과 관습법이 우위에 있음을 보여주려는 경향이 있다. 하지만 이러한 법적 우위는 유능하고 정직한 법관이 거의 없고, 법전보다는 판례가 없어서 법 집행이 어려운 아프리카 국가에서는 증명되지 않는다. 관습법의 패권적 역할은 국제기구와 대형 법률회사를 상대로 한 미국의 로비 전략에 기인한다. 또한

---

14. 현실정치(realpolitik): 현실주의적 정치 또는 정치적 실용주의. 이론적·윤리적 기반보다는 실제적 기반을 고려한 국제정치.

ownership, empowerment, trust, equitable title, governance 등과 같은 앵글로색슨어가 확산된다.

지역 공통의 법규(예컨대 프랑스어권 국가의 상법에 해당하는 아프리카 상법조정기구(OHADA)의 법규)는 기업을 보호하고, 자금으로써 지역 통합의 주춧돌을 삼으면서 비즈니스를 촉진시킬 수 있다. 이는 관습법이나 세계은행의 『기업환경평가(Doing Business)』 규범에 맞서는 게르만로마 프랑스법의 특수성을 반영한다. 지역 공통 법규의 정착에 걸림돌이 되는 것은 복수의 규범, 법규를 피하려는 행위주체의 관행, 해당 권역 법관들의 부정 등이다.

따라서 법적·규범적 갈등이 심각해졌다. 예컨대 그들은 인류의 공통된 유산이나 유전적 유산이란 개념(유네스코와 유엔식량농업기구의 입장), 국가 주권의 개념(2000년 6월 카르타고 의정서가 옹호한 입장으로 국가와 다국적기업에 유리하다), 발명특허와 유사하게 투자금 회수에 앞서 엄청난 연구비가 두는 유전자 특허의 개념(미국의 입장) 등에 반대한다. 또한 유전자조작농산물(GMO)에 대한 미국과 유럽연합의 해석 차이로 인한 법적 분쟁도 있다.

더욱더 국제화되어가는 사회적 규범과 환경적 규범 및 식물·위생 등의 규범은 선진국에게는 보호막을 제공하지만 아프리카 소규모 생산자에게는 위협이 되고 있다. 여러 가지 문제가 제기된다. 예컨대 개발 수준이 다른 사회가 동일한 규범을 구현할 수 있을까? 이러한 규범은 점진적인 효과를 나타내지만 대다수의 주체에게는 적용하기 어렵다. 이것이 내부 차별을 증가시킬 위험성은 없는가? 마지막으로 동일 규범에 대한 무임승차국[15] 문제는 있다. 중국 같은 신흥국 세력이 강해지면서 환경규범과 사회규범 및 규율을 무시하고 법을 지키지 않을 수도 있다.

---

15. 무임승차국(free rider): 비용을 분담하지도 않고 규율을 존중하지도 않으면서 공동소비재나 서비스를 이용하는 국가.

3) 법적 규제, 권력 그리고 개발의 관계

법규와 개발의 관계는 논란의 여지가 있다. 대기업에 유리한 사법체계(예컨대 사유재산권)는 소유권이나 '관습법'에 기초하는 훨씬 더 광범위한 활동을 희생하고 시행될 수 있다. 자유주의자들에게 사유재산권은 시장경제에 기초하므로 투자를 보호하고 노동의 결과를 소유주에게 돌려줌으로써 경제 추진동력을 만들고 인센티브를 창출한다. 재산과 인명을 보장하고 안정되고 예측 가능한 환경을 조성해야 혁신이 일어나고 위험을 감수하며, 계약이 자유롭고 거래를 존중해야 개발이 이루어진다. 개인적인 관계(가족, 종족, 종교)보다 법적 규율과 규제가 우선시되어야 한다.

실제로 경제성장률, 법규, '굿 거버넌스' 사이에는 유의미한 관계가 있다. 합법적이고 민주적인 국가의 규범 및 도덕적 측면과 법치국가가 아닌 역동적인 자본주의(중국 같은 나라)의 적극적인 경제적 측면을 구별해야 한다. 이 한계를 넘어서서 빈곤의 덫을 벗어나고, 인명과 재산을 보호하고, 개인의 잠재력과 역량을 개발하는 것이 우선이다. 이와 반대로 합법적 국가가 개발 수준과 궤를 같이하는 일정한 경계가 있다. 규범이 개발 촉진제로 작용하고 혁신을 자극할 수 있는 것이다. 신제도주의 학파(North)는 조직 형태의 우위와 재산법과 계약법 준수의 중요성을 강조한다.[16] 역사적 접근에서는 건전한 제도가 맞지 않을 수도 있지만, 사회의 발전 궤적(경로의존성[17])에 따라 중재 제도들이 점차 효과를 얻을 수 있다. 이러한 작업은 집단의 문제, 소외된 사람의 관리 문제, 규율의 혼합 문제를 배제한다.

---

16. D. North, *Institutions, Institutional Change and Economic Performance,* New York, Cambridge Univ. Press, 1990.

17. 경로의존성(path dependancy): 지나온 길이나 궤적과 관련한 의존. 경로의존성으로 인해 사회는 과거의 진화에 의해 결정되거나 옛 사회구조가 새로운 사회구조에 잔존하는 것을 설명한다.

사유재산권·토지대장·담보는 금융제도에 보증을 제공하고 소유주의 자산을 보호하지만, 공유재산을 관리할 수는 없다. 유산은 조성비와 감가상각비를 가진 자산과 같고 수익성에 우선한다. 아프리카의 토지 사유재산권은 이용자를 보호하는 것이므로 이주민을 배제하고 토지 분쟁을 야기하고 경제 분위기에 부정적으로 작용하는 사회적 불안을 일으킨다(예컨대 코트디부아르).

재산권의 효용성은 생산·경제활동의 규모, 자원 이용 법규 등과 같은 내적·외적 특성에 달려 있다. 법적 효율성은 법 적용(아동노동, 식량 또는 보건의 경우 문제가 있다)을 가능케 하는 경제 개발 수준에 달려 있다. 법치주의가 실패하는 경우 '전통' 법규와 법관은 분쟁 조정의 효율적인 수단이 될 수 있다. 예컨대 소말릴란드에서 투아족은 개인이 아니라 파벌적인 책임 덕택에 사회질서를 유지하고, 여기에서 범죄를 막는 사회적 통제력이 생겨난다. 개인 담보가 없는 금융제도에서 공동체적 담보가 이를 대체할 수 있다(방글라데시의 그라민은행[Grameen Bank] 모델에 기초한 소금융의 사례).

제3장

사회관계와 정치권력

4세기	누비아와 악숨 국민국가
9~15세기	수단-사헬 제국
1870~1896	식민 지배국의 건국
1956~1974	탈식민지화
1991	남아프리카공화국 아파르트헤이트 종식

대부분의 인간 사회는 세 가지 성층이 결합한 것으로 규정된다. ① 전통·개인관계·친족관계가 지배하는 귀속공동체의 지역층, ② 국제적으로 인정되고 국토에서 강제력을 독점하며, 원칙적으로 시민사회계약과 집단적인 삶의 욕구와 법률이 지배하는 장소이자, 정치권력, 경제적 이해, 세습정치체제 사이에 보스체제와 족벌주의가 서로 중첩된 국가층, ③ 계약과 개인적 논리, 초국가적 연결망, 정치권력의 게임과 다국적 또는 초국가적 복합대기업이 지배하는 초국가층이다. 이 세 번째의 유목·다지역성·초영토성의 세계는 오늘날 시공을 지배하는 가상세계와 정보즉시성에 의해 지배받는다. 그것은 경제적으로 초국가적 기업과 세계 금융자본에 의해 구조화되지만, 전문가, 유민, 초국가적 행위주체의 연계망에 의해서도 조직된다.

아프리카는 첫 번째 층의 비중이 가장 우세하지만, 이 삼분구조를 벗어나지 않는다. 사회적 급변은 후기 근대성과 전통에 동시에 뿌리를 내리고 중간층이 없는 이러한 성층 구조 간의 격심한 긴장에 반영된다.

사회구조와 사회관계는 정치와 연관되며, 정치란 용어는 전략(정책)과 권력구조(현실정치)를 동시에 포괄한다. **주권국가**(État)와 **국민국가**(nation)는 사회·역사에 따라 아주 대조적이며, 이들은 대개 구성체적인 개념으로 남아 있다. 주권국가는 도가 지나치거나 때로는 파산(실패)하거나 취약하다. 국민 연대와 일반 관심사의 기저를 이루는 시민의식은 공동체적 연대(가족, 족벌, 종족 등)와 비교할 때 제한적이다. 이와 반대로 정치 게임은 모든 곳에서 필수적이다.

1. 사회구조와 사회위계

1) 가족과 종족

(1) 가족의 변화

아프리카의 확장된 대가족 개념은 친근한 농담을 주고받는 친족집단(상대방에 대한 익살스러운 지칭으로 적대관계를 해소한다)이나 족벌집단 사이의 동맹은 서양과 아시아의 핵가족이나 가정 개념과는 거리가 멀다. 친족관계의 연계망은 정치적 연계망과는 달리 식민지화로 인해 파괴되지 않았다. 아프리카 사회에서 자본주의나 주권국가가 사회의 여러 영역을 지배하지 않으므로 가족체제도 **사회생활의 매트릭스**로서 그대로 남아 있다. 브로델(F. Braudel)의 단계별 사회 표상에 따르면, 가족제도는 사회기반시설이다. 가정의 질서는 일상생활과 혈족관계 및 친소관계에 기초한 연대망과 관련되어 있다. 가족제도는 연대관계의 기초이기도 하지만 연장자의 권위관계의 기초이기도 하다. 확대된 가계의 대가족은 생계수단의 생산, 행위주체의 번식, 노동력 제공의 주된 장소이다. 세대 간의 양도, 장남과 다른 형제 사이

의 권리와 의무는 부분적으로 실업보험과 사회적 보호의 부재를 보완하는
기능을 한다. 가족에서 배제되는 것은 곧 진정한 빈곤과 일자리 불안을 의
미한다.

아프리카의 다양한 가족 모형

가족체계는 아주 이질적이다. 오직 부계나 모계의 후손만을 중시하는 부계 혈통체
제와 모계 혈통체제, 일부일처제와 일부다처제, 위탁 자녀나 고아 등이 상당한 부분
을 차지한다.[1]

조방농업 유형의 시골 사회에서 대가족제에, 집약농업 유형의 사회는 핵가족에
더 가깝게 이동한다.

'사바나 지역의 사헬 모델'은 조혼, 저취학률, 일부다처, 부부간의 심한 연령차를
보인다.

'동아프리카 모델'은 만혼, 소수의 일부다처제, 고취학률을 보인다.

'남아프리카 모델'은 극소수의 일부다처제, 만혼, 빈번한 노동 이주로 인한 독신
제, 고취학률, HIV로 인한 사망률 급증, 고아가 특징이다.

가족구조는 경제인(homo oeconomicus)의 근간인 극대화된 개인과는 거리
가 멀다. 그것은 소비·생산·분배·축적의 단위를 분화시킨다. 부계사회나 모
계사회에서 (삼림이나 방목의) 사용권을 가진 장자 이외의 형제는 노동의 결
과를 누릴 수 있으나 장자는 자원 할당의 일반적인 권리를 갖는다. 사회에
서 입지가 없는 젊은이는 흔히는 반항적이지만, 장자에게는 결코 반항하지
못한다. 사회적 부채가 감소하는 추세이기는 하지만, 안보와 연대의 값을 지
불하는 것은 개인의 자율성이 거의 없기 때문이다. 임신 결정권자는 반드시

---

1. 가계(lignage): 공통의 조상으로부터 실제로 또는 가상적으로 유래하는 인간집단. 장자
   의 권한은 여성 통제, 생계수단, 귀중품에 기반을 두고 있다.

아이를 기르고 양육비를 부담하는 자가 아니다. 비록 많은 국가에서 여성은 아프리카의 미래라고 불리고 어떤 사회에서는 지위가 우세하거나(투아레그족) 중요(모계사회)하지만, 전체적으로 볼 때 여성의 지위는 여전히 낮다(성적 권리 부재, 성폭력, 할례, 성적 착취). 그리고 차남 이하의 형제는 여전히 장자의 통제 아래 있다.

아프리카 가족은 진화하고 있으나 **위기**에 처해 있다. 부계구조는 서구의 가족구조와 유사한 근대성으로 해체되기는커녕 강화되는 보이지만, 심지어 개별화와 배타적 과정을 목격할 수 있다. 사회 근저의 경제 위기로 세대 간의 관계도 의문시된다. 사후(死後) 유산이 흔히 사전(死前) 권리 양도로 바뀌고 있다. 위기에 대한 연대의식은 연대의식의 위기로 전환되는 추세이다. 혼인과 성 그리고 임신의 관계성이 상대적으로 해체되고 있다. 도시화 상황에서 핵가족화와 임신율 저하가 항상 관찰되지는 않는다. 또한 고아나 결손가정 아동의 증가, 부부간의 가정폭력, 자녀에 대한 부모의 폭력도 고려해야 하는데, 이는 위기나 분쟁 상황에서는 가정의 해체로 이어진다.

(2) 종족의 진화

'부족'이나 오늘날의 '종족'이란 용어는 흔히 아프리카 사회구조를 분석하는 데 사용된다. 종족(ethnie. 종족·민족을 뜻하는 그리스어 ethnos에서 유래)은 인문과학에서 가장 모호하고 논란이 있는 용어 중 하나다. 타자를 자신과 다르고 열등한 존재로 분류하는 이 잡동사니 창고 같은 용어는 부정적 의미와 긍정적 의미(종족적 의미)를 갖고 있는데, 동일한 국가나 초국가 수준에서 같은 언어와 문화를 지닌 귀속집단이라고 정의할 수 있다.

사헬 지대의 유목사회나 목축사회에는 부족이란 용어를 쓸 수 있겠지만, 종족은 많은 행위주체에 의해 내재화된 대상이다. 아프리카의 복잡한 집단·사회·사람은 이와 같은 명칭으로 단순화될 수 없다. 부족이나 종족이란 용어는 역사적으로 구성된 개념이다. 대부분의 종족은 식민지 이전에 시민과는 다른 집단적 정체성의 확인으로 존재했으나 집단을 분류하기 위한 목적으로 종족이란 개념을 만들어냈다. 종족은 농담에 의해 그리고 성(姓)이나 별명으로 많이 사용되면서 그 개념이 왜곡되었다. 농담을 주고받는 친족과 종족은 가족이나 부족 구성원의 긴장을 해소하기 위해 다른 사람을 놀리거나 모욕하는 것을 허용하거나 심지어 그렇게 하도록 강제한다(예컨대 보보족·모시족·사모족과 마주한 폴라니족). 이러한 불안정한 정체성은 역사적으로 본질적 차이를 가진 정체성으로 구체화(진정한 자이레 정체성, 진정한 코트디부아르 정체성, 진정한 콩고 정체성)되었음에도 불구하고 스스로 바뀌기도 한다. 종족의 정체성을 확인하는 표지는 여러 가지다. 종족 판별의 기준 가운데 하나는 근친혼이지만, 이 기준은 카스트나 비천한 신분과의 혼인을 금지하는 규약을 가진 집단에도 적용된다.

세계의 다른 지역과 마찬가지로 아프리카에도 종족이란 존재는 없다. 이 용어로 일정한 시민권·민족·국가·준(準)국가를 가진 사람이나 집단을 가리키는 경우를 제외한다면 말이다. 여러 조사에 따르면, 거의 희귀한 사례(나이지리아)를 제외하면, 종족이라는 기준은 국가·직업·종교집단과 비교하면 매우 사소한 의미를 갖는다. 다른 한편으로 타자를 거부하는 종족성은 위기 상황에는 중요한 요인이 되어 공동체 소속과 배제라는 이분법적 대립관계로 여러 귀속집단을 갈라놓는다. 대통령의 종족에 기반한 단일 정당제와 오늘날의 다부족적인 복수 정당제는 종족을 수단으로 악용했다. 정체성 사이의 구분선은 여러 개이며 진화하고 있다. 그들은 토착민과 외래인, 아랍 무슬림과 흑아프리카 기독교인 또는 물활론자처럼 이분법적 대립관계로 명확히 구분될 수 없다.

세대 간 연대와 생산 전 또는 생산 후 또는 비생산에 대한 책무는 집단보다는 **가입공동체**(계,[2] 조합, 비정부기구, 상호부조 등)나 **귀속공동체**(가계, 종족, 종교)에 의해 보장된다. 다양한 정체성 확인의 기준은 행동주체들이 취약한 상태이거나 불안할 때, 주권국가가 제도화되지 않았을 때, 시민의식이 약하고 사회정책이 바뀔 때 더욱더 중요하다.

2) 연대와는 무관한 강력한 사회적 위계

(1) 사회계층

아프리카에서 사회계급의 구조화는 봉급사회와는 그 의미가 다르다. 봉급자는 노동인구의 10% 이하이며, 노동계급은 인구의 1% 이하이다. 농민에게서 계급의식을 말하기는 어렵다. 많은 아프리카 사회는 씨족사회(공통의 조상을 가진 집단), 카스트 사회 또는 계급사회이다. 카스트 사회와 법적 집단의 특징은 동족결혼이다(마다가스카르의 메리나 왕국은 귀족인 아드리아니족, 평민인 호바족, 노예인 마인티족으로 구성된 카스트 사회이다). 빅토리아 호수 주변의 안콜레 왕국에서는 봉건적 군신관계를 볼 수 있고 충성관계가 국가-시민의 관계를 대신하고 있다. 부룬디나 르완다의 투치족과 후투족은 종족관계라기보다는 주종관계 또는 주인과 농노의 관계로 대립적인 질서를 가진 위계이다. 차드와 소말리아는 종족집단보다는 씨족집단이 지배적이며, 사회관계망의 특징은 친족, 혼인, 결사, 권력, 종속, 상호성 등으로 특징지어진다. 차드의 현 사회구조는 남부의 확대 대가족, 사하라의 유목민, 사헬 중서부의 족장 관할지, '국가사회(북부의 와다이 왕국, 카넴보르누 왕국)에 기초하여 성립한 지도자 없는 사회의 역사에서 유래한다.

대부분의 아프리카 사회는 여전히 강력한 위계를 특징으로 한다(위계적 인간[homo hierarchicus]). 사헬 지대의 사회(밤바라족, 하우사족, 풀라니족, 월로프족)에

---

2. 계(tontine): 정기적으로 공동의 통장에 돈을 넣고 전체 금액을 가입자가 차례로 받아가는 사람의 모임.

는 귀족, 자유민, 카스트에 속한 자, 노예의 후손이 구별된다. 마찬가지로 에티오피아와 마다가스카르의 고지대에서 사회 저변층은 고대 포로의 후손들이다. 완충 지대의 많은 사회(모리타니, 수단, 차드)에서 주인(아랍인, 무어인)과 옛 흑인 노예가 대립한다. 노예조약에서 유래하는 사회적 분열이 주권국가나 크레올이 많은 곳(카보베르데, 코모로, 라이베리아, 모리셔스, 상투메프린시페, 시에라리온)에 여전히 남아 있다. 중앙아프리카의 피그미족과 남아프리카의 부시맨족 같은 수렵채취인은 항상 낮은 지위를 차지한다. 공동체 압력과 연계되고 사회적 유대감을 형성하는 사회적 재분배는, 사회계층 내부에서 수평적으로 이루어지며 계층 사이에서 수직적으로는 거의 이루어지지 않는다.

사회계층은 '맨 아래'에서 '맨 위'까지 서열화된 인구 구성을 보여준다. 즉 시골과 도시의 룸펜프롤레타리아, 농민, 도시의 '비정규직', 관리, 관료, 지배 '엘리트' 등이 위계화되어 있다. 임금과 고용보장이 없어진 중산층(임금생활자, 관리)은 과거의 재분배 모델이 다시 적용되기를 꿈꾼다. 뿌리가 뽑힌 자들 즉 도시의 비정규직은 인기에 영합하는 조처(예컨대 식량 보조)가 사라지는 것을 본다. 낙오한 학생은 더 이상 편입할 희망이 없다.

경제자본을 쥐고 있는 **계급**(외국인과 국가 중개자)은 (학교 교육으로 얻은) 학력자본을 소유한 **지식인 엘리트**와는 다르다. 또한 학력자본은 전통으로 계승된 문화자산, 그리고 사회적 상징자본을 가진 **전통적 유력자**나 **수장**과 종종 충돌한다. 따라서 사회적 투쟁은 단순한 **계급투쟁**(마르크스주의적 의미)이 아니라 문화적 자본을 지닌 자들에게 지위투쟁 또는 **자리투쟁**이며, 사회적 자본과 상징적 자본을 자들에게는 **인종투쟁** 또는 종족 투쟁이다.

아프리카의 권력층은 대부분 상업자본 특히 레바논·인도·파키스탄·중국 출신의 상업자본과 연계되어 있다. 아프리카 사업가·상인·중개상은 일반적으로 매우 효율적이고 자금력이 있지만, 혁신 전략을 가지고 장기적인 투자 위험을 부담하는 슘페터[3]적 의미의 기업가는 거의 없다. 비공식 부문의 행위주체는 기업가라기보다는 진취적인 자이며 기술자라기보다는 재간이 있는 자이다(S. Latouche).

(2) 재분배 모델의 위기

아프리카의 **빈곤**은 역설적이다. 한편으로 금융 지표로 계산한 빈곤은 대륙 인구의 절반에 영향을 미친다. 그러나 다른 한편으로 **재분배 메커니즘**은 사람들이 공동체 연계망과 국가의 재분배체제에서 배제되더라도 작동한다. 연로한 노인은 젊은이들이 떠맡고 아이들은 '신의 선물'로 간주된다. 하지만 연대의식은 '위에서 위로' 수직적으로는 이루어지지 않는다. 상층 계급은 분명 부의 일부를 가족·계급·족벌·종족에게 재분배하지만, 특히나 과시용으로 부를 소비하고 이방인에게 배분한다.

수입으로만 귀착시킬 수 없는 다차원의 빈곤은 공공재 시장과 공동체적 부의 순환에서 배제되고 제한받은 권리로 분석될 수 있다. 취약성의 특징은 충격에 직면해 회복이 엄청나게 느리다는 것이다. 진정한 취약성은 분쟁 상황과 관계가 밀접하다.

미시경제와 거시경제에 기반한 재분배 모델은 위기를 맞고 있다. 도시의 재분배 모델은 그것이 창출하는 이득에 대한 희망, 그것이 야기하는 도시적인 관리 방식, 교육 모델의 단절로 인해 한계에 왔고, 학위자들은 공공이든 민간이든 봉급을 받는 직업에 대한 희망을 버렸다. 비공식 부문은 단기적으로 이러한 위기를 조정한다. 소비 모델에 대한 열망과 많은 젊은이들에게 불만족 및 좌절을 야기하는 배제 사이의 격차가 심해지고 있다.

---

3. 슘페터(Joseph Schumpter, 1883-1950): 오스트리아 경제학자. 기업가의 결정적 역할을 강조하고 경제 성장을 혁신으로 설명한다. 그는 기업가를 무엇보다도 '위험을 끌어안는 자'로 정의한다.

3) 맹아 상태의 시민사회

시민사회란 용어가 유행하지만 매우 모호하다. 그것은 국가나 민간 기업에 속하지 않는 집단적 행위주체를 가리킨다. 국가 파산으로 이해관계자는 시민사회—때로는 정당성이 거의 없는 소집단일지 모르지만 원조시장에서는 나름의 입지가 있다—의 행위주체에게 의존하게 된다. 조합이나 전문기구는 한계가 있다. 조합은 봉급자 특히 관리들만 관련된다. 정당은 다당제가 되었지만 국가적 프로젝트에는 기반이 없다. 하버마스에 따르면, "시민사회는 공공정책 영역에서 자신의 의견을 제시·응축·반영할 수 있고, 나아가 정치적 영역에서 사회 문제에 대한 공감대를 증폭시킬 수 있는 단체·조직·운동으로 구성된다"(Habermas, 1991).

아프리카 시민사회는 맹아기이지만 부상하고 있는 중이다. 가나와 특히 남아프리카공화국 같은 국가에서 조합은 아주 중요한 역할을 한다(남아프리카공화국 노동조합회의[COSATU]와 아프리카민족회의[ANC]의 연대 참고). 각종 단체, 농민조직, 비정부기구(NGO)가 행동주체로 등장했다. 부르키나파소는 비정부기구의 나라로 불린다. 이들은 사회 변화를 활성화하고 의식을 각성시키는 데 체계적이고 능동적으로 개입한다. NGO는 시장과 국가, 민간과 공공 부문의 중간 위치에 있다. 지역 조직으로서 그들이 가진 역량(다년간 유지될 수 있는 가능성)에 대한 연구가 필요하다. NGO는 연대의식에 기반을 두지만, 개발원조의 수원(受援)시장에도 기반을 갖기 때문이다.

NGO는 인도주의적 원조, 현안에 대한 문제제기, 국제협상과 참여민주주의 어젠더 등에서 대항 세력(세계화 대체운동)의 역할을 한다. 하지만 그들의 합법성과 한계—긴급행동, 조정·비조정 조치—에 대해 의문이 제기되고 있다. 때로는 권력의 도구(정부의 NGO), 외세 영향을 받는 아첨꾼, 원조를 받아내는 단순 기구로 평가되기도 한다. 인도주의와 긴급구조 역시 발전을 희생시키면서 원조를 얻어내는 시장과 언론의 문제를 발생시킨다. 동정, 인도주의 및 자선이 우선시된다면 경제적 자유주의 확대, 국가의 안보와 공정성을 확보하려는 국가의 파산 등의 재앙으로 연결될 것이다. 집단행동을 희생하고서라도 공동체적 준거가 마련되어야 하기 때문이다.

경제와 시민사회

비정부기구와 시민사회는 시장 및 국가에 비교될 수 있다. 구속(강제)·교환·증여라는 페루[4]의 세 가지 기준에 따라 몇 가지 유형의 경제 모습을 구별할 수 있다.
- 공공경제: 할당-재분배, 강제, 일반이해 추구, 공공재, 권위, 집단행동에 기초
- 상품경제: 교환, 재산, 사적 이해, 수익성, 경쟁의 원리에 기초
- '연대', 공유, 조합경제: 상호성이나 협력, 이해나 공통재를 추구, 친밀관계나 공동소유, 공공재 이용의 집단규칙에 의한 연대와 신뢰에 기초

개인자원이나 공공자원, 공동자원, 여러 형태의 파트너십의 상호 결합을 통해 이 세 형태의 혼합경제를 관찰할 수 있다. 현재의 재구성된 경제 모습을 통해 세계 차원의 시장경제, 국가 차원의 공공경제, 지역 차원의 연대경제 간의 관계가 생겨난다. 공동경제 또는 조합경제는 국제적인 망 조직, 국제적인 연대 조직과 더불어 국제적인 시민의식의 출현으로 세계적인 차원을 띠게 되었다.

4) 급변하는 사회 진화

위기나 파국 상황(전쟁, 에이즈, 가뭄, 홍수)에서 시골 차원(토지 분쟁 증가, 사회분화, 학업자의 실업, 도시 지주 같은 새로운 행위주체)과 도시 차원(비정규 부문의 역할 증대, 난민촌)에서 괄목할 만한 격변을 관찰할 수 있다. 그 결과 공간(법규 위반 지역, 중앙권력이 못 미치는 국경 지대, 새로운 지역 거점)이 새롭게 편성되고, 새로운 정치세력(교회, 종파, 여러 귀속집단의 역할)이 등장한다. 중산층이

---

4. F. Perroux, *Economie et société: contrainte, échange, don*, Paris, PUF, 1960.

등장하고 계급적 분열이 과거의 분열로 대체된다. 그리하여 많은 질문이 제기된다. 사회적 분화와 소득 불평등이 심화되는 상황에서 연대가 어떤 역할을 할 수 있는가? 배타적 국수주의가 고조되는 마당에 어떤 점에서 이주는 조정 역할을 할 수 있는가? 비공식 부문이 실업 조절의 중요 역할을 하는 사회에서 젊은이들(인구의 절반이 17세 이하이다)이 어떻게 일자리를 찾을 수 있는가? 사회계층에 대한 역동적인 시각을 갖는 것이 중요하다. 중산층 증가와 사회적 불평등의 심화는 고래의 정체성 분열을 대체하는 '계급적' 분열로 이어진다.

2. 권력, 국가, 정치체제

독립 이후 아프리카 정치권력은 전반적으로 행정과 헌법의 정비, 민족과 시민이 태동하던 사회 내의 사회·정치적 타협, 국경 방위, 폭증하는 인구·교육·도시 문제 등 상당한 도전에 직면했다. 하지만 공공 영역과 민간 영역은 혼동되고 서로 뒤얽혔다. 많은 '협잡꾼들'이 관료나 정치가로 일하기보다는 더 열심히 국가를 활용했다. 국가에 대한 투자는 흔히 단기적인 착취 논리로 자신들의 집단에 재분배했다. 공익과 공공 서비스는 여전히 아프리카 국가에 적법성을 부여하기 위한 최우선 목표이다.

실제로 모든 인간 사회에서 돈과 리비도와 권력 욕구는 정치꾼들의 세가지 주된 동기이다. 음벰베는 아프리카 독재자의 호화스러운 생활과 폭정은 부모로부터 자식에게 상속되는 태수 관할지에서 빚어지는 것과 유사하다고 말한다(A. Mbembe. 2010).

1) 권력 게임과 이슈

타인의 저항에도 불국하고 자신이 원하는 것을 얻기 위해 타인에게 영향을 미칠 수 있는 능력 또는 그 가능성이라고 규정되는 **권력**은, 더 높은 사회적 지위를 차지하려는 경쟁에서 사용하는 수단인 **정치**와는 차이가 있다. 기본적인 정치관계는 통치자와 피통치자 또는 지배자와 피지배자 사이의 구분을 전제로 각각에게 주어진 역할에 따라 강제적 제재하에서 명령하고 복종한다. 권력의 한 특수형태인 **정치권력**은 재분배, 집단사업의 지시, 국내 안보, 외세의 위협에 대비한 집단의 이익 보호 등 여러 기능을 행사한다. 제도화된 권력(국가), **권위**(명령 권한과 권력), 권력 소지자(통치자)를 구별해야 한다. 강력한 의미의 국가란 권력의 제도화와 권위의 적법성이 있는 경우에만 존재한다. 아프리카의 정치권력은 독립 당시 정치적 적법성과 개발주의적 사업에 따르는 기술관료적 적법성을 가졌다. 그런데 이들은 대부분 이러한 적법성을 상실했다. 아프리카 사회에서 가장 권위적인 체제조차도 완벽하거나 중요한 주민 통제수단을 제대로 갖지 못했다. 주민들은 계략을 쓰거나 출구 선택[5]을 구사하거나 협상 또는 야당을 통해 자유 공간을 만들어나간다. 권력은 단지 수사(修辭)를 넘어서 친분관계망, 수입 재분배, 타협, 협상, 무력을 통해서 표출된다.

(1) 정치권력의 발달

아프리카 정치제제는 다양하다(제1장 참조). 그것은 권력이 집단에 대해 갖는 자율권의 정도, 다소간 심한 사유화, 적법성의 방식에 따라 정의된다.

식민 지배 이전 시기에 통치자와 피통치자가 없는 비정치적 사회가 적도

---

5. 출구 선택(exit option): 자기 목소리를 듣게 할 수 없거나 조직에 가입이나 충성을 거부할 때 취하는 탈퇴 행동. A. O. Hirschman, *Défection et prise de parole*, Paris, Fayard, 1995.

와 기니만의 습윤·삼림 지대의 수렵채취민·목축민·농민의 문명에서 발견된다. 정치 연계망의 보존 기능은 친족관계망에 의해 수행되었다. 이와 반대로 정부 조직은 대제국이나 왕국에 지배적이었다. 수장제와 왕권은 권력의 사유화, 신성화된 수장 기능, 절대주의를 제약하는 반대 세력의 견제 등을 포함하는 군주제였다.

식민 정부는 정치망을 파괴하거나 예속시켰으며, 친족관계망은 비록 사회적 기능을 잃었지만 저항했고 그대로 지속되었다. 식민 지배 권력은 행정과 사법, 법의 준수와 질서 유지를 확보했다. 식민 정부는 주민을 장악하고 납세자의 출구 선택과 계략을 막는 데 애를 먹었다.

탈식민지 시대에 '진화된' 지도자, 옛 대학생, 관료, 조합원, 군인 등은 근대적이고 개발된 국가를 건설하려고 했다. 그들은 대부분 수장제·토후제·술탄제를 폐지하려고 했다. 단일 정당을 만들고 아프리카식 사회주의로부터 국가자본주의에 이르기까지 각종 이데올로기를 개발했다. 그들은 독립의 정당성을 확보했고 흔히 카리스마적 권력을 가졌다. 대부분의 경우 이들 엘리트는 귀속집단이나 후원 세력에 의지했다. 지식인과 대학생의 시위와 군사 쿠데타가 일반화되었다. 정치권력은 투표함이 아니라 무력에 의해 점진적으로 장악되었다.

하지만 과거의 정치권력이 괴멸된 것은 아니었다. 카메룬 대통령 아마두 아히조[6]는 최고 상징권력을 지닌 전통적인 대수장인 라미도(lamido)게 충성을 맹세했다. 마르크스주의자였다가 후에 자유주의자가 된 베냉 대통령 마티외 게레쿠(Mathieu Kerekou)는 권좌에 앉기 위해 전통 권력의 상징을 이용했는데, 그중 하나는 카멜레온(부적)이었다. 마찬가지로 그의 선임자인 소글로(N. D. Soglo)는 세계은행의 기술관료였지만 부두교를 숭배하던 자였다.

---

6. 아마두 아히조(Almadou Ahidjio, 1924-1989): 식민 지배 시대에 프랑스 식민 행정에 통합된 풀라니족 수장의 아들. 1960~1982년 카메룬의 초대 대통령을 지냈다.

부르키나파소에서 국가수반은 옛 모시 왕국의 계승자인 모로 나바(Mogho Naba)
에게 복종한다. 코트디부아르의 펠릭스 우푸에부아니는 바울레족의 족장
이었고 남아프리카공화국의 닐슨 만델라[7]도 코사족의 족장이었는데, 두 사
람 모두 그들 나라의 대통령이 되었다.

　　오늘날 민주주의적 경쟁은 더욱 개방적이 되었고 외부 세계의 감시는 더
욱 많아졌으며 종신 대통령은 줄어들었다. 새로운 지도자들은 카리스마적
통치를 하지 않으며, 새로운 기술관료 엘리트가 그 비중을 높이려고 애쓰
고 있지만, 여전히 종교권력은 중요한 역할을 한다.

(2) 권력의 국내외적 이중 적법성

　　정치권력은 많은 사회에서 두 가지 양식에 따라 기능한다. 첫째, 대외적
인 적법성과 신뢰성을 지닌 공식적 구조이고, 둘째, 사회·정치적 타협과 관
계 자본의 축적을 반영하는 실제의 구조이다.

　　권력은 사회위계, 경제권력(상인, 외국 기업, 마피아), 상징권력(종교권력, 전통
수장제) 등의 기반과 연관 있다. 적법성은 국내적인 것이다. 정치권력은 공화
정이라고 하더라도 신성(神聖. 1961년부터 1979년까지 중앙아프리카공화국의 자
칭 황제였던 보카사[Bokassa]의 대관식은 신성 흉내까지 갈 수 있는 종교적 징표의 중
요성을 보여준다)에 의해, 또는 전승(여기서 권력의 세습제가 생겨난다)에 의해 적
법성을 인정받는다. 마다가스카르의 판자카나(fanjakana. 정부·행정)는 식민 권
력을 흉내 낸 것이다. 트롬바(tromba. 빙의 의식의 춤)는 상상 속에서 예속된 집
단을 해방시킨다(Althabe).

　　적법성은 또한 대외적인 것이다. 대내적인 적법성이 거의 없는 다수의 권

---

7. 만델라(Nelson Mandela, 1918-2013): 남아프리카공화국의 아파르트헤이트에 대한 투쟁
　　으로 1993년에 노벨 평화상을 수상했고, 1994년 최초의 다인종 선거에서 대통령으로
　　당선되었다.

위적 권력은 석유나 광산에서 나오는 이익을 보호하기 위해, 또는 적대적 이념을 가진 집단의 소요를 막기 위해, 그리고 혼란을 두려워해서 외부 세력의 지원을 이용한다. 외부 지원 세력은 오직 공식적인 권력과 협상을 벌이며, 흔히 자신의 실제적인 권력 기반을 유지하기 위해 눈속임을 쓰기도 한다. 그들은 일관되고 통합적인 계획 없이 부문(사법, 경찰, 군대 등)에 따라 전문적으로 국가 재건을 돕는다. 개인적 네트워크와 연대망은 국가 제도를 능가한다. 사유화된 권력의 특징은 정치적 기업가들의 치열한 경쟁으로 인한 파벌투쟁이나 족벌투쟁이다. 그들은 흔히 가계 족벌망에 의지한다. 하지만 동시에 사회망 조직과 '고위층'의 행태에 대해 '최하층'이 전달하는 정보도 관찰할 수 있다.

2) 아프리카 국가는 존재하는가

(1) 식민 지배 이후의 아프리카

식민 지배 이후 대부분의 아프리카 국가는 군대 같은 제도가 거의 붕괴되어 취약했으며, 자신보다는 조금 명확한 시민사회와 약하게 연관되어 있었다. 식민 지배 이후 국가 모델의 실패에 더해 자유주의 이데올로기로 인해 국가에 대한 평가가 더욱 저하되면서 영토가 분할되었고 족벌·종족·공동체·종교 등의 정체성에 기반한 파벌의 힘이 부상했다.

아프리카 국가의 적법성에 대한 여러 가지 신화는 비난받을 수 있다. 근대적인 것으로 간주되는 개발국가 신화는 전통적인 것으로 간주되는 사회와 대립했고, 종족 간의 투쟁을 반영하는 국가 신화는 헌법을 위한 수단이 되었다. 베버나 케인스의 견해에 따르면, 국가는 공공재의 조정, 안정화, 재분배, 생산 기능을 가지고 있으므로 합리적이고 합법적인 차원이 있으며, 집단적이고 장기적으로 책임을 진다. 사람에게 복종하는 것이 아니라 규율에 복종하게 하는 제도의 표현이 국가이다. 국가주권, 적법성, 통치권 행사의 기능, 권리와 안보 상황 등은 국가의 핵심 사안이다. 아프리카 국가는 권력을 장악한 자와 거의 유착해 있다. 서유럽 및 아시아 유형의 국민국가는 구체적인 사회적·역사적 산물이며 국제적 차원에서 보편성을 갖지만, 단지 몇몇 아프리카 국가에서 발견할 수 있을 뿐이다. 허약한 아프리카 국가는 이제 발생하는 시민사회와는 거의 관계가 없다.

아프리카에는 제도화된 국가가 거의 없다. 하지만 다양한 방식으로 정치가 행해진다. 베야르는 "식민 지배 이후 국가 창건에 힘을 합한 민중적 정치 행위 방식"[8]에 대해 말한다. 식민 지배 이전에 분립 체제와 집권화된 체제가 분화되었지만 불연속성은 존재하지 않았다(제1장 참조). 식민 정부는 유럽 모델의 이식을 강요했지만, 실제로 식민 정부의 기관은 제한적이었고 주민들에게 국가의 틀을 부여하는 데는 역부족이었다. 식민 지배 이후 국가를 수입된 것(B. Badie), 외부 지향적인 것, 식민 지배에서 생겨난 것, 외세로부터 조작된 것 등으로 구분하기도 했다. 이러한 국가의 외재성에 대한 강조는 시민사회와 단절되어 있는데, 이는 논란이 아주 많은 문제이다. 아프리카 국가의 역사를 살피고 맥락을 잘 봐야 한다. 국가는 상반된 결정의 산물이다. 제도적 권력구조는 몇 가지 관점에서 분석될 수 있다. 마르크스주의가 가정하듯 계급적 이해관계의 반영물로 볼 수도 있고, 현실 정치가들이 상정하듯 국가 기구의 자율성으로 볼 수도 있으며, 국내외 헤게모니 블록이 구축한 것으로 볼 수도 있다.

(2) 정치와 경제의 관계

'이상적인' 국가는 그 구성 요소에 상응하는 기능을 수행하는 것으로 간

---

8. J. F. Bayart, *L'Etat en Afrique. La politique du ventre*, Paris, Fayard, 1989; B. Badie, *Etat importe. Essai sur l'occcidentalisation de l'ordre politique*, Paris, Fayard, 1992.

주된다.

- 제도적인 권력구조(정치). 대내관계에서 합법적 전략을 독점적으로 운용하는 국가. 국제무대에서 주권 행사의 주체
- 정책·통치자·행정을 결정하는 중앙결정기관
- 사회정치적 협상과 타협 모색의 권위기관(사회관계의 중재, 재분배, 조정, 촉진, 보증을 하는 국가)
- 집단적 재화와 서비스를 창출하는 공공 행위(외재적 현상, 분할 불가한 사실, 기본적인 가치재를 창출하는 국가)

신정치경제학[9]의 틀 내에서 이루어지는 정치적 결정은 실용적 동기(수입 창출)에 따라 해석될 수 있다. 정책 결정의 유형은 정치체제에 따라서 분류할 수 있다. 민주주의에서 재선을 목표로 하는 결정은 선거 주기에 일치하는 단기간의 결정을 선택하게 된다. 권위적 독재체제에서 권력자의 전략은 예컨대 수입과 소득분배 등을 통해 권력의 영속성을 최대한 장기적으로 늘리는 것이다. 다수의 아프리카 국가에서 정치권력과 경제권력의 결탁(정치권력과 석유·면화·다이아몬드 산업의 유착)이 있고, 행정과 정부 그리고 경제적 이해 사이의 관계가 제대로 분화되어 있지 않다. 정경유착에 의한 거래와 부의 착취는 국가 재정의 수단이자 이슈이다. 권력의 근시안적 단기 논리는 수입을 재정 축적과 지속 개발의 기반으로 만드는 것을 방해한다. 국가는 개발을 증진시키는 촉진제가 아니라 수입을 착취하는 역할을 한다.

대부분의 아프리카 국가에서 권력 장악은 부를 지배하는 수단이며, 그 반대는 아니다. 정부기관은 대개 외부 공모자와 결탁한 개인적 가부장제의 특성을 갖는다. 정치 게임이 종족화됨으로써 국가 재원을 점유하고자 하는 파벌 사이의 경쟁이 치열하다. 부의 재분배를 목적으로 축적하는 "배불림의

---

9. 신정치경제학(nouvelle économie politique): 정책 결정자의 경제적 이해를 강조하는 공공선택학파 이후 신정치경제학은 경제 결정에 미치는 정치 과정의 영향을 분석한다.

민생 정치"(J. Bayart)는, 수단-사헬 지대의 대제국에서 독재체제와 오늘날의 부패에 이르기까지 상업적 부를 정치가 통제한 이후로 대부분 실종되었다. 많은 아프리카 국가의 상황은 공공자산과 사유재산이 혼동되고(신가부장주의[10]), 겉으로는 국가 해체로 볼 수 있는 전쟁에 의해 국가가 재편성되고, 권력의 표면적 공식 구조와 전통 권력이나 신흥 엘리트 집단에 기반한 심층의 사유화된 구조가 양분된 상황이다. 아프리카 국가는 대외 수입을 포함한 외부로부터 공급된 재원으로 국내 분쟁을 키우고 있다. 경제권력을 가진 집단(카메룬의 바밀레케족이나 기니의 풀라니족 등)은 일반적으로 정치권력에서 배제되어 있다. 몇몇 소수 인종(봉고 대통령 시기 가봉의 테케족, 로랑 바그보 대통령 시기 코트디부아르의 베테족, 사수 응게소 대통령 시기 콩고의 음보치족)은 대규모 지역 집단이 대결 국면을 맞게 되면 중재 역할을 한다.

(3) 전복되거나 취약한 국가

국가는 원칙적으로 국경으로 정해진 영토 내에 권력을 행사한다. 국토의 구조화는 영토의 조직과 공간 계획으로 이루어진다. 그런데 아프리카는 국토 조직이 느슨하다. 국경 분쟁이 계속되고 있으며, 국가가 국경을 인정하더라도 주민들은 국경을 넘나든다. 공간 계획은 제약되어 있고, 때로 어떤 지역은 중앙 권력의 통제가 미치지 못한다. 국경 간 분쟁은 종족집단, 난민, 강제이주자들이 국경을 넘는 데서 기인한다. 통신망과 국경 양편 지역의 관련성이 영토 장벽을 뛰어넘는다.

경찰제도와 세관제도가 실패했다. 어떤 국가에서는 실패했거나 취약하며, 심지어는 국가기구의 장이나 담당자가 다음과 같은 범죄를 저질렀다.

---

10. 신가부장적 국가는 사회·정치적 규제를 재분배 관행에 두는 방식을 채택하고, 정파를 단골로 만들고, 잠재적 반대 세력을 매수하는 것을 목표로 한다. J. F. Medart, *Etats d'Afrique noire, Formation, mécanismes et crises*, Paris, Karthala, 1991.

① 폭력의 합법적 사용에 대한 사유화, ② 은폐되고 집단화된 권력구조, ③ 불법 또는 비리로 간주된 경제활동 구조에 의한 착취, ④ 국제 범죄조직에 개입, ⑤ 문화적·역사적 상상력과 세계화의 상호 침투로 인한 혼란, ⑥ 권력에 의해 수행된 거시경제와 거시정책의 중요성(Bayart, Ellis, Hibou 1997).

3) 정치체제의 다양성과 발달

(1) 대조되는 정치체제

종족이 대립하는 사회를 종족 소속이 특징적인 사회(소말리아), 국가 없이 분절된 사회, 제국 또는 국민국가(에티오피아나 마다가스카르)로 구별할 수 있다.

2012년 아프리카의 정치체제는 매우 다양하게 나타난다. 민주제 또는 제한적 민주제(베냉, 말리, 상투메프린시페, 세네갈, 탄자니아), 신민주제(부룬디, 모잠비크), 헌정군주제, 절대군주제(스와질란드), 독재체제, 전체주의체제, 신정체제(수단) 등이며, 군사 쿠데타로 민주제를 채택한 나라도 있다(모리타니, 니제르). 파산국가, 전복국가, 취약국가, 분쟁국가, 분쟁에서 벗어난 국가, 정상국가 등도 구별해야 한다. 몇몇 민주체제 국가에서는 정당, 의회, 조합, 언론, 사법 등이 제 역할을 한다. 아파르트헤이트 이후의 남아프리카공화국이 그 사례이다. 보츠와나는 천연자원, 다양한 종족, 민주체제를 조화롭게 결합한 유일한 사례이다.

민주주의는 특히 선거 전후의 정치 게임을 상시 관심사로 삼는 과정이다. 몽테스키외에 따르면, 민주주의의 특징은 권력의 분권(행정·입법·사법이다. 여기에 지식정보를 추가해야 한다)과 반대 세력의 역할이라고 한다. 형식적 민주제(자유선거, 다당제)는 집권당의 교체와 야당의 출현 같은 특징을 지닌 민주화 절차를 포함해서 베냉, 모리셔스, 모리타니, 모잠비크, 탄자니아 등에서 관찰된다. 시에라리온과 라이베리아는 민주제로 정상적으로 진행되는 국

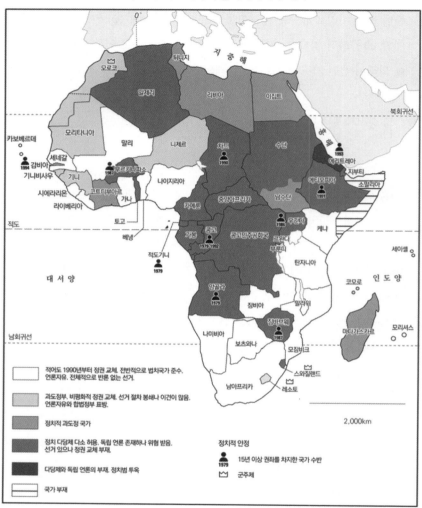

가이다. 또한 종신 대통령 제도 있는데, 2011년 10월에 재선된 카메룬의 폴 비야, 차드의 이드리스 데비, 콩고의 사수 응게소, 세습 대통령인 가봉의 봉고, 토고의 에야데마 등이다.

민주제의 다른 극에는 파산국가 또는 취약국가, 전쟁 중이거나 격렬한 전쟁에서 벗어난 국가들이 있다. 이 '회색 지대'에는 군부 지도자와 민병대를 갖춘 파벌의 수장들이 있다. 코트디부아르, 라이베리아, 소말리아, 콩고 민주공화국 같은 국가는 영토와 법의 준수를 더 이상 유지하지 못한다. 군대는 군수물자의 공급이 불안하고, 단결심이 없고, 민간 이해와 정치 이해의 유착 등으로 개탄할 만한 상태가 되었다. 소년병과 정규반란군(sobel = soldiers and rebels. 낮에는 정부군, 밤에는 반란군)의 동원이 횡행한다.

위기 탈출의 수단인 선거가 흔히 위기의 요인이 되기도 한다. 선거는 권력 교체의 긴장이 고조되는 순간이다. 선거명부와 투표 결과에 이의가 제기되기도 하고(2010년 코트디부아르, 기니 참조), 선거를 실질적으로 치르기도 어렵지만 결과가 부정되기도 한다(2007년 짐바브웨의 무가베[Mugabe]와 츠반지라이[Tsvangirai] 대결, 2008년 케냐의 키바키[Kibaki]와 오딩가이[Odingai] 대결, 2010년 기니의 콩데[Conde]와 디알로[Diallo] 대결, 2010년 코트디부아르의 그바그보[Gbagbo]와 와타라[Ouattara] 대결 참조). 기니에서는 선거 대결이 인종이라는 악마를 풀어주었다. 세쿠 투레와 함께 집권한 말링케족은 풀라니족이 권좌에 오르는 것을 거부했다. 많은 지방 군벌이 군대와 무력을 이용해 특정 후보(무가베, 그바그보)를 거부했다. 2001년 이후 9명의 국가수반이 대통령 임기 제한을 철폐했다(알제리, 카메룬, 지부티, 가봉, 기니, 우간다, 차드, 토고, 튀니지).

(2) 의회와 정당의 역할 미비

의회와 정당은 민주화 절차의 주요 성분이다. 입법권을 가진 의회는 주민의 대표를 통해서 의지를 표현한다. 의회는 권력과 야당의 힘의 균형에서 중요한 역할을 해야 한다. **정당**은 정치적 목적을 지닌 사람들의 단체이다. 정당은 힘의 역학관계와 민주주의에 내재한 관념 및 프로그램에 대응하는 게임을 한다. 아프리카 정당은 명시된 원칙, 공들여 만든 헌법(일반적으로 유럽을 본뜬 것이다), 제정된 규칙, 의회와 정당의 관행 등의 준거로부터 멀리 떨어져 있다.

아프리카의 의회와 다당제의 역사

의회·다당제·민주주의가 출현한 것은 그리 오래되지 않았다. 식민 지배 이전의 민주적 전통은 논의할 수 있지만, 식민 지배 이전과 식민 지배 시기에 진정한 의미의 다당제와 민주주의는 없었다. 남아프리카공화국의 아파르트헤이트 체제처럼 식민 체제는 시민권이 없는 자는 제외하고 보편적 선거권이 없는 제도를 근간으로 한다. 식민 체제(영국의 간접통치, 프랑스 동화주의, 벨기에의 가부장적 체제 등)에 따라 그 편차는 심하다.

국민투표·정당·의회는 제2차 세계대전 이후 도입되었다. 1956년 프랑스 식민지에는 프랑스령 영토까지 확장된 프랑스연합 내에 유일한 시민선거인단과 국회가 있었다. 독립 때 단일 정당이 거의 일반화된 현상이었고, 많은 국가(카리스마를 지닌 민족주의적인 지도자와 집권당에 기반을 두고 있었다)는 쿠데타, 독재체제, 전체주의적 체제를 겪었다. 다당제는 1980년대 초에 와서 일반화되었고, 베를린 장벽 붕괴, 아파르트헤이트 종식, 1990년의 볼 회의(Conférence de la Baule), 특히 프랑스어권 아프리카(베냉, 부르키나파소, 콩고, 기니, 마다가스카르, 콩고민주공화국)의 민족의회 이후에야 확산되었다. 실제로 볼 회의는 프랑스어권 아프리카 국가들에 원조하기 위해 민주주의와 자유의 확산을 요구했다. 1991년 하라레(짐바브웨)에서 열린 영연방회의에 모인 영어권 국가들도 똑같은 조치를 취했으며, 새로운 상황에 적응하지 못하는 국가를 모두 배제하기로 결정했다. 당시 군부체제하에 있던 아프리카의 최대 국가인 나이지리아가 바로 그랬다. 1960년부터 2011년까지 지속적으로 다당제였던 국가는 없다. 콩고민주공화국에서 선거는 2005년에 최초로 치러졌다.

의회 내에서 정당의 대립은 공론의 장으로서 필수적이다. 아프리카의회연합과 아프리카연합과 NEPAD가 연계해서 운용되는 활동들이 있다. 단원제(짐바브웨), 양원제(남아프리카공화국, 에티오피아 등) 등 **의회제도**도 다양하다. 전체적으로 의회의 역할이 제한되어 있다. 재정·기술·인력 등의 수단이 없고, 권력·정보·조직능력이 결여되어 있다.

다당제가 원칙이 되었다. 흡족하진 않지만 공개토론도 허용된다. 그러나 세 가지 심각한 제약을 확인할 수 있다.

- 정당은 정책 프로그램과 선택에 따라 구성되지 않는다. 이와 반대로 당을 이끄는 사람들과 관련이 있다.
- 종족 또는 지역 준거가 중요한 비중을 차지함을 발견할 수 있다.
- 정당 수가 폭발적으로 많지만, 거의 제대로 작동하지 않는 것을 관찰할 수 있다.

2011년 기준으로 앙골라·베냉·부르키나파소·코트디부아르·모리타니·차드에는 정당이 40개 이상 있었고, 카메룬과 마다가스카르에는 100개 이상의 정당이, 가봉에는 150개 이상의 정당이, 콩고민주공화국에는 270개의 정당이 있었다. 이러한 엄청나게 많은 정당이 존재하는 이유는 민주주의 전통도 없고 정강에 따른 논의도 없기 때문이다. 국제투명성기구에 따르면, 아프리카의 정당은 의회·경찰·사법부보다 훨씬 더 부패한 기관이다.

(3) 심각한 사회 불안

인간과 물자에 대한 불안정은 경제적 저개발과 국가의 주요 법적 기능 행사를 저지하는 핵심 요인이다. 안정성의 부재는 무력 분쟁의 개념보다 훨씬 광범위한 개념이다. 안정성은 경제, 식량, 사회, 정치(인권 침해) 등을 포괄하는 다차원적 개념이다. 안정성은 실제적 또는 잠재적으로 예기되는 위험에 직면하여 위협을 느끼지 않거나 반응하는 능력을 갖춘 주체(개인·집단)의 상태이다. 안정성은 그리 확실하지 않은 공공 자산인데, 경찰·사복경찰·군대의 힘의 부재 또는 약화, 시민권과 정치권의 존중을 보장하는 사법의 부재 또는 약화라는 의미에서 그렇다. 그런데 몽테스키외에 따르면, 진정한 공공의 자유는 개인의 안정성이 확보될 때만 가능하다고 한다.

독립 당시 두 유형의 군대가 지배했다. 식민 군대 이관에 따르는 정규군과 민족 자유화 운동에서 생겨난 군대가 그것이다. 첫 번째 군대는 세계대전에 참여하면서 식민 지배자들의 전통에서 형성된 군대이다. 두 번째 군대는 인민군대이다. 냉전 상황에서 안보의 제왕적 기능은 대부분 옛 식민 지배 세력, 특히 프랑스 사복경관과 방위협약을 통해 확보되었다. 군대는 점차 안보 역할과 영토의 보전·유지 역할을 하는 데 큰 어려움에 부딪혔다. 시민권력은 군부 쿠데타를 불신임했다. 군대는 때로는 충성을 맹세하기도 했다. 흔히 군대는 급료의 미지급과 물자 부족으로 해체되기도 하는데, 이는 집단적인 계획이 없음을 반영한다. 아프리카 국가는 무기를 판매하는 남아프리카공화국을 제외하고 제한적인 소규모의 육·해·공군을 유지한다. 국가는 종종 국방을 사유화하고(용병, 사병), 심지어 군부 지도자나 소수 폭력 지도자에게 길을 터주기도 한다. 토머스 상카라(Thomas Sankara)는 1984년 10월 4일 국회 앞에서 "애국심이 없다면, 군대는 권력을 쥔 범죄집단일 뿐이다"고 선언했다.

몇몇 아프리카 국가에서 혁명전쟁 체제 또는 반전복 체제가 외부 세력의 도움으로 공산주의자, 반동분자, 테러리스트, 야당, 이웃 국가의 지원을 받는 분리주의자 등을 진압하기 위해 들어서기도 했다. 이와 같은 전쟁 체제는 유사 군대조직, 행정과 군경비대, 사상자 무리와 민병대, 첩보와 선전을 결합하기도 한다. 최악의 경우에는 르완다처럼 인종 학살에 이르기도 한다(1994년 3개월간 100만 명의 사상자가 발생했다).

3. 민주주의, 거버넌스, 개발

1) 강요된 민주주의 또는 수입된 민주주의

식민적 사고와 식민 후의 사고는 아프리카는 민주주의를 하기에는 미성숙하다고 생각한다. 이러한 시각은 강력한 힘에 의지하여 국민국가를 건설하려는 국수주의자의 입장, 독재제체를 기웃거리는 마르크스주의자의 견해, 권위체제를 강조하는 개발주의자의 사고 등에 의해 더욱 강화되었다.

> "사람들은 습관적으로 아프리카는 민주제를 실시하기에는 준비가 안 되어 있다고들 말한다. 그러면 내가 궁금한 것은 아프리카는 언제 독재를 할 준비는 되어 있었다는 것인가?"_ 소잉카, 《자유화》, 1998.11.7.

민주주의는 이용 가능한 모든 설문조사와 대중운동이 보여주듯이 주민들의 강력한 열망이다. 민주주의는 정치적 조건이지만 흔히 유일한 제도적 형태(다당제, 자유선거)로 생각되는 반면, 민주화는 투쟁과 정복을 포함하는 내생적 과정이다. 그것은 외부로부터 강요될 수 없다. 그것은 다양한 제도적 형태를 넘어서 자유, 사적 영역과 분리된 공론(公論), 권력 균형, 반대 세력의 역할, 무엇보다도 사법 독립 같은 기본적인 원리에 근거를 둔다.

1990년 이후 특히 국민회의와 더불어 대의민주주의가 부상하는 것을 목격할 수 있다. 또한 아프리카인의 범죄가 국제사법재판소에서 재판을 받는 것도 볼 수 있다. 라이베리아의 대통령이던 찰스 테일러(Charles Taylor)는 전쟁 범죄, 반인륜 범죄, 1996년부터 시에라리온 영토 내에서 벌어진 심각한 국제인권법 위반에 대한 책임을 물어 2003년에 고발되었다.

동시에 무력에 의한 정권 유지와 투표 결과 불인정(예컨대 2008년 6월 선거에서 무가베가 그랬다. 그는 아프리카연합의 제재를 받았다) 등의 많은 관행은 취약한 민주화 과정을 보여준다. 1990년대의 국민의회는 새로운 민주주의의 바람을 일으켰다. 베냉과 말리에서는 정권이 교체되었다. 그러나 2000년대에는 군부 쿠데타, 투표 결과에 우선하는 무력(기니, 모리타니, 니제르), 헌정조작(2003년의 가봉, 2009년의 카메룬·니제르) 등의 새로운 징후가 나타났다.

> **민주화**
>
> 민주주의는 다당제와 선거를 넘어서 권력의 분리와 반대 세력의 역할을 전제로 한다. 일반적으로 프랑스어권 국가에서 특히 의회는 행정부에 비해 허약하고, 사법부는 정치권력에서 거의 독립되어 있지 않으며, 정당은 정책적 기반이 거의 없고, 언론은 정치화되어 있거나 '대중적'이다.
>
> 집단행위의 공공 부문은 정책 결정 수준의 교착과 연관되고, 여러 집단적인 공공 결정권자의 적법한 충돌과 연관 있다. 민주화는 선거 적법성을 넘어서며, 숙의정치와 공공 부문을 이용한다. 이 공공 부문은 하버마스의 의미대로 해석과 열망이 드러나고 모든 사람의 눈에 일관성 있는 곳으로, 시너지를 얻거나 갈등을 일으키는 곳으로 정의된다. 민주주의는 대표적이고 참여적이어야 한다. 그것은 때로는 상반되는 가치들 사이에 중재와 표상으로 이루어지며, 절차, 합의, 전문적 능력, 공개적으로 표명된 견해 등으로 구축된다.

2) 거버넌스와 부패

기업세계의 '기업 거버넌스(corporate governance)'를 차용한 거버넌스란 용어는 기업 거버넌스란 어휘를 거꾸로 침범했다. 이를 "집단규약을 제정·결정·합법화·적용·통제하는 기반이 되는 일체의 거래 행태"(Laidi, 2002)로 정의할 수 있다. 거버넌스의 개념은 부패, 공적 재원의 낭비, 프로젝트 부실 관리, 공공 자산과 민간 자산의 혼동 같은 것을 설명한다. 하지만 이 개념은 정치와 정책으로부터 경제를 분리시키고, 정치와 정책을 경영과 경제로 다루면서 갈등·모순·권력관계를 제거한다.

몇 가지 정책 지수를 이용할 수 있다. 2010년 '프리덤 하우스(Freedom House)'의 정치자유지수는 아프리카 9개국을 자유국가(남아프리카공화국, 베냉, 보츠와나, 카보베르데, 가나, 말리, 모리셔스, 나미비아, 상투메프린시페)로, 24개국을 부분적인 자유국가로, 16개국을 비자유국가(앙골라, 카메룬, 코트디부아르, 지부티, 에리트레아, 에티오피아, 가봉, 적도 기니, 가봉, 모리타니, 콩고공화국, 콩고민주공화국, 르완다, 소말리아, 수단, 스와질란드, 짐바브웨)로 분류했다. 민중 시위가 증가함에도 불구하고 국가 이외의 단체가 자행하는 폭력에 대한 정치경제분석(PEA) 지수는 하락했다. 27개 아프리카 국가는 만연된 부패의 먹이가 되었고, 17개국에서 부패는 중대한 국가적 문제이다.

공공 부문의 부패는 법적으로 개인 이익을 위해 권한 있는 지위를 이용하는 공무원의 공정성 원리를 의도적으로 위반하는 행위이다. 부패 행태는 배임, 부당거래, 사회적 자산 남용, 횡령 등이다. 아프리카의 부패 범죄자는 공동체 압력, 재분배 의무, 직위 유지, 인간관계망 형성 등과 관련이 있다. 집단 차원에서 부패 체제는 통제 없는 권력의 사유화, 권력들 간의 유착 등과 관련 있다. 또한 불처벌의 문화, 반대 세력의 부재, 법적 익명성보다 우위의 인간관계, 부패 관련자들의 관계 등과 관련 있다. 부패를 몇 단계로 나눌수 있는데, 소득 감소를 보조하는 작은 부패로부터 정치권력과 경제권력 관계의 중심에 있는 대규모 부패(공공시장 점유방식, 광산·석유 계약)에 이르기까지 다양하다.

부패는 선거 또는 임명을 통해서 공무를 맡은 자가 이득을 목적으로 규범과 직무에서 벗어난 행동이다. 그것은 사회조직을 위협하고 생산적인 부의 축적을 방해하는 전국적인 병리 현상이 되었다. (아시아처럼) 재원이 즉시로 투자되는 경우에만 '생산적'일 수 있다. 특히 추출 자원, 사회기반시설, 행정 부문과 관련이 있다. 2003년의 OECD 협약, 2003년의 아프리카연합

협약, 2004년의 유엔협약 등 수많은 반부패 문서가 있지만, 부패는 여전히 만연되어 있다. '대규모' 부패와 '작은' 부패는 후자가 소득 감소에 대한 보상이라는 점에서 구별된다. 2007년 국제투명성기구는 나이지리아, 카메룬, 앙골라, 코트디부아르, 차드를 세계에서 가장 부패한 국가로 분류했다.

제도 개혁의 목표는 계약 보증, 소유권 증진, 굿 거버넌스를 보장하는 법적 공간의 확보이다. 법치국가는 계약 존중과 안정된 환경을 정착시키는 데 핵심적 역할을 한다. 주권 양도는 국가 이하의 차원(탈중앙집권화)과 초국가적 차원(브래튼우즈 협정 기관)에서 출현한다. 협회, 비정부기구, 협동조합, 국민경제는 재화와 집단 서비스의 생산자로서 점점 더 중요한 역할을 하고 있다. 그렇지만 그 결과는 시장경제의 정착보다는 대외관계에서나 대내적인 기능에서나 금리생활자의 경제적 보상에 더 치우쳐 있다.

3) 정치체제와 개발

경제 성장과 정치체제 그리고 정치 안정을 연결하는 시험은 결정적인 결과를 낳지 못했다. 제도는 장기적 경제성과를 결정하는 주요 요인이라는 노스(D. North)의 주장은 그리 설득력이 없는 것 같다. 경제적 효율성이나 빈곤 퇴치라는 관점에서 보면, 민주주의가 반드시 가장 효율적인 체제는 아니다. 오히려 민주주의는 일탈을 막는 반대 세력을 허용하고, 기아를 방지하며, 안정과 지속 발전을 꾀하는 핵심 요인이다. 부패지수, 세계 평화에 대한 기여, 석유자원 부재, 민주제 역할, 분쟁 부재 사이에는 상관관계가 있다. 부패가 경제 성장에 미치는 영향에 대한 평가는 결정적인 결론을 얻지 못했다. 그러나 부패는 거래비용을 증가시키고 국가의 자원 분배와 배당 역할을 왜곡시키며 탈세를 유발한다. 한편 부패 자금의 활용은 자금이 재투자되는지 또는 해외로 나가는지에 따라 개발 과정에 핵심적 역할을 할 수도 있다.

경제 개발의 관점에서 두 가지 주요한 밑그림을 달리 그릴 수 있다. 성숙한 민주주의(반대 세력의 역할과 함께)와 개혁적 절대독재 또는 계몽독재(카르스마적 힘으로)는 장기적 안목을 가질 수 있고, 다소 투명한 정부 행위, 비교적 높은 저축률 등을 가진 안정 체제로 갈 수 있다. 반면에 파벌민주주의(보스제도, 불안정한 권력, 합의 결여)와 포식독재체제는 단기적 안목, 불안정, 정부 행위의 불투명성, 낮은 저축률, 개발을 촉진하지 않는 국가로 가게 된다.

분명한 것은 다음의 조건이 충족될 때만 사회는 효율적으로 기능할 수 있다.

- 우호적인 제도 환경을 조성하기 위해 국가가 강화될 때
- 반대 야당세력이 독단을 피할 때
- 안정성이 확보되고 예측 가능한 환경에서 기업이 장기적으로 생산적인 투자 논리를 가질 때
- 재분배 메커니즘이 잘 조절된 사회적 긴장과 함께 기능할 때

불확실한 미래가 계획으로 바뀌려면 제도와 조직이 필요하다. 개발국가는 전략적 선택을 제외하고는 감독자 이상의 실행 촉진자뿐만 아니라 의사결정권자 이상의 선동자가 되어야 한다.

제2부

지리경제학

많은 경제학자들에게 과거의 발전 즉 시장, 기업, 탐나는 자원, 구매력을 가진 중산층의 증가, 투자 및 유망한 프로젝트, 통화로 균질화된 범위 등은 별로 큰 관심사가 되지 않는다.

반면에 아프리카에 대한 경제적 분석이 타당한지는 오랫동안 논란의 여지가 있었다. 경제를 영역(domaine)으로 즉 유상교환·시장·자본주의로 정의한다면, 이 범주들은 아프리카에서는 그 타당성을 설명하는 담론의 기초가 될 만큼 강도가 충분하지도 못하고 자율성도 획득하지 못한 것으로 드러난다. 물론 이것이 점차 사실이 아니긴 하지만 말이다. 토지는 거의 양도가 불가능하고, 자본은 일반화된 채무변제능력이 아니고 시장은 형성 과정에 있다. 경제를 **방법**(méthode)으로 정의한다면 즉 경제적 인간(homo economicus)에 대한 방법, 이성적 학문, 목적 달성을 위한 수단의 적합성, 비용-이익의 계산에 따른 희소한 자원의 적정 배분으로 정의한다면, 아프리카인(homo africanus)은 효율성의 탐색이 일반적으로 우선시되지 않는 조직망, 많은 제약에서 다소 벗어난 가치체계 속에 있다는 것이 분명해 보인다. 경제·사회·정치·상징의 장(場)을 분리하는 것은 '전체 사회 현상을 이해하지 못하게 방해하고 상관없는 외적 범주를 이러한 맥락에 적용시킬 위험성이 있다. 경제적인 장은 역사적·사회적·문화적·규범적·정치적 요인과 분리될 수 없다.

하지만 이러한 유보 조건은 상대적이다. 한편으로 아프리카 사회의 경제적 관계는 사회에 따라 다소 차별화되며 자율성의 정도도 다르다. 경제는 역사적으로 원거리 교역, 노예무역, 식민 지배를 통해 상업화를 증진시키면서 그 영역을 확대해왔다. 그 결과 상업자본이 발달했다. 오늘날 중요한 경제 부문은 세계경제에 편입되었고, 금융·상품·자본주의의 논리에 따른다. 현재 아프리카의 경제 상황은 혼합적이고 다가치적이다. 새로운 사회 표상과 열망을 가진 자라나는 세대는 과거의 식민지로부터 멀어지고 있으며 경제는 세계화되었다.

다른 한편으로 현재의 아프리카 사회는 증여자(homo donateur)가 경제적 인간을 지배하는 풍요·연대·욕망의 사회가 아니다. 이 말에 인류학자들이 언짢아하지 않기를 바란다. 특히 대부분의 사람들에게 아프리카는 소외와 생존 투쟁의 세상에서 기본 욕구를 만족시켜 주는 희소 자원과 돈을 가진 사회가 되었다. 잠재력 개발, 자원 창조, 경제적 배분 등이 우선적인 이슈이다.

물론 경제 분석의 틀은 다르다. 경제는 과학적으로 분석할 수 있는 영역인 동시에 합리성·효과성의 이름으로 주체들의 행위 타당성을 다루는 담론 또는 수사학이다. 표준 경제는 이 담론으로 복지와 성장을 목표로 자체에 기반한 자료를 생산한다. 현대 미시경제학의 분석은 다수의 제도와 맥락을 고려하고 불완전한 정보에 기초한 제한된 합리성에 기초하여 추론하고, 무임승차자의 행태, 도덕적 우연이나 요행, 불리한 선택(역기능)의 문제를 제기하면서 협력과 집단의 상호작용에 대해 질문한다.[1] 시장은 언제나 효율적인 조정방식으로 움직이지 않으며, 사유재산권은 규모의 경제, 외부 요인, 위험 관리와 관련된 문제를 해결하기에 항상 유리한 것만은 아니다. 아프리카에서 소유권, 공동체, 과거에 있었던 세대 간의 관계는 이러한 시각에서 재해석될 수 있다. 경제 분석은 실질적인 합리성과 제한적 합리성의 관점에서

---

1. 현대적 분석은 규율의 비존중(무임승차) 행태, 불완전한 정보 행태, 최소한 신뢰할 만한 것을 신뢰하게 되거나(도덕적 해이) 부적합 선택을 하게 되는(역선택) 은폐 행태 같은 것과 관련 있다.

시장과 제도, 정보의 비대칭성, 다수의 조정방식과 규율 등이 표준인지의 여부를 탐구하지만, 사회구조나 권력관계의 '검은 상자'를 거의 또는 전혀 고려하지 않는다.

정치경제학과 지리경제학은 경제적·사회적 흐름을 분석하고, 권력관계에 개입된 행위주체들의 상호작용을 고려한다. 정치경제학은 부와 공권력의 관계를 분석하고, 부의 축적체제와 관련 있는 정치체제 및 제도를 분석한다. 지리경제학은 경제를 군사력·외교력·상징권력과 함께 권력의 기초중 하나로 만든다. 하지만 지리경제학이란 용어는 국가·국민·이념의 역할을 선호하는 조류에 의해 거부되었다. 에메릭 쇼프라드(Aymeric Chauprade)에 의하면 "사회·경제적 불평등은 종족 투쟁의 원인이 아니라 종족과 민족의 정체성 투쟁의 산물"이다. 그것은 역사의 동인(動因)을 지리, 이데올로기, 국가권력, 정체성에 대한 항구적 준거 대상, 경제 등으로 설명하는 자들의 세계관들을 서로 명확히 구분하는 문제가 아니다. 하지만 분명한 것은 경제적 이해 및 지원과 부의 통제와 관련 있는 권력을 둘러싼 갈등은 세력과 투쟁관계의 중요한 요소이다. 세계화의 맥락에서 지리경제학의 역할이 점차 중요해지고 있다. 경제적 쟁점은 석유·에너지·환경의 지정학을 둘러싼 핵심적 문제이며, 안전하고 민주적이며 경제적인 연금의 확보는 정치 게임의 기초가 되었다.

제4장

경제 개발

1960~1980	국가 주도의 자주 정책
1973	1차 오일 충격
1980	2차 오일 충격과 부채 누적 과정
1980~2000	구조 조정과 안정화 정책
2000~2007	빈곤 퇴치 정책, 경제 성장 재개, 파트너의 다변화
2008~2012	금융자본주의의 세계적 위기

흔히 아프리카를 저개발과 낙후란 용어로 특징짓는다. 아프리카를 국제적인 지표로 평가하여 국제학교의 열등생으로 만든다. 그것이 경제 지표든 사회 지표든 정치 지표든 제도 지표든 상관없이 말이다. 이 국제 지표는 사실상 아프리카 사회가 겪어온 다양한 궤적을 충분히 보여주지 못한다. 사회 발전은 산업사회나 신흥 개발사회의 잣대로 평가해서는 안 된다. 그것은 각기 다른 사회의 고유한 잠재력, 제도, 문화 매트릭스, 그 사회의 특수한 궤적에 따라 행위주체의 역량과 관련해서만 평가될 수 있다.

아프리카는 양자나 다자간 협상에서 재정 여력이 미약하고 시장과 상품의 힘도 거의 없다. 천연자원이 있지만 국내총생산, 세계 투자와 교역, 시가총액, 기술·연구에 크게 기여하지 못한다. 공공기관은 국제적인 민간 경제력과 대비해서 볼 때 협상의 여지가 거의 없다. 대부분의 아프리카인은 구매력이 약하다.

아프리카 경제는 다양한 모습을 넘어서 특정한 구조와 제도에 바탕해서 '양식화된 사실'이 있다. 즉 생산 측면에서 이질적이고 미분화된 경제, 저부가가치를 지닌 원자재 수출과 다변화되지 못한 경제, 천연자원 기반의 수익 공제의 중요성, 상품가 또는 금융비용의 차별화, 기업 리스크의 약점, 경제 운용주체의 단기 논리, 허약한 내수 시장 등이다. 하지만 백미러로 후면만을 봐서는 안 된다. 젊은 세대의 급격한 변화를 인구에 맞게 통합하고 외부에 개방하며, 공간 점유방식과 삶의 양식을 바꿀 수 있는 방법을 모색해야 한다.

1. 상대적인 경제 자율성

1) 화폐와 시장

상업사회에서 화폐는 상품교환의 기초가 되는 합리적 수단만은 아니다. 그것은 사회적 유대와 집단 표상이기도 하다. 이러한 집단 표상 안에는 신뢰·적법성·권력이 혼합되어 있다. 상업사회는 화폐를 매개로 함께 묶여 있기 때문에 가능하다. 그런데 아프리카의 상업사회는 그리 완전하지 못하다. 고대 사회와 오늘날 시골 사회의 의례적인 '증여(don)와' '반대급부(contre-don)'라는 교환체계에는 세 가지 의무 즉 증여·수령·되돌려주기가 포함되어 있다. 개인과 집단 간에는 상호 공개적인 사의(謝意) 표명의 과정이 지배한다. 폭력으로 들어오거나 외부로부터 억지로 받은 돈은 때로는 불법적인 것으로 인식된다.

원시 화폐는 물질 재화의 교환에는 별로 사용되지 않지만, 조공·지참금·세금의 납부에 사용된다. 역사적으로 폭력은 분명 상업경제권역과 화폐 사용 영역을 확대시켰다. 최초에 화폐는 권력에 대한 채무를 변제하는 데 이용되었다. 상업은 화폐화된 세금, 강제노동, 지참금의 화폐화를 통해 발달했다. 세금은 화폐 조공의 형태로 납부했다. 아프리카는 오늘날에도 이와 크게 다르지 않다. 모든 주요한 경제활동이 시장을 벗어나 있고, 외향적인 경제 순환은 흔히 부수적으로 이루어진다. 사회에서 가축은 귀중한 자산으로서 희생 제물로 바치기 전에 축적하는데, 이는 이주민이 품삯으로 받은 돈을 지참금으로 내거나 조공으로 바친 것이다.

화폐는 동일한 단위로 모든 상품·채무를 산정하고 상대적 가격으로 그 관계를 규정하는 보편적인 등가치이지만, 시골 사회에는 이러한 화폐가 일반화되지 않았다. 이처럼 시골 사회에서는 화폐가 지닌 처분권은 제약을 받는다. 복수의 물가체계가 공존하기 때문이다. 어떤 물가는 국제 시장에서 결정되고 어떤 물가는 공권력이나 소수의 독과점한 자들에 의해 좌우된다. 장인이나 상인이 만든 제품의 상당수는 가격이 상품재에 의해 결정된다. 시골이나 도시의 영세 생산자는 생산물을 팔아서 필수품이나 소비재를 산다.

시장은 재화와 화폐의 교환 장소이기도 하지만, 유대를 강화하고 대화하는 소통의 장소이기도 하다.

2) 생산체제

(1) 이질성과 이원성

이질적인 생산체제는 여전히 중요하다. 소수의 채집사회는 구석기시대나 신석기시대 수준이다. 그렇지만 동시에 신기술이 이들 사회의 중심부에 있다. 핸드폰과 사이버카페가 시골 지역에도 침투했다. 이러한 이질적인 기술에 대응해서 사회집단도 극히 분화되어 있다.

아프리카 경제에 대한 지배적인 모습은 현대적 부문과 전통적 또는 비공식 부문이 혼재하는 이원적인 모습이다. 현대적 부문은 경제 법칙(수요와 공급, 효율성, 합리성, 수익성, 화폐화, 축적)에 의해 운용된다. 전통적 부문은 회계와 수익성의 동기가 없다는 것이 특징이다. 영세 생산자는 소비재를 사기 위해 판다. 그는 처분할 급여가 없으며, 재화 생산과 유대 형성의 괴리를 불허하는 사회관계망에 편입되어 산다. 가축 대여자는 가축 임차자의 은혜를 입는다. 왜냐하면 임차자는 빌린 가축을 먹여 살리기 때문이다. 아프리카의 대부분의 신용관계는 근접성에 의해 생겨나며 신뢰에 기반한다. 노령보험 또는 사회보장제도가 없는 상황에서 재분배 메커니즘이 비생산적 영역을 떠맡는다.

이러한 이원적인 묘사는 또한 한계를 가지고 있다. 현대 경제는 내부와 외부의 권력관계와 공생하고 대부분 이익의 논리에 따른다. 이제 현장의 경제학자는 다양한 경제적 범주와 행위주체의 관행이 시장에 편입되어 있을 뿐만 아니라 사람들의 사회관계망에도 얽혀 있다는 것을 알게 된다.

(2) 시골 지역의 생태 중심적 세계관의 중요성

생태 중심적 세계관에서 남성은 자연의 한 요소일 뿐이다. 자연은 인간이 길들이고 착취하는 물질도 아니며, 인간이 자기 목적에 따라 이용하는 수단도 아니며, 오히려 존중하고 보존해야 하는 유산이다. 자연은 문화에서 스스로를 분명하게 차별화할 수 없다. 자연에 대한 신중한 접근은 희귀자원이나 재생불가능자원을 관리하고 복잡한 생태계와 다수의 생태보존권을 고려하는 집단관리규약으로 표현된다.

자연의 활용도와 이용 규칙에 따라서 자원을 다음과 같이 구분할 수 있다.

- 수렵·채취인(칼라하리 사막의 부시맨족, 중앙아프리카의 피그미족)
- 목축 사회. 가축이 부와 권력의 상징이다.
- 낮은 토지 생산성을 지닌 조방농업.

• 인구 밀집 집중농업. 농경 가족들로 구성된 것이 특징이다. 자본주의적 농업은 사유재산권을 지닌 것이 특징이다(농산업과 농업비즈니스).

(3) 불안정하고 위험한 환경의 중요성

불안하고 위험한 세상에서 최우선은 식량 안보와 위험 방어 및 재해·사건·약탈의 방지를 보장하는 장치이다. 그래서 가격 인상은 공급 하락으로 표출될 수 있고 복수의 경제활동은 위험을 분산시킨다. 위험하고 불안한 상황에 있는 경제주체는 위험을 최소화하거나, 수용 가능한 적응방식을 택하거나, 안보를 보장하는 권력기관이나 권력자에게 자유를 기탁한다. 결속과 귀속의 사회는 복지국가가 아니기 때문에 불안을 감소시키는 데 필수적인 역할을 한다. 매일 장기적인 안정이 아주 절실하기 때문에 저축과 투자자는 중기적인 수단보다는 초단기적·초장기적 수단을 동시에 더 선호한다. 대부분의 아프리카 사회는 상업자본에 의해 여전히 지배되는데, 상업자본은 생산으로 가치가 부가되는 생산재보다는 교환에서 이득을 챙기는 것이 특징이다. 재화의 화폐화, 토지와 노동력의 상품화를 가로막는 장애물이 많다. 불안정하고 불안한 상황에서 생산자들은 전문화되고 생산성이 있는 경제보다는 조방경제, 복수활동의 경제를 선호한다. 경쟁이 없고 사적 수단에 의지하는 상황에서 효율성에 대한 요구는 적응가능성, 유연성, 임시방편으로 대체된다.

따라서 많은 아프리카 사회는 자유로운 중재를 제한하고 실용주의적 시각과 고도로 개별화된 경제 전략을 금지하는 강력한 사회적 제약으로 인해 이동성, 출구선택(exit option) 및 경제적 관행의 유동성 등을 특징적으로 드러낸다.

이처럼 인류학적 해석과 경제학적인 해명은 서로 보완적인 역할을 한다. 경제 범주의 **보편주의** 시각은 시장의 세계화, 금융시장의 발전, 정보의 통일과 즉시성을 준거로 하고, 경제 범주의 **개별주의** 시각은 문화적 정체의 준거 복수성, 사회관계의 특정성, 저항과 소외 형태, 정체의식의 확립, 경제관행의 유의미한 현상을 준거로 한다.

통계가 없는 사회

회계의 틀이 없고 국가의 감시를 벗어나 작동하는 비공식적 활동의 중요성과, 다른 한편으로 공공 권력과 민간 권력이 통제하는 유사한 활동들로 인해서 통계로 등록된 부분은 빙산의 일각이다. 통계로 미등록된 부분까지 통합시키면 평균적으로 GDP는 그 두 배나 된다. 더욱이 국제협상과 허약한 국가체제로 인해 수많은 통계가 당장의 목적을 위해 만들어진다.

여러 경제활동을 통해 생산된 가치는 상업화된 가치나 상품가치(GDP로 기록)와 다르다. 가계생활 수준에 대한 설문조사(가정설비, 주거상태, 영양, 건강, 교육 등)는 아프리카란 예외를 축소시키면서 장기적인 1인당 경제 성장으로 이어진다(Young, 2010).

---

3) 개발 정책의 발달과 상대적 실패

(1) 국가 주도의 자발적 정책(1960~1974)

독립 정부의 과업은 국가를 건설하고, 국토 개발의 틀을 짜고, 경제정책 결정의 핵심 일부를 재편성하고, 도시인구의 급증을 관리하면서 국민을 교육시키고, 주민 보건을 관리하는 것이다. 따라서 그 당시 국가는 국내 시장을 구축하고, 농업에 기반한 징수를 통해 지원금을 받는 수입 제품을 대체하고, 산업정책을 채택하고, 수많은 기업을 국유화하는 데 핵심 역할을 했다.

(2) 누적되는 부채 증가(1975~1985)

독립 이후 아프리카의 모든 국가는 시차는 있지만, 나선 모양으로 부채를 지게 된다. 수입대체 모델은 시장 취약성으로 외환에서 고비용을 치렀다. 공기업에서 적자가 발생했다. 부채를 얻어 '모래성'에 자금을 지원했다. 국가는 국내 생산기반도 없고 국내 자금도 조달하지 못했다. 부채는 1980~1981년의 제2차 석유 위기까지 천문학적으로 늘어났고, 이로 인해 모든 아프리카 국가의 경기는 점차 후퇴했다.

(3) 경제 안정 정책과 구조 조정(1980~2000)

경제 안정 정책은 재정 균형을 목표로 세 가지 축으로 편성되었다. 평가 절차, 이자율 인상 및 통일, 재정적자 감소가 그것이다. 구조 조정 정책은 소유(공기업의 민영화와 청산), 법규, 관세 축소, 재정 이관 및 관련된 구조 개혁을 추구했고, 직접세와 부가가치에 대한 세수의 정착을 유도했다. 특히 국가는 경제활동과 사회활동을 분리시키는 동시에 국제 경쟁 무대에 국내 경제를 개방시키는 것을 주요 안건으로 삼았다. 그러나 20년간의 구조 조정은 성장 재개나 부문 전문화라는 유의미한 변화를 초래하지 못했다.

(4) 빈곤 퇴치와 협력 파트너의 다각화(2000~2012)

21세기 초부터 빈곤 퇴치, 부채 해소, 원조 재개를 목격할 수 있는데, 이것은 특정한 추세와 관련하여 성장의 재개를 허용하는 더 유리한 조건이 되었다. 독립 후 50년간 아프리카 국가들은 평균적으로 1인당 소득이 같은 수준이었고, 인프라구조망, 신농업경제, 수공산품 제조업, 서비스활동이 정착되고 도시와 도시 근교는 발달했지만, 산업 전반의 제품 증가는 없었다.

다양한 개발 전략은 식민 지배 시대로부터 물려받은 노예조약경제를 근본적으로 탈피하지 못했다. 아프리카 대륙은 특혜를 입은 정치체제가 쇠퇴했음에도 불구하고, 여전히 이국적 제품이나 지하자원의 일차상품에 전문화된 모습이며, 제대로 산업화되지 못한 채 유럽 지향적인 경제를 유지하고 있다.

4) 2000년대 이후 아프리카에 도약이 있는가

많은 연구서와 보고서는 대부분 아프리카 국가의 경제 흐름이 단절되었음을 보여준다. 맥킨지글로벌연구소(McKinsey Global Institute)의 2010년 보고서와 국제통화기금(IMF)에 따르면, 아프리카는 세계 경제 위기에서 벗어나는 2009년에 경제성장률이 2.5%로 떨어졌지만, 2010~2011년에는 5.1%의 성장률을 기록했다. 2000년대에는 생산성 악화로 2.7% 수준의 경제 성장을 관찰할 수 있다. 아프리카 인구의 10%가 연 5,000달러 이상의 소득을 벌었다. 가장 높은 성장률과 수익성을 보인 부문은 통신과 유통·물류였다. 또한 협력 파트너의 다변화도 관찰된다. 10년간 매년 5%의 성장률로 가계 빈곤 수위는 34%에서 24%로 낮아졌다. 아프리카 대륙의 500대 기업은 2000년대 초부터 사업 수지가 약 3배 증가했고(2010년에 약 7,000억 달러), 수익(600억 달러)도 마찬가지였다. 주요 부문은 석유(소나트라슈사[Sonatrach], 소나골사[Sonagol], 사솔사[Sasol]), 광업(왕립인산청, 쿰바철광석회사[Kumba Iron Ore], 앵글로아메리카백금회사[Anglo-american Platinum])이었다. 하지만 이들 기업은 소비재 산업(통신, 농식품, 유통, 자동차 등)에도 손을 댔다. 이들 500대 기업의 2/3가 남아프리카에 집중되어 있다.

경제 성장은 지하자원 수출 국가들과 석유나 식량 수입 국가들에서 명확히 대조된다. 수입국들은 외부 충격(곡물가, 유가)에 취약하다. 이러한 성장은 불평등과 인플레이션 압력을 초래하고 부패나 분쟁을 조장하면서 지속적인 발전을 가로막는다. 2008년 미국발 세계 금융 위기와 2011년 유로존의 금융 위기가 아프리카 경제 성장에 부정적인 영향을 미쳤는데, 그 영향은 금융 채널이 아니라 상업 채널을 통해서 왔다(아프리카 금융체계는 비교적 연결망 형성 안 되어 있다). 외국인직접투자 감소, 원자재가 급락, 수요 급감이 있었다. 경제 성장은 2009년에 2포인트 하락했다. 그러나 아프리카 국가들은 반(反) 순환 정책을 고수했고, 남북 진영 관계의 상대적인 해체로 남남 진영의 교역 및 신흥국과의 중개거래가 가속화되었다.

하지만 이러한 경제 성장의 지속성에 대한 논란이 있었다. 이는 원자재 유통과 관련된 일시적 성장인가? 외부 자금 유입과 부채 상환 때문인가? 아니면 경제구조의 지속적인 역동성 때문인가? 경제 성장은 외래 요인(원자재 가격, 90억 달러에서 500억 달러로 늘어난 외국인직접투자, 외채의 분납, 금융 접근성 등)이 자생적 요인(비경제활동인구 대비 경제활동인구의 증가, 도시 시장 확대, 더 양호한 기업 환경, 균형 재정, 갈등 감소, 중산층 출현, 농업 투자와 발전 등)에 의해서 결정되는 경우가 많다. 하지만 아프리카 인구의 60%가 1일 2달러 미만으로 살고, 중산층은 3억 명으로 추산되지만 그중 1/3이 빈곤층으로 다시 추락할 가능성이 있다. 이 중산층은 도시화, 일차자산 소득의 재분배, 공식·비공식 경제활동과 관련된 수입에서 생겨난 결과이다. 일차제품의 수출 경제는 일부 내수 시장을 위한 자본축적경제·생산경제로 변화하는 추세이다.

석유 부문은 2000년대에 분명 연 7.1% 성장을 기록했다. 또한 관광·유통·건설·운송·통신 부문의 성장도 이와 비슷했고, 서비스 부문은 6% 이상의 성장률을 보였고, 농업 부문은 5.5%, 제조업 부문은 4.6%의 성장률을 보였다. 연소득 5,000달러 이상을 번 소비자 비율은 3.5%에서 4.3%로 증가했고, 기본재를 구매한 소비자(2,000~5,000달러)는 29%에서 32%로 증가했다. 1990년대와 2000년 사이에 평균 인플레이션율은 22%에서 8%로 떨어졌고, GDP의 81.9%였던 공공 부채는 59%로 줄어들었고, 공공 부문의 적자폭은 GDP의 -4.6%에서 -1.8%로 떨어졌다. 남남 진영 간의 교역은 대외교역의 40% 이상의 비중을 차지했으며, 이는 1990년의 27%와 대비된다(IMF, 2010).

물론 이러한 전체적 지표는 분명 상대적이다. 이들은 신흥국 특히 지중해 아프리카의 통합과 관련한 관점과는 상황이 아주 대조적임을 보여준다. 이들은 지속 가능하지 않을 수도 있는 국제 경기 지표이다. 이들은 성장 지표이지 발전 지표는 아니다. 재생불가능한 자원의 고갈, 불평등, 영양실조 등과 같은 요소들의 폭증과 관련된 사회적·지역적 격차는 고려하지 않은 것이다. 식량 가격의 상승은 가계예산에 부담을 준다. 빈곤은 성장과는 불균형하게 반응한다. 빈곤은 성장기에는 다소 감소하지만 경기가 둔화되면 더욱 심화된다.

2. 경제적 저개발

1) 저개발의 척도와 특징

(1) 국제 지표의 관심사, 신화, 한계

아프리카와 다른 대륙 사이의 삶의 수준 격차는 GNP(국민총생산)와 1인당 GNP로 측정된다(평균은 소득 불평등을 고려하지 않는다). GNP은 부가가치를 합산한 총액이다. 이는 국제적 비교를 허용하지만, 화폐화되지 않은 비공식 경제활동, 생산의 재생산 조건(예컨대 석유 같은 재생산이 불가능한 자원의 가치), 경제활동과 결부된 '부정적인 외부 요인'(예컨대 환경오염이나 이산화탄소의 발생)은 별로 고려하지 않는다. 국제적 비교의 기준은 달러인데, 외환시장이나 구매력평가지수(PPP: parité des pouvoirs d'achat)와 관련해서 환율로 계산한 달러액이다(국가에 따라 상대적 가격차를 고려하는 가계 식비에 상응). 이러한 경제규모의 차이는 크다.

<표 1> 아프리카 5개국의 경제활동 규모 비교

국가	GDP (10억 달러, 2004)	GNI (10억 달러, 2004)	1인당 GNP (달러, 2009)	PPP 기준 GNI (10억 달러, 2009)	PPP 기준 1인당 GNP (달러, 2009)
남아공	213	165.3	82	4870	9720
앙골라	20.1	14.4	1397	100.4	5431
코트디부아르	15.3	13.3	532	33.8	1602
나이지리아	72.1	54.0	634	327.8	2119
수단	19.6	18.2	530(2006)	95.5	2258
아프리카	-	-	672	2825.7	2802
세계	40887(2006)	39833(2006)	6280(2006)	55584(2006)	8760(2004)

* GNI(국민총소득)은 GDP에 자국의 회사와 개인이 외국에서 벌어들인 수입을 합한 것이며, PPP 기준 GNI는 각국의 GNI를 환율로 평가한 수치이다.

출처: Banque mondiale, *Équité et développement*, rapport 2006.

(2) 아프리카 저개발과 유사한 저개발의 상존

저개발은 (무엇에 대한) 지체나 격차도 아니고 개발의 단순한 산물도 아니다. 개발경제학은 어떻게 사회가 사회의 잠재력과 사회구조 자체의 역사 궤적과 관련하여 자생적인 역동성을 가지는지, 어떻게 사회가 세계 경제에 편입하는지를 분석한다.

개발선두주자들이 선호했던 과거의 문제는 예전보다 더욱 현실적이 되었다. 즉 저고용, 역량부족, 문맹, 취약성과 임시성 등의 문제이다. 불평등의 감소, 식량 부족 공급, 위생, 음용수, 교육 등이 개발의 도전 요소들로 여전히 남아 있다. 향후 50년간 50%나 늘어날 미래 인구와 혜택을 받지 못하는 현재의 소외자들의 요구에 부응하는 것이 중요하다.

개발과 저개발에 대한 논의

제2차 세계대전 직후 만들어진 경제 개발이란 개념은 생명과학의 모델에 착안해서 만들어진 것으로 사회과학의 진화론적 전통을 따른다. 여러 사회에 내재된 것을 드러내고, 그 내부에 엉겨 있던 것을 펼쳐서 잠재력이나 역량을 꽃피게 하는 것이다. 그래서 **경제적 저개발**은 사회의 잠재력과 인간의 역량이 개화하지 못한 상태이다. 고갈자원의 가치를 확실하게 이용하는 생산성의 향상은 대부분의 소외자들의 열망과 이들의 능력의 발휘에 부응하기 위해 필요하다. 이는 사회적 형평성과 생태적 지속가능성을 전제로 한다. 따라서 개발이란 곧 성장이 아니라 성장을 광범하게 함의한다. 분명 교육과 건강은 경제 성장의 주요 요인이지만 성장과 관련된 재정을 전제로 한다.

원론적인 논의를 넘어 경제 개발이란 장기적인 생산성 향상의 축적과 불평등 감소를 가져오는 **내생적** 과정으로 정의될 수 있으며, 이는 수용 가능한 인적·환경적 비용을 포괄한다. 물적·인적·자연적 자본의 증가와 향상을 초래하는 시공간의 관계 내의 잉여로 정의되며, 생산성 향상과 진보의 확대로 표현된다(경제적 효율성). 자생적 동력은 소외계층과 취약계층을 감소시키는 분배와 재분배의 메커니즘과 연관된 축적 과정의 동력이다(사회적 공정성). 이러한 동력은 오직 생태계 재생(생태적 지속가능성)과, 불안을 줄이는 신뢰와 안보의 사회환경(정치적 안정)에서 지속이 가능하다. 하지만 개발은 다수의 문화 매트릭스에 관여하며, 행위주체의 다른 기대 및 표상과 관련된다. 개발은 오직 세계가 서구화로 귀착됨이 없이 불균형한 관계 속에서 관계를 맺음으로써만 이루어진다.

개발은 증가하는 인구의 다수가 일시적이고, 불안하고 불안한 상황에서 불확실함과 불안정을 보다 확실하게 극복하고 기본욕구를 충족시키는 상황으로 이전될 때에야 비로소 이루어진다. 이는 복잡한 체계의 운용을 허용하는 권리 획득, 조직, 제도, 규제의 활용을 함의한다. GDP나 복지의 지수로 귀착될 수 없다. 목적(욕구 충족, 역량 개발, 불평등 해소)과 수단(GDP 증가)을 혼동해서는 안 된다. 물질적인 복지는 분명 인간적인 빈곤과 일치할 수도 있고, 알코올중독, 마약, 자살로 표현될 수도 있다. 식량, 식수 이용, 보건, 교육이 없는 많은 사회에서는 가장 물질적인 것이 현실적인 생활 조건에서 더 나은 삶의 요인이 될 수 있다. 경제 개발의 척도는 그리하여 세 형태의 자본(물적, 인적, 자연)의 가치 증식, 감소, 순수 투자를 허용하는 준거 값을 전제한다.

경제 포장 또는 **퇴행** 과정은 그와 정반대 과정으로 정의될 수 있다. 이는 주변화 지수, 취약성 악화 지수, 생산성 하락 지수, 빈곤의 덫의 악순환 지수 등으로 표현된다. 그 결과 파국, 분쟁, 생태계 고갈이 생겨날 수 있다.

〈지도 7〉 GDP와 아프리카 각국의 인구

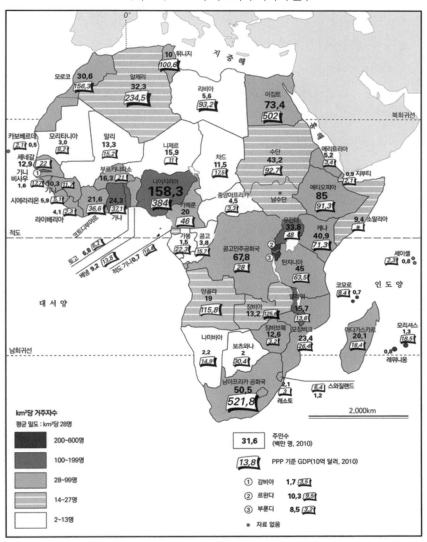

km²당 거주자수

평균 일도 : km²당 28명

- 200~600명
- 100~199명
- 28~99명
- 14~27명
- 2~13명

31,6 주민수 (백만 명, 2010)

13,8 PPP 기준 GDP(10억 달러, 2010)

① 감비아 1,7 3,5
② 르완다 10,3 9,6
③ 부룬디 8,5 3,2
* 자료 없음

동아시아가 보여주듯이 핵심 문제는 급격한 재화 축적률을 허용하는 저
축률과 투자율 그리고 빈곤의 덫[1]을 뛰어넘을 수 있는 임계효과의 문제이다.

아프리카 경제의 실상은 불완전 경쟁, 정보부재, 고거래비용, 장외조정 또는 기관조정의 강제개입이다. 그래서 조셉 스티글리츠가 썼듯이 개도국의 연구와 경제의 관계는 병리학적 연구와 의학의 관계와 같지만, 이 병리학은 인류의 3/4이 관계된 학문이다. 이러한 입장은 미셸 푸코의 입장과도 같은데, 그는 주변부에서 출발해야만 경제체제를 이해할 수 있다고 했다.[2]

(3) 산업국과 신흥국의 차이

전체적으로 볼 때, 아프리카는 오랫동안 산업국과 신흥국의 경제 격차가 벌어지는 과정을 겪었다. 특히 이와 같은 격차는 빈곤의 덫에 사로잡힌 국가들에서 볼 수 있다, 이 빈곤의 덫은 임계효과, 초기 역사 궤적의 차이, 기술과 자본에 대한 접근성의 측면에서 나타나는 세계적인 이질성으로 설명될 수 있다. 알렉산더 게르센크론의 오래된 설명을 다시 살펴보면, 국가의 초기 후진성은 가속화된 근대화의 잠재력을 의미하며, 이때부터 선도적인 국가들의 기술에 진입할 수 있다.[3] 그러나 이러한 추격의 효율성은 추진력과 관리를 가능케 하는 적절한 제도의 제정 여부에 달려 있다.

(4) 중심국과 주변국

경제 개발은 동력이 있는 중심부를 중심으로 양극화된다. '역사적 사건'은 유익한 선순환 과정이나 악순환 과정의 기원이 된다. 자체적인 자본 축

---

1. 빈곤의 덫(trappes à pauvreté): 빈곤이 불안이나 저투자 같은 변인의 중개로 다시 빈곤을 생산해내는 연쇄적 빈곤 축적.

2. J. Stiglitz, "Towards a New Paradigm for Development Strategies, Policies and Processes," *Prebish Lectures at UNCTAD*, Genève, 1998; M. Foucault, *Dits et écrits*, Paris, Gallimard.

3. A. Gerschenkron, *Economic Backwardness in Historical Perspective*, Cambridge (Ma.), Oxford Univ. Press, 1962.

적 과정은 시간적으로 자생력을 지닌 지리경제학적 불균형의 기원이 된다. 이 양극화는 불평등한 발전(유인, 구심력)에 의해서뿐만 아니라 확산(분산, 원심력)에 의해서도 표출된다. 아프리카 대륙 내에서는 주변국에 경제동력을 불어넣는 중심국가를 목격할 수 없다. 많은 아프리카 경제의 대외개방은 해안(항구, 연결 통로 지대)을 따라 양극화가 이루어지거나 외부 개방과 연관된 공항을 통해 이루어진다. 국내 공간은 산업적으로 거의 미분화되어 있고, 기반시설은 극히 제한적이고, 운송도 어렵다는 것이 특징이다. 이러한 이유로 경제 발달 축의 거점도시의 배후지역이 제대로 발달하지 않았다. 나아가 국외에 비해 상대적으로 주변화된 여건으로 인해 국제적인 운송회사의 독점이 용이하고 고비용의 운송비를 지불한다.

경제 성장의 지역 전파라는 특징을 지닌 아시아 국가들과는 달리 아프리카 국가는 유럽의 중심 지역에서 아무 성장 유발효과가 없는 주변 지역이었다. 역사적으로 아시아 국가들은 처음에는 일본 회사에 의해 지역적 성장과정이 유발되었고, 중국 유민의 역할도 컸다. 이와 반대로 아프리카 국가들은 유럽으로부터 기술이전이나 직접투자, 전반적인 경기 상승을 유도하는 산업제품에 대해 유럽 시장의 개방을 통한 성장 모델의 전파효과와 혜택을 거의 받지 못했다. 비교우위를 새로이 점유할 수도 없었고, 엄밀한 거시경제 정책과 선택 및 집중의 산업정책의 결합으로 대외 개방도 성공하지 못했다. 그 반대 사례는 프랑스어권 아프리카의 종합적인 면화 관련 산업이다. 이 면화산업은 1980년의 세계 시장의 점유율 4%에서 1990년에는 9%로, 2007년에는 15%로 성장했고, 모리셔스는 생산체제의 다각화와 국제적인 정보화로 전반적으로 경제가 상승했다.

2) 경제의 저개발 요인

(1) 복합적이고 상호의존적인 설명 요인

상당히 많은 계량경제학적 연구들이 아프리카 경제의 저성과를 설명한다. 많은 요인이 제시되었다. **인종언어적인 세분화, 인구학적 요인**(높은 의존도, 짧은 평균 기대수명, 높은 가임률), **지리적 요인**(인구의 40%가 내륙국에 거주, 해안과의 원거리, 척박한 토양, 질병 등), **역사적 요인**(전문화 미비, 식민 지배의 부담), **정치적 요인**(국가의 기능불량, 고거래비용이 드는 권위주의, 특히 부패), **인프라시설** 요인(통신시설, 전기, 운송, 공공서비스 등의 미비와 고비용), **법적 요인**(법적 보장 부재 및 합법적 국가 부재), **국제적 요인**(일차자원의 전문화와 소규모의 경제로 외부충격 노출이 가속화), **경제적 요인**(낮은 투자율과 저축률, 강력한 자본 집중, 생산성 향상 부재, 생산과는 직접 연관 없는 부문의 왜곡 구조, 저수요)이다.

기초 생산품의 수출입 대체 모델은 생산 다각화를 유인하는 자가발전적인 과정을 유발시키지 못했다. 단지 몇몇 예외적인 국가들, 예컨대 모리셔스와 보츠와나는 이러한 허약한 전문화 과정을 벗어난 가장 괄목할 사례이다. 은둘루 등의 연구에 의하면(Ndulu et al. 2006), 1960~2004년 사하라 이남 아프리카와 다른 개도국에 대한 기초적인 분석을 통해 1인당 소득 증가율이 매년 1.12%의 격차가 있음을 보였다. 인구학적 요인으로 0.86%의 격차가 발생했고, 초기의 제반 악조건 즉 취학률, 기대수명, 저인구밀도 등은 그 나머지 대부분의 격차의 비중을 설명해준다. 반면 외부 충격이나 경제정책의 차이는 설명력이 별로 없었다.

개발 과정과 저개발 과정은 상호의존적 요인으로 귀착된다. 이들은 다변인(多變因) 분석으로 분석하기는 극히 어렵고, 종교적·정치적·인구학적·지리적·문화적 요인으로 단선적으로 설명하기도 무모한 짓이다. 단지 회귀적·비례적 축적 과정이나 그 과정을 유도하는 중요 유발 요인을 찾아 지적할

〈표 2〉 사하라 이남 아프리카와 다른 개도국의 지표 비교(1960~2004)

	사하라 이남 아프리카(44개국)		다른 개도국(55개국)	
	1960	2010	1960	2004
초등교육률(%)	37.1	95.8	79.9	107.5
기대수명(년)	41.1	53.1	55.9	71.3
도로포장률(km/km̈)	0.098	0.130	0.251	0.411
PPP 기준 1인당 GDP (달러, 1996)	1423	2200	2953	9568
고립 주민(%)	-	40.2	-	7.51
주요 원자재 국가*(%)	-	64	-	57

* 일차 생산품의 수출이 GDP의 10% 이상을 차지하는 국가.

출처: Ndulu et al., *Challenges of African Growth*, World Bank, 2006.

수 있을 따름이다. 빈곤의 악순환은 악조건에서(지역적, 국가적, 역내나 국제적 조건) 연쇄적인 발전의 후퇴를 초래할 수 있다. 그리하여 빈곤은 식량, 건강 (HIV의 사례), 교육 수준에 반발하는 갈등을 부추길 소지가 있다. 이들 자체로도 다시 빈곤 수준을 설명할 수 있다. 마찬가지로 저소득 수준은 낮은 저축률을 초래하고, 낮은 저축률은 다시 생산성 정체로 이어진다. 그리고 이 생산성 정체는 다시 저수준의 소득을 낳게 되는 것이다.

아프리카 개발 정책을 설명하는 몇몇 분석은 앞서 논의한 역사적·정치적·사회적·문화적·법적 요인과 관련이 있지만, 그중 몇 가지를 특히 선택해서 살펴보자.

(2) 정치적 요인

지대(地代)의 강탈과 착취 행태와 정치적 불안 요소는 자원 낭비와 투자자의 위험 감수를 막고 자금을 도피하게 만드는 기본 요인이다. 개발은 사회에 내재하는 권력 게임의 핵심에 있다. 개발은 권력관계, 권력 게임 규칙, 사회·정치적 균형과 타협(국내 정치경제학)의 구도를 변경시킨다. 또한 국제체

〈지도 8〉 외부 지향성, 세력축과 세력권

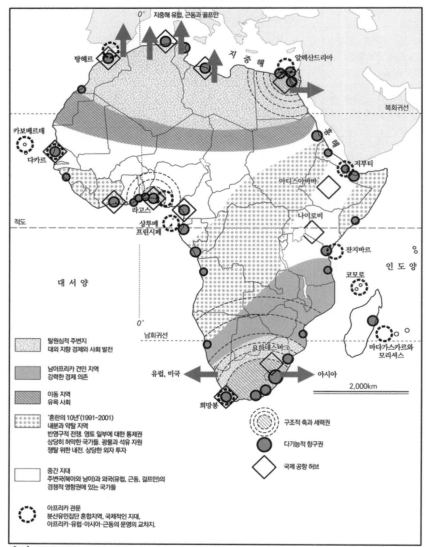

출처: Achille Mbembe, "Manière de voir nº 51," *Le Monde diplomatique*, mai-juin 2000.

제의 규칙도 변경시킨다. 그리하여 구조 조정은 부채 위기에 대한 대응책이자 국제 금융사회의 기금을 획득하는 조건이다. 구조 조정의 목표는 경제의 정상화와 규범화이다(국제 정치경제학). 구조 조정의 결과로 은폐 작업, 눈속임 조치, 주권 위협으로 간주되는 정책 시행 같은 것이 생겨난다. 마지막으로 부패, 전쟁, 범죄, 부와 권력의 추구 같은 핵심 문제도 반드시 고려해야 할 중요 사안이다.

(3) 제도적 요인

개발은 제도(법규)와 조직(목표 달성을 위해 공통의 목적을 가지고 서로 관계를 맺는 개별 집단이나 게임자) 사이의 상호작용의 결과이다. 더글러스 노스에 따르면,[4] 제도에는 관습이나 정통 규범(code) 같은 비형식적 제약과 예컨대 법률이나 재산권 같은 형식적 규정도 포함된다. 더욱이 이 제도는 여러 다른 형태의 식민 지배가 영향을 미친 지리적·역사적·사회적 요인들로부터 생겨났다. 제도 특히 재산권 제도는 미시경제에서는 중요 역할을 하며, 이것으로써 인센티브나 비효율적인 일을 설명할 수 있다. 어느 시기에 제도는 효율성과 안보 사이의 적정한 해결책이기도 하지만, 궁극적으로는 고착화되어 필요한 발전을 저해하기도 한다.

아프리카 사회는 공식 부문과 비공식 부문의 이원성을 넘어 제도적 훈련 교육이 특징인데, 이들은 토착 교육기관과 수입된 교육기관이 혼재되어 있고 각기 자체의 적법성과 발전 리듬이 있다. 지역적·세계적 차원의 행위주체는 불균형한 권력과 관련해서 이러한 다수의 레지스터에 기반해서 역할을 수행한다. 국가는 규제의 핵심 또는 위계화된 규율의 핵심이 아니다. 국내외의 행위주체는 '굿 거버넌스'의 개혁을 강요하며 국내적 적법성이 별로

---

4. D. North, *Institutions, Institutional Change and Economic Performance*, New York, Cambridge Univ. Press, 1990.

없는 규약체계를 제정한다. 국내 행위주체는 다양한 차원에서 역할을 한다. 흔히 복수의 제도는 기회주의적 전략에서 기능한다. IMF에 따르면, 제도이관은 경제제도(법률구조, 소유권, 외국과의 교역 자유, 신용결제, 노동과 경제행위의 결제)의 질 향상으로 정의된다. 실제로 사회는 다수의 제도를 운용해야 한다. 제도 성과의 기준은 그 자체로도 복수적이다(경제효율성, 사회적 공정성, 생태적 지속가능성, 재화와 인명의 안보, 위험과 불안 관리).

여러 가지 제도적 프로파일(거버넌스, 거래보장, 혁신, 규제)이 경제를 발전하게 만든다(J. O. Aoudia, Meisel, 2007). 굿 거버넌스는 GDP 수준과 상관관계가 있지만 경제 성장과는 상관이 없다. 하지만 아프리카에서 반대 세력이 없거나 권력 분쟁이 없는 권위체제는 법규 대신에 강력한 개인의 인간관계를 만든다. 어떤 사회에서는 세속(정치)은 신성세계(종교)와 구별되지 않는다. 그렇다면 이제부터 개발은 이와 다른 특징을 지닌 장기적인 제도 변화의 과정으로 드러난다. 예를 들면, 사회관계 체제의 탈인간화, 고도의 형식화와 합당한 규율 준수, 이해집단과 폭력집단 사이의 갈등 규제, 의사결정권자의 장기적인 전략적 비전, 불안 감소에 대한 믿음, 사회의 혁신 적응, 공동재산을 축적하려는 협력, 재화와 공공 서비스의 질과 거래의 안전 보장, 토지법 보장 같은 것이다.

(4) 사회적 요인

전체주의, 원로정치, 신성한 권위와의 관계는 혁신가와 대립할 수 있다. 개발 과정에서 위협받는 전통 사회와 사회집단은 경제 개발을 거부할 수 있다. 이와 반대로 근대를 향한 강제 행보는 권력과 소득이 문제시될 수 있는 유력자, 종교지도자, 금리수입자 등의 반대로 실제로 중단될 수 있다.

경제 개발을 이룩한 사회는 종교·민족·인종에 상관없이 그들의 재능을 동원할 수 있는 사회라는 것을 경험으로 알고 있다. 모리셔스 섬의 성공이

이를 증거한다. 그 반대 사례는 무가베 통치하의 짐바브웨, 20년 전의 케냐와 우간다의 인도인 해외 이주, 최근의 마다가스카르와 코트디부아르이다.

농경민, 채집인, 목축인, 장인, 상인의 경제 전통은 각기 다르다. 교육체제는 흔히는 별로 유용하지 않은 엘리트를 양성하지만, 배출해도 해외로 이주해버린다. 차별이 아프리카인에게 상처를 입히는데, 그것은 자질이 아니라 사회적 기준에 따라 취업하기 때문이다. 이는 또한 외국인에게도 해당된다. 경제 개발은 정치권력자와 경제권력자 간의 균형을 유지하는 것으로 귀착된다.

(5) 경제적 요인

몇 가지 경제적 요인을 지적할 수 있다.

- **낮은 저축률**은 오랫동안 부정적인 공공 저축과 제한된 민간 저축 두 가지에서 동시에 기인한다. 금융체제의 미비, 가계소비 경향, 소득 불균형, 저축 회피 같은 현상 때문이다.
- **자본 낭비**는 자금 규모를 잘못 잡은 프로젝트, 원조와 부패의 역할, 공적 의사결정과 관련이 있다.
- **자본의 부가가치 증대**는 제3의 경제활동 특히 수출입과 관련되며, 부가가치를 창출하는 산업활동에 의한 것이 아니다(수출입 중개인은 산업투자의 위험을 감수하기보다는 아시아산 섬유를 수입하여 마진을 붙여 재판매하는 것이 훨씬 많은 돈을 번다).
- **지대 논리**는 특히 천연자원이나 다양한 수입원(원조, 불법거래)에 기반해서 취한 것이다.

불안정하고 위험하고 불안한 상황에서 대부분의 경제주체는 단기적인 행태를 보인다. 이들은 빠른 투자회수율을 찾고, 유동성을 매우 선호하며, 자기 결정의 번복도 역시 무척 선호한다. 그래서 기업가적 모험정신도 없고, 결과적으로 생산성 향상도 없다.

3) 아프리카 경제의 강점과 약점

(1) 문제와 도전

많은 아프리카 사회는 독립 당시에 상존했던 많은 문제에 여전히 직면해 있다.

- 일차 제품의 수출에 거의 전적으로 의존. 유통이 불안정하고 장기적으로는 오히려 침체했다. 예외는 탄화수소와 몇몇 광물자원(앙골라·수단·차드·기니만의 석유와 광석, 삼림 아프리카의 카카오·면화·커피·팜유, 남아프리카공화국·콩고민주주의공화국·잠비아의 광물자원)이다.
- 산업기반의 취약성 내지 부재. 예외는 남아프리카공화국이다. 수입대체산업의 경쟁력이 낮고, 브라질·중국·인도 같은 신흥 산업국과의 경쟁이다.
- 낮은 저축률과 투자율(몇몇 광물자원 국가 및 산유국 제외)과 금융체제 실패
- 식량, 교육, 건강 같은 사회적 기본욕구의 제한적인 해결.
- 접근을 아주 어렵게 만드는 지리적 여건, 인프라 구조 연계망의 외부 지향성.

아프리카는 많은 도전에 반응해야 하는데, 주요한 도전은 장기적인 폭발적 부채 관리, 인구 및 도시인구 증가, 생태계 회생불능 등이다. 또한 부패, 무장 분쟁, 세계적 범죄와 마피아 경제로의 편입, 나쁜 거버넌스 등 부정적인 영향을 받고 있다.

(2) 진보와 기회

이와 반대로 긍정적인 특징과 기회도 나타난다.

- **경제적 측면**에서 무역이 매우 활발하다. 기본욕구를 해결하는 소위 비공식 민간 경제의 활력을 목격할 수 있다. 기술 발전이 상당히 빠르다 (정보통신, 인터넷, 모바일 전화). 아프리카는 외국 계열사에게는 가장 수익성이 높은 대륙으로 간주되고 있다. 수익성이 산업국은 13~15%, 개도국은 18~19%인데 비해 아프리카는 20% 이상이다. 리스크를 고려하더라도 투자 회수 기간은 3~4년이다. 아프리카 500대 기업은 성장의 견인축 역할을 하는데, 매출이 급증하고 성과도 좋다. 신기술 덕택에 이러한 성과를 올렸다.
- **기술과 지식의 측면**에서 아프리카는 교육 진보와 정보기술의 접근성으로 인지적·과학적 격차의 위험이 감소되었다. 노트북·인터넷·텔레비전은 젊은 세대의 세계 표상과 열망을 변화시켰다.
- **지리적 측면**에서 아프리카는 천연자원(생물다양성, 삼림, 농업, 광물, 탄화수소)으로 인해 탐욕과 아첨의 대상이 되었다.
- **사회적 측면**에서 심각한 위기를 제외하면, 사회적 유대관계의 유지, 건강 증진, 교육 향상뿐만 아니라 성 불평등 감소 등도 관찰할 수 있다. 중산층의 증가로 시장이 생겨나고 규모의 경제가 작동한다.
- **인구학적 측면**에서 아프리카는 급성장을 관리하기 이전의 단계지만, 최상의 공간을 점유하고 있으며, 급증하는 도시화, 인구학적 증가 추세로 인구학적 편차를 활용할 수 있다(더욱 양호한 경제활동 인구비율).
- **정치적 측면**에서 분쟁과 권위체제에도 불구하고 민주화 과정이 진전되고 있다.
- **문화적 측면**에서 아프리카는 세계화되었고 문화 표상과 문화 매트릭스가 격변하고 있다.
- **지정학적 측면**에서 아프리카는 협력 파트너를 다각화하고 목소리가 커지고 있다.

불충분한 여건에도 불구하고 안정과 구조 조정을 향한 정치는 금융 지표를 눈부시게 향상시켰다. 부채 탕감이나 축소 추세는 부채를 아주 유의미한 수준으로 줄였다.

3. 격변하는 지대경제

아프리카는 다양한 모습과 격변을 경험했지만 오랫동안 지대경제 상태에 있었다. 실제로 부의 축적이 이루어질 수 없었다. 생산적 노력 없이도 소득을 얻을 수 있는 지대경제[5]에서는 재분배 논리가 생산 논리보다 압도적으로 우위를 차지했고 사회관계의 축적이 재화의 축적보다 우선시되었다. 하지만 자체 내의 경제 활력은 세계경제에 차별적으로 편입되었다.

1) 정태적 생산체제

장기적으로 볼 때 성장 격차의 절반은 여러 요인의 전체적 생산성이나 PFT(기술 진보, 혁신)와 관련이 있다. 또 다른 성장 요인을 살펴보면, 물적 자본 축적, 자본집약도 감소(자본과 노동의 관계), 인적 자본이다. 예컨대 2000년과 2007년 사이에 남아프리카공화국의 연평균 경제성장률 4.2%는 PFT 1.8%, 물적 자본 1.7%, 인적 자본 0.7%가 각각 기여한 것이다. '후진국'의 성장률 3.1%는 PFT 0.5%, 물적 자본 1.2%, 인적 자본 01.4%가 각각 기여한 것으로 설명된다(OECD, 2010).

아프리카의 저축률은 2007년에 투자율 22%에 비해 26.3% 늘어났다. 1960

---

5. 지대경제(économie de rente): 천연자원 이용이나 재정 양도로 인한 부의 축적 없이 재생산되는 경제.

<표 3> 독립 이후 사하라 이남 아프리카의 GDP 성장 요소

(단위: %)

	1961~ 1973	1973~ 1980	1980~ 1990	1990~ 2000	2000~ 2002	2002~ 2010
인구증가율	2.6	2.8	3.1	2.6	2.5	2.5
GDP 증가율 (a)	4.6	2.7	2.1	2.5	2.6	5.0
GDP 순투자 비율(b)	15.0	20.6	16.0	16.0	17.5	22.0
한계자본계수 (b/a)	3.3	7.6	7.6	7.6	6.7	4.0
기간 말 GDP 구조(Y)	100	100	100	100	100	-
민간 소비 (Cp)	72	66	68	69	69	62
공공 소비 (Cg)	11	13	15	16	15	13
수출(X)	22	26	29	28	26	36
수입(M)	19	25	28	30	27	33
순국내저축	14	22	16	15	17	22

* $Y = Cp + Cg + I + (X - M)$.

출처: Ph. Hugon, *L'économie de l'Afrique*, Paris, La Découverte, 2012; FMI, 2010.

년과 2007년 사이에 GDP에서 농업 부가가치가 차지하는 비중은 41%에서 22%로, 산업 부가가치 비중은 광업과 탄화수소 덕택에 17%에서 32%로 늘어났고, 서비스업의 비중은 42%에서 46%로 높아졌다(CEA/UA, 2010).

(1) 농업

아프리카 농업의 **저생산성**은 오랫동안 경제 전반에 영향을 미쳤다. 지대 **농업**은 아프리카 수출 수지의 30%를 차지한다. 그것은 대부분 국가에서 준재정 수지의 원천이다. 아프리카는 농업제품을 순전히 수출하는 곳이지만, 2000년과 2007년 사이에 수입은 배가되었다. 전체적으로 볼 때 생계형 농업은 주민의 양식을 공급하며 매년 3%씩 증가하고 있지만, 도시 주민의 인구 성장률은 5%에 달한다. 그러나 생계형 농업은 도시 주변의 경작지(특히 채소 재배)나 르완다, 부룬디, 케냐, 마다가스카르, 바밀레케 같은 고원 지대 국가를 제외하고는 주로 조방식 농업으로 발달했으며, 1961년과 2003년 사이에 농업생산성은 평균적으로 2배 늘어났다. 헥타르당 곡식 소출량은 0.8톤에서 1.4톤으로 증가했지만, 경작 가능한 개간지는 30%나 늘어났다(*Agrimonde*). 농산품 가격 인상과 투자 상승의 맥락에서 2000년대 평균 농업 성장률은 55%였는데, 이는 인구증가율과 비교해서 2배나 높은 것이다.

농업의 기술 수단과 금융이 거의 부재한 것을 고려하면, 전반적으로 기술은 주변 환경과 불확실한 일에 적응하면서 발전한다. 농민은 장기간 꾸려나가기 위한 안전이나 권리가 거의 없다. 아프리카 농업은 전반적으로 조방식 경작이고, 자본화가 미비되고, 금융 지원도 없고, 물 공급이 제대로 안 되고, 부가가치는 거의 없다. 국내적으로나 국제적으로 가치사슬에 거의 참여하지 못한 상태이다. 농업 관련 예산은 평균적으로 6%이지만, 2003년 모잠비크 정부의 목표 예산은 10%였다. 토지의 6%가 관개가 가능한데, 이는 아시아의 40%와 대조된다. 그러나 농업 잠재력은 엄청나게 크다. 개간 가능한 경작지의 60%가 놀고 있다. 농산물 가격 인상, 농업 투자, 토지거래가 기회를 창출하고 있으며, 종자 개량, 살충제, 비료, 기술 개선, 관개가 녹색혁명을 더욱 촉진시킬 수 있다.

투명하게 드러나지 않는 은밀한 거래는 농민의 권리를 부정하고, 권리를 빼앗긴 농민들에게 토지 분쟁을 야기하고,[6] 시골의 빈곤과 영양실조를 증가시킬 위험성이 있다. 이러한 농업비지니스는 농탄소를 증가시키고, 양식보다는 동물사료를 발달시킨다. 농업 산업화에 대한 해결책은 농업비즈니

---

6. 개간 가능한 8억 헥타르의 토지 중 2억 헥타르는 개간되었고, 6억 헥타르는 2011년에는 매매 거래 대상이었다. 이는 2000년보다 15배 이상 되는 면적이다.

스 외에도 이처럼 많은 위험 요소를 유발시킨다. 생산 투입 요소의 개선(종자, 사료, 살충제)은 자금 지원과 생태계 악화 문제에 직면할 수 있다. 아프리카 농업은 복잡한 생태계를 고려하면서도 수확량을 늘리는 기술 개선으로 이어지는 이중의 녹색혁명, 또는 기술과 환경 및 생태 강화를 위한 예비적 농업으로 의미가 있다(농경과 축산의 결합, 농림, 다양한 생태계에 대처하는 다양한 기술, 가계농업과 산업농업 사이의 계약 등).

(2) 제조업

아프리카는 역사적으로 산업혁명을 겪지 않았고 산업문화(직업교육, 도제제도)도 거의 없다. 1950~1980년대 천연자원 가공 산업이나 수입대체재 산업 부문이 급속하게 확장되기는 했으나 그 후로는 쇠퇴했다. 2008년에 제조업의 부가가치 비율은 GDP의 10.5%였는데, 이는 2000년도의 12.8%와 대비된다. 수출 비중은 2000년에 43%, 2008년에 39%였다. 대부분 국가의 부가가치는 50달러에서 100달러 사이이다(UNCTAD, 2011). 제조업 부문은 아프리카 수출의 18%를 차지하지만, 수출품의 40%가 아프리카 국가들 간의 교역이다. 아프리카는 세계 가치사슬에 제대로 편입되지 못하고 있다. 단지 남아프리카공화국만이 약 600달러의 유의미한 제조업 부가가치를 창출했는데, 대부분 대기업을 통한 것이었다(항공, 무기, 농식품, 광물 가공처리). 몇몇 나라(모잠비크, 우간다)에는 제조업이 발달했고, 어떤 나라(모리셔스)는 상대적으로 침체를 겪었고, 또 어떤 나라(코트디부아르, 마다가스카르, 세네갈)는 여전히 산업화되지 않고 있다. 차드 같은 국가는 공식 기업의 50%만이 가동되고 있다.

제조업에서 몇 가지 지배적인 특징이 관찰된다. 수출을 위한 경제자유지역이 발달하고는 있지만, 가장 기본적인 것은 천연자원의 가공이다. 장비산업이 거의 부재한 것도 볼 수 있다. 산업의 기초수준이 낮고, 첨단기술산업

(항공, 자동차, 전기, 화학)은 관찰되지만, 전체적으로 산업 연관성이 허약하다. 오랫동안 많은 산업이 외래 이주민 즉 서아프리카의 레바논인, 동아프리카의 중국인·인도인·파키스탄인, 인도양의 이스라엘인 등에 의해 장악되어 왔다. 하지만 새로운 경영주체가 진입했고(항공사의 모로코인, 모바일 전화의 남아프리카공화국인과 중국인, 경제자유지역과 관련된 특수경제 분야), 아프리카 기업인들의 경제적 상승 역시 목격된다.

제조업 부문 자체는 아주 이질적이다. 대기업의 영업마진은 분명 상승했지만, 대부분 리스크와 이로 인한 여러 가지 비용의 증가로 생겨난 것이다. 광업과 석유 부문을 제외하면 시장 확대의 전망은 밝지 않다. 다국적기업의 자회사들은 은행 부문과 별로 관계가 없다. 이들은 세계적인 기업활동에 수반하는 해외 계좌를 가지고 있다(금융 회계, 중앙 구매 서비스). 더욱이 국가 금융제도는 세계적인 전략에 그다지 발 빠르게 대응하지 못한다(지연, 행정 규제 등으로). 중소기업은 중간 단계의 기업으로 거의 부재한 상태이다. 이러한 약점은 협소한 지역 시장, 토착 자본의 만성적 결손, 경영 부재, 전반적으로 부정적인 비즈니스 환경 등으로 설명된다. 은행은 기업에 자금 지원을 꺼려한다. 금융기관이 정한 규범과 규정은 좀처럼 지켜지지 않는다. 비공식화된 관행들은 규제나 감시를 빠져나가고, 불안정한 환경에 적응하게 만든다. 비공식 금융기관은 투명성 비용을 고려하여 스스로를 공식화하거나 은행 서비스를 이용하게 하는 데 별 관심이 없다.

이처럼 아프리카 제조업은 경쟁력이 거의 없다. 이러한 저산업화를 설명하는 요인은 여러 가지이다. 어떤 요인은 구조적이고(빈약한 사회기반시설, 폐쇄된 공간, 식민화된 소규모 시장 등), 어떤 요인의 비중은 상당히 크다(업무와 생산성을 고려한 급여비, 특히 운송비, 금융 중개비 등). 또 다른 요인은 정책과 관련이 있다. 예컨대 환율의 과대평가, 산업 부문보다 상업 부문에 대한 선호, 산업정책과 전략 부재, 경쟁우위 구축 실패 등이다. 신흥국과의 경쟁(저임금,

첨단기술, 규모의 경제, 외환관리, 노동훈련 등)은 '후발주자'의 전문화된 틈새시장을 어렵게 만든다. 그러나 이 경쟁으로 전체 설비재와 기술제품은 주민 요구와 이들의 구매력과 궤를 같이한다.

그런데 아프리카 산업 부문은 고용, 기술, 이전 단계와 후속 단계의 관계, 규모의 경제 역할, 소득 증가 등으로 전략적인 역할을 할 수 있다. 분명 최근의 변화, 중산층 증가로 인한 시장 전망, 아프리카 기업가정신 등을 유념해야 한다. 공공 부문에서 고용 전망이 없는 젊은이들은 사회와 정치구조를 변혁시키고 권리를 획득하려고 한다. 유민들은 기회를 포착할 줄 안다. 신기술은 엄청난 기회를 만들어낸다. 그리하여 천연자원의 가공, 전국 시장과 지방 시장의 공급, 특히 하청과 무역자유지역의 정착으로 국제적인 가치사슬에의 편입과 관련하여 기회도 또한 있다. 이 자유지역에는 33개국이 포함되고, 2008년에는 세계 1,735개 자유지역 중 108개 자유지역을 유치했다. 모리셔스, 케냐(33개 자유지역), 가나, 레소토, 심지어 토고, 말라위, 정치 위기 이전의 마다가스카르 같은 국가가 수출과 고용의 측면에서 성공을 거두었다. 또한 지역 환경, 거의 짜임새가 없는 산업 조직, 기업 간의 수직·수평관계 허약, 환경 여건 미비 등과 관련한 실패와 난관도 관찰할 수 있다.

오늘날 아프리카에 대한 전망은 특히 중국이 정착시킨 경제특구지역에서 상당히 밝다(제4부 참조). 산업정책은 엄격한 거시경제정책, 안정되고 안전한 여건, 지평을 확장하고 정책 결정권자의 운신의 폭을 확대하는 지원 등과 결합되어야 한다. 새로운 경쟁우위를 구축하려면 세계 가치사슬 내의 위치 재정립과 동시에 국내와 지역 시장의 정복을 전제로 한다.

(3) 서비스업
제3부문은 오랫동안 노예조약 경제의 정신을 지켜왔고 보호를 받았다. 독립 이래 그 기여도는 GDP의 40% 수준이었고, 개도국의 평균보다 분명 우

위를 차지하는 비율이다. 이 '보호' 부문(가격은 세계 시장에 의존해서 결정되지 않는다)은 산유국에서도 GDP의 50% 이상을 차지한다(비상품 서비스, 건설, 상품서비스 등). 사하라 이남 아프리카는 전체적으로 금융제도가 미발달했고, 대개가 대외 지향적이고 단기성 대여가 우선적이며, 이는 결과적으로 도시와 시골 사회의 근접 금융망의 부재로 나타난다. 이 서비스 부문 역시 역동성을 지닌 부문이기도 하다(대기업 서비스, 관광, 정보 서비스 등).

제3부문은 급성장하고 있다(상업, 은행, 대기업서비스, 운송 등). 인프라시설의 연간 성장률은 아프리카 전체로 본다면, 2000년대에는 13%였다. 중국의 기반시설 투자는 2001년 5억 달러에서 2006년 71달러로 늘어났다. 아시아 수준에 도달하려면 아프리카 사회기반시설의 재정으로 약 1조 달러가 필요한데, 전기가 42%, 물이 25%, 운송이 20%, 정보통신이 20%를 차지한다.

공공 지출의 부담과 함께 세수가 정체되고, 대외 교역관계와 관련된 공공수지는 바닥이 났다(수출입품에 대한 과세, 로열티, 수입품에 대한 간접세, 탈세, 허약한 세수 기반). 공공재의 생산과 국가의 제왕적 기능을 확보하기가 어렵다.

2) 광물과 석유의 전략적 이슈

탐욕의 대상으로서 아프리카는 점차 광물과 탄화수소의 원자재를 보유한 전략적 대륙으로 부각되고 있다. 몇몇 국가는 세계 석유지정학에서 핵심적 지위를 차지한다. 석유 품질, 심해 해저 채굴기술 혁신, 비축·공급의 다각화, 위험, 안전한 해상운송로의 필요성 등 여러 면에서 많은 새로운 국가들이 천연가스나 석유가스 수출국 대열에 가입했다(코트디부아르, 마다가스카르, 말리, 모리타니, 모잠비크, 니제르, 나미비아, 우간다, 콩고민주주의공화국, 상투메프린시페). 알제리·앙골라·리비아·나이지리아는 OPEC 회원국이다. 앙골라를 제외한 이들 국가는 이집트·적도기니와 함께 천연가스 수출국 포럼의 옵

저버 국가이다.

'유용한' 아프리카는 광물자원의 매장량, 특히 석유 매장량을 특징으로 한다. 광업과 에너지 부문은 사하라 이남 아프리카의 수출의 3분의 2를 차지한다. 에너지의 관점에서 보면, 아프리카는 에너지 흑자 대륙이다. 2005년에 1.5억 톤(석유환산톤TEP)의 석유를 소비했고, 2억 톤의 석유를 생산했다(나이지리아가 1억 400만 톤, 앙골라가 400만 톤). 1인당 석유소비 TEP를 보면, 아프리카는 1인당 0.5톤이고, 유럽은 4톤, 북아메리카가 8톤이다.

아프리카(북아프리카를 포함해서)는 석유 생산의 11%(사하라 이남 아프리카 4.8%), 석유 소비의 3%, 천연가스 생산의 8%, 천연가스 소비의 2%를 차지하며, 석유와 천연가스는 각각 세계 수출량의 15%, 10%를 차지한다. 특히 미국뿐만 아니라 중국과 인도에게도 위험 분산이란 측면에서 아프리카는 전략적인 곳이 되었다. 아프리카와 세계의 나머지 국가들의 교역에서 탄화수소의 비중은 아프리카 원자재 수출의 거의 1/3을 차지한다.

아프리카는 다이아몬드 원광석의 2/3를 생산한다. 84억 달러를 수출하는데, 보츠와나가 3.3억 달러, 남아프리카공화국이 1.6억 달러, 앙골라가 1.2억 달러, 콩고민주주의공화국이 1.1억 달러, 나미비아가 9억 달러이다. 전쟁을 유발시킨 다이아몬드는 분쟁을 계속 키워왔다(에드워드 즈윅 감독의 〈피의 다이아몬드[Blood Diamond]〉 참조. 시에라리온의 내전으로 영화 장면이 시작된다). 코트디부아르에서 맺은 다이아몬드 추적권에 대한 킴벌리 협정('킴벌리 프로세스'라고도 한다)에도 불구하고 분쟁은 계속 증가하고 있다.

광물자원과 관련된 대기업은 대혈전을 벌인다. 영국계 리오 틴토(Rio Tinto) 광산, 캐나다 알칸(Alcan) 알루미늄사, 중국·인도·브라질의 기업, 발리광물자원사 등이다. 아프리카의 일류 기업은 석유회사나 광업회사이다. 알제리의 소나트라슈사, 앙골라의 소나골사, 남아프리카공화국의 사솔사 등이다. 채굴 계약은 흔히 불공정하거나 콩고민주공화국의 경우처럼 거의 약탈에 가

깝다. 광물과 석유의 채굴에 대한 낮은 세금, 정부의 부패 및 결탁 등으로 아프리카는 인프라가 부족하지만 엘도라도가 되었다. 일반적으로 거대 독과점기업들이 계열회사들을 100% 통제한다. 하지만 재협상 역량도 관찰된다. 니제르에 진출한 프랑스 아레바(Areva)의 우라늄, 나이지리아에 진출한 러시아 가스프롬(Gazprom), 카탕가의 구리 광산에 진출한 중국 기업 등이다. 세계 우라늄 수요는 467개 발전소와 300여 기 건설 프로젝트로 인해 급증했다. 13개국이 생산국인데, 그중 3개국이 아프리카 국가로 남아프리카공화국(8%), 나미비아와 니제르(각각 5%)이다. 후자의 두 국가에서 우라늄은 전략적 자산이다. 니제르는 프랑스 수요의 30%를 공급하는데, 2012년 아레바는 매년 1만 2천 톤 생산을 목표로 세웠다(니제르의 우라늄 회사 이무라렌[Imouraren]). 이 광물은 지역 정치(예컨대 투아레그족, 마그레브이슬람알카에다[AQMI]) 및 국내 정치와 국제 정치(중개상들 사이의 경쟁) 역학의 핵심이다.

탄화수소와 광산은 개발 요소라기보다는 오히려 사회의 파괴하고 유해한 결과를 낳는 요인(네덜란드 병[7])으로 소수 집단에 의한 지대 노획과 갈등으로 나타난다. 외부 지향적 집단들은 전시 중에도 기능했다(라이베리아와 시에라리온의 다이아몬드, 앙골라와 수단의 석유). 석유 정책의 거버넌스와 변동은 보호장치가 있지만 첨예한 문제이다. 예컨대 콩고는 푸앵트누아르 주변지역에 둘러싸인 고립 지대가 되었고, 수단의 카르툼 번화가의 부(富)는 다르푸르 내전과 공존했다. 또한 콩고민주공화국에서 광물자원의 노략질로 인해 통신망이 파괴되었고 콩고의 광산 채굴회사 제카민(Gécamines)은 폐허가 되었다.

석유 및 광산의 채굴권과 삼림 벌채권은 외화벌이, 공공 재정 수입, 공공

---

7. 네덜란드 병(Dutch Disease): 석유·가스 등 천연자원 개발에 의존해 경제 호황을 누리던 국가가 산업 경쟁력 제고를 등한시함으로써 결국 경제가 뒷걸음치고 국민 삶의 질도 하락하는 현상. '자원의 저주'라고도 한다.

서비스 측면(인프라, 건강, 교육 등)에서 또는 민간 서비스 측면에서(지하 금융) 부대효과를 갖는다. 하지만 그것들이 영토에 미치는 영향은 다르다. 유전 고립 지대(롤랑 푸르티에[R. Pourtier]는 접촉 지대라고 말한다)는 핵심 권력 및 국가기관과 연계되어 있고, 광산 채굴권과 삼림 벌채권은 영토에 막강한 효력을 가지며(채굴지·벌채지와 항구 사이의 인프라 재정, 시설 지역에 국한된 재분배 효과), 흔히 국토의 균형발전 조정을 무시한다.

3) 경제의 '비공식화'

(1) 정의

중요한 경제는 비공식적이다. 그것은 회계 없이 소규모 생산주체의 집합으로서 임금노동이 결여되고(아니면 극히 제한되고) 축적 자본은 거의 없지만 화폐 통용, 재화 생산, 유상 서비스가 이루어지는 곳으로 정의된다. 지배적인 사회 규율이나 규범은 급여가 아니라 관습적이고 위계적인 파트너십이다. 영세 생산자는 이성적이고 관계적이다. 강제적 구속은 없지만(불완전 고용, 풍부한 토지, 효율적 투자기회선으로부터의 괴리), 일상의 기본 욕구에 부응하기 위해서는 생존 논리와 현금 추구 논리가 지배하는 상황이 문제시된다. 가격 결정 요인은 여러 가지이다(흥정, 인간관계). 혁신·적응의 장소인 도시 민중 경제는 인구 대부분의 생계와 생존 방식이다. 그것은 공식 경제체제가 담당할 수 없는 기본 욕구를 만족시킨다. 식량, 주거, 의복, 교육 훈련, 보건, 이주, 오락 등이다. 비공식 경제로는 '여성적' 활동인 음식(분배, 준비, 급식)과 개인적·물질적 서비스가 있고, '남성적' 활동인 수리, 산업제품 회수와 재활용, 운송, 가공처리, 제조 등이 있다.

(2) 대인관계망 및 시장

한편으로 비공식 영세 생산자는 신뢰와 협력의 대인관계망 속에 관여되고 **가계경제 단위**와 연결되어 있다(가계비와 생산비의 비분리, 가족노동력의 이용, 가족 내 잉여비의 증식). 그러나 다른 한편으로 이들은 **시장**에 편입되어 경쟁을 한다. 이들 가계경제 단위는 출생률과 사망률이 매우 높으며, 산업사회에서 공공 서비스(버스, 학교, 보건)나 가계(내구력을 가진 운송수단, 세탁기, 가스레인지 등)가 처리하는 많은 활동이 시장에 의해 보장된다. 노동 조건은 일반적으로 일시적이다. 비공식 경제는 외부 충격을 받으면 낮은 생산성을 지닌 사회의 복원력[8]을 보여준다. 비공식 경제는 국가 와해 상태와 무법세계에서 암약하는 국내외의 마피아 지하경제와는 다르다.

비공식 경제는 규범 및 법률과의 관계에서 정의된다. 영세 경제활동은 일반적으로 무법적이지만 합법 행위이며 주민의 생존 방식을 표현한다. 이는 상업 논리(현금의 필요성, 경쟁), 직업과 급료와 관련해서 유연성이 아주 큰 사회망을 결합시킨다. 폭력과 착취 관계도 공존한다. 대부분의 경우 불확실한 사회에서 기업인은 영세 기업을 임금노동·회계·재정의 운용이 필요한 중소기업으로 키우기보다는 위험을 최소화하고 투명성을 소지하지 않으려 하며 경제활동을 다변화하고 분산시킨다. 많은 가내활동(수송, 세탁)이나 공공활동(교통, 교육, 건강, 안전)은 이러한 소상인들의 활동으로 영위된다.

4) 개발에 부적합한 금융제도

(1) 공식 금융제도의 무능

이론상으로 장기적인 경제성장률과 금융 부문의 발전 수준 사이에는 상

---

8. 복원력(résilience): 충격에 견디는 금속의 저항 속성. 사회과학에서는 충격이나 파국에 반응하는 사회의 행위주체들의 역량을 가리킨다.

관관계가 있다. 금융 부문은 저축을 투자로 전환시키고 세 가지 주요 망 즉 정보 제공, 유동성 제약 완화, 위험 분산의 망으로 긍정적인 영향을 행사한다. 하지만 금융 부문과 실물 부문 사이의 인과관계 문제가 제기된다. 그래서 공급이 유인하는 금융 발전(금융제도가 실물 부문을 이끌어간다)과 수요가 유발하는 금융 발전(금융제도는 실물 부문을 수용한다)을 구별해야 한다.

일반적으로 아프리카의 금융 제도는 문화적·경제적·사회적으로 사회와는 단절된 채로 발전했다. 대부분의 주민은 이로부터 배제되었다. 공적 금융기관은 합법적 타당성이 없고 주민에 뿌리를 두고 있지 않다. 기관 운영비가 엄청나게 높다. 분명 주민들과 가까운 토착 자본을 가진 신흥 경제주체도 볼 수 있지만, 분절된 금융체제는 서로 연관성이 없고 거의 대외 지향적인 경제를 그대로 반영한다.

경제적 저개발은 금융의 미발달과 연관이 있다. 흔히 현금이 유일한 금융 활동의 주체이다. 금융시장은 수요가 거의 없고 활동도 없다. 금융시장은 이제 갓 태어났거나 존재하지 않는다. 은행 이용률은 국가에 따라 다르지만, 주민의 5~10%만이 이용한다. 영세한 지역 기업은 금융 메커니즘에 접근이 거의 불가능하다. 국가·공기업·단기대출자(신협, 수출입)만이 금융제도의 주요 수혜자들이다.

(2) 비공식 금융

공식 금융 제도가 작동하지 못하므로 비공식 금융이 귀속공동체(종족, 혈족, 종교)에 기반을 둔 공동체 기관이나 가입 공동체에 기반을 순환식 신용을 이용하는 계 조직 또는 협회 조직(사체업자나 비공식 민간 은행)이 중요한 역할을 한다.

이러한 금융 회로는 몇 가지 특징을 갖고 있다.

• 현금 거래가 거의 대다수를 차지한다.

- 회계 기록과 결제 제도가 없거나 거의 없다.
- 제한된 소규모 운영
- 법적 장치 밖에서 자산 교환
- 귀속공동체나 소속공동체 연대관계와 인간관계의 역할

관계를 맺게 하는 '급전(argent chaud)'이 반환의 의무를 수반하지 않는 '현찰(argent froid)'보다 훨씬 더 널리 퍼져 있다. 자금 회수율도 매우 높다. 사회적·문화적 친근성이 신용의 기반이다. 절차가 아주 간단하고 융통성이 있으며 혁신이 이루어져 금융 상품은 사람들의 요구에 부응해서 적절히 운용된다. 하지만 인간관계는 이러한 자금 순환의 범위를 제한한다. 자금 지원의 본질은 사회적 비용과 소비이며 위험이 수반되는 투자는 아니다. 이자율은 매우 높다(대부분 연 100%).

(3) 아주 일반화된 소금융 부문

비공식 금융 외에 소금융의 경제적·사회적 역할이 증대하고 있다. 소금융의 대부분은 외부 세계의 지원으로 생겨났다(프랑스의 상호신용[Crédit mutuel], 캐나다의 카이세 데자르댕[Caisse Desjardins], 독일의 라이프센[Raiffessen] 등이 출자했다). 이들은 모두 토착 경제 활력에 바탕해 있다. 주로 상호저축과 신용기관, 그라민 은행(Grameen Bank)[9]의 모델을 따라 만든 연대 신용, 마을금고와 상호금고, 금융회사, 상호보증 제도를 가진 민중은행 같은 것들이다.

소금융은 '저소득-저축 부재' 또는 '저저축-투자 불능-저소득'의 악순환 고리를 끊는 것이 목표이다. 또 다른 선순환의 연쇄는 '저소득-투자 대출-소득 증대-저축'과 '대출-신규 투자-새로운 소득 향상'이다. 이는 가난한 사람

---

9. 그라민 은행('마을금고'): 1983년 방글라데시 무하마드 유누스(Muhammad Yunus, 2006년 노벨 평화상 수상)가 만든 소금융을 다루는 특수 은행. 시골 지역의 빈자들에게 소액 융자를 제안했다.

들의 빈곤은 감소시키지만 상업활동에 필요한 금융은 거의 지원할 수 없다. 소금융은 차별화된 소비를 지원하고 상대적으로 덜 가난한 자들이 빈곤의 고리를 끊을 수 있게 하지만, 높은 이자로 돈을 빌려주며 과도한 부채 위험을 동시에 초래한다. 또한 그 효율성과 지속가능성은 사회구조에 따라 다르다. 위험 기업 특히 중소기업의 금융 지원은 중장기 대출로서 아프리카 금융 제도의 맹점으로 남아 있다. 그 성과는 다양한 기준에 따라 사정되어야 한다. 즉 위기 때 지속성을 보장하는 수익성, 빈곤 타파 노력, 소기업 금융 지원, 고객의 상환 가능한 부채 규모 등이다. 소금융은 소외를 감소시키고 기본 욕구에 대한 금융을 지원하지만, 위험이 없는 것은 아니다. 수수료가 비싸다. 소금융은 강력한 사회안전망이 없는 경우 대여 상환이 제대로 안되고, 매우 취약한 부류의 사람들의 부채 규모를 증가시킨다. 지금까지 소액 투자 금융으로도 중요 수단이 아니지만, 중소기업의 금융 지원으로는 더욱 부적합한 제도이다.

경제 위기와 긴장을 넘어 정치·사회·문화·제도·인구의 변화가 과거 역사의 흐름을 단절시킬 것이다. 이와 같은 과거와의 단절은 생산 축적 경제와 산업 경제로 편성된 상업자본이 지배하는 지대경제를 변화시킬 것이다. 시장 형성, 공간의 밀집, 노동 분화의 증가, 신세대 기업가의 출현, 중산계층의 확대뿐만 아니라 영어권 세계의 우세한 경제역동성을 지닌 지역에 따라 산업과 경제가 분화되는 것을 목격할 수 있다. 사람들은 아프리카를 개발 잠재력이 가장 큰 세계 경제의 새로운 전선(前線)으로 생각한다.

제5장

주변부로부터 세계화로

'세계화'는 기술혁명 및 규제 완화와 관련된 세 가지 현상과 연계되어 있다. 즉 공간의 규모와 범위의 변화(기술혁명과 관련된 세계적·지구적 차원), 상호 의존성 증가(지구화), 자본의 포괄적 이동(세계 금융자본)이 그것이다.

아프리카의 세계화는 곧 식민 지배의 완성을 의미한다. 아프리카는 세계 통합이 진전됨에 따라 주변화가 일어난 뒤에 세계화되었다. 하지만 세계화는 수동적으로 당하고 강요된 것이었고, 협상하거나 적극 이끌어낸 것이 아니었다. 아프리카는 세계화되었으나 세계화시키거나 세계화시킨 것은 거의 없다. 세계의 주변부에 머무르면서 세계체제에 통합된 것이다. 하지만 파트너와 세력권역이 아주 분화된 것을 관찰할 수 있다.

새로운 세계적 환경이 남부 진영과 북부 진영의 관계의 기초로 이용된 옛 패러다임을 문제로 삼는다. '종속 이론'에 의하면, 주변부는 자본 축적이 막히고 교환이 불평등하게 이루어지며 중심부의 발전으로 생겨난다. '신자유주의'의 분석에 따르면, 남부 진영의 저축 부재는 외부의 투자와 교역으로 채워야 한다. 즉 아프리카의 낙후된 발전은 북부 진영의 자본·인력·기술을 이용하면 발전을 따라잡을 수 있다. 자본의 금융화라는 맥락에서 신흥 강국의 출현으로 상황이 바뀌었다. 아프리카에서 자본의 금융화는 상업·금융·생산 채널을 통해서뿐만 아니라 가격 불안정에 의해서도 확산된다. 남부 진영의 국가들은 (구매력 기준으로) 세계 GDP의 절반을 차지한다. 그들은 북부 진영으로부터 자금을 조달했다. 남부 진영 국가들의 급격한 수요 증대는 원자재 가격을 밀어 올리고 교역 조건을 전복시켰다. 아프리카는 금융 지원, 파트너의 다각화, 가격 급등을 경험했다. 또한 아프리카는 불평등, '질적 수준 저하'의 위험, 광물과 석유의 저주, 2008년에 발발한 세계 금융 위기 등으로 인해 모든 분야에서 불확실성이 증가했을 뿐만 아니라 이에 더해 식량 가격의 폭등을 겪었다.

1. 세계화 소용돌이 속의 아프리카

'세계화'란 용어는 다섯 가지 과정의 상호의존성을 고려한다. 즉 금융 세계화, 생산의 세계적 체제, 자유로운 상품 유통, 인구의 이주와 이동, 기술망에 의한 정보의 즉시성이 그것이다. 초국가적 연계망이 영토와 함께 중요한 역할을 한다. 세계화는 경제·사회·정치·기술 등 다양한 관계의 공간적 조직에 따라 강도·속도·범위가 변하는 초국가적 과정이다.

세계화란 무엇인가

몇 가지 상반된 견해가 있다. 초세계화의 입장에서는 새로운 현실이 문제시된다. 그들에게 세계화 과정은 국경 개방, 자본의 자유로운 유통, 시장경제의 진행으로 풍요한 사회로 동질화되는 과정을 의미한다. 민족국가의 틀을 넘어서는 시장의 취약성에 직면한 정권이 권력의 대부분을 상실하고 장기적 전망을 갖지 못함에 따라 지구적 차원에서 상호의존성이 만들어지고 질서가 재편되는 과정이다. 이때 자본과 지식의 유연성·적응성·유인성은 세계경제로의 편입과 법규 준수를 위한 새로운 조건이 된다.

회의론자들에게 현재의 세계화는 제1차 세계대전과 1929년 경제대공황 이전에 겪었던 개방화 과정의 재현이 아니다. 그것은 대발견의 시대(15세기 말), 자유 교역과 식민시대(1870~1914) 이후에 등장한 거대한 제3의 물결이다.

또 다른 학자들에게 세계화는 세계자본주의와 관련되며, 다각화를 진행시키고 분열을 가중시키는 것이다. 즉 세계화는 특정 지역과 특히 남아시아와 동아시아의 신흥국가(23억 명을 포함)의 출현을 촉진시킨 반면에, 아프리카 주변부 지역을 소외시키고 좌절을 심화시켰다. 이 세계화는 현실과 동시에 상상의 모든 자발적인 정책의 결과이며 시장의 '자연법칙'에 의한 것은 아니다.

한편으로 많은 지표에 따르면, 현재의 세계화는 19세기 말의 세계화에 뒤이은 폐쇄 효과(1914~1945)를 따라잡았다고 한다. 국제적인 과점 체제가 독점자본주의로 이행되었고 강력한 국제적인 노동 이동이 관찰되었다.

그러나 다른 한편 경제의 금융화와 세계화의 새로운 수혜국의 권력 상승을 확인할 수 있다. '신경제'는 지식의 결정적 역할, 기술 변화의 가속, 인간 수명 연장과 대조적으로 생산품의 주기 단축과 더불어 새로운 정보통신기술을 중심으로 형성된다. 변동하거나 연동된 환율은 자본의 불안정을 증폭시켰다. 신경제는 산업사회를 정보사회로 이전하는 것을 표현한다. 경제는 수익 증대로 기능한다. 국내시장을 연결 짓는 관계적 통합(shallow integration)은 생산이 세계적 규모로 이루어지는 구조적 통합(deep integration)에 자리를 양보한다.

1) 경제 종속

경제 종속은 입지의 불균형을 말한다. 발랑디에에 의하면, 이는 "외부 세계에 의해 입지가 결정된 것이 아니라 선택의 자유에 필요한 모든 기본 요소를 처분할 수 없는 불능 상태"[1]이다. 오랜 역사에서 아프리카는 언제나 외부 세계에 **개방적**이었는데, 이 대외 개방은 시기에 따라 금, 노예, 원자재

---

1. G. Balandier, *Anthropo-logiques*, Paris, PUF, 1974.

<표 4> 2010년 아프리카 수출입(PPP 기준)

(단위: 10억 달러, %)

국가	GDP	수출	수입	부채*	교역 조건
남아프리카공화국	521	25.1	26.0	30.6	135
나이지리아	384	42.3	35.8	24.9	157
수단	92.7	-	-	61.1	-
에티오피아	91.3	15.9	31.7	20.4	131
가나	37.1	13.1	73.8	54.1	193
케냐	71.3	49.6	30.0	24.7	161
콩고민주공화국	28.0	55.6	75.9	19.9	291
앙골라	115.8	55.2	43.3	20.8	151
코트디부아르	36.6	55.4	41.6	78.8	135
9개국 합계	1223				
다른 ASS 국가	634				
ASS 합계	1857.2	33.6	33.5	-	144

* GDP에서 차지하는 비율.

출처: Banque africaine du développement, *Rapport annuel sur l'Afrique*, Tunis, 2011; FMI, *2010 Perspectives économiques en Afrique*, Washington.

나 또는 다소 불법활동에 의한 교역으로 이루어졌다. 아프리카가 세계 경제에 편입된 것은 대기업, 레바논·인도·중국의 상인망, 두알라족과 하우사족의 종족망, 토고의 마마 벤즈(Mama Benz. 벼락부자가 된 장사꾼)망이나 그와 유사한 연계망에 의해서였다. 9개국의 경제가 사하라 이남 아프리카의 GDP와 대외 교역의 약 2/3를 차지한다.

아프리카 경제는 독립 이후 약 50년 동안 유럽 경제에 편중되어 있었다. 유럽 경제는 아프리카 경제의 상업교역권과 자본 출처의 2/3를 차지했지만, 최근에는 아시아로 그 방향이 전환되었다. 아프리카의 수출 구조는 거의 바뀌지 않았다. 원자재가 1960년이나 2010년에나 여전히 수출의 절반을 차지한다. 가공산업 제품(제조업)은 전체 수출의 5% 정도밖에 안 된다. 설비재, 중간재, 가장 필요한 소비재 등의 경제는 거의 총체적으로 종속되어 있다. 공공 수지의 상당 부분은 개혁 중임에도 불구하고 여전히 관세 수입이 차지한다. 외자와 기술, 국외 인재에 대한 의존도가 상당히 높다. 단지 남아프리카공화국만이 비교적 발달한 생산 체제를 갖춘 이 지역의 강국이다.

2) 불평등한 교환 체제

아프리카의 생산자는 가격 수용자(price taker)이며, 가격 결정자(price maker)는 아니다. 시장의 힘이 '중심부'의 소수 독과점 기업들에게 쏠려 있고, 부가가치의 분배는 대개 소비자의 구매력 차이로 설명된다. 예컨대 카카오는 장기적으로 시세가 급락하고 불안한 반면, 유럽의 초콜릿 가격은 안정적이며 다소 상승세를 보인다. 코트디부아르의 카카오는 세계 수출의 45%를 차지했지만, 계열사 내부의 집중과 통합, '중심부' 카카오 산업의 위력으로 인해 1990년대 초에 시장점유율이 떨어졌다.

그러나 2000년대 초부터 수입된 산업 제품 비교해서 아프리카가 수출한 원자재의 대외 교환 조건이 현저히 개선되는 것을 볼 수 있다. 불평등 모델에 따르면, 교환 조건의 하락과 교환가격의 불평등한 분배는 임금차가 나는 국가들 간의 생산성 향상의 불평등한 분배로 설명된다. 그러나 현재의 설명방식은 브랜드가를 지불하는 '중심부' 소비자의 구매력과 소수 독과점 기업과 관련이 있다는 것이다. 부가가치가 브랜드와 비물질적 요소를 통해 형성되는 세계에서 남·북 진영 국가들 간의 불평등한 교환은 저임금 노동력에 기반하여 원료의 전문 가공 행위를 통해 이루어지며, 북부 선진국들의 부가가치 사슬은 기본적으로 비물질적 요소와 관계가 있다. 예컨대 70달러에 팔리는 나이키 신발은 남부 진영의 개도국에서는 생산비가 15달러이지만(그중 3달러는 품삯이다), 북부 선진국에서는 광고비가 15달러이고 상업적

이윤은 35달러이다. 이와 같은 1/20의 법칙은 커피와 카카오에도 적용된다.

3) 경쟁의 바람을 맞는 경제

아프리카는 독립 당시 당면했던 여러 가지 문제(원료 수출에의 전적인 의존, 태생기의 산업 조직, 낮은 저축률과 투자율, 위험 부담에 대한 생산자본의 수익성 저조, 건강과 교육 서비스 공급 제한)가 전반적으로 여전히 상존하는 가운데서 부채를 관리하고, 자국 내의 도전 특히 인구, 기후, 대외 개방에 대응해야 했다. 아프리카는 식민 지배의 수출 잉여가격과 상업적 특혜를 누리기는 했지만, 국제 가치사슬에는 거의 참여하지 못한 채 경쟁의 바람을 거세게 맞고 있다.

아프리카 국가들은 특혜를 침식당하고 세계화 바람을 맞으면서 자유 개방경제를 향한 식민 지배 이후의 관리경제로 이행했다. 아주 드문 사례를 제외하고 아프리카 경제는 내부 개혁에도 불구하고 지대경제의 논리로 길들여진 채로 있다. 이와 대조적으로 세계화의 이점을 누리는 신흥국과의 관계는 상당히 다각화되었다. 또한 정보통신 분야의 기술혁명과 가격 하락의 덕도 톡톡히 보았다.

4) 세계 경제와 관련한 유동적 경제

취약성 지수는 충격 지표 및 충격 노출과 관계가 있다(Guillaumont, 2009). 1970년 이래로 이런 지표들이 상승하는 것을 목격할 수 있다. 아프리카 경제 성장의 불안정 요소들은 대개 불안정한 대외 교역 조건, 불안정한 원조와 민간 자본의 유입, 외채 관리방식, 원자재의 세계적 수요와 관련이 있다. 그러나 경제 성장은 이미 재개되었다. 2000년과 2010년 사이에 석유 판매로 매년 5% 이상으로 성장하여 제1차 오일 쇼크가 발생하기 몇 년 전의 속도를 회복했다.

이러한 성장은 2002~2010년에 25% 인상된 석유 수출의 결과(연간 GDP의 3.2% 증가)이지만, 수출량 자체는 감소했다. 규모는 적지만 석유 수입국의 경제도 성장했다. 몇몇 국가(금속 또는 커피 생산국)는 교역 조건이 개선되었고, 어떤 국가들(면화와 카카오업국)은 교역 조건이 악화되었지만 부채 감소, 공적 개발원조 증가, 민간 자본 유입 등으로 4.2% 성장했다(2006년 IMF의 수치에 의거).

탄화수소 수출국은 2009년 유가 급락 이후 유통의 지속적 증가로 십중팔구는 혜택을 입었을 것이다. 이와 반대로 농업과 광업 제품의 가격 상승은 신흥국의 수요 압력에 직면하여 과소 투자로 인한 결과이며, 1980년대처럼 추세 역전을 초래할 수도 있다. 우선적인 것은 아프리카 국가들이 일차 지대를 이용하여 재화와 서비스의 수출을 다각화하는 것이다.

2. 소외된 아프리카에서 부를 쫓는 아프리카로

세계화 지수[2]는 다음 사항과 결부된다.

① 경제 통합(재화와 서비스의 교환, 외국인직접투자, 주식보유고, 세입과 세출)

② 사회 통합: 개인 접촉(통화빈도, 관광과 여행, 이동과 이주)과 기술(인터넷 이용자 수, 인터넷 주소)

③ 정치 통합(대사관, 국제기구 가입)

사하라 사막 이남 아프리카는 상대적으로 세계의 다른 지역보다 특히 사

---

2. 세계화 지수는 구조화하기 어렵다. 해외 기업의 자산, 고용, 비즈니스 지표는 국내·국외별로 환입된다. 이 과정의 시공간적 확대 부분까지 통합해야 한다.

〈표 5〉 아프리카의 세계화 지수

	전체	경제 통합	정치 통합	사회 통합
세계	2.46	3.31	3.08	1.24
ASS	1.51	2.21	2.16	0.40

출처: Banque africaine du développement, *Rapport annuel sur l'Afrique*, 2003, 5.

회적 영역에서 세계화가 거의 진전되지 않았다.

1) 상업 금융의 소외에서 점차 벗어나는 아프리카

(1) 경쟁력 약화

1990년과 2000년 사이에 아프리카는 대외 교역이 차지하는 비율이 GDP의 51%에서 65%로 증가했고, 세계 생산에서 차지하는 비중은 1/4이나 하락했다. 지대경제 논리와 생산성 수지 악화로 대외 경쟁력이 지속적으로 상실되었다. 대외 경쟁력은 자국 시장이나 수출 시장에서 기업과 제품의 입지가 강화되거나 유지되는 능력을 말한다. 세계 교역에서 아프리카가 차지하는 비중은 1970년과 2000년 사이에 절반 이상 줄어들었다. 1970년 세계 수출액의 30%를 차지했던 사하라 이남 아프리카는 2007년에는 1% 조금 넘는 수준을 보였다(그중 40% 이상이 단일 석유 제품이었다). 원자재의 가격은 거의 대부분 침체했고, 제품 전문화도 이루어지지 않았다. 카카오, 팜, 팜유, 땅콩유, 바나나, 고무 등은 주요 수출품 시장의 점유율이 떨어졌지만, 커피·사이잘·담배·면화·차는 점유율을 그대로 유지했다.

아프리카는 주요 항공로와 해상로에서 배제되어 있는데, 상품 운송이 항공과 컨테이너 수송으로 발달하면서 아프리카는 오히려 상업적으로 소외되었다. 다국적기업이 세계 교역의 2/3를 차지하는 오늘날의 상황에서 세계무역기구의 협약에 포함된 고부가가치 제품과 서비스에 근간을 둔 교역이 세계적으로 이루어지고 있다. 비교우위를 차지하는 역동적인 제품은 기술 혁신, 자본 유동성, 신제품 확산과 관계가 있다. 대부분의 아프리카 국가는 관세장벽을 허물었다(1980년 30%에서 20%로 감소).

유럽연합과의 대외 교역은 1990년 51%에서 2010년 28%로 나타나는데, 미국과 신흥국(특히 중국), 아시아(28%), 중동(6%), 라틴아메리카(5%) 등과 비교하면 상대적으로 다소 크게 감소했다.

(2) 금융의 물결

금융 세계화의 특성은 금융 신상품이 뜨고, 금융 위기로 인해 금융시장이 서로 연계된다는 것이다. 이 현상은 3D로 생겨나는데, 규제 철폐(déréglementation), 금융시장 장벽 철폐(décloisonnement), 예탁에 의한 금융 중개 철폐(désintermédiation)가 그것이다. 세계 금융자본주의는 주주 비중으로 지배되는 구조로서, 경영자본주의보다 우위를 점하는 추세이다. 규제 철폐는 금융 위기를 증폭시켰고 금융 상품의 가격 불안을 가중시켰다. 이는 투자자들에게는 리스크와 수익성의 유효한 신호가 될 수 없다. 개발 금융을 위해 처분 가능한 핵심 자본은 민영화되었다. 그런데 아프리카의 국제 자본시장 접근은 제한적이고 금융시장은 거의 존재하지 않는 것이나 다름없다(요하네스버그는 예외). 단지 가나와 나이지리아와 아비장·두알라·리브르빌에 증권거래(지역) 주식시장이 있을 뿐이다. 아프리카는 민간 자본에는 거의 매력이 없는 시장이다. 공적개발원조는 최근의 변화 움직임에도 불구하고 베를린 장벽 붕괴 이후 감소 추세에 있다. 2008년에는 400억 달러로 증액되었다. 아프리카 주식시장은 아직 초기 단계이며 거래 규모가 적고 거래도 활발하지 못하다. 단지 요하네스버그 시장은 8,000억 달러로 다른 선도 10개 주식시장(7,000억 달러)보다 주식 중개를 많이 한다.

아프리카에서는 또한 불법 금융 거래가 증가하고 탈세 자금 규모가 늘어나고 있다. 범죄경제자금, 다국적기업의 탈세자금, 비밀자금 등이 자리를 잡거나 통과하는 곳이 되었다. 라이베리아, 모리셔스, 세이셸에 이어 보츠나와, 지부티, 케냐, 가나 등이 자금 은닉처로 이용되고 있다. 불법 자본의 유출 역시 급증했다. 국제기관의 소식통에 따르면, 1970년과 2008년 사이에 유출액이 8,500억 달러로 증가했는데, 이는 연간 300억 달러 규모의 자금 유출이다.

UNCTAD에 따르면, 1970~1996년(1996년까지 누적된 자금)의 유출 규모는 나이지리아 867억 달러, 코트디부아르 236억 달러, 앙골라 170억 달러, 카메룬 130억 달러, 잠비아 106억 달러, 수단 69억 달러, 에티오피아 55억 달러로 추산되었다. 아프리카는 1960년부터 5,800억 달러의 원조를 받았다. 1990년대에 자금 증발은 3,000억 달러 가까이 되며, 이는 부채 총액의 50%가 넘는 금액이다. 1970년과 2004년 사이에 아프리카에 대여한 1달러당 60센트가 당해 연도에 유출된 것으로 추산한다(Bouza, Nalikummera). 아프리카 엘리트는 7,000억~8,000억 달러의 자금을 세계 금융기관에 유치하고 있으며, 이는 아프리카 GDP의 거의 2배 수준이다.

아프리카는 20년간 **장기 부채**의 늪에 빠져 있다. GDP 대비 부채 비율은 60%가 넘으며, 2006년 대여 부채 규모는 13%를 넘는다. 부채최빈국에 대한 탕감 조치로 부채가 다소 꺾였다. 부채 탕감으로 C2D(부채 탕감 및 개발 계약)의 틀 내에서 몇몇 사회부문을 지원할 수 있었다. 그러나 탕감 조치는 그만큼의 기회가 되지 못했다. 부채최빈국 이니셔티브는 극소수의 국가와 관련된 것이었고, 탕감액이 너무 적었으며 과도한 공여 조건을 부과했기 때문이다. '지긋지긋한 부채' 문제(부패와 관련이 있고, 공여자들의 친구인 권력층의 자금 유출)와 대여자와 채권자의 책무성은 늘 그랬듯이 다루지도 않았다. 케냐 같은 국가에서는 평균 기대수명이 57세(1980)에서 오늘날 48세로 줄어들었다. 부채의 원리금 지불 규모가 국가 예산의 40%나 차지한다. UNCTAD(2004)

에 따르면, 사하라 이남 아프리카는 2,940억 달러를 빌렸고 원리금 2,680억 달러를 상환했으나 여전히 2,100억 달러의 잔여 부채가 있다. 2000년에 수출액의 약 20%에 해당하는 부채가 2009년에는 56.2%로 증가했지만, 부채 원리금 지불은 15.2%에서 6.2%로 줄어들었다. 2000년 150억 달러의 민간 자본이 2008년에는 870억 달러로 증액되었고, 국외 이민자 송금은 90억 달러에서 400억 달러로 늘어났다.

아프리카 국가들은 새로운 국제 금융 지원을 받게 되었다(국가 기금, 이슬람은행, 민간 기금, 소금융 지원금). 그러나 북부 진영의 국가들에 대한 송금으로 저축 수준은 투자 수준을 넘어섰다. 지역 재원의 활성화가 최우선 사항이다.

(3) 외국인직접투자의 매력 상승

국제 교역(물류, 재화와 서비스의 교환)과 개발·혁신의 본질은 다국적 대기업에 의해 확실시된다. 그리하여 이들의 '유인책'은 전략 사항이 되었다. 그러나 수출 목적을 위한 이들 다국적기업은 임금 비용과 특혜 규정과 세금으로 환원되지 않는 물류 및 경제적·사회적·기술적 조직을 전제하고 있다. 예컨대 석유 부문, 농식품, 통신, 물, 전기, 유통 및 운송 부문 등의 민영화 효과를 제외하고 아프리카는 세계 외국인직접투자(FDI)[3]의 3%를 유치했다(1조 달러 중 10~20억 달러). 여전히 민간 자본 유입이 극히 불안정한 것을 목격할수 있다. 몬터레이 컨센서스(Monterrey Consensus) 이후 2001년 122억 달러였던 민간 자본의 순유입은 2007년에는 566억 달러, 2008년에는 870억 달러로 늘어났는데, 외국인직접투자는 공적개발원조보다 더 높은 수준이었다. 반면 해외 이민자 송금액은 90억 달러에서 400억 달러로 늘어났다. 2008~

---

3. 외국인직접투자(investissements directs étrangers: IDE): 기업 설립이나 기업 합병·인수로 발생하는 해외에 대한(또는 해외에서 들어오는) 투자금 총액(미화 10억 달러로 표시).

2009년의 세계 경제 위기로 자금 유입이 일시적으로 줄어들었고, 공공 자금 유입도 일부 지연되었다. 2008년 외국인직접투자는 530억 달러였다(그중 366억 달러가 사하라 이남 아프리카에 대한 투자였다). 2008년에 외국인직접투자는 세계적으로 20%가 하락했지만, 아프리카에서는 16% 증가한 것을 목격할 수 있다.

하지만 아시아의 천연자원에 대한 엄청난 투자증가를 목격할 수 있고(제4부 참조), 아프리카 전체는 2007년에 외국인직접투자의 3%를 유치했다(전 세계 9,160억 달러 중 360억 달러. 그중 ASS에는 210억 달러). 남아프리카공화국(64억 달러), 나이지리아(34억 달러), 수단(23억 달러), 적도기니(18억 달러), 콩고민주공화국(13억 달러), 차드(8억 달러) 등은 제1의 외국인직접투자 '유치국'이다.

2010년에 외국인직접투자는 530억 달러로 추정되었고, 그중 90%가 광물자원국가 및 산유국 10개국에 투자되었다. 미국이나 유럽의 자회사들의 수익성은 분명 매우 높지만(아프리카에서는 28% 수준), 이 수익은 틈새시장이나 천연자원의 활용에서 나온 것이고 리스크가 크다. 프랑화권(모리셔스, 마다가스카르)의 출현에도 불구하고 기업은 수출 목적으로 하청을 하지 않는다. 나이지리아나 남아프리카공화국 같은 큰 시장을 제외하고 수입대체기업은 수요 감소(이주자 귀국, 중산층 소득 감소), 밀수품과의 경쟁, 무역 자유화(섬유·의류의 경우)의 영향을 받는다. 하지만 자유화와 민영화 상황에서 투자자들의 다변화를 목격할 수 있다.

『기업환경평가』보고서는 거버넌스·경제자유화·부패수뢰의 지표를 계산하고, 효과적인 사업 척도로 사업 운영의 편의성, 창업, 소유권 양도, 국외교역의 실현 가능성, 자동차 면허증 취득, 노동자 고용, 금융 대출, 계약 체결, 투자자 보호, 기업 약점 보호 등의 여건 편의성을 제시했다. 아프리카의 사업 환경은 별로 좋지 않고 생산비와 거래비용은 비교적 높다. 맥킨지글로벌연구소에 따르면, 2000년에 경제 개혁(자본과 노동시장의 자유화, 상업 개방,

우호적 기업 환경)을 실시한 국가들과 그렇지 국가들 사이에 경제 성장이 2.1% 차이가 난다는 것을 확인했다고 한다. 이와 반대로 아프리카는 GDP에 대한 대외 교역 기여도가 1990년에서 2000년 사이에 51%에서 65%로 증가했고, 세계 GDP에 대한 기여도는 1/4로 떨어졌다.

아프리카에 대한 외국인 투자의 약점에는 여러 가지 요인이 있다.

- 소규모 경제와 시장 성장에 대한 비관론
- 제도적 무능과 물리적·사회적 기반시설 미비
- 이완된 사회적·경제적 조직
- 실제적이거나 잠정적인 리스크: 정치 불안, 정치·경제적 불안, 국제 정세 불안

투자 규약은 투자 유인책에서 그리 중요한 역할을 하지 못한다. 수입대체를 위해 설립한 중개회사는 시장이 소규모여서 활동이 제한적이다. 재수출을 목적으로 하는 자회사들은 몇몇 프랑화권 국가에서만 존재한다. 모기업만이 경제 혁신의 역할을 담당한다.

토지의 거래와 매입은 특히 신흥국에서는 혁신적 이슈가 되었다. 투자 자금은 국제 공공기금(세계은행, 국제금융공사 IFC/SFI, 국제통화기금), 다국적기업, 신흥국 투자기금에서 제공된다. 투자 목적은 여러 가지인데, 수자원 관리, 가축용 사료 공급, 농산탄화수소, 농산물 가격 급등 대비 등이다. 아프리카는 관개하여 이용할 수 있는 토지가 60%나 되며 농업 생산성 향상을 위해서는 투자가 필요하다. 아프리카 정부는 농업의 자족자급, 생산성과 수익성 향상, 이러한 거래와 관련된 수익을 목표로 한다. 그러나 거래 농산품 일부는 탄화수소 함유 제품이고 게다가 수출용 식료품이다. 이들 거래는 불투명하고 농부의 사용자 이익처분권 문제를 야기한다.

2) 지식·정보·과학의 격차 리스크

지식·정보·과학의 격차 리스크는 크다.

(1) 후진적 연구

지식이 부분적으로 원자재를 교체하는 세계에서 종사 인구의 순위를 기준으로 보면, 연구의 90%는 산업국과 신흥국에서 이루어진다(생명공학·제약·농학 연구). 농생태학, 적정가격의 의약품, 인기 학문의 활성화와 과학적 개선에 대한 연구의 우선순위는 거의 확보되지 못하고 있다. 북아메리카의 연구 환경과 과학자들의 규모를 보면 저개발국에 대한 연구는 후진적이라는 생각을 하게 된다.

(2) 교육의 양적·질적 수준 저하

지식·권력·자산의 관계의 중심에 있는 교육은 아프리카가 지식 신경제와 지식자본주의로 진입하는 데 제 역할을 충분히 하지 못한다. 아프리카는 지식 양극화를 유도하고 최빈국의 자본 형성을 가로막는 두뇌의 약탈 외에도 두뇌의 해외 유출을 겪고 있다. 빈곤의 덫에 갇힌 아프리카 국가와, 역동적 국민 교육체제와 혁신을 갖춘 국가들 사이에 국제 수준의 격차가 점차 벌어지는 것을 볼 수 있다.

(3) 지식의 신기술 접근성에 대한 제한적 증가

아프리카는 비용 감소의 이점을 활용할 수 있다(예컨대 컴퓨터, 인터넷, 휴대폰). 정보와 지식의 신기술은 학습방식과 기업의 생산성 및 경쟁력에 영향을 미친다(원격교육이나 통신교육, 위성을 이용한 월드스페이스 프로젝트에서는 라디오 프로그램이 방송될 예정이다). 이러한 혁명은 강대국, 특히 초강대국인 미국의 침투 전략 이슈이다. 이들 정보통신의 핵심망은 수도권에 집중되고, 소수의 주민만 제한적으로 이용한다. 컴퓨터와 부속 장비는 아프리카인의 평균 연봉의 7~15배이다. 아프리카 15개국만이 수도를 제외한 지역에서 인터넷 접속이 가능하고, 4개국만이 주민 1,000명당 전화 10회선 이상을 가지고 있다.

정보통신기술(ICT/NTIC)은 세계와의 관계를 변화시키고, 정보와 지식에 대한 접근을 허용하고, 엄청난 잠재력(e-교육, e-의학, 경보체제)을 제공할 뿐만 아니라 공식 정보를 왜곡하고 사회운동도 활성화시킬 수 있다. 또한 정보통신기술은 몇몇 물리적 투자를 단기적으로 회전시키고 기술 도약을 유도한다. 하지만 아프리카 국가는 아주 급격한 진보에도 불구하고 하드웨어 수준이나 소프트웨어와 네트워크 수준에서 이러한 기술 진보의 외곽에 머물러 있다. 공급(케이블, 장비, 전기)과 수요(알파벳 문자, 구매력, 접근 가능성)에서 병목 현상이 나타난다. 사회가 유동적이고 구어적 특성을 가진 아프리카에서 휴대폰은 폭발적으로 증가한 반면, 다른 기술(인터넷, 텔레비전)은 더욱 느리게 진보한다. 휴대폰 가입자는 5년 만에 5,400만 명에서 3억 5,000만 명으로 급증했다. 인터넷 이용자 비율은 2000년과 2008년 사이에 8배나 늘어났다. 하지만 2010년 세계의 인터넷 이용자는 23%인데 비해 아프리카의 인터넷 이용자는 4.2%로 큰 격차를 보였다. 인터넷 사용자의 50%는 남아프리카공화국·나이지리아·케냐에 있다. 특히 해저 케이블 설치 프로젝트가 증가하고 있다. 가격 인하, 전기 접근성, 위성에 의한 고립권역에서의 접근 등은 아직 미지의 일이다.

3) 세계화된 범죄에 연루

마약 거래는 세계 교역의 8%를 차지하며, 마약 사업 규모는 4,000억 달러나 된다. 세계 범죄경제의 순생산 규모는 1조 2,000억 달러로서 세계 교역의 15%를 차지한다. 마약은 콜롬비아에서 생산되어 브라질이나 베네수엘라를 거쳐 서아프리카와 남아프리카를 통해 유럽으로 흘러들어 간다. 주요 통과 거점은 나이지리아, 기니비사우, 가나, 카보베르데, 베냉, 세네갈, 모리타니 등이다. 이 거래 통로 자체로 분쟁이 증가한다(기니비사우처럼). 이러한 국제적 동반 경제는 지대의 원천이자 분쟁과 국가 해체와 재건의 요인이기도 하다. 아프리카는 또한 국외 정당자금, 민간·공공 지대의 원천인 기반시설 지원금 등을 돈세탁할 수 있는 자금 재생 장소이다. 또한 프랑화권 항구(모리셔스, 잔지바르) 통로와 조세 천국인 두바이 또는 스위스에 소재한 지역 마피아 통로의 연결을 통해 불순물을 넣어 제조한 가짜 의약품을 배출하는 곳이자 중독성 의약품을 출하하는 장소이기도 하다. 아프리카(사하라-사헬과 아프리카뿔을 잇는 활 모양 지대)는 라틴아메리카산 마약(코카인)과 아시아산 마약(헤로인)이 유럽과 북아메리카로 들어가는 통과 지대가 되었다.

아프리카는 **불법적인 새로운 삼각무역**에 편입되었는데, 유럽과 아시아에 원료를 수출하는 아프리카, 무기와 용병을 수출하는 동유럽과 아시아, 그리고 거래 자금이 오고가는 서유럽과 동유럽 및 아시아 등이 서로 연결되었다.

신탁통치령·보호령 등의 제한적 주권국가의 확대와 몰락국가·파탄국가·불량국가·해적국가 등의 출현은 대부분 세계 범죄경제에 편입된 결과이다. 범죄경제는 대규모의 부패, 무기 밀매, 국외 자금세탁, 세계화된 마약 거래 망, 장기 판매, 인신 매매, 섹스 산업 등의 형태로 출현한다. 다이아몬드 밀거래, 광산·석유의 약탈, 향정신성 의약품의 거래는 엄청난 부의 원천이 되었다(앙골라, 코트디부아르, 기니만의 국가, 콩고민주공화국, 시에라리온, 라이베리아, 기니, 부르키나파소). 광물자원이나 석유 확보에는 정치권력, 관련 업계, 소수 독과점계층 사이에 이해관계가 중첩되고 얽혀 있다.

불법 밀수, 위조품 제조(모리셔스, 나이지리아), 불법 선적(라이베리아), 불법 벌목한 목재의 거래는 엄청난 재원을 벌어들인다. 마약 문화는 레소토, 코트디부아르, 가나에 이미 상존한다. 세네갈, 카보베르데, 나이지리아, 남아프리카공화국, 모잠비크는 마약 밀매의 통과 지역이 되었다. 마약은 지역 범죄와 정치 부패를 조장하거나(나이지리아, 콩고민주공화국, 남아프리카공화국), 분쟁을 야기한다(라이베리아, 시에라리온, 카자망스, 기니비사우, 콩고).

3. 국제적 이주

1) 특징

강제적이거나 자의적 이주민(1,500만 명)은 대륙 내부에서 이동한다. 그들은 대부분 국제 이민자를 대신한다. 국제 이민은 인구 압력이나 빈곤보다는 과거사의 구조적 이민 연계망과 관련 있다. 예컨대 세네갈의 중부 저지대는 유럽행 이민의 출발권역이었다. 한편으로는 아프리카 지역 이주의 한계, 다른 한편으로는 새로운 이민 출발지(예컨대 빅토리아 호수 지대)의 부상에 의해 상당한 변화가 생겼다. 주요 이민 국가는 나이지리아, 가나, 세네갈, 카보베르데, 말리, 코모로이다. 하지만 무질서한 혼란 지역(예컨대 아프리카 대호수 지역)에서는 이주망 구성이 제한적인 강제이주가 관찰된다.

OECD 국가로 이주한 아프리카 이민자는 720만 명으로서, OECD 국가 전체 이민자의 13%를 차지한다(북아프리카 380만 명, 사하라 이남 아프리카 340만 명). 이민의 특징은 아프리카 국가들 간의 이주이며, 인종·언어적 공간과 일치한다(서아프리카의 하우사족, 요루바족, 풀라니족, 만딩가족, 디울라족). 주요 이민국은 남아프리카공화국, 리비아(2012년 이전), 코트디부아르, 이보다 수는 적지만 가봉이다. 남아프리카공화국·리비아·코트디부아르는 2011년에 심각한 정치 위기를 겪었고, 남아프리카공화국에서는 인종 혐오 소요가 일어났다.

OECD 국가들에서 이민 자격을 완전히 갖춘 아프리카 이민자는 7%이다. 이민 온 아프리카인은 1990년 290만 명에서 2000년 450만 명(이 중 140만 명만이 이민 자격을 가졌다)으로 증가한 것으로 추산된다. 아프리카 이민자는 영토에 기반을 두며 지역별로 차별화된다. 가장 중요한 이민지는 남아프리카와 서아프리카이며, 그 뒤를 중앙아프리카가 잇는다. 유럽 15개국은 정식 이민 자격을 갖춘 자의 46%를 받아들였는데, 이는 전체 아프리카 이민자의 3/4에 해당한다.

두뇌 유출은 높은 교육 수준을 갖춘 모든 국가의 현상이다. 핵심 인재군의 유실은 연 2만여 명에 달한다. 두뇌 유출의 요인은 여러 가지이다. 매년 약 7만 5천 명으로 추산되는 아프리카 외교관이 아프리카를 떠난다. 2000년에 이 숫자는 전체 이민자의 31%였다. 자격증 소지 이민자의 비율은 1975년 6%에서 2000년에 13%로 증가했다. 무자격 노동 이민은 옛 지역 이주망과 더 밀접하게 연계된다. 이들은 말리·적도기니·코모로·기니비사우 이민의 90%를 차지하며, 나이지리아·라이베리아·스와질란드·짐바브웨 이민의 50%에 조금 못 미친다.

국가 간의 이민은 서로 다른 영토에 뿌리를 두고 있는 사회문화적·종교적·경제적·정치적 공간 귀속과 관계가 깊다. 서아프리카의 레바논 이민 공동체, 동아프리카의 인도 이민 공동체, 아메리카와 유럽의 아프리카 이민 공동체는 국경을 넘어서 이루어진 이민자 집단으로서 다국적자(복수 여권)나 다시민권자이다.

2) 이주의 요인

아프리카의 국제 이민은 제한적이지만, 보트피플 사건과 함께 확산되는 추세이다. 인구 성장 리듬으로 보나 연령 구조로 보나 소득 격차와 관련해서 보나 아프리카와 유럽의 인구학적 불균형으로 인해 엘도라도처럼 보이는 유럽 산업국으로 이민이 급증하고 있다. 가족 재편과 은밀한 이민으로 인해 유럽의 성격이 바뀌었다. 국제 협력이나 공동개발정책으로 이민을 규제하는 것은 선택이민과 합의이민 문제에 논쟁적인 주요 전략 이슈이다.

아프리카의 견지에서 보면, 이민자는 엘도라도를 찾아 나서는 자들이다. 이민율은 소득 수준에 따라 종형(鐘形)의 곡선으로 증가한다. 이민에 소요되는 경비와 이민을 매력 없는 행태로 만드는 소득 한계에 비례한다. 단기적으로 볼 때 민주주의와 개발은 이민 압력을 제어하지 못한다. 이들은 거주 이동의 자유를 증진하고, 통신수단을 개선하고, 이주의 재정 지원 수단을 늘리고 필요한 훈련을 받도록 한다. 리비아와 같이 독재적이고 전체주의적 체제는 이민의 물결을 통제한다.

이와 반대로 장기적으로 볼 때 민주주의와 개발은 이민 압력을 약화시키는 결정적 요인이다. 이민은 인적 자원의 유출, 심지어 새로운 노예조약처럼 보이지만 자금 회수의 물결로 되돌아온다. 지중해 쪽에서 보면, 인구가 정체되고 노쇠한 북부 진영의 국가들은 농업이나 건설 및 공공사업에서, 특히 정보기술과 보건 분야에서 훈련된 이민자들이 필요하다. 이들 국가가 두려워하는 것은 주민 통합이라는 난제, 특히 흑인/무슬림 주민의 통합과 극단적 인종 혐오감을 키우는 임계효과이다. 1974년부터 이민의 물결을 통제하는 정책 즉 비자 정책을 확인할 수 있는데, 이는 선택이민과 합의이민을 목표로 한다.

<지도 9> 이주민과 난민

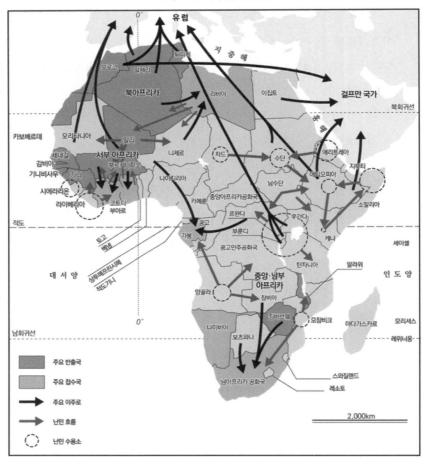

3) 이민의 영향

이민은 유럽 여러 국가에서 주요한 논란의 쟁점 사안이다. 이민으로 인해 외국인 혐오와 안보 캠페인이 벌어졌다. 식민 지배의 역사가 없던 유럽 국가들에서 이민은 아프리카를 바라보는 주요한 계기가 되었다. 그것은 다문화사회에 과거에 없던 사회 통합의 문제를 제기했다. 미셸 로카르(Michel Rocard) 프랑스 수상은 한 연설에서 "프랑스는 세계의 비참한 난민을 모두 받아들일 수는 없다"고 단언했지만, "이민 수용에 제몫을 해야만 한다"고 덧붙였다. 협력개발프로젝트는 효율성은 줄어들지만, 이민자에게 재정 지원과 망 구성에 도움을 주어 이민을 촉진시킬 수 있다. 1991년 6월 3일자《르피가로(Le Pigaro)》는 "이민자 선단(船團)을 막으려고 해도 소용이 없다. 팔로 바다를 막을 수는 없기 때문이다"는 압두 디우프(Abdou Diouf) 세네갈 대통령의 말을 전하고 있다.

이민 연계망은 출발권역의 중요 이송을 담당하고 지속적으로 왕래하게 만든다. 이민자 송금액은 급증했고 1990년과 2004년 사이에 배가되었다. 세계적으로 이민자 송금액은 공식적으로 1,600억 달러로 추산되는데, 이는 공적개발원조 총액(790억 달러)과 외국인직접투자의 2배나 되는 금액이며, 아프리카 GDP의 3%를 차지한다. 2008년 세네갈 송금액은 5,000억 세파프랑, 말리 송금액은 1,000억 세파프랑 이상으로 추정된다. 이민자의 송금은 가족 간의 비공식적 현금 유통이기 때문에 실제로는 이보다도 훨씬 액수가 많다. 이러한 이민자 송금을 개발 자금으로 사용하려는 많은 시도를 확인할 수 있다. 예컨대 우수한 자격을 갖춘 국외 유민의 일시적 귀국이나 개발협력프로젝트(말리, 세네갈) 같은 것이다. 어떤 사람들은 귀소(歸巢) 효과를 이용해서 두뇌 유출을 두뇌 수입으로 바꾸려고 했다. 2008~2009년 세계 금융 위기와 2011년 경제 위기 때 특히 이민 송금액이 급감했던 사실을 목격할 수 있다.

4. 세계화에 직면한 표준화 정책

개방, 자유화, 경제 성장

대외교역이 어떤 조건하에서 경제 성장, 빈곤 감소, 개발을 유도하는 데 지렛대 효과를 지니는가? 대외 개방을 위해 일반적으로 동원되는 논거는 다음과 같다.

- 국제적 전문화와 비교 우위(국제교역에서 제외되는 것은 전혀 없다)
- 확대된 사장에서 갖는 자원의 효율적 이용
- 보완적이고, 희귀하고, 처분이 불가능한 요소와 상품의 접근성
- 경쟁효과와 지대 감소
- 자본, 기술, 역량, 다국적기업의 유인
- 저수요·저비용 활동의 전문성 빈약
- 국제 가치사슬의 불균등한 현지화
- 위험과 불확실성을 불러일으키는 불안정

UNCTAD(2010)에 따르면, 개발은 대외 교역에 의해 유발되기보다는 그 결과적인 산물이다. 무역 자유화는 구조 개혁과 경제 수준 향상에 선행해서 일어난다. 차별화된 특별 조치는 아프리카 국가들을 세계무역기구의 규범에 일치시키는 것보다는 생산역량 향상을 목표로 한다. 개방, 경제 개발, 빈곤 감소의 관계는 일정 소득 수준을 넘어서면 별 의미가 없다. 후진국 50개국의 개방률은 더욱 가속화되고 더 중요했던 반면에, 이들은 장기간 소외된 채 있었다. 모든 것이 재화의 유형과 수출 서비스에 달려 있다. 이들이 미치는 긍정적 효과는 이처럼 불완전 경쟁, 시장의 힘 도입, 중심부와 주변부의 차이, 경제력과 정치력의 관계, 행위주체들 간의 불공정 경쟁, 불균형한 권력을 고려하면 이처럼 수식될 수 있다. 개방은 2000년대 성장을 추동했으나 국제 가치사슬이 전반적인 상승을 초래하지는 못했다. 보호주의의 대가가 너무 비쌌고 국경은 군데군데 뚫어져 있어서 거의 적용할 수 없었다. 대체 시장은 너무 협소해서 규모의 경제와 경쟁체제를 허용하지 못했다. 이 때문에 이상적인 것은 지역 단위별로 유연성이 있는 보호 조치를 취하는 것이며, 점진적으로 고부가가치 제품에 기초하는 것이다. 그리고 이러한 정책은 농업과 식량 자급 정책의 보완적인 조치다.

1) 구조 조정과 자유화 정책의 효과 한계성

(1) 경제 안정화와 구조 조정

세계화라는 새로운 환경은 금융 불균형과 아프리카의 부채와 관련해서 1980년대 초 세계적인 새로운 상황 전개에 맞은 자유주의 정책과 구조 조정을 실시하게 되었다. IMF와 세계은행이 주도한 이러한 금융 안정화와 구조 조정 정책은 '워싱턴 컨센서스(Washington Consensus)'[4]로 명명되었다. 이들 정책은 전후와 독립 이후 여러 해 동안 수행된 국가자본주의의 개입 조처들을 역전시켰다.

이들 정책을 시행한 지 20년이 지난 후 금융 수지가 전반적으로 개선되었고(인플레이션 감소, 재정적자 감소, 경상수지 개선 등), 더 나은 제도적 기반이 정착된 것을 볼 수 있다. 서비스 부문과 신기술에 새로운 혁신이 이루어졌다. 그러나 대부분의 경우 이러한 금융 안정화 정책으로 오히려 경기가 후퇴했으며, 아프리카 경제는 1980년과 2000년 사이에 전반적으로 정체되었다. 즉 공급(정부 수입의 증가, 수출, 저축)이 회복되지 않아서 수요(수입, 예산 지출, 투자)가 감소되었다.

이러한 정책은 단기적으로는 적어도 성장 재개와 대외 경쟁력 향상에 이르지 못했다. 분명 제도적인 질적 개선과 세계 경제에의 적극 통합에 대한 왜곡 구조의 감소는 관찰되었다. 그러나 금융 불안정, 리스크, 취약한 물리적·사회적 기반시설이라는 맥락에서 석유를 제외하고는 투자자 유인책은 제한적이었다. 성장 요인의 전반적인 생산성은 거의 향상되지 못했다. 대내 공공 부채에 영향을 미치는 대외 부채의 비중은 계속 가중되었다. 구조 조정은 흔히는 눈가림이었고 경제의 빙산의 일각과 공공기관 일부에만 영향

---

4. 워싱턴 컨센서스: 경제난에 빠진 국가를 재건하기 위해 1989년 경제학자 존 윌리엄슨 (J. Williamson)이 제창한 자유주의적 경제 처방.

을 미쳤을 뿐이었다. 하지만 구조 조정은 사회적·경제적 비용을 넘어서서, 효과가 더디기는 했지만 2000년대 경제 성장의 양호한 조건을 만들었다.

(2) 금융 자유화

국내 금융 자유화는 은행의 지급불능 사태를 없애고, 불량 채권, 통화 발행으로 예산을 지원하는 금융 지배권을 제거하는 것을 목표로 했다. 또한 외환 왜곡 구조의 교정과 대외 자본의 개방 촉진을 목표로 하는 대외 자유화도 수반되었다. 금융 자유화는 금융기관의 민영화, 실질 이자율 인상, 수많은 공공 은행의 민영화 내지 폐지, 공공 부채와 준공공 부채의 감소를 목표로 하는 재정 건전성 확보로 특징지어진다. 통화정책은 통화 공급 조절, 할인율에 의한 주식·신용 조정에 관계한다. 통화금융시장이 발달했고 지방 금융기관이 설립되었다. 개발은행이 분권화된 저축과 신용구조를 대체했고 소금융이 개발 금융 지원을 겨냥한 정책의 키워드가 되었다.

물론 그 성과는 여전히 제한적이었다. 분명히 금융 부문은 건전성을 확보했지만 극히 세분화되었고, 리스크가 있는 생산 투자와 각종 규모의 생산적 프로젝트 개발을 금융으로 지원하는 데는 역부족이었다. 은행 청산, 계정 운용 성과 향상, 많은 연체 자금의 정리, 저축과 투자 증진의 결정적인 요인은 아니었다. 아프리카 저축의 약 40%는 아프리카 외부 자금시장에서 교체되는 것으로 추정한다. 금융 중개비는 높고, 수익성 있는 은행들조차 독과점 상태라서 위험 투자에 대한 자금 지원에 몸을 사린다. 금융 채널은 대개가 잘게 분할되어 있다(모기업에 의한 자회사 금융 지원, 원조에 의한 공공 자금이나 양도에 의한 민간 자금, 대내 공공 자금, 중소기업의 은행신용 접근 불가, 계와 폭리사채, 소금융 등). 개발 금융은 중소기업망이든 생산기업망이든 우선 지원 대상이다.

2) 빈곤 퇴치의 새로운 컨센서스

사회적 비용과 이러한 정책의 제한적 성과에 직면해서 이들 정책의 사회적·제도적 측면을 점차로 인식하게 되었다. 오늘날은 빈곤 감소, 굿 거버넌스에 의한 제도 개선, 구조 조정 정책(PAS)에서 '빈곤 감소의 전략적 프로그램(PSRP)'으로 이행할 것을 강조한다.

그리하여 이런 담론에서 정책 거부 조정 프로그램(분쟁, 타협)과 실제적으로 목표와 수단 핵심에 이 정책을 유지하려는 조정 프로그램 사이에 충돌이 있다. 부패, 연고주의, 보스주의, 국가나 마피아가 저지르는 범죄 등은 국가와 시장, 공공 사업과 민간 사업의 경계를 상대화하는 핵심 문제가 되었다. 사회적·제도적·정치적 요인은 경제정책의 성패를 설명하는 결정적인 요인이 되었다. 국가의 부패뿐만 아니라 지대경제, 단기 선호, 권위적 행동, 반대 세력과 강력한 시민사회의 부재는, 전문화로의 변화 및 세계 가치사슬에서 전 분야 제품의 가치 상승을 통해 세계화에 적극 통합하려는 것을 방해하는 구조적 요인이다.

아프리카는 전반적으로 비가공 일차 제품을 수출하고 가공 제품의 수입하는 상태이다. 역동적인 대외 교역을 통해 아프리카는 전 세계로부터 가장 값싼 제품을 수입함으로써 주민(과 중간재)의 소비 수준은 향상시키지만, 진정한 산업기지의 건설과 자본 축적은 할 수 없다. 농민의 농업이 산업국가나 신흥국의 공공 정책을 통해 지원을 더 많이 받는 농업과 어떻게 경쟁할 수 있는가? 장인과 산업체들이 거대 시장을 이용하면서 무이자 금융을 이용하는 공산주의적 국가주의 또는 끝없는 욕망을 지닌 자본주의가 결합된 국가들과 어떻게 경쟁할 수 있겠는가? 이 문제는 불균형한 자유주의에 직면하여 전 제품의 품질 수준과 가치 향상을 허용하는 더 많은 규제 개방, 더 많은 학습이나 보호의 문제가 아니라 얼마나 더 좋은 개방, 더 나은 학습이나 보호인가에 달려 있다.

　어떤 조치로 아프리카는 신흥국을 좇아 국제 가치사슬에 편입할 수 있을까? 전 제품의 가치상승 및 생산품의 다변화는 영토를 중심으로 한 경쟁축과 세계체제에의 편입과 동시에 세계의 기술과 지식에 의한 생산 과정 특히 다국적기업을 통해서 종합하는 것이다. 노예가 아니라 교육 훈련을 통해 영향을 미치려면, 이러한 세계화 편입은 지역 생산조직과 연계되어야 한다.

　경제적 측면에서 아프리카는 오히려 식민 지배 이후의 국제관계를 대치하는 세계화의 혜택을 받는 수혜자이다. 자원과 시장으로 인해 탐욕과 선망의 대상이 되었으며, 이주민들을 통해 세계와 연결되고 파트너를 다변화했다. 세계화의 위험이 기회가 되려면 경제 주체들과 정책 결정자들이 선제적이고 사후적인 전략을 갖춰야만 한다.

제6장

대조적인 경제 흐름

공식 통계에 따르면 아프리카 경제는 상대적인 침체를 넘어서는 다양한 흐름을 보인다(〈그림 2a〉 참조). 그 지표로서 2006년 1인당 국민소득(PPP)을 보면, 적도기니 17,426달러, 모리셔스 13,508달러, 남아프리카공화국 12,760 달러, 탄자니아와 부룬디 777달러, 기니비사우 748달러, 말라위 645달러로 서 그 격차는 1~20배에 달한다. 2001년과 2011년 사이의 GDP 증가율은 산유국인 앙골라나 적도기니가 80%인 반면, 짐바브웨는 −17%였다. 더 근

〈그림 2a〉 1인당 GNP(사하라 이남 아프리카와 기타 지역)

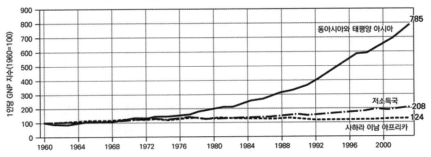

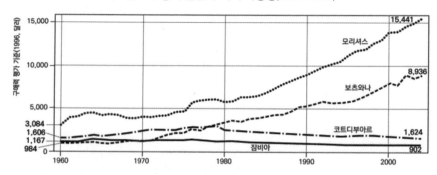

〈그림 2b〉 경제 발전 추이의 다양성(1960~2005)

출처: Benno Ndulu(ed.), *Challenges for Africa World Bank*, Washington, 2006.

본적으로는 경제 성장 제도와 개발방식의 차이를 볼 수 있다.

1. 다수의 개발방식

1) 흐름의 다양화

(1) 유형
아프리카 국가들의 개발방식 유형을 설정하려면, 여러 기준을 세워야 한다. 경제 개혁 정착의 유무, 국제적인 전문화 방식, 생산체제의 다양성과 국내 수요 증가이다.

• 베타 수렴의 기준에 따라 1인당 GDP의 연간 증가를 1인당 GDP의 로그(log)와 관계 지을 수 있다. OECD(2010)가 채택한 제임스 울펀슨(J. D. Wolfen-sohn)의 개발유형론에 따르면, 1인당 소득 증가율은 고소득 OECD 국가의 증가율보다 2배 이상 높다고 한다. 9개국(알제리, 지부티, 이집트, 가봉, 스와질란드)이 후진국(T)으로 머물러 있거나, 빈국(P)에서 후진국(카메룬, 콩고, 레소

토)으로 발전했다. 20개국은 여전히 빈국이다. 수렴국(C)은 2000년 2개국(세계적으로는 12개국)에서 2010년 19개국(세계적으로는 65개국)으로 늘어났다. 적도기니(C, C), 모리셔스(C, C), 보츠와나(T, C), 남아프리카공화국(T, C), 모로코(T, C)를 제외한 모든 국가가 1990년대와 2000년대 사이에 빈국에서 수렴국으로 진일보했다(앙골라, 가나, 모잠비크, 나이지리아, 르완다, 수단, 탄자니아, 차드). 이 개발유형론은 많은 아프리카 국가가 경제적으로 급성장했음을 보여준다. 그러나 최저소득 수준의 국가는 국내 상황(분쟁에서 탈피)이나 국제 상황(원자재 붐)의 급변으로 편차가 있다.

• '매킨지 세계경제연구소'의 개발유형론은 인구 대비 수출 1%라는 기준(개방성)과 GDP 대비 제조업과 서비스업 1%라는 기준(다각화)이라는 이 두 가지 기준으로 분류한다. 그래서 4가지 형태군으로 나눈다(〈그림 3a〉 참조). ① 개방적이거나 다각화되지 못한 석유 경제(알제리, 앙골라, 콩고, 적도 기니, 나이지리아, 수단), ② 전환 전 단계 경제(폐쇄적이고 다각화되지 못한 경제. 마다가스카르, 말리, 시에라리온, 콩고민주공화국), ③ 전환 단계 경제(반개방적이고 다각화된 경제. 카메룬, 가나, 케냐, 모잠비크, 세네갈, 탄자니아, 잠비아), ④ 개방되고 다각화된 전환단계 경제(남아프리카공화국, 보츠와나, 모리셔스, 모로코, 튀니지). 이 분류 기준은 한계가 크다. 사용한 두 기준 사이에는 상관관계가 있고,[1] 기준들이 정태적이다. 53개국 중 단지 31개국만을 대상으로 했고, '비정상적인' 국가는 제외되었다.

• 랜드상업투자은행(RMC, 2011)의 유형론은 아프리카 국가의 유인도를 설명하기 위해 GDP로 계산한 시장 규모, 기대성장률, 기업 환경 지표를 서

---

1. 경제는 인구와 GDP가 적을수록 더욱 개방적이 된다. 1인당 국민소득이 같은 경우(예컨대 2,000달러), 500만 명과 5,000만 명의 주민을 가진 두 국가는 각기 100억 달러와 500억 달러의 내수 시장을 갖는다. 국제적으로 규범화된 무역 개방률은 인구가 적은 국가는 40%, 인구가 많은 국가는 20%이며, 각기 40억 달러(1인당 800달러)와 200억 달러(1인당 800달러)의 교역 규모가 된다.

<図3a> 아프리카 경제 개방과 다각화

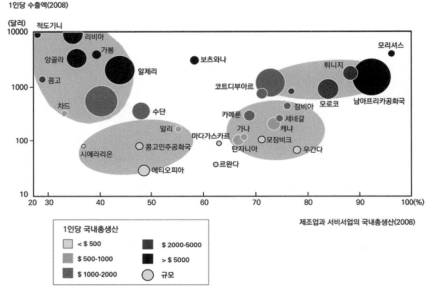

1인당 수출액(2008)

출처: McKinsey Global Institute.

로 연계시켜 이용한다. 가장 유인도가 높은 두 국가는 남아프리카공화국과 나이지리아이며, 가나, 에티오피아, 탄자니아, 앙골라가 뒤를 잇는다(〈그림 3b〉 참조).

우리가 이용한 유형론은 사회정치적 기준, 전문화 유형(석유, 광업, 삼림, 농업, 전반적 제품가 상승)을 결합시킨 것이다. 경제적·재정금융적인 요인만이 아니라 지속 가능한 성장 동력과 위기를 극복하는 경제 상황 탄력성, 인구학적·제도적·기술적·정치적 요인과 관계가 있다. 세계의 제도적인 질적 지표로 보면, 아프리카 국가는 하위지만 아프리카 대륙 내에서는 국가 간의 편차가 큰 것을 관찰할 수 있다(Meisel, Oulda Aoudia, 2007). 경제 동력은 세계 경제 내에 편입되는 방식(부채, 외환보유고, 가치사슬 편입)과 동시에 국내 요인(금융체제의 안정성 확보와 자유화 제한, 국가 조정 역할, 지니계수, 제도적 틀 등)

<그림3b> 시장의 규모와 성장, 사업 환경의 관점에서 본 매력적인 국가들

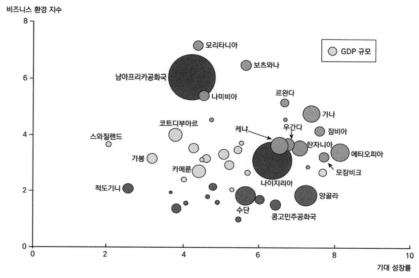

출처: RMC, 2011. Rand Merchant Bank.

과도 연관된다.

　구조적으로 볼 때 특히 탄화수소와 광물 수출과 연관된 수지 체제(석유 저주, 대외 지향적 성장, 광물 또는 석유 산지, 식량 수입)는 집중적이거나 대규모의 자본 축적체제를 다변화시켰다. 이 자본 축적체제는 정도는 다르지만, 수출과 개방성(외국인직접투자, 하청, 국외 외주)이나 내수 시장에 의해 구축된다. 원자재의 대외 동력은 이차제품의 대내 동력이나 혼합 동력과 다르다(생산성 향상과 확산, 수출제품의 전반적 상승, 생산체제의 분화, 유인효과를 지닌 수출품의 기술적 요소, 고부가 가치, 세계수요의 탄력성). 다국적기업과 산업부문 간의 동력은 이 경제 동력에 핵심 역할을 한다.

　이러한 구조적 지표와 취약성 지표를 결부지어야 한다. 취약성 지표는 경제정책의 운용 여력을 나타내주는 국제 관계 속에서 특히 잘 나타난다. 우리는 취약성 지표, 대외 제약 요인(경상수지 적자, GDP 중 외채 비중, 월별 수입, 외환보유고, 다각화 지표)와 대내 제약 요인(공공 재정 결손, 공공 부채, GDP의 세계 구매력 비율 등)을 구별한다.

마지막으로 국제 정치(원조 역할, 외채 관리의 역할, 원조 조건)와 지역 정치의 영향(지역 은행의 활성화 프로그램, 지역 경제축의 유인효과 등), 여러 가지 성질의 국가정책의 활성화를 통합시켜야 한다. 세 가지 구조적 동력과 세 가지 재정 상황의 조합으로 9가지 형태의 분류군이 생겨난다(167쪽 〈표 3〉 참조).

(2) 영어권, 프랑스어권, 포르투갈어권 사이의 역사 흐름에 차이가 있는가

21세기 전환 시점에서 동아프리카공동체(EAC), 남아프리카공동체(짐바브웨 같은 국가 제외), 서아프리카공동체(가나, 나이지리아) 같은 영어권 국가들은 프랑스어권 국가(UEMOA, CEMAC, RDC)와 비교해서 평균적으로 경제 성과가 우세한 것으로 관찰된다. 포르투갈어권 국가인 앙골라와 모잠비크의 경제 붐은 기니비사우의 상황과는 아주 대조된다. 물론 각각의 영어권·프랑스어권·포르투갈어권 내에서도 아주 대조적인 상황들이 나타난다. 기본적으로 아프리카의 대기업은 영어권 아프리카에 있다(남아프리카공화국, 나이지리아, 케냐). 중요 금융 중심지는 라고스·가보로네·나이로비이다. 인프라 구조망(물, 전기, 운송)도 영어권 아프리카가 훨씬 발달해 있다.

이러한 차이에 대해 다수의 요인을 지적할 수 있다. 어떤 요인은 역사적인 것이다. 영국의 식민 지배는 프랑스의 식민 지배보다 더욱 상업적이었지만, 행정적 지배는 그리 심하지 않았다. 영국의 탈식민지화는 금융·군사·정치적 측면에서 프랑스어권 국가보다 식민 지배 독립국에 더 큰 책임을 지게 했다. 분쟁도 더욱 빨리 일어났다. 또 다른 원인은 지리적인 이유와 관련이 있다. 프랑스 식민 국가들은 크기도 작고 시장 규모도 더 작고 다른 국가들에 둘러싸인 곳이었다. 통화제도도 달랐다. 프랑화권은 활용 이점(낮은 인플레율, 외환 관리 부재, 외환 교체 가능성, 지역 통용 화폐)이 거의 없었지만, 비용 구조는 높았다(과대평가, 경기에 따른 유연성 부재, 금융 관리체제 부재 등). 교육제도도 전체적으로 볼 때 체제 운용이나 내용면에서 프랑스어권 아프리카가 수행능력이 훨씬 더 떨어졌다. 영어권에서는 정치체제에는 특별한 성격이 없었지만, 기업 친화적인 사업 환경에 큰 차이가 있었다는 것을 관찰할 수 있다.

2) 지속적인 경제 난관

2011년 아프리카 6개국이 정치적·군사적 위기를 맞았는데, 이 위기는 곧 장기적인 경기후퇴로 이어졌다.

(1) 전쟁 경제

경제가 취약하거나 파산한 국가는 혼란스런 권역이 되었고, 군부의 대결 장소(소말리아, 수단), 인종 분규의 장소(라이베리아, 시에라리온), 마피아의 암약 근거지나 경로가 되었다. 국가 해체와 무정부 상태의 이들 사회는 경제 통제 메커니즘도 없었고 국가도 없었다. 기껏해야 국제적 감시 아래 있었다. 아프리카 주민의 20% 이상이 전쟁 피해를 입었다(제7장 참조). 안보와 국가의 제왕적 기능의 구축이 선결 조건이었다.

파산국가

라이베리아와 시에라리온은 북아메리카와 카리브해에서 건너온 노예들이 재이식되면서 생겨난 쌍둥이 국가이다. 이들은 역사적으로 해안의 크레올 엘리트(라이베리아 정착민, 시에라리온의 크레올)와 대륙 내부(원주민) 사이에 분열을 겪었다. 크레올어를 사용하는 종족의 지배는 외부인들, 특히 레바논인의 지원을 받았다. 식민 지배 당시 크레올이 지배하던 식민지는 간접통치에 의해 지배되고 운영되던 총독령지와는 구별되었다. 1989년에 시에라리온 내전이 일어났고, 영국이 개입한 후 2001년에 종전되었다. 지독하게 격렬했던 이 내전으로 특히 찰스 테일러의 유혈 낭자한 독재 치하에서 이 두 나라의 인적 자원과 사회기반시설이 모두 파괴되었다. 다이아몬드는 전쟁의 동인이자 재정 수단이었다. 시에라리온에서 연합혁명전선(RUF)은 10년 간 극렬 무도한 악행을 저질렀다. 사상자 수는 10만 명 이상으로 추정되고, 강제이주자는 200만 명 이상이었다. 2005년 유엔군은 국외로 떠났다. 이 국가의 도전은 엄청난 것이었다. 인구의 70%가 겨우 빈곤의 문턱을 넘어섰다. 실업자는 80%였고 부패가 만연되었다. 공식적인 다이아몬드 수출은 2007년 1억 2,500만 달러이지만, 실제 수출은 4억 달러 언저리였다. 이들 국가 정부는 시민전쟁 종식된 후 재건 중이다. 라이베리아는 이 시민전쟁으로 30만 명의 사상자가 났다. 시에라리온은 유엔의 위임 통치를 받고 있다. 1인당 국민소득은 960달러이다. 일차 부문이 GDP의 50% 이상을 차지한다. 주요 자원은 다이아몬드, 금, 카카오, 커피이다.

라이베리아는 14년간 치열하게 전쟁을 치렀다. 2005년 이후에 전후 상황에 처해 있다. 2011년 엘런 존슨 서리프(Ellen Johnson Sirleaf. 2011년 노벨 평화상 수상, 아프리카 최초의 여성 대통령)가 대통령에 재선되었다. 이 국가는 레바논유엔임시군 8천 명의 보호를 받고 있으며, 대외 재정을 받으면서 농산물(헤베아, 팜유), 광업 제품을 편의 선적하여 재수출한다. 젊은 군인의 재사회화, 폭력의 철폐 등 도전을 상당히 크게 받고 있다.

소말리아는 3국으로 분열되었다. 푼틀란드, 소말릴란드, 모가디슈이다. 영국령 소말리아(소말릴란드)는 1960년에 이탈리아령 소말리아와 합병되어 소말리아가 되었다. 소말리아는 국민이 800만 명 이상이며, 63만 8천㎢에 분산되어 산다. 아랍연맹의 회원국이다. 20년 전부터 종족이 크게 분열되고 혼란에 빠져 30~50만 명의 사상자를 낸 것으로 내다본다. 각 종족에는 민병대가 갖춰져 있다. 소말리아인은 같은 언어인 소말리아어를 사용하며, 무슬림 수니파이고, 유목 전통을 지닌 민족이다. 분쟁은 종족 갈등으로 인한 분쟁이다. 1992년과 1994년 사이에 국제군과 미국의 개입이 실패로 돌아갔고, 이 스토리를 다룬 것이 〈블랙 호크 다운(La chute du faucon noir)〉이란 영화였다. 특히 에리트레아의 지원을 받는 이슬람 법정은 슈라(shura. 자문)를 통해서 권력을 이미 장악했고, 2006년에 당파의 수장에 맞섰다. 이들은 이슬람 근본주의자들까지 포함하는 다양한 유파를 결집시켰고, 아프가니스탄 탈레반의 아프리카 버전이라고 비난받았다. 2006년 말 에리트레아와 미국이 지원하고 케냐·우간다·

예멘이 간접적으로 지원하던 과도정부가 군부 지도자들을 통제하지 못한 채로 모가디슈를 재장악했다. UA 군대가 투입되었다. 민병대, 종족파, 군부 지도자, 심지어 지역의 소요 주동자들 사이의 게릴라전 위험이 지하드와 테러 저지 세력의 지원을 받으며 상존했다. 파탄국가로서 합법 정부가 없는 소말리아는 2011년에 기근, 기아, 가뭄, 만연된 분쟁, 국가 영토에 대한 통재 부재와 연관해서 인도적인 파국을 맞았다. 이란·아프가니스탄·에리트레아에서 파병된 군대가 지지하는 케밥(chebab. 반이스라엘군)과 지하드파는 2000년에 수도 일부만 장악했던 과도연방정부와 대립했다. 소말리아 해안은 범선, 비포장 상품 선적선, 유조선에 대한 공격으로 해적질을 위한 피난처가 되었다. 1990년과 2010년 사이에 4,000회의 해적행위가 조사되었다. 2만 척의 배와 세계 유조선의 1/3이 이 해협을 지나다닌다. 소말리아는 에티오피아와 에리트레아 사이의 대리 전쟁터가 되었다. 또한 테러의 토양이기도 하다(2010년 7월 11일, 8월 24일, 10월 20일 등 우간다에서 자행한 테러 행위). 전 지구적인 지하드파나 케밥은 존재하지 않기 때문에 분파된 케밥들이 정치 공간에 파고들 수 있다. 이러한 맥락에서 국가 부재가 재정이나 관세법의 부재로 이어지는 이러한 사회에서 비공식적 경제가 번성하는 것을 확인할 수 있다. 경제도 또한 대개 유엔의 기금으로 생존한다. 소말리아는 시장의 장점만을 인정하면서 국가 소멸을 지지하는 초자유주의적 사례가 되었다.

(2) 사헬 내륙 경제

활 모양의 사헬 지대는 지중해 세계와 사하라 이남 아프리카 사이의 완충 공간이다. 사헬은 기후와 인구 및 사회·경제적 관점에서 비교적 동질적인 권역이다. 풀라니족과 아랍·베르베르족의 이동 유목이 물활론과 기독교를 믿는 정주 농경민과 공생하는 지역이다. 전체적으로 보면, 인구는 아주 유동적이고 도시화가 제한적이지만 폭증하는 곳이다. 이 내륙 권역의 지역 역동성도 역내 이주민과 아프리카 내 이주민과 관련이 있다. 수출 품목은 땅콩과 면화이다. 면화는 이곳 농민의 주요 현금 수입원이며, 시골에서는 그 효과가 크게 나타난다. 말리, 모리타니(철, 석유), 부르키나파소(금), 니제르(우라늄, 석유) 같은 국가에서 광물자원과 석유의 수출이 증가하고 있다.

지리적 취약성이 엄청나게 큰 것이 이곳 국가들의 특징이지만, 기후 변화와 국제적 소요로 충격을 받고 있다. 오랫동안 사헬 지대에는 인구 증가와 생태계 파괴(특히 땔나무의 소비)의 영향이 증폭되었다. 폭증하는 인구를 조절해야 하지만 청년층이 개입할 전망은 밝지 않다. 사헬 지대는 광물자원과 석유뿐만 아니라 몇몇 지역은 분말마약 등의 불법 거래로 이슈화되었다(마약, 마리화나, 담배, 자동차, 무기). 투아레그족의 자치권 요구, 마그레브이슬람알카에다(AQMI)의 건재 등으로 화약고 지역이다. 국경을 넘나드는 투아레그족의 자치 요구는 갈등과 협상이 반복되는 사안이다. 또한 마그레브 이슬람알카에다도 증가 추세이다. 살라브파(이슬람 수니파 근본주의)에 뿌리를 둔 전사집단(Katiba)이 알제리 남부, 말리 북부, 니제르 북부, 모리타니에 침투하여 활동 중이다. 2009년과 2011년 사이에 23명의 인질이 이 지역의 어느 곳에서 잡혀 특히 관광업계는 경제적으로 큰 타격을 입었다. 일자리가 없는 투아레그족 청년들은 사우디아라비아의 지원을 받는 살라프파 조직망에 점차 많이 가담하고 있다. 사우디아라비아는 사회활동이라는 미명하에 마피아 경제를 발달시켜 지하드운동을 선도하고 있다. 이 조직망의 자금력과 무장세력은 불법으로 벌어들인 자금, 인질의 몸값, 최근 리비아의 국가 해체 등의 요인과 관계가 깊다. 영토 분할과 국가 붕괴의 위험 요소들이 사헬 지대에도 존재한다(2012년의 북부 말리 참조).

이 지역에는 외세도 상존하고 있다. 미국의 사헬 이니셔티브와 프랑스군의 주둔이 그것이다. 카다피가 이끄는 리비아는 이리저리 헤맸다. 사우디아라비아처럼 이란도 신중하고도 영향력 있는 외교를 펼치고 있다. 이곳의 지역 협력은 증가 추세지만, 이 권역을 관리하고 통제하기는 매우 어렵다.

(3) 정치적 이유로 인한 경제 쇠퇴

마다가스카르, 짐바브웨 같은 잠재력을 지닌 국가의 경제가 근본적으로는 정치적 요인으로 인한 장벽에 부딪히고 있다.

3) 세계화에 통합되는 경제

(1) 광물자원과 석유 경제

광물자원 경제: 보츠와나(구리, 다이아몬드, 니켈), 기니(보크사이트), 라이베리아·모리타니(철), 모잠비크(석탄), 니제르(우라늄), 시에라리온(인산), 콩고민주공화국(구리, 코발트, 다이아몬드), 잠비아(구리), **산유국**(앙골라, 콩고, 가봉, 적도 기니, 모리타니, 모잠비크, 나이지리아)은 수익 창출과 유통에 기반을 둔 역동적인 특수 경제이다(국가 비중이 크고 고비용의 투자, 우세한 다국적기업, 매우 불안정한 수지). 흔히 소수에 의한 독과점의 정치 상황에 처한 광물과 석유 재벌은 정치권력 게임의 핵심이자 때로는 분쟁의 핵심 요소이다. 그 전반적인 양상은 부의 횡령(콩고민주공화국), 종족 가문에 의한 부의 몰수(가봉이나 기니의 석유 '토후')로부터 엄격한 관리 통제(다이아몬드 수익에 대한 보츠와나의 경우)에 이르기까지 다양하다. 중국과 인도의 부상으로 이들 국가의 비중이 아주 중요해졌다(제4부 참조).

이들 국가의 경제 발전은 주로 원자재 수급, 광물자원회사의 전력·원자재 획득에 대한 안보정책에 달려 있다. 특히 **이중** 경제를 강조해야 한다. 예산 수지와 현금 창출 분야인 광업은 투자의 핵심 요소를 활성화시키고, 수출에 의해 수입 재원을 만드는 원천이다. 광산 도시는 거시경제와 지방 경제 효과를 산출하는 분배축이거나 내륙 기지이다. 그 외의 경제는 일시적이고, 때로는 부를 재분배하는 확장 체제로 뒷받침되는 생산체제에 기반하고 있다. 광업이나 석유 수익은 수출의 90% 이상을 차지하며, 재정 수입의 절반 이상을 차지한다. 3차 서비스업은 비중이 낮고 농업 부문이 허약한 것이 이들 국가의 구조적 특징이다.

이러한 경제는 시장 효과를 넘어서 '석유의 저주'를 받았다. **석유 수익**은 재정적 제약을 해소해야만 했다. 실제로 경제 유발효과는 대량의 설비류와 소비재 수입, 이윤의 해외 송출, 자본 증발로 인해 극히 한계가 있다. 몇몇 국가(보츠와나, 잠비아)만이 천연자원의 저주를 피했고 경제가 다각화되었다. 앙골라는 2010년에 17.6% 성장을 기록했지만, 인간개발지수는 17개국 중 16위를 기록했고, 평균기대수명은 39세에 불과했다. 1976~1992년의 내전 이후 모잠비크는 광업과 석유의 엘도라도가 되었고, 7% 이상의 경제 성장과 더불어 광업회사(발레광업사, 리오 틴토 구리회사)와 석유회사(국영탄화수소사ENI, 아나다르코 석유회사Anadarko) 같은 기업이 전면에 부상했지만, 인구의 54%가 빈곤선상에 있다. 모잠비크는 사회기반시설과 숙련 노동력이 부족하고, 광업 수익으로부터 재정 수입을 거의 거두지 못하고 있다.

(2) 농업 수출 경제

몇몇 농산품 수출 국가는 대체산업 모델의 사양화를 넘어 역동적인 부를 축적했다. 특히 코트디부아르, 케냐, 가나, 우간다, 카메룬, 모잠비크, 탄자니아 등이 이에 속한다. 이 모델은 소비재산업 보호, 자본 활용, 외국의 프레임워크에 기반을 두고 서구화된 엘리트를 대상으로 한 제품시장에 기초해서 만들어졌다. 이들 국가는 중요한 광업자원과 석유자원이 없기 때문에 발전의 기틀을 농업 수출에 두고 있다(케냐의 커피·차·목축, 코트디부아르의 카카오·커피·팜, 카메룬의 카카오·커피). 이러한 산업 경제는 이 지역의 견인차(동아프리카의 케냐)이거나 과거에 견인차 역할(서아프리카의 코트디부아르)을 했다.

(3) 신흥 경제

정치적 안정과 관련 있는 개방 경제를 채택하여 부를 축적한 국가들은 특히 남아프리카 국가와 인도양 국가(모리셔스)이다. 내륙국인 보츠와나는 천연자원(다이아몬드)의 효율적 이용, 남아프리카공화국의 유인효과(남아프리카공화국 수입의 8% 차지)와 자본 자유화 정책과 더불어 수출 수지의 안정화 덕택에 급성장했다. 모리셔스는 다양화된 생산체제로 설탕산업의 수지 회복, 서비스업 덕택에 전문화된 부문이 전체적으로 경제 성장을 달성했다(금융 국외 위탁, 서비스업). 2006년부터 모리셔스는 다자섬유협약,[2] 설탕 프로토콜[3]의 폐기, 3차 석유 파동의 삼중 쇼크를 받았다. 이러한 새로운 경제 제약 여건을 근대화·다각화·탈지역화에 대한 도전으로 이용할 수 있었다.

2. 지역 강국과 전략적 지위

아프리카의 지역 강국은 남아프리카공화국을 제외하고는 실제적이라기보다는 잠재적이다. 나이지리아·에티오피아·콩고민주공화국·수단 같은 인구가 많은 대형 국가는 경제 성장이 느리거나 정치적 불안이 크거나 분쟁이 있다. 지역 경제가 활발히 돌아가는 주요한 역동적 모습은 동아프리카공동체를 중심으로 한 동아프리카와 남아프리카에서 볼 수 있다.

1) 일순위 국가

(1) 남아프리카공화국, 남아프리카의 지역 강국
"남아프리카공화국은 화약고 위에 서 있다"고 데스몬드 투투(M. Desmond

---

2. 다자섬유협약(Accords multifibres): 아프리카 대섬유생산자들이 섬유 생산의 일정 쿼터를 미국과 서유럽에 수출하도록 한 1975년의 협약으로 2005년 1월 1일에 만료되었다.
3. 설탕 프로토콜(Protocole sucre): 유럽연합이 유럽공동체 보증가격으로 '아프리카·카리브·태평양(ACP)' 국가연합에 일정 쿼터의 설탕을 수입하도록 약속한 프로토콜.

Tutu)가 말했다. 전략적인 해상로를 따라 위치한 남아프리카공화국은 아프리카 남단의 망루, 광물자원의 엘도라도, 아프리카의 지배적인 경제대국으로서 주도권을 가진 지역 강국이다.

그 역사는 몇 시기로 구분된다(제1부 참조). 희망봉 또는 폭풍의 곶은 1488년 바르톨로메우 디아스가 발견했고, 1652년에 네덜란드인이 희망봉에 도착했다. 1806년에 영국이 네덜란드 희망봉 식민지를 점령했다. 1830년에 대트래킹, 1899년과 1902년 사이에 아프리칸스인(폴 크루거)과 영국인(세실 로즈) 사이에 벌어진 보어 전쟁, 1910년 아파르트헤이트(아프리칸스어로 '분리'란 뜻이다) 체제의 설립과 더불어 남아프리카연합이 창설되었고, 1940년대 특히 제2차 세계대전 이후 인종과 영토의 분리(원거주지[Homeland])로 아파르트헤이트 체제는 더욱 공고해졌다. 1990년 넬슨 만델라가 석방되고 1994년 대통령에 당선되었다. 아파르트헤이트는 인종적·영토적 특성(고향 원거주지)을 넘어서 백인의 경제력(영국인)과 정치력(아프리칸스인)을 탄생시켰다. 이로 인해 지리적으로도 분리되었다(흑인거주 구역, 반투인 지역, 원거주지). 남아프리카공화국은 국제기구로부터 오랫동안 소외되었으나 엠바고에 의해 경제적으로 보호받았다. 남아프리카공화국은 5개 대기업이 경제를 대부분 좌지우지하고 국가가 핵심적 역할을 한다. 1991년 아파르트헤이트 체제가 붕괴하면서 격변을 겪고 있다.

국토 120㎢, 인구 5천 만 명, 구매력 평가기준 GDP는 거의 5,000달러 수준(2010)인 이 '무지개 나라'는 **사하라 이남 아프리카의 제1의 강국**이다. 인구학적으로 볼 때 여러 인종이 모자이크 형태로 나라를 구성하는 남아프리카공화국은 토착 코이산족, 흑인(줄루족, 코사족이 2/3 이상), 백인(아프리칸스인 및 영국인 13%), 혼혈족(9%), 아시아계(1.5%)로 구성되어 있다. 11개 공식어가 사용되고 있고 그중 영어·아프리칸스어·줄루어·코사어가 주류를 이룬다. 경제적인 면에서 산업화가 반쯤 이루어진 신흥국이며, 경제적·사회적으로 거의 이원화가 된 지역 강국이라는 특성이 있다.

아파르트헤이트 이후 과도기의 '기적'—진리와 화해위원회, 아프리카민족의회(ANC), 노조연합(COSATU), 백인 고용주 사이에 조인한 경제·사회·정치적 새 협약—은 대표민주주의의 공고화, 세계 경제에 편입된 자유 경제, 사회적 배제를 축소하는 재분배 모델을 통해 인종 분리와 경제 보호로부터의 탈피를 목표로 했다. 체제 소외자들에게 양도 및 보조금 지원을 하는 국가 재정은 공공 투자에서는 거의 이루어지지 않는다. 남아프리카공화국 재벌기업이 ANC, 노조연합과 협상이 타결된 것은 흑인 중산층의 세력이 강력해졌기 때문이지만, 노동력의 질적 수준 향상은 개선되지 않고 있다. 이 재벌 기업들은 아프리카에 투자는 하지만, 흔히 서구 금융 중심지에 본부를 두고 있다. 전체적으로 볼 때 경제는 경쟁력이 별로 없고, 아파르트헤이트의 보호주의 종말, 중국 제품과의 경쟁, 과대평가된 란드화와 더불어 자본의 금융화 등의 영향으로 외국인직접투자의 견인차 역할을 하지 못하고 있다(GDP의 1%). 정통적인 경제정책은 재정 균형을 우위에 두는 것이었다. 아파르트헤이트의 유산, 수많은 이민의 물결, 경쟁력 있는 경제 구축, 폭력 규제 등의 복합적인 문제에 직면해서 도전이 엄청나게 거세다. 현실에서는 자본주의의 금융화가 많이 진척되고 발달했다. 중산층과 흑인 부르주아 계층이 경제적으로 상승했고, 최저 기준의 사회보장제도가 사회적 소외층과 불평등이 지속되는 가운데서도 정착했다.

경제적 측면에서 남아프리카공화국은 아프리카 대륙 GDP의 20%, 500대 아프리카 기업의 비즈니스 규모의 65%, 화학, 통신, 광업, 농식품, 운송 등의 부문에서 아프리카 일류 기업 20개 중 18개가 있다(석유석탄회사 사솔사, 전기회사 엑손[Ekson], 모바일통신네트워크사[MTN], 드비어스[DE BEERS] 다이아몬드사, 쿰바철광석회사, 타이거 브랜즈사[Tiger Brands] 등). 남아프리카공화국은 아프리카 투자의 플랫폼이다. 임금노동자의 50%, 철로망의 절반, 도로망의 40%,

사하라 이남 아프리카의 에너지 소비량의 50%를 남아프리카공화국이 차지한다. GDP 대비 수출입 개방률은 50%이다. 원자재 수출이 전체 수출액의 60%이고, 저부가가치 수공 제품의 수출액은 19.4%, 고부가가치 상품의 수출액은 23.4%이다. 아시아는 유럽을 앞서는 제1의 대외 교역 파트너이다.

경제·금융 지표를 보면, 남아프리카공화국은 아주 예외적인 국가이다(앞의 국가 유형론 참조). 시장 규모(5,000억 달러), 1인당 평균소득(5,000달러), 1인당 수출액(1,250달러), 연평균 4%의 경제성장률, 양호한 비즈니스 지수, 거시경제 취약성 지표 양호(GDP 대비 부채율 35%, 인플레율 억제, 외환보유고) 등이 그 주요 지표이다. 경제 역동성은 저비용의 시장 접근성(운송), 효율적 금융망, 양호한 기업 환경 등에서 유래한다. 이와 반대로 다수의 부문은 산업 보호의 해제, 중국 및 인도와의 경쟁으로 위협을 받고 있다. 남아프리카공화국은 광업 수출 제품가의 불안, 엄청난 빈부 격차(높은 지니계수), 병목 현상(전기), 흑인 역량 강화의 영향, 정치 불안정과 맞물린 백인 자본에 대한 거부 반응을 보인다.

경제 역동성은 부문에 따라 차이가 있다.

- 농목축업 부문은 활동인구의 13%를 차지하며, GDP 기여도가 5.5%이고, 식량은 자급자족이 된다. 아파르트헤이트 이후 농업은 특히 은행의 투자기금을 점차 강하게 규제하면서 수직적인 통합을 통해서 자유화되었다. 농업 자산의 금융화는 생산성 향상에 기여했으나 농업을 이원화시키고 가계 농업의 소외를 가속화시켰다. 아파르트헤이트 말기에 토지의 3.6%가 재분배되었으나 6만 명의 백인 지주들은 계속해서 토지의 80%를 소유·관리하며, 흑인 영세 소작인은 7만 6,000명이나 된다. 1994년에 확정된 토지 재분배의 목표는 2014년까지 재분배 비율을 30% 달성하는 것이다.
- 기본적으로 대체제인 수공업은 경제활동인구의 16%가 참여하며, GDP

의 22%를 차지한다. 1인당 수공업 부가가치(600달러)는 아프리카 평균
보다 높다. 주요 산업은 소비재(농식품, 섬유 등), 중간재(광물자원 가공),
첨단기술산업(항공, 무기, 정보통신기술)이다.

- 광업 부문에 종사하는 활동인구는 8%로서 GDP의 22%를 차지한다. 세
계 주요 광물 수출의 30%를 담당한다. 남아프리카공화국은 보유 매장
량의 점진적 고갈과 불안정한 희소금속 유통 사이의 쇠쇠에 사로잡혀
광업 경제로 자리매김하고 있다.
- 인프라 부문과 상업 및 금융 서비스 부문에서 아프리카에서 가장 선진
화된 국가이다.

남아프리카공화국은 '사회적' 문제에서 크게 도전을 받고 있다. 실업률이
1/3 수준이다. 수자원 스트레스와 흑인 역량 강화 경제에도 불구하고 사회
적 불평등과 빈곤(2,200만 명의 주민은 1일 수입이 1달러 미만이다)은 주거, 건강,
교육, 식수 이용(헌법에 적시된 권리), 전기 공급(자주 단전된다)의 측면에서 상
당히 진보되었지만 또 그만큼 취약하다. 흑인 부르주아가 증가하고, 백인
빈곤층도 40만 명이나 생겨났다. 흑인 사회의 10%가 구매력의 43%를 차지
한다. 부가가치세 덕택에 의료가 보편적으로 시행되었고, 향후 2020년까지
500만 개의 일자리 창출 계획이 예정되어 있다. 아파르트헤이트 말 이후 백
인 450만 명 중 85만 명이 국외로 떠났지만, 그보다 더 많은 백인 이주민이
국내로 들어왔다. 이주민, 난민, 피난처를 구하는 자들(150만~300만 명. 인구
의 3.5%)에게 남아프리카공화국의 엘도라도는 한편으로는 아파르트헤이트
에 항거하고 투쟁하는 아프리카 국민에게 대한 부담이며, 다른 한편으로는
인종 증오와 거부에도 불구하고 대량으로 몰려드는 이주민에 대한 공포에
사로잡혀 있다. 2001년과 2010년 사이에 년 경제 성장은 4%에 달했지만, 아
파르트헤이트에서 시작해서 계속 누적된 불평등, 만연된 실업(인구의 40%),
두뇌 유출, 에이즈 환자(에이즈 바이러스 보유자의 1/4), 폭력의 활개가 남아프

리카공화국을 무겁게 짓누른다. 남아프리카공화국은 2008~2011년 란드화의 가치 하락, 수출 추락, 구조적 실업에서 기인하는 적자예산의 악화, 폭력, 에이즈 등으로 인해 국가 위기라는 타격을 받았다. 2010년 월드컵 축구로 이 무지개 국가는 좋은 이미지를 갖게 되었다. 그러나 그 후 남아프리카공화국은 사회적 위기(노조연합의 파업과 역할), 정치적 위기(좌파 비판에 직면한 ANC), 국가 예산 적자로 인해 금융 위기를 맞았고 이를 감수해야만 했다.

정치적 측면에서 국가 건설과 각종 기관 설립은 오래되었고, 그 정치체제도 독창적이다. 남아프리카공화국은 연방정부는 아니지만 9개 주가 중요한 역할을 담당한다(건강, 교육, 관광). 정치체제는 집권당 당수이자 정부 수반인 대통령이 있는 대통령제이며, 의회가 대통령을 선출하고 해임할 수 있으나 대통령은 의회를 해산할 수 없다. 국가 핵심 권력의 분산과 함께 읍·군·시·주·국가별로 지역 자치 행정을 한다.

남아프리카공화국은 안정된 민주체제를 가지고 권력 분산, 근대적이고 진보적인 헌정, 언론 자유 등이 특징이다. 교회와 노조는 중요 역할을 한다. ANC가 아파르트헤이트 말기 이후 집권하고 있다(1994년의 당수는 만델라였고, 1997년 음베키[T. Mbeki]가 당수직을 계승했다). 2007년에 줄루족 출신인 주마(J. Juma)가 대중 영합주의의의 위험에도 불구하고 당수가 되었다. ANC 민족해방운동은 극단적 자유주의로부터 공산주의에 이르기까지 다양한 이념적 스펙트럼을 가지고 있다. 2009년에는 의회의 2/3 의석을 차지했다. 2008년에는 사법 독립성 침해에 대한 혐의로 음베키는 사임 압력을 받았다.

아프리카 민족회의(ANC)

ANC는 1912년에 창설된 운동으로서 민족해방투쟁에서 정부의 정당으로 탈바꿈을 했다. 남아프리카 사회에서는 고전적인 민족해방 개념이 인종적 개념으로 바뀌었다. 남아프리카 사회는 세대 간의 개혁과 중산층 증가로 특징지어진다. 전략과 전술의 원리는 중산층·사회민주주의·근대성과 어울리는 반면, 주마는 친빈곤주의 입장을 구현하고 마르크스 좌파의 지지를 받으며 과거 역사를 발전시키면서 전통적 아프리카인으로서의 모습으로 등장했다. 주마는 대통령에 당선되면서 코사족인 만델라와 음베키 권력과 관계를 끊었다 ANC는 분열되었다. 좌파 특히 소장연맹(줄리어스 말레마)은 광산을 국유화하고 토지개혁에 박차를 가했다. ANC는 민주연맹이 지지하는 지지자의 2/3를 대변한다. 재정 여건을 확보하려는 열망과 버려진 자들의 열망에 부응하려는 욕망 사이의 칼날 위에 서 있다. 그는 경쟁 당파인 민주연맹에 대항하여 지지자의 2/3를 확보하고 있으며, 말레마의 야망에도 불구하고 여전히 다수파를 점유하고 있다.

남아프리카공화국은 또한 군사대국이다. 국방비(2010년 38억 달러)는 사하라 이남 아프리카 군사비 총액의 1/3이며, GDP의 1.6%이다. 첨단무기 생산국이며 세계 무기 수출 순위 10위의 국가이다. 병력은 7만 명이 넘는다(1980년에는 18만 5천 명). 아파르트헤이트 당시 핵무장 국가였으나 핵무기를 포기했다.

남아프리카공화국은 아프리카의 외교국이며(음베키의 '조용한 외교'), 유엔 안보리 상임이사국 자리를 노리고 있다. 국제기구들을 통합하여 협력관계를 다각화시켰다. 미국·이스라엘과 외교관계를 맺었지만, ANC는 또한 최전선 국가들과 쿠바·리비아·시리아 같은 국가에게도 빚이 있다. 인도·브라질과 함께 IBAS를 결성했고, 브릭스(BRICS. 브라질, 러시아, 인도, 중국)에도 가입했다. 아프리카 국가들과도 활발한 외교관계를 맺고 있다(코모로, 마다가스카르, 코트디부아르, 모리셔스). 하지만 프랑스와는 번번이 대립하며 앙골라·나이지리아와는 경합을 벌이고 있다. 아프리카연합, 아프리카개발신파트너십(NEPAD), 군사력, 외교 협상력(아프리카 문제는 아프리카인이 해결한다는 목표로)을 이용하여 '세력권'을 확대하고 있다. 남아프리카공화국 병력은 아프리카의 다른 국가에도 주둔하고 있다(콩고민주공화국의 미스트랄 작전, 코모로에서 에티오피아와 에리트레아의 분쟁 시에 에스프레소 작전에 참전). 전선 국가에 대한 채무(예컨대 짐바브웨의 무가베에게 신세)를 지니면서도 많은 분쟁에서 중재자 역할을 자처했다.

남아프리카관세연합(SACU), 남아프리카개발공동체(SADC) 내에서 통합축의 역할을 한다. 그리고 부분적으로는 옛 식민 열강을 대신하는 대리자 역할도 한다. 남아프리카의 여러 국가를 잇는 인프라 시설 연계망(철도, 항구, 항만)에 연계되어 있다. 남아프리카공화국은 신흥국으로 부상했고, 남아프리카공화국의 다국적기업들(광업, 통신, 토지 투자)은 아프리카의 여러 나라에 상주한다. 남아프리카공화국은 아프리카 43개국과 외교관계를 맺고 있고 남아프리카 여러 국가의 경제를 전반적으로 통제한다.

이와 반대로 산업국가와 비교하면 산업국가에 수렴하는 과정에 있는 국가로 간주할 수 없다(저성장률, 고위험). 보츠와나·나미비아·스와질란드·레소토는 정치적으로 독립했으나 경제적·금융적·군사적 측면에서는 남아프리카공화국에 크게 의존하고 있다. 이들은 모두 남아프리카관세연합의 회원국이며, 란드화권이다(보츠와나 제외).

아파르트헤이트가 종식되면서 사회 통합 비용이 증가했다. 주요 불안 요소는 지방 간의 불평등, 흑인 청년 실업(실업자의 40%), 폭력이나 차별 철폐 조치[4]에 대해 느끼는 백인이나 혼혈인의 공포 등이다. 권력과 부의 재분배를 어떻게 효율적 생산체제 및 '아프리카 르네상스'에 필요한 대외 신뢰도와 조화시킬 것인가? 아파르트헤이트와는 별로 관계가 없는 엄청난 불평등 사회에서 소외를 느끼는 청년층에게 이 무지개 국가는 상징과 진보를 어떻게 보여줄 것인가?

---

4. 차별 철폐 조치(affirmative action): 이런 분야에 비우호적인 것으로 판단되는 부류에 사회적 이익을 제한하는 차별 정책으로 '적극적 차별'이다.

(2) 나이지리아, 약점이 있는 서아프리카의 거인

연방국인 나이지리아는 면적이 92만 4,000㎢이고, 인구는 1억 5,000만 명으로 사하라 이남 아프리카의 제2의 강국이다. 인구로 보면 제1위이며, 2050년에는 인도·중국에 이어 세계 제3위의 국가(4억 3,000만 명)가 될 것이다.

나이지리아연방의 기원은 1914년 남부와 북부의 분리로부터 생겨났고, 남부 자체는 동·서로 분리되었다. 북부는 영국이 '간접통치' 방식으로 다스렸고, 반면 기독교화된 남부는 교육이 널리 실시되었다. 20세기 초 이보족 지방에 민족주의 운동이 일어났다. 나이지리아는 1960년 10월에 독립했지만 수차례의 분쟁을 겪었다. 가장 격렬했던 전쟁은 이보족(프랑스·이스라엘·포르투갈이 지원)과 연방 정부(영국과 소련이 지원)가 서로 싸운 비아프라 내전(1967~1970)이었다. 사상자가 100만 명 이상으로 추정된다.

1970년의 3R─재건(reconstruction), 복구(réhabilitation), 화해(réconciliation)─은 이 분쟁의 출구를 특징짓는 요소였다. 그 후로 민간과 군부 체제, 장성 체제(고원, 무리탈라 무하마드, 올루세군 오바산조, 무하마드 부하리, 이브라힘 바반딩가, 사니 아바차), 무슬림과 기독교를 믿는 국가수반이 번갈아 가며 들어섰다. 우마루 얄하두아(Umaru Yar'Adua)의 당선으로 민간 권력이 다른 민간 권력으로 이양되면서 최근 정권이 교체되었다. 나이지리아는 국가가 매우 불안정하다. 2011년 초의 대통령 선거 및 전임 대통령인 북부 무슬림 출신의 바반딩가(Babandinga)와 남부 기독교인 출신의 굿럭 조나던(Goodluck Jonathan) 사이에 벌어진 권력 투쟁으로 불안하다.

나이지리아의 폭력

36개 연방정부 중 12개 연방정부가 샤리아 율법을 도입했다. 이슬람주의 운동은 다양하다. 결사단의 수피파, 살라프파, 마디스트파, 와비파 등이다. 보코하람은 2009년 8월 강력히 억눌려 있다가 2001년 9·11 사태 이후 서구에 대해 적대적인 탈레반을 표방했다. 이슬람 국가 창설을 목표로 이들은 지하드 운동원이 되었고, 아크미(AQMI)와 손을 잡았다(2001년 8월 유엔에 대한 테러, 2011년 9월 4일 100명 이상의 사상자들을 낸 마이두구두 테러, 2011년 12월 25일 11개 도시에서 자행한 테러 등). 2000년대 10년간 북부 무슬림과 남부 기독교 및 물활론자들은 조스(Jos) 완충 지대에서 수없이 대결했다. 이들은 풀라니·하우사족과 '토착인'의 긴장과 관계가 있다. '토착인'이 풀라니·하우사족을 희생해가면서 권리(토지, 지원금, 공공 일자리)를 얻었기 때문이다. 인종 단체와 종교 단체들은 정치주체와 종교주체에 의해 도구로 이용되었다. 반격과 복수가 반복적으로 이루어지면서 2001년 1,000명 이상, 2008년 700명 이상, 2010년 1월 300명 이상, 2010년 3월에는 500명 이상의 사상자가 발생했다.

니제르 삼각지(9개 정부의 3,000만 명의 주민이 거주)에는 '니제르델타해방운동(MNED)'과 반대파들이 2009년 1월 4일이 협정에도 불구하고 계속 생겨났다. 이 운동은 석유 수익을 보다 많이 재분배하고, 인간 희생과 자연 파괴에 대한 보상을 위해 투쟁했으나 석유를 절도하는 범죄 활동으로 변질되었고 인질을 잡고 테러를 자행했다(2010년 10월 아부자 테러). 니제르 삼각주는 나이지리아 석유 생산의 90%를 차지한다. 1일 2,600만 배럴의 산유량이 2009년 9월 1,700만 배럴로 줄어들었지만, 관계기관들은 400만 배럴을 빼돌렸다. 2011년에 산유 수준은 2,500만 배럴에 달했고, 유가는 배럴당 75달러였다.

사회는 여러 균열로 곳곳에 금이 가 있다. 종족은 '3대 종족'이 모자이크처럼 구성되어 있다. 북부의 풀라니·하우사족(33%), 남서부의 요루바족(31%), 동부의 기독교인 이보족(12%)이다. 이러한 사회 균열은 종족, 종교, 지역, 역사 등이 서로 다른 데서 기인한다. 군대가 사회의 핵심 역할을 한다. 이슬람 운동도 여러 가지이다. 전통 조합 형태의 수피파, 살라프파, 마디스트파 등이다. 다히바 아사리(Dahyba Asari)가 이끄는 니제르 삼각주의 해방을 추구하는 분리주의 게릴라 운동은 재정 효과 부재와 생태계 파괴를 비난하면서 대중적 지지를 받고 있다. 이들은 석유를 강탈하고 송유관에서 석유를 빼내간다. 1일 50만 배럴로 추정되는 원유가 도난당하는데(나이지리아 생산량의 20%), 이는 세계 석유시장에서 부작용을 불러일으킨다.

2010년 서아프리카국가경제공동체(CEDEAO)의 시장 규모는 3,800억 달러인데, 여기에 통합되어 있는 석유수출기구(OPEC) 가입국 나이지리아는 서아프리카의 거대한 경제 강국이다. 아프리카 인구의 1/6을 차지하고, 국방비는 2010년에 18억 달러나 되는 엄청난 잠재력을 지닌 국가이다. 천연자원, 에너지(석유, 천연가스), 농업, 수력, 광산(철, 콜롬보석) 등이 아주 풍부하다. 도로·은행·상업 등의 기반시설이 발달되어 있고, 좋은 교육시설에서 고수준의 엘리트를 길러낸다. 2010년 4억 만 배럴로 추산되는 석유와 가스 수익은 160억 달러로 추산되지만 대외 채무가 328억 달러이다. 이 수익은 공공수입의 95%를 차지한다. 석유의 40% 이상을 미국으로 수출하는데, 이는 미국의 석유 수입량의 10%이다. 석유 수익의 상당 부분은 증발한다(누수금액은 3,200억 달러로 추정된다). 그 대부분은 군부와 정권 세력이 착복한다. 반면 인구의 3/4은 극심한 빈곤에 시달리며 살아간다.

나이지리아는 종족과 지역의 차이, 불안정한 석유 자원, 높은 소득 불평등의 '약점이 있는 거인국'이다. 경제는 엄청나게 좁은 협곡을 지나야만 한다. 기술 및 경영 통제 불능, 족벌주의에 의한 과다한 인사 비중, 산업기지 건설에 적용되는 정치적 기준, 행정 조직의 비대, 대규모 프로젝트의 낮은 생산성(예컨대 아자오쿠타[Ajaokkuta]의 제철소), 전기, 통신, 2차 통신망 같은 것들이다. 나이지리아는 2010년에 1일 400만 배럴의 석유를 생산했다. 2008년에 러시아 가스프롬사와 협력관계를 맺었다.

나이지리아는 외교를 활발하게 펼치며 아프리카의 대변인으로 자처한다. 자기 세력권 내에 주변국들을 통합시키려고 한다. 서아프리카경제통화연합(UEMOA) 내에서는 프랑스와 대립하고, CEDEAO 내에서는 패권을 확보하려고 한다. NEPAD 5개 창설국 중 하나이다. 그렇지만 국가 불안정으로 지역 강국으로서의 역할이 축소되고 있으며 경제 개발은 위태롭다.

2) 2순위 국가들

(1) 에티오피아, 아프리카뿔의 군사 대국

에티오피아는 바다에 접하지 않은 동아프리카의 정치축이다. 아프리카 뿔에 위치한 에티오피아는 8,500만 명의 인구가 사는 국가로서 군대를 운용하는 유엔 가입국으로 주축국이다. 수단처럼 고대로부터 이집트·중동·아랍 무슬림세계와 관계를 맺고 있다. 세 종족이 주류를 이루는데, 골라족(40%), 암하라족, 티그레족(32%)이다. 국가 전통이 오래되었으며, 아주 짧은 기간 이탈리아의 지배를 받았다. 4세기부터 기독교화되었고, 이슬람-물신종교를 믿는 아프리카에서 기독교의 한 축을 구성한다. 콥트교가 대다수이지만, 에티오피아인의 40%는 무슬림이다(오가덴 지역). 메넬릭 왕조의 하일레 셀라씨에(Hailé Selassié)가 몰락하자 공산 체제가 20년간 들어섰고, 공포정치를 하면서 에티오피아는 고립되었다. 1988년에 에리트레아와 티그레를 잃었다. 1977년과 1991년 사이에 통치한 국가수반인 '붉은 군주' 멩기추(Mengistu)는 마르크스레닌주의를 부활시켰고, 공산권의 지원을 받아 테러정치를 했고, 국민을 기아에 허덕이게 만들었다. 2008년 5월 그는 인종 학살 죄로 궐석재판에서 사형 언도를 받았다. 중앙집권적인 아비시니아국의 핵심인 암하라족의 지배체제는 1995년 이후에는 종족연방으로 다소 완화되었다.

에티오피아는 2010년 GDP 913억 달러(PPP)를 달성했고, 1인당 GDP는 1,000달러 수준이었다. 2050년에 인구는 1억 7,000만 명에 이를 것이다. 청나일 강의 발원지이자 동아프리카의 수자원 보고를 차지하고 있는 에티오피아는 이집트와 수단 같은 나일 강 하류의 저지대 국가와 긴장관계에 있다. 농업 강국이 되기 위해 외국 투자자에게 토지를 매매하고, 미국(미국의 주축국 중 하나이다)과 이스라엘의 지원을 받는다. 경제 잠재력은 특히 농업이다. 소말리아와의 3차에 걸친 전쟁(1964, 1977~1978, 2006), 2차에 걸친 에리트레아와의 전쟁으로 70만 명의 사상자가 생겼다. 1993년에 독립했고 인구의 60%가 무슬림이다. 국방비는 2004년 4억 달러에 비해 2010년에는 3억 달러로 GDP의 4.3%이며 병력은 50만 명 규모이다. 반면 이웃 적국인 에리트레아는 인구가 410만 명으로 당시 국방비는 1억 5,400만 달러로 GDP의 19.4%였다. 1인당 국민소득은 2010년에 1,000달러(PPP)로 추정된다. 2008년 소말리아 전쟁에 연루되었다. 산유 지역이자 소말리아 무슬림이 거주하는 오가덴은 분리주의 운동이 상존하는 불안정한 지역이다.

(2) 코트디부아르, UEMOA의 지역축

코트디부아르는 인구 2,000만 명, 국토 32만 2,000㎢이며, 2010년 1인당 국민소득은 1,700달러(PPP)였다. 지난 30년간 세계에서 인구증가율이 가장 높은 국가였다. GDP는 360억 달러(PPP)로 UEMOA GDP의 40%를 차지한다. 인구는 아칸족(남동부) 20%, 만데족(북서부) 20%, 크루족(남서부) 23%, 볼타족(북동부) 15%이다. 이민자는 400만~500만 명으로 추산된다. 1994년에 우푸에 부아니는 농업협동조합을 구성하고, 코트디부아르민주당(PDCI)을 창당했다. 코트디부아르는 독립 당시 급성장하며 '20년간의 영화'를 누렸다.

코트디부아르는 노동자의 이주(기본적으로 부르키나파소의 모시족), 유럽의 해외 투자, 자본 유입 덕택에 **국가 규제 의존의 축적** 모델을 정착시켰다. 이러한 생산 요인들의 수입으로 토지 이용과 더불어 수출 농산물의 전문화가 가능했고(카카오는 세계 수출량의 40%를 차지), 산업 동력이 발달할 수 있었다.

1993년 우푸에 부아니 사후에 잠재하던 정치 위기가 표출했고, 1999년에 경기 후퇴 상황에서 격렬한 반발에 부딪혔다. 1994년 평가 절하와 자본 투입, 원자재의 활발한 유통으로 경기가 일시적으로 호전되었지만, 1인당 국민소득은 1980~2010년에 절반으로 줄어들어 1960대 수준으로 추락했다. 인구는 50년간 3배 이상 증가해서 2,000만 명이 되었고, 이민자는 전체 인구의 1/4을 넘었다.

코트디부아르 경제 모델은 전쟁비용, 관리 불능의 외채, 사회·정치적 타협과 지역 균형의 문제, 지속적 신뢰 상실, 물적 자본의 지불 불능이 겹쳐 심각한 위기에 빠져들었고 경쟁력도 지속적으로 떨어졌다. '코트디부아르 정체성(ivoirité)[5]에 기초한 개혁 조치(1998년 법률에 의해 정착. 주민 등록을 제한하는 국적법)은 종족 분열을 더욱 심화시켰고, 조상의 권리를 요구하는 시골 및 도시의 젊은이들과 경작하여 토지 획득의 혜택을 받은 이민 농경인들 사이의 토지 분쟁이 심화되었다.

10년간 코트디부아르는 정국이 경색되었다. 내전 위험과 권력 양분으로 경제 침체를 겪었다. 북부는 '봉건제'에 의거해 조직된 사회로 신군부가 질서를 장악했고 교역과 천연자원을 지배하고 강탈했다. 남부는 부패가 만연했고 카카오는 권력층의 주요 치부 수단이었다. '전쟁도 평화도 없는' 상황에서 기욤 소로(Guillaume Sorro)의 신군부가 통제하는 북부와 대통령 로랑 그바그보(Laurent Gbagbo)의 통치 아래 있던 남부의 분리가 확인되고, 유엔과 리콘(Licorn) 작전[6]군이라는 분쟁 중재 부대가 파견되었다. 선거는 계속 연기되었다. 선거 명부와 무장 해제에 대한 반론이 거세었다. 선거는 10월 31일에 있었고, 코난 베디에의 PDCI와 연합한 알라싼 와타라(A. Ouattara)가 선거에서 이겼다. 하지만 헌법의회는 이의를 제기했는데, 대다수의 의원들이 그바그보의 측근이었던 까닭이다. 와타라는 2011년 4월에 코트디부아르 유엔작전(ONUCI)과 리콘 작전군의 지원을 받은 북부 공화군 부대에 의해 권좌에 앉았다. 국민 화해, 영토 통일, 무장 해제, 과거 반란세력의 국방

---

5. 코트디부아르 정체성: 국가 통일의 기획 아래 코트디부아르 국적을 규정하는 개념이지만, 국수주의적이고 인종 혐오적인 관념이 들어 있다. 소위 나쁜 코트디부아르인인 북부 무슬림의 코트디부아르인과 남부 코트디부아르인을 대립시킨다.

6. 리콘 작전: 2004년에 분쟁 재연을 막기 위해 2,000명의 프랑스군이 코트디부아르에 파병되어 전쟁 당사자들 사이에 투입되었다.

군 내 개입, 경제 재도약 등의 도전이 상당히 격렬했다. 2012년 초에 과거 반란 세력인 공화군이 국가를 군사적으로 통제하면서 화해는 교착상태에 빠졌고, 국제사회의 지지가 중요해졌다.

(3) 가나, 코트디부아르의 경쟁국

가나는 면적 238,000㎢, 인구 2,200만 명이다. (금과 콜라나무를 찾아 남쪽으로 내려온) 아칸족 집단이 인구의 절반 이상을 차지한다. 남동부에 에베족 (12%), 북부에 볼타어 사용 종족이 산다. 영어가 공식어이다. 남부에는 트위어(twi)가 교통어로 사용된다. 오늘날의 가나 인근의 아샨티 왕국은 식민 지배 이전에 행정조직과 군대조직이 이미 있었고, 북부(두알라족)와 남부(유럽인)에서 상업적 영향을 받았다. 노예조약이 폐기되면서 국가가 동요하기 시작했다. 남부는 1874년에 영국의 식민지가 되었다. 아샨티 왕국이 있던 북부는 1902년에 합병되었고, 독일령 토골란드(Togoland)는 1919년에 합병되었다. 황금해안은 서아프리카에서 가장 번영을 누린 영국 식민지였다.

1949년에 은크루마(K. Nkrumah)는 국민당(CPP)을 창당하고, 1951년 선거에서 승리하여 권좌에 올랐다. 1957년 이 황금해안 국가는 독립했다. 정치체제는 급진적이 되었다. 비동맹과 범아프리카주의를 지지하는 은크루마는 사회주의적 조치들을 취했고 결과적으로 경기가 침체되었다. 12,000명이던 레바논인의 2/3가 가나를 떠났다. 1966년 은크루마 정부가 전복되고 군부가 권력을 장악했다. 1981년 롤링스(J. Rawlings)가 권좌에 올랐고, 민족민주의회(NDC)를 창당했다. 그는 경제를 재건했다. 1996년까지 그는 계속 당선되었으나 후계자 밀스(John Atta Mills)는 신애국당(NPP) 당수 쿠푸오르 (John A. Kufouor)에게 패배했다. 2009년 밀스는 대통령으로 당선되었다.

세계은행의 '모범생'인 가나는 상당히 많은 재정 지원의 혜택을 입었다. 20년 전부터 GDP 상승률은 5% 가까이 되었다. 수출입도 연간 8% 이상 상승했다. 이와 대조적으로 부채는 1980년 14억 달러에서 2001년 67억 달러로 늘어났다. 2010년 가나의 1인당 국민소득은 1,500달러, GDP는 370억 달러(PPP)였다. 취학률, 임신율 저하, 소득 불균형이 크게 진전했다. 경제는 비교적 다변화되었다, 하지만 주요 수출품은 여전히 카카오, 금, 석유이다.

(4) 카메룬, CEMAC 내의 잠재축

카메룬은 국토 면적 47,5000k㎡, 인구 1,600만 명이다. 아프리카의 축소판이라 할 수 있는 카메룬은 서로 판이하게 다른 세 지역으로 나뉜다. 남부 삼림 지역에는 반투어를 사용하는 종족(팡족, 바사족, 두알라족)이 살고, 서부에는 반(半)반투어 사용 종족(바밀레케족, 바문족, 티카르족)이 거주하며, 북부에는 풀라족과 키르디족이 산다. 카메룬은 세 나라(독일, 프랑스, 영국)의 식민 체제를 겪었다. 영어와 프랑스를 공식어로 사용하는 2개어 병용국가이다. 인구의 절반은 기독교인이고, 1/4은 무슬림이다.

아주 이질적이지만 강력한 구심점을 지닌 국가로서 카메룬은 독립 이후 양두체제의 국가수반이 나라를 다스렸다. 카메룬엽합당(UC)의 아마두 아히조(Amadou Ahidjo)와 이에 대립하는 야당인 카메룬국민연합(UPC) 및 2011년 10월에 재선된 폴 비야(Paul Biya)이다. 아히조 체제는 매우 전체주의적 정체였다. 그는 프랑스의 지원을 받아 마르크스주의 경향의 야당인 UPC와 1958~1965년 서부에서 바밀레케족의 반란을 일으켰던 세력을 제거했다. 1990년에 다당제가 실시되었다. 권력은 대종족들이 복잡하게 균점했다. 바밀레케족은 경제권을 대부분 장악했고, 정치권력은 팡족(과 바사족)과 풀라족이 행사했다. 서부의 영어권 카메룬은 보다 자유로운 자치권을 지니고 있지만, 영어권·프랑스어권의 바밀레케족은 통일의 요인이다.

프랑화권이자 중아아경제통화공동체 회원국인 카메룬은 2010년 1인당 국민소득은 2,300달러, GDP는 460억 달러(PPP)였고, 투자율은 16%였다. 주요 자원은 석유(3,000만 배럴, 천연가스의 중개를 포함해서), 알루미늄, 목재, 면화, 커피, 카카오이다. 석유자원은 처음에는 신중하게 관리되었으나 점차 고갈되었다. 하지만 카메룬은 생산체제가 비교적 다각화되었고, 이를 통해 CEMAC 내에 비교우위의 경쟁력을 확보하고 있다. 전체주의와 온정주의적 국정 운영으로 경제는 잠재력에 비해 훨씬 떨어진다. 카메룬은 세계에서 가장 부패한 국가에 속하며, 석유 고갈 이후의 수익산업을 찾아야 한다.

(5) 케냐, 동아프리카의 견인차

케냐의 면적은 58,000㎢, 인구는 3,600만 명이다. 반투어 사용 주민은 키쿠유족(30%), 루히아족(14%), 캄바족(11%)이며, 나일사하라어를 사용하는 종족은 루오족(15%), 카렌진족(11%)이다. 공식어는 스와힐리어이다. 인구의 3/4이 기독교를 믿는다.

1947년 조모 케냐타(Jomo Kenyatta)가 케냐아프리카연합(KAU)의 당수가 되었다. 1952년에 마우마우족이 심한 억압을 받으며 반란을 일으켰고, 1956년까지 지속되었다. 1961년 선거에서는 키쿠유족과 루오족으로 구성된 키쿠유케냐아프리카연합(KANU)과 케냐아프리카민주연합(KADU)이 경쟁했다. 1963년 독립이 선포되었고, 1964년 케냐타가 대통령으로 당선되었다. 그는 1969년에 재선되었고, KANU가 사실상 단일 정당이 되었다. 케냐타가 사망(1978)한 후 다니엘 모이(Daniel Arap Moi)가 정권을 승계했는데, 그는 자신의 정치기반은 칼렌진족·마사이족과 더욱 공고한 관계를 맺었다. 1991년 다당제가 복원되었고, 1997년 선거에서 모이가 재선되었다. 그 후 음와이 키바키(Mwai Kibaki)가 정권을 이어받았다. 2007년 12월 루오족의 라일라 오딩가(Raila Odinga)를 물리친 키바키의 재선은 논란이 분분했고, 민주주의 수용여부가 의문시되었다.

2008년 종족 간 분쟁으로 1,500명 이상이 사망했다. 당시 가뭄과 세계 경제 위기가 무겁게 짓누르고 있었다. 그 후 케냐는 2000년대에 연 5%의 성장을 달성하면서 재차 동아프리카공동체(EAC. 회원국은 부룬디, 우간다, 르완다, 탄자니아)의 견인차가 되었다. 케냐는 전략적 자원도 없고 기반시설도 없고 사회적 불평등이 심하지만, 경제 허브 역할을 하면서 기업활동이 활발한 지역이다. 우간다처럼 인도 유민이 핵심 역할을 한다.

2010년에 GDP는 710억 달러(PPP)였고, 1인당 국민소득은 1,745달러였다. 제3부문이 GDP의 2/3 이상을 차지한다. 차, 커피, 목재, 관광이 주요 자원이다. 운송·전기 부문에 대한 투자가 많고, 다국적기업의 현지 자회사 200여 개가 나이로비에 주재한다. 그러나 경제 성장 모델의 실패로 기반시설 투자에 대한 정부의 무능, 극심한 불평등, 외국인에 의한 부의 독점, 인도인과 키쿠유족 등이 폭력 사태의 주요 원인이 되고 있다. 관광산업과 관련한 수입은 소말리아 폭력이 퍼지면서 위협을 받고 있다.

(6) 수단, 두 동강난 석유 강국

수단은 아랍세계와 흑아프리카의 접경 지대에 있다. 2011년 11월 남수단이 독립하기 전에 국토는 아프리카에서 가장 넓은 나라였다. 인구의 70%는 무슬림이고, 30%는 기독교인이다. 수단은 홍해와 9개 나라로 둘러싸인 국가이다. 국토 면적은 250만㎢이고, 인구는 3,600만 명이다. 범아랍권과 중국의 지지를 받으며, 러시아 무기의 판매로 혜택을 보고 있다. 지역감정을 가진 근본주의와 고관대작들의 치부에 대한 갈망이 같이 공존한다. 수단은 비협력국으로서 국제적 지위를 가지며, 석유로 인한 국제적 탐욕 대상이자 나일 강을 두고 인접국과 갈등을 빚으며, 아랍연맹의 지지를 받는 등 성격이 복합적인 나라이다. 종족·종교·언어로 인한 국가 균열도 심각하다. 이주민과 강제이주자가 아주 많다. 무슬림 통합주의 운동이 오래된 마하드 운동(mahadisme, 1881)과 종파를 같이하며 샤리아(이슬람법)를 강요한다. 북부는 누비아 제국에서 유래하는 아랍어를 사용하는 무슬림이 거주한다. 20년간의 내전을 겪고 독립한 남부는 기독교인과 물활론자가 많다. 수단은 석유가 많이 나는 산유국으로 동아프리카의 지역 강국이다. 엄청난 불평등과 비아랍인을 배척하는 배타성이 있다. 북부와 남부가 20년간의 분쟁을 종식한 후 그 분쟁의 불씨는 서부로 옮겨갔다.

석유 보유고는 16억 배럴이고, 2011년 1일 생산량은 50만 배럴로 추정된다. 석유 수입은 연 5억 5,100만 달러로, 주민 1인당 200달러에 해당하는 금액이다. 경제성장률은 10%가 조금 넘는다. 석유가 경제 성장의 동력이다. 중국인, 인도인, 페르시아만 국가 또는 말레이시아 출신이 많다. 2011년 외국인직접투자는 23억 달러이다. 중국은 대규모 프로젝트에 빠짐없이 참여한다. 건설 중인 호화도시 카르툼은 다르푸르에서 1,000km 떨어진 곳에 있다.

2010년 10월에 대통령 선거가 있었고, 주요 야당 후보 특히 남부 출신의 야세르 아맘(Yasser Amam)이 선거를 보이콧했다. 1986년 이후 최초의 자유선거였다. 이는 집권당인 국회당(NCP)과 수단자유인민운동(MPLS) 사이에 맺은 12월 13일의 협약에 따른 것이었다. 2011년에 남부의 자치선거가 있었고, 분쟁의 소지를 남기면서 남부는 국가로 독립했다(분쟁에 대한 장 참조).

(7) 앙골라

앙골라는 인구 1,650만 명의 포르투갈어 사용 국가이다. 16세기부터 포르투갈 식민지로서 포르투갈의 카네이션 혁명(révolution OEillets) 직후인 1975년에 독립했다. 냉전시대와 아파르트헤이트 시기의 전쟁으로 엄청난 인명이 살상되었다. 1962년 홀덴 로베르토(Holden Roberto)가 창당한 앙골라자유민족전선(FNLA)은 기본적으로 콩고족으로 구성되었고, 1968년 조나스 사빔비(Jonas Savimbi)가 창당한 앙골라완전독립민족연합(UNITA)은 강력한 소수 종족인 오빔분두족으로 구성되었고, 아고스티노 네토(Agosthino Neto)가 이끄는 앙골라해방운동(MPLA)은 대부분 음분두족과 혼혈족으로 구성되어 있다. 이들이 서로 대립하며 내전을 일으켰다. FNLA는 미국과 자이레가 지원했고, UNITA는 중국과 남아프리카공화국이 지원했으며, MPLA는 소련과 쿠바가 지원했다. MPLA는 기본적으로 카빈다와 루안다의 석유를 장악하는 것이 목표였고, 반면 UNITA는 다이아몬드에서 자금을 마련했다. FNLA는 자이레가 철수한 뒤에는 분쟁으로 해체되었으나, 그 후 1975년에 UNITA를 지지하는 남아프리카공화국의 개입으로 분쟁은 더욱 치열해졌다. 사빔비는 2002년 사망할 때까지 점차로 권력 주변부로 밀려났다. 1975년과 1991년 사이에 이 앙골라 내전으로 30만 명 이상이 죽었다. 앙골라는 아프리카 석유 보유고의 15% 이상을 가진 군사 대국이 되었다. 그 외 광물자원과 수력자원도 보유하고 있다. 2010년 앙골라의 GDP는 1,158억 달러, 1인당 국민소득은 6,000달러(PPP)였다. 석유 시세에 따라 경제성장률이 등락하고, 전쟁으로 인간개발지수가 전 세계에서 가장 낮은 나라이다. 남아프리카공화국과 잠재적인 전쟁의 소지가 있으며, 카빈다 지역으로 인해 콩고민주공화국과도 분쟁의 소지가 남아 있다. 내륙의 카빈다는 앙골라 석유 생산량의 60% 이상을 차지하는데, 30년간의 앙골라 내전으로 약 6,000km²에 이르는 카빈다 지역에서 3만 명 이상이 죽었다. 카빈다국가해방전선(FLE)은 UNITA, 남아프리카공화국, 자이레의 지지를 받았다. 이 단체는 2010년 토고 축구팀에 대한 공격으로 미디어에 그 모습을 드러냈다.

3) 아프리카의 전략 지역

몇몇 소국가와 항구 도시는 전략적인 역할을 하며, 공식적인 세계 경제에 또는 세계 범죄경제에 노출된 국제적인 공간이다.

모리셔스는 잔지바르처럼 자유항이 있으며, 국제 마피아 루트에 편입되어 있다(불량 의약품, 마약, 밀거래품).

베냉은 보세창고 국가로서 나이지리아행 밀수품 보관 지역이다.

상투메프린시페와 카보베르데는 미국 군사기지와 이주 장소로 개방된 관문이다.

감비아는 쌀 수입의 관문으로, 무리드파 형제단(이슬람)이 통제하고 있고 기니비사우와 함께 카사만스 운동을 지원한다. 마약 달러의 밀거래 장소이기도 하다.

모리타니는 완충국으로서 무어 세계와 흑아프리카에 이중으로 속한 지역이다.

레소토는 남아프리카공화국의 급수탑이다.

차드는 진앙지이자 교차로로서 아랍·흑아프리카·영어권·프랑스어권에 걸쳐 있고, 수단-사헬 아프리카의 방패 지역이다.

지부티는 옛 프랑스령 소말리아이며, 아프라족과 이사족의 영토이다. 아프리카뿔에 위치하며, 제1의 프랑스 군사기지이다(3,000명 이상의 병력이 주둔하는 첨단 해상·육상·항공 무기의 기지). 또한 미국의 군사기지이기도 하고, 유럽과 아시아의 군대가 주둔하는 곳이다. 동아프리카·중동·아시아 항로의 교차로에 있다. 원유의 1/4이 홍해와 오만해협을 통과한다. 인접국들(소말리아, 에리트레아, 에티오피아)은 전쟁 중이다. 에티오피아의 자연 항구로 간주되기도 한다.

3개(그랑드코모로 섬, 앙주앙 섬, 모엘리 섬)의 **코모로 제도**는 1974년 11월 23일 4개의 섬에 대한 국민투표로 분리 독립한 반면, 마요트 섬은 프랑스령으로 남았다. 마요트 섬은 2009년 프랑스의 주(州)가 되었고, 인구가 밀집한 세 섬으로부터 이주민을 받아들였다. 또한 프랑스를 위해 모잠비크 해협의 상황을 관찰하고 수집한다.

제3부

지속 가능한 개발

 '지속 가능한 개발(développement durable: DD)'은 의미가 아주 모호하기 짝이 없는 유행어이다. 세계환경개발위원회[1]는 이것을 "미래 세대의 욕구를 만족시킬 수 있는 역량을 위태롭게 하지 않고 현재의 요구를 충족시키는 개발"로 정의한다. 또는 "우리가 가진 만큼이나 또는 그 이상의 기회를 미래 세대에 부여하는 개발"(*Rapport Brundtland*)이다. 단기적 생존의 우위와 생태계의 자기 보존, 현 세대와 미래 세대의 욕구 충족뿐만 아니라 경제적 효율성, 사회적 공정성, 환경의 지속 가능성 사이의 중재를 전제로 한다. 재산과 인명의 안전도 여기에 추가할 수 있다.

 지속 가능한 개발의 내용은 다음과 같다.

- 지역 차원과 세계 차원의 상호의존성을 생각하고, 수익성과 성장이라는 기준만을 결정 기준으로 삼지 않는다.

- 장기적 시간과 세대 간의 문제를 고려한다. 이로부터 여러 행위주체를 동원하고 집단적 공공 행위의 근저가 되는 장기적인 전략의 필요성이 생겨난다.

- 체계적인 위험과 재난을 대비한다. 이로부터 근본적으로 불확실한 (비확률적인) 상황에 적용되는 예방원칙이 생겨나는데, 이것은 확률적인 위

---

1. Commission mondiale sur l'environnement et le développement, *Rapport Brundtland*, *Notre avenir à tous*, Oxford Univ. Press, 1987.

험 상황에 적용되는 경제적 계산 원칙과 다르다.

지속 가능한 개발은 경제적 효율, 사회적 공정, 생태적 지속 가능성, 세대 내 또는 세대 간 안보의 중재와 정책의 장(場)을 마련한다. 아프리카는 여러 분야에서 지속 가능한 개발이라는 몇몇 주요 이슈가 있는데, 평화, 환경, 인구, 도시화, 사회문제가 그것이다.

제7장
평화와 안보

1965	비아프라 전쟁(나이지리아)
1975~1980	독립 전쟁(앙골라, 모잠비크)
1982~2002	수단 남·북부 전쟁
1991~2001	소말리아 전쟁
1994	르완다 대량학살
1995~2011	콩고민주공화국 내전
2003~2009	다르푸르 반인륜 범죄

　아프리카는 무장 분쟁으로 귀착될 수도 없고 '부족 투쟁'으로 이해할 수도 없지만, 무장 폭력이 흔히는 인종·지역적 차원에서 다수의 국가와 지역에 현존하고 있다. 사람들은 아프리카에서 벌어지는 분쟁과 대량학살이 새로운 중세기의 암흑이며, '이성적 북부 진영'과 '신비한 남부 진영'이 대결하는 혼란으로 간주한다. 북부 진영의 제국들이 새로운 야만족에게 위협을 받는 것 같기 때문이다. 이러한 이원적 흑백논리는 북부 진영 제국의 야만적 근세사를 망각하고, 남·북부 진영 간의 호전적인 세계화의 상호의존성을 은폐한다. 국제적인 위기가 세계적 규모로 몰아닥쳤다. 1979년과 1989년 사이에 유엔 안보리는 20건의 결의안을 내놓았고, 이후로도 70건의 결의안이 추가되었다.

　아프리카는 세계 분쟁의 1/3을 겪었다. 분쟁은 강도, 지속 기간, 확산 범위에 따라 다르다. 분쟁은 국내적·국제적·지역적인 것일 수 있다. 내전, 반란, 무장 봉기, 범죄 폭력, 군부 갈등, 테러 등으로 나눌 수도 있다. 전쟁, 심각한 위기, 위기, 분명한 갈등(산발적 폭거) 또는 잠재적 갈등(언어 압력, 폭력과 제재의 위협)으로 나눌 수도 있다. 2010년에 아프리카에서는 고강도 분쟁이 6회, 중강도 분쟁이 34회, 저강도 분쟁이 45회 있었다. 주요 분쟁 대상은 영토, 분리, 식민 지배 탈피, 자치, 이데올로기 체제, 국가 공권력, 지역 제패, 국제적 권력, 자원 등이었다(HIKK).

1. 무장 분쟁

1) 무장 분쟁의 중요성

아프리카는 비록 분쟁이 줄어들고는 있지만, 전 세계에서 무장 분쟁으로 인한 희생자가 가장 많은 대륙이 되었다. 1945~1955년 세계 분쟁의 1/4이 아프리카에서 일어났다(186건 중 48건). 1억 6,000만 명의 주민 중 분쟁으로 600만 명 이상이 희생되었다(수단, 에티오피아, 모잠비크, 앙골라, 우간다, 소말리아, 르완다, 우간다. 부룬디, 시에라리온). 1990년 이후 아프리카에서 일어난 19건의 주요 분쟁이 17개국에서 발생했으며, 단 1건의 분쟁만이 국제전이었다(에티오피아와 에리트레아 사이의 전쟁). 1990~1997년 주요한 분쟁은 감소되었지만, 1998~2000년 분쟁이 재발했고(연간 11건의 분쟁), 21세기 초에 다시 감소했다(연간 5건). 2004년 아프리카에서 19건의 세계 분쟁 중 5건이 일어났지만, 그중 45%의 분쟁이 반정부 투쟁이었다(〈표 6〉 참조). 2010년대에는 분쟁이 상대적으로 감소한 것을 관찰할 수 있다. 하지만 2011년에는 20여 개국이 중강도에서 고강도 분쟁의 위기 상황에 빠졌다. 7건은 개전 상태였

<표 6> 아프리카 분쟁의 중요도(1990~2004)

	1990~1994(평균)			1995~1999(평균)			2000~2003(평균)			2004(평균)		
	T	G	Te	T	G	Te	T	G	Te	T	G	Te
아프리카	7	6	2	7	7	1.4	9	6	1.2	5	5	1
세계	25	20	14	24	13	10	20	12	9	19	11	8
%	28	30	14	29	53	14	45	50	13	26	45	12

* T: 전체, G: 정부, Te: 영토. 어떤 분쟁은 정부 간 분쟁인 동시에 영토 분쟁이다(2004년 수단)
출처: UCDP(Uppsala Conflict Data Program) et SIPRI, 2005.

다. 콩고민주공화국, 수단, 차드 인접 3국, 중앙아프리카공화국, 우간다, 소말리아, 에티오피아, 에리트레아 분쟁이 그것이다. 분쟁이나 지역 긴장으로 악화될 수 있는 국가 위기(사하라-사헬 활 지대의 투아레그족과 이슬람주의자의 운동, 나이지리아의 니제르델타해방운동), 분리주의 운동(서사하라의 폴리사리오, 카빈다와 카사만스의 카빈다내륙해방전선), 재발 가능한 인종·종교적 긴장(부룬디, 케냐의 키쿠유족과 나일족, 라이베리아·시에라리온·기니의 풀라족과 말링케족, 코트디부아르의 아칸족·베테족·디울라족 등) 등도 여기에 추가해야 한다.

2) 새로운 무장 분쟁

(1) 새로운 분쟁의 성격

이러한 무장 폭력의 형태가 어떤 점에서 새로운 것인가 하는 문제가 제기된다. 국내전(내전, 반란)은 전통적으로 국외전(국제전)과 차이가 있다. 대부분의 전쟁학자들은 이러한 구별이 베를린 장벽 붕괴 이후에는 유효하지 않다고 생각한다. 아프리카 국내 무장 분쟁은 지역적·국제적 조직망과 연계되어 있다. 현실주의 이론이 상정하듯이 권력 목표를 추구하는 국민국가로는 설명되지 않는다. 냉전시대의 분쟁은 양대 진영의 이데올로기와 군사 지

〈지도 10〉 아프리카의 분쟁 상황(2006)

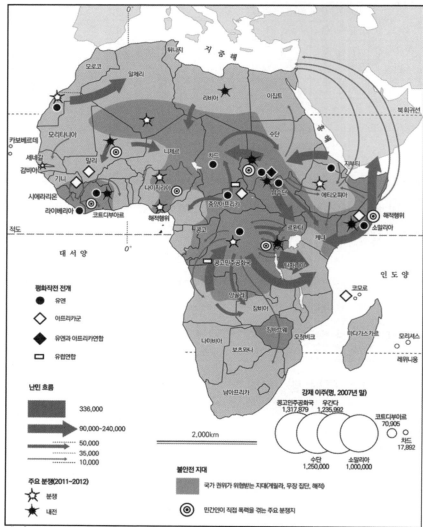

출처: Ph. Hugon, *Géopolitique de l'Afrique*, Paris, Armand Colin, 2006.

원이 그 특징이었으나 열강 대국이 부분적으로 퇴조하면서 분쟁은 아프리카 내부에 다양한 형태의 게릴라전으로 바뀌었다. 오늘날 전쟁은 무력이 아니라 미디어를 비롯해서 정보 조작, 행위주체의 도구화, 로비와 여론 조작자의 역할 등 '소프트파워'를 통해 이긴다.

(2) 새로운 행위주체의 출현

분쟁은 강도, 기간, 규모, 이동성, 자금, 동기(분리, 국가적 자유, 희소자원, 국경, 세력권 등에 의한 전쟁)에 따라 차이가 난다. 대개가 저개발(최빈국의 80%가 지난 15년간 분쟁을 겪었다)로 설명되는 이 분쟁은 불안·빈곤의 요인이며, 이로부터 '분쟁의 덫'과 분쟁 재발 위험이 생겨난다. 분쟁은 주로 육지에서 발발하지만, 특히 소말리아 해안을 따라 해상해적과의 분쟁이 치열하게 전개되었다. 90% 이상의 분쟁은 이미 전쟁을 겪은 국가에서 재발한다. 전쟁 피해를 입은 국가들의 빈곤율은 20% 이상이다(World Bank, 2011).

전쟁의 행동주체들이 감소하고 지속적으로 해체되고 재구성되면서 새로운 행동주체들이 생겨난다. 분쟁은 군대가 승리하든 반군 지도자와 정부 지도자가 협약하든 간에 조직적 집단과 반대 세력이 대치하는 경우는 거의 없다. 행동주체로는 민간인, 탈영 군인 및 장군, 전쟁을 수행할 수 있는 군인 등이 개입한다. 국가의 통제가 불능한 지역(난민캠프, 국경 지대, 도시 지구)에 용병, 소년병, 과독점 소수세력의 역할이 커지는 것을 확인할 수 있다. 사병(私兵), 공동체적 군대(종교적, 인종적), 전통적인 전사들은 공공 행동주체

〈표 7〉 분쟁에 개입하는 행동주체들

공공 행위주체	민간 행위주체	공동 행위주체
경찰, 군대, 헌병, 평화유지군	군벌, 용병, 민간 집단, 반군, 청년 조직, 학생, 실업자	민병대, 비밀결사, 사냥꾼 부대, 종교단체, 전통적 세력

들과 함께 그 역할이 커지고 있다.

3) 규모의 연동

분쟁은 학문 분야에 따라 경제적 이해(경제적 인간, homo oeconomicus), 권력의지(정치적 인간, homo politicus), 인정의 거부(상징적 인간, homo symbolicus)라는 측면에서 분석된다. 폭력은 물리적이고 상징적이다. 위기는 지역, 국가, 초국가적 '공동체' 사이의 긴장 표현으로 분석할 수도 있다. 서로 다른 권한을 가진 토착인과 외래인 사이의 인종적·종교적·부족적 분쟁의 오랜 역사는 정치권력, 천연자원, 경제력 통제에 따른 국가적 분쟁과 결부되고, 초국가적인 이슈인 유민, 국경을 넘나드는 부랑집단, 인접 국가, 국제 범죄의 루트, 탐욕스런 기업, 지역 및 세계 열강과 연관된다.

그리하여 아프리카의 폭력 사태의 변천은 세 차원의 분석이 필요하다.

(1) 분쟁의 뿌리

특히 보수를 받는 직업, 천연자원, 청년토지세와 관련되는 권력관계, 사회구조라는 측면에서 분쟁의 뿌리를 근저에서 분석하는 것이 필요하다. 대부분의 분쟁은 합법적으로 소득을 벌 수 없는 실업청년과 천연자원에 접근하는 '외래' 이주민 또는 '외래 토착' 이주민과 관련된다. 그 이유는 다양하다. '기성세대'의 자원 통제, 토착민이 가진 특혜, 천연자원의 희귀성 때문이다. 토지나 해당 자원(물, 초지 등)의 접근권 문제는 분쟁의 역동적인 원인이다.

시에라리온에서 혁명통일전선(RUF)은 도시 프롤레타리아뿐만 아니라 기성세대의 연장자들이 통제하는 토지를 이용할 수 없는 젊은이들도 모병했다. 코트디부아르에서 1998년의 토지법은 경자소유권을 폐기함으로써 분쟁의 벌집을 건드렸다.

조상의 토지권을 요구하는 도시 청년과 튜터링 협약의 틀 내에서 임대 토지를 이용하는 이민자들 사이에 분쟁이 일어났다. 이러한 분쟁은 토지가 절대 부족하고 경제 위기가 있는 상황에서 발생한다. 인구 압력과 이민 압력에 직면해서 많은 아프리카 지역에서 "한계 토지의 시기가 도래"한 사실로 인해 분쟁은 더욱 전면에 부각된다.[1]

(2) 무법 상황의 분쟁

또한 도시와 시골 사회가 마피아와 범죄 경제의 유통(다이아몬드, 마약달러, 무기 밀매, 식량 원조 횡령, 석유관을 통한 석유 절도, 부패자금 등)에 가담해 있음을 고려해야 한다. 이것 역시 범죄에 연루된 많은 정부 관료와 군부 지도자가 조종하는 마피아뿐만 아니라 국제 채널과도 연관된다. 수익을 나누기 위해 승리를 바라는 것은 아니다(2002~2010년의 코트디부아르 사례). 실제로 전쟁은 평화 시에는 범죄처럼 간주되는 행위들을 합법화시켜준다. 합법 정부가 없는 상황에서 전쟁은 통행세, 밀수나 다른 뇌물에 대한 소득을 허용한다.

(3) 유목 성격의 분쟁

마지막으로 인접국의 지원이든 국경 너머 있는 집단(인종, 부족, 떠돌이 난민)에 대한 귀속이든 국내 폭력 사태와 초국가적·지역적 특성의 관계를 분석하는 것이 중요하다. 유목성 분쟁은 지역적으로 이동하는 추세이다.

무장 분쟁은 초국경적 현상으로서, 이로부터 역내 차원에서 예방과 해결 조치가 필요하다. 허약하고 취약한 국가는 해당 지역의 취약성, 특히 초국경적 공간과 관련이 있다. 분쟁의 유목성은 확전(擴戰)이 특징이다. 그리하여 라이베리아의 분쟁은 비고용 군인들을 동원하면서 코트디부아르로 번졌

---

1. J. Giri, *L'Afrique en panne. Vingt cinq ans de développement*, Paris, Karthala, 1986.

다. 기니는 자국 국토에 10만 명이 넘는 난민 화산대(火山帶)로 둘러싸였다. 2003년 4월에 40만 명으로 추정되는 난민이 마노 강 지역과 코트디부아르의 국경 지대에 체류해 있었다. 기니비사우는 세네갈에서 발생한 카사만스 반군으로 인해 불안해졌는데, 이들 반군이 자국의 영토에 마약 생산의 배후기지를 구축했기 때문이다.

2. 무장 분쟁의 설명 요인

콜리에와 회플러[2] 같은 학자들에 따르면, 불만(grievance)으로 야기된 고대 전쟁의 이데올로기적 분쟁은 종족 차원의 경제적 이해관계(greed)에 기초해 이득을 약탈하고 탈취하는 분쟁으로 바뀌었다. 새로운 무장 분쟁과 경제적 요인의 역할에 대한 이러한 주장에는 논란이 많다. 성질이 다른 분쟁을 결집시키고, 분쟁의 역사적 지속성을 고려하지 않는 잘못을 저지르는 것 같다.

1) 경제적 요인: 분쟁의 정치경제

(1) 천연자원: 분쟁의 자금과 이슈

모든 전쟁이 경제적 설명을 요하는 것은 아니지만, 모든 전쟁은 자금(군비)이 필요하다. 앞서 살펴본 대로(제2부) 경제는 여전히 **지대** 논리에 지배받는다. 부의 창출보다는 부의 약탈로부터 부가 훨씬 많이 증가한다. 천연자원은 주요 이슈의 하나이면서 분쟁의 자금줄('전쟁의 신경')이다. 광물자원과

---

2. P. Collier and A. Hoeffler, "On Economic Causes of Civil War," *Oxford Economic Papers*, vol. 50, 2000, pp.563-573.

석유 수입은 분쟁과 관련해서 보면 양면으로 영향을 미친다. 그것은 자원 수탈의 이슈로서 전쟁 자금을 지원하는 수단이다. 또한 사회적·지역적으로 적대감을 고취시키는 보스주의나 포퓰리스트가 부를 재분배하는 역할을 한다. 이 자원을 통제하려는 탐욕으로 일차 산업세계와, 경제 성장 유지와 권력 확보를 위한 자원 갈증을 느끼는 이차 신흥국 세계가 서로 경쟁하는 주요 이슈가 되었다. 세계적 강국과 지역 강국도 이 분쟁에 역시 개입해 있다.

그래서 전쟁을 전체적으로나 부분적으로 천연자원과 연관해서 차별화할 수 있다. **석유**(앙골라, 카사만스, 중앙아프리카공화국, 수단, 나이지리아의 니제르 강 삼각주, 다르푸르, 차드), **다이아몬드**(앙골라, 기니, 라이베리아, 코트디부아르 북부, 콩고민주공화국, 시에라리온), **귀금속**(콩고민주공화국 부니아의 금·콜탄), **수자원 통제**(니제르 강과 나일 강의 주변, 세네갈 강), **마약 대금**(기니비사우, 카사만스), **농업자원**(코트디부아르 북부의 면화, 남부의 커피·코코아), **삼림자원과 토지**(부룬디, 코트디부아르, 다르푸르, 르완다)와 같은 것이다.

자원이 석유처럼 더 중요할수록, 다이아몬드처럼 유통하기 더 쉬울수록, 물, 관개 가능한 토지, 이민자 수용처럼 더욱 희귀할수록 분쟁은 더 치열한 양상으로 나타났다.

(2) 분쟁의 경제적 득실

내전에서 기대하는 경제적 이득은 약탈, 보수 지급의 대가로 받는 보호, 무기, 식량, 마약 거래의 수익, 노동력 착취(노예 강탈), 토지 관리, 외국 원조 절도, '몸으로 때우는' 전사의 특권이다. 이러한 수익 약탈의 분쟁은 반란 약탈자에게만 책임이 있는 것은 아니다. 이 분규는 비합법 정부의 자원 낭비나 광물·석유를 과독점한 민간의 낭비에서도 기인한다. 게릴라, 반란자나 탈영병은 외국 지원, 물자나 국외 원조의 약탈, 천연자원의 수탈로 연명한다. 그리하여 한편으로는 민간 행위주체, 기업, 조직망의 경제적 이해와, 다른 한편으로는 공식적으로나 비공식적으로 이득을 통제하거나, 공식적으로나 공식에 준하는 정치권력이나 군사권력을 행사하여 전쟁으로 이득을 취하고 누리는 소수 독과점자의 이해관계가 서로 얽혀 있다는 점을 고려해야 한다.

역설적으로 평화 유지 세력은 어떤 경우에는 매매를 통해서, 심지어 이득 분배에 참여하여 재정 혜택을 누리고 '전쟁도 평화도 아닌' 개전 상태의 분쟁이 지속되게 조장할 수도 있다. 석유나 광물자원 회사는 이러한 전략적 이슈를 갖고 있다. 이들은 분쟁 당사자들에 대해 이득을 누리는 입장을 견지하려고 노력하는데, 그것은 이 지위에 대한 반대급부로 집권세력이나 집권 가능성이 있는 세력에 자금을 지원하기 때문이다. 이들은 위험을 분산하고 정부와 반란군의 입지 유지에 상당히 주관적으로 영향을 미칠 가능성이 있다. 이 '이루타(二壘打)' 모델의 실제 사례는 석유회사인 엘프(ELF)가 앙골라의 도스 산토스 정권과 반군 지도자 사빔비를 동시 지원하고, 콩고의 사수 응게소와 파스칼 리수바를 동시 지원한 것이다. 다르푸르 사태는 수단에 대한 중국의 석유 이해관계로 특히나 오래 지속되었다(중국은 수단 석유 수출의 40%를 장악. 중국 석유 수입의 7%를 차지한다). 나이지리아의 니제르 강 삼각주에서 게릴라와 도쿠보 아사리(Dokubo Asari)의 분리주의자 운동은 이조 족을 보호하고, 빈곤을 배경으로 석유회사가 지불한 몸값을 이용하고, 송유관에서 석유를 빼낸다(1일 10만 배럴 분량). 오랫동안 남아프리카공화국의 드비어스는 전쟁 다이아몬드를 취급하는 회사 중 하나였다.

콩고민주공화국에서 거대 독과점기업이 정한 과거 규정에 직면하여 불공정 행위에 상응하는 새로운 복합기업 형태가 출현한 것을 볼 수 있다. 이 복합기업은 우간다, 르완다, 짐바브웨 또는 이스라엘군과 관련 있는 회사들과의 합작투자로 생겨났다. 약탈 경제는 국가 해체에 직면하여 사업가, 용병, 무기상, 보안회사의 컨소시엄으로 이루어진다. 집권세력의 군대가 이 약탈에도 참여한다. 또한 마약을 중심으로 폭력의 근간이 되는 마피아 경제의 거점 통로도 관찰할 수 있다.

2) 서로 얽힌 분쟁 요인

경제 외적인 다른 요인들도 분명 분쟁에 나름의 역할을 한다. 무장 분쟁을 분석하기 어려운 것은 여러 설명 요인이 서로 얽혀 있고, 각기 다른 특정한 양상을 띠기 때문이다. 분석적으로 분해하고 설명 요인의 위계를 정하려는 다변 요인 분석은 연계성과 상호작용을 종합할 수 없고 통제할 수 없는 과정에 이르게 된다. 최초의 분쟁 발발 원인은 하찮은 것일 수도 있지만, 일단 분쟁이 발발하면 치열한 분쟁은 걷잡을 수 없게 된다. 폭력은 빈곤, 배제·소외, 기관들의 부재를 초래하고, 이는 다시 분쟁을 낳는 계기가 된다. 빈곤 전쟁은 대부분 저개발과 배제·소외로 설명된다. 이들 요인은 나아가 불안과 저개발의 요인이 되고 저개발과 분쟁의 덫에 빠지게 된다. 그리하여 분쟁은 여러 요인이 각기 일정한 시점에 출현하여 서로 복잡하게 뒤얽혀 생겨난다. 특히 분쟁에 잘 적용되는 카오스 이론에 따르면, 나비효과 즉 증폭되면서 비선형적으로 서로 연계되어 발생하는 현상들이 있다. 불씨가 제어할 수 없는 화재로 확대되고 불이 꺼지지 않은 숯불이 바람의 영향으로 다시 불붙을 수 있다. 하지만 소방수들은 너무 뒤늦게 도착하고, 심지어 이들이 오히려 방화광(放火狂)이 되기도 한다.

(1) 문명사적·상징적 요인: 조상 대대로의 긴장 재현

미해결의 세속적 긴장이 권력층에 의해 도구화한다. 니그로아프리카인과 아랍베르베르인의 대립, 이슬람과 물활론 및 기독교의 갈등, 이동 유목민과 농경민의 대립, 정주민과 유목민의 대립(다르푸르, 말리, 모리타니, 니제르),

약탈자와 약탈당하는 자(모리타니, 수단)의 갈등, 토착민과 크레올의 반목(라이베리아, 시에라리온) 같은 것이다. 정착민과 유목민의 긴장은 수단-사헬 띠지대 전체에 영향을 미친다. 전통적 수장들의 조정이나 관습법 준수 같은 과거의 규례는 자연재해(가뭄, 홍수)나 인구와 이민의 압박으로 인해 아무 쓸모가 없다. 인정 거부나 개인적·집단적 복수가 상대방 증오에 중요한 역할을 한다. 이런 것들을 역사 내에서 조장하고, 여론 조작자가 선동하고, 집권 세력이 도구화한다. 이방인이나 외래인은 흔히 토착민 집단의 힘을 강화하기 위한 희생양으로 이용된다. 전쟁과 상징적 폭력은 상대방에 대한 집단 표상과 집단 정체성 확립, 규범·공동가치 및 공유정체성의 부재와 관련 있다. 정신분석학은 창조적 충동(eros)에 대립하는 파괴적 충동(thanatos)을 강조하기도 한다. 상대방이나 희생양은 폭력을 외부의 탓으로 만들어 내부집단의 결속을 도모한다.

(2) 종교적 요인

종교적 요인은 위기 발생에 다소간의 역할을 한다. 종교가 분쟁의 근저라는 헌팅턴의 시각을 분명 수용할 수 있다. 이와 반대로 위기가 신분·인종·종교 귀속을 강화하는 요인이며, 이러한 귀속관계를 권력자들이 도구로 이용한다. 분쟁은 제도 붕괴나 영토 분할에 기반한 정체성 위기로부터 유래한다. 세계적인 대규모 분쟁의 4/5가 이슬람 운동과 관련이 있다. 종교와 정치, 절대자와 상대자, 무한자와 유한자가 동일시되면, 분쟁이 일어날 확률이 훨씬 더 높아진다. 지하드와 대테러전, 이슬람 근본주의는 흔히 대리전쟁을 치르기 위해 사용되는 논거이다(에티오피아와 소말리아의 전쟁 참조). 이러한 담론은 자기실현적이다. 상대방은 자기 종교의 이름을 걸고 행동하기 때문이다. 정체성은 보편적인 기본 가치, 문화의 다양성, 귀속신분의 다양성을 부인할 때 살인적이 된다(아민 말루프[A. Maalouf], 레바논 태생 프랑스 작가).

이 경우 종교 통합은 다른 종교를 배척하기에 이른다(이슬람 혐오, 서구의 악과 동일시된 기독교).

종교 기반의 테러는 분명 현실이다. 테러는 군사 개입을 합리화하거나 반대자에게 재갈을 채우기 위해 정치권력이 이용하기도 한다. 예컨대 나이지리아의 보코하람("서구 교육은 불순하다")은 북부의 정치 지도자들과 더불어 생겨났지만, 이슬람 근본주의를 옹호하는 방어자로 자처한다. 2001년 9월 11일 이후 설교자 무함마드 유수프(Mohamed Yusuf)가 창설한 이 테러 집단은 주기적으로 억압을 받으면서도 세력을 키웠다. 어떤 종파는 오늘날 소말리아의 알 샤바브(Al Shabaab, 동아프리카 지하드 근본주의 호전 집단)와 유대를 맺고 있으며, 다른 종파들은 마그레브이슬람알카에다(AQMI)와 관련 있는 북아프리카 아랍전사들(Katibas)과 유대를 맺고 있다.

다극화된 다문명 사회에서 문화 정체성은 냉전 이후 수많은 분쟁이 지닌 직접적인 형식이다. 종교적인 재생은 중요하다(요루바, 오순절, 무리드교, 복음주의). 교회와 종교 공동체는 고난과 소외의 환경에서 도덕적 지지와 연대를 가져다준다. 종교 통합은 거개가 사회 개혁의 프로젝트로서 민족주의나 사회주의로 대체되었다. 또한 사하라, 사헬, 나이지리아 북부, 아프리카뿔(수단, 소말리아)에 뿌리내린 이슬람 근본주의 조직망도 있다. 이들 분쟁은 이슬람 근본주의와 서구를 반목시키는 문명사적 분쟁 형식을 띤다. 흑이슬람은 빈곤·소외·좌절의 부식토에서 자란다.

위기 시에 인종이나 종교 명칭은 정치수사학의 주요 준거로 등장한다. 복잡한 상황은 정체성이나 선과 악의 세력 싸움으로 압축된다. 예컨대 나이지리아처럼 코트디부아르에서는 도덕·종교·정치의 혼란을 드러내는 오순절 운동이 이맘에 의해 종교의 도구화에 직면해 있다. 이슬람 경제, 이슬람 자금 지원이라고 말할 수 있는 것은 그 일부가 아프리카 전쟁 경제와 테러에서 나름의 역할을 하기 때문이다. 근간이 되는 자금은 단순한 자금 통로를 통한다(환어음 비슷한 하르왈라하[harwallah. 다소 강제적인 자금 기부]). 상부로부터 받는 자금 지원은 정교한 금융공학을 필요로 한다. 몇몇 유민 조직은 시아파 헤즈볼라나 수니파 알카에다와 연계되어 있다.

(3) 정치적 요인

분쟁의 정치적 요인, 예컨대 집권세력의 정통성 결여, 사회·정치적 타협 상실, 권력 쟁취를 위한 수장들의 다툼, 시민사회의 붕괴, 새로운 영토 확장 의지, 시민권 소외 등은 그 어느 것이든지 분명 기본적인 요인이다. 권력 쟁취를 위한 무력 충돌이 투표함보다 우세한 것이다.

집권자들의 부의 독점체제가 재분배·통제·제재를 허용하지 않는 만큼 더욱 분쟁의 소지가 크다. 국가 파산의 환경에서 이러한 분쟁은 지역을 대립(코트디부아르와 수단의 남부와 북부)을 조장하거나, 또는 해체되거나 자체 붕괴한 사회(라이베리아. 시에라리온, 소말리아)의 특징이다.

따라서 전쟁은 정치적 목적을 갖기도 한다. 무력에 의한 집권이 그것이다. 책임 있는 지위에의 접근 차단, 기본 욕구나 권력 쟁취를 위한 치열한 경합, 자원 획득의 불평등 등으로 정체성 기반 집단(종족, 종교 등) 사이에 긴장이 생겨난다. 자유주의 이데올로기에 의해 국가의 평가 절하까지 겹쳐진 탈식민 국가 모델의 파산은 영토 분열과 부족·공동체·종족·종교 정체성에 기반한 파벌의 등장으로 이어졌다. 어떤 국가는 합법화된 권력의 독점으로 더이상 영토 통제하지 않으며 법과 규정을 준수하지도 않는다.

(4) 군사적 요인

군사적 요인은 중요한 역할을 한다. 식민 지배 이후의 아프리카 국가는 군대·경찰·헌병 같은 공권력이 거의 무너진 허약한 체제가 특징이며, 명확하게 자리 잡지 못한 시민사회와는 별로 연관이 없다. 대부분의 경우 군대는 해체된 상태로 군인은 급료를 받지 못했으며, HIV에 감염되었고 돈을 가장 많이 주는 자들에게 용병으로 팔려갔다. 아프리카에서 활동하는 군인은 1억 명으로 추산된다. 무기 판매상은 대개 마약 달러든 전쟁 다이아몬드든 석유든 돈세탁이든 마피아 암약 루트와 관련이 있다. 무기 밀거래는 금수 조치(앙골라, 콩고민주공화국)를 우회해 빠져나가며, 다이아몬드, 금, 마약 달러, 석유 등의 밀거래와 연계되어 국제 네트워크를 형성하고 있다.

무기 재활용이나 동유럽 국가의 잉여 무기 판매 등으로 소형 무기 밀거래가 발달할수록 전쟁이 발발할 가능성은 그만큼 더 높다. 무기 가격이 폭락하여 어떤 아프리카 국가에서는 AK47 소총 한 정이 10달러 미만이다. 아프리카 전쟁에서 용병·민병대·소년병의 역할은 점차 커지고 있다(라이베리아와 시에라리온의 경우가 그렇다). 특히 소년병의 군사 활동은 청년실업, 탈사회화, 미취학에서 생겨난다. 일시적인 난관에 봉착한 아동은 생존수단으로서 반강제적인 징집에 응하고 폭력으로 재사회화된다.

정규군과 치안유지군은 흔히는 유기된 상태이고, 솔레브(solreb. 낮에는 정부군, 밤에는 반란군의 역할을 하는 자), 용병제, 부족의 분열, 심지어 국군도 해체되고 소년병을 동원하는 민병대 조직이 발달했다. 여기서도 그 양상은 국가에 따라 다르다.

(5) 지정학적 요인

냉전이 끝난 후 패권국은 대부분 아프리카에서 물러났지만, 일부는 그러한 흐름에서 벗어났다. 즉 영국은 시에라리온에, 프랑스는 코트디부아르에 개입(리콘 작전)했으며 미군 주둔은 강화되었다. 아프리카 국제군이나 유엔군은 더욱 깊이 개입했다. 냉전과 양극화가 끝나면서 '탈국제화된' 분쟁이 출현하고 영토 분할의 역학이 작용했다. 평화 유지로 받은 배당금은 분쟁 요인 감소에 아무런 영향을 미치지 못했다. 새로운 헤게모니 이슈가 석유,

테러리스트—이들은 서구의 적으로서 공산주의를 대체한 세력이다—의 분쇄 등과 연관되었다. 아프리카뿔과 수단은 지하드 이슬람주의자와 서구 열강이 대결하는 장소가 되었다.

베를린 장벽 붕괴에도 불구하고 강국들은 계속해서 군사 지원이나 정보기관의 활동을 통해 아프리카 분쟁에서 중요한 역할을 했다. 미국과 그 동맹국(남아프리카공화국, 이집트, 에티오피아, 케냐, 우간다, 르완다)은 남수단·콩고민주공화국·르완다에서 이따금 프랑스에 반대하는 중요한 역할을 한다. 프랑스는 여전히 프랑스어 세력권에 상주하고 있다. 아파르트헤이트와 모부투를 지지했던 이스라엘은 여전히 특정 세력을 견제하기 위해 남수단·르완다·이집트·에티오피아를 지원하며 아랍연맹과 이란의 영향을 배척하려고 한다. 이란은 이슬람 국가들을 지원하고 시아파 운동을 지원한다. 중국도 점차 활발하게 활동한다. 아프리카의 지역 강국(남아프리카공화국, 앙골라, 에티오피아, 나이지리아, 우간다)들도 주요한 역할을 한다.

어떤 경우에는 중립군이 분쟁을 악화시키기도 한다. 선험적으로 이들은 인명을 구하고 타협을 통해 지속적으로 평화를 보장하는 것을 목표로 하며, 상황을 고착화시키고 대치 국면을 늦추려고도 노력한다. 대부분의 내전은 평화적 타협으로 끝나지 않으며 동일 영토 내에서 화해보다는 군사적 승리로 끝난다. 예컨대 라이베리아에서 CEDEAO 중립군은 1990년 찰스 테일러의 집권을 막았으나 결국 그는 7년 후에 권좌에 올랐다. 오늘날 코트디부아르는 침체 상태에서 벗어났다. 외국의 중재는 작전상의 효율성은 있어도 그 자체에 합법성이 결여되어 있을 수 있다.

그리하여 아프리카의 무장 분쟁 지대에서는 인종적·종교적·국가적 정체성의 재출현, 합법 국가의 파산, 방기된 주권, 지역적·국제적 파워의 개입, 국제 범죄조직의 세력 증강 등의 양상이 생겨난다.

(6) 국경 이슈 관련 요인

타율적으로 정해진 아프리카 국경(제1부 참조)은 흔히 합법적이지 못할 뿐만 아니라 확정적이지 않기 때문에 치열한 분쟁 대상(에리트레아와 에티오피아)이거나 그리 치열하지 않은 분쟁 이슈이다. 이러한 다양한 분리주의자 운동과 국경 분쟁에서는 몇 가지 유사점을 발견할 수 있다. 즉 ① 현재의 국경 모습과는 다른 사회·정치적 집단에 합병되는 과거사, ② 토지나 지하자원 획득 문제와 이로 인해 생겨난 이득의 재분배 이슈, ③ 몇몇 집단이 차지한 거의 비합법적이고 미확정된 모호한 국경, ④ 부의 약탈, 권력 집중, 주변을 소외시키는 중심부의 사회·문화적 지배, ⑤ 지역 행위주체(국가, 유민, 난민, 반대 세력)와 국제적 강국들의 분리주의 세력 지지와 도구화 등이다.

3) 다양한 요인의 분쟁 사례

(1) 콩고민주공화국 분쟁

콩고민주공화국 또는 킨샤사콩고는 인구가 6,000만 명, 국토 넓이가 234만 5,000㎢이다. 1996년 이래 전쟁으로 약 400만 명이 죽었다. 2006년까지 여전히 민주화 과정을 경험하지 못했고, 국토 일부는 인접국과 북쪽의 여러 나라에서 지원을 받는 군부와 약탈자의 세력하에 있었다. 콩고민주공화국은 역사적으로 여러 가지 충격을 겪으면서 이 같은 혼란 상태에 빠졌다. 우선 3E(국가[État], 교회[Église], 기업[Entreprise])가 다스린 벨기에에게 식민 지배를 받았고, 독립 당시 학위를 주는 대학이 10여 개뿐이었다. 우간다는 가부장주의, 자원 착취 및 이 체제의 특징인 개별적 종족 숭배로 인해 유혈 독립, 독재, 서구가 지원하던 모부투 정권의 부패, 1990년대 금융 쇼크의 물결로 사회 공공생활의 해체, 이웃 국가의 자원 약탈 등을 겪었다. 벨기에 왕의 영지였던 콩고킨샤사는 1960년에 독립했고, 모부투 치하에서 자이레(Zaïre)

가 되었으나, 이후 점차 쇠퇴했다. 독립 이래 산발적인 폭력 사태가 끊이지 않았는데, 카탕가의 분리, 루뭄바의 피살 등 콩고 혼란 사태에 유엔이 개입했다. 공공 서비스의 악화, 삶의 수준 저하로 사람들은 식민 지배 체제를 그리워했다. 모부투가 축출되고 난 뒤 로랑 데지레 카빌라가 집권한 후에 전쟁을 두 차례(1996~1998, 1998~2003)나 겪었다. 당시에 정부군 8개 부대와 21개 비정규 군대가 있었다.

콩고민주공화국은 매우 귀중한 지하자원을 풍부히 가진 '지질학적 스캔들 국가'지만, 국가는 광활한 영토를 통제하지 못했고 이웃 국가와 군대 및 합법 국가가 없는 허술한 점을 이용하는 다국적기업이 탐내는 부를 거의 장악하지 못했다. 경제는 비공식화되고 범죄 경제가 되었다. 콩고민주공화국은 다양한 이해관계가 얽힌 분쟁의 진앙지로 남아 있다. 당면한 이슈는 경제적인 동시에 정치적이며(인종의 정치도구화), 국내 문제이자 역내 문제이다. 국가는 주권 기능을 행사할 수 없는 상태였다.

세 번의 큰 위기: 이투리, 키부, 카탕가

콩고민주공화국은 세 번의 큰 위기를 겪었다. 첫 번째는 이투리족의 위기(인구 400만 명 중 5만 명이 죽고, 50만 명이 강제로 이주당했다)였다. 아르테미스 작전[3]의 범위 내에서 유럽군이 개입했고 헤마스와 란두스 사이의 분쟁을 악화시켰다. 특히 금과 콜탄 같은 천연자원 이슈는 토지 분쟁과 종족 간 분쟁과 결부되었다.

두 번째 위기는 부룬디·르완다·우간다의 국경 지대이자 천연자원이 풍부한 키부(Kibu)주의 위기였다. 이곳은 무장이 횡행하는 사회적·인종적 용광로였다. 키부는 르완다의 인종 학살을 겪은 곳이다(민병대가 콜탄과 금을 장악했고, 이들은 범죄 루트에 편입되었다). 2009년 11월 투치족인 로랑 은쿤다는 르완다의 지원을 받아 5천명의 인민방위국가의회를 창설하고 정부군에 대항했다. 그는 후투족 반란군을 쫓아내고

---

3. 콩고민주공화국 아르테미스 작전은 유엔과 관련이 있고, 유엔이 이 작전을 요청하고 지휘했다. 유럽연합은 이 작전의 틀을 짜고 승인했다. 프랑스는 주축국으로서 이 작전의 군대 동원과 임무 수행을 맡았다.

콩고 인민을 해방시키는 것을 목표로 삼았다. 북부 키부는 르완다에서 온 130만 명의 이민자와 난민을 받아들였다. 개간이 가능한 땅과 광산자원(콜탄)이 풍부한 북부 키부에 주둔한 6천 명의 유엔군콩고작전(MONUC)은 50만 명의 강제이주자들 앞에서 상대적으로 속수무책이었다. 유럽연합은 지원군 파견을 거부했다. 2008년 MONUC는 1만 7천 명이었다. 아르테미스 작전이 종료된 후 유럽연합은 2006년에 작전을 세 번이나 더 펼쳤다.

카탕가는 경제적으로 매우 유용한 콩고의 심장부이며, 콩고 광물 생산의 75%를 차지한다(구리, 코발트, 은, 게르마늄, 백금, 팔라듐, 라듐, 우라늄). 이들 천연자원은 국가 예산의 50~80%를 차지한다. 카탕가는 또한 매우 중요한 수력 발전의 잠재력을 가진 곳이었다. 레오폴드빌(킨샤사가 되었다)의 자치권은 역사가 깊다. 토착 카탕가족과 다른 지역 출신(이민 노동력을 제공하는 루바족)의 인종적 긴장이 극심했고 더욱 고조되었다. 콩고 독립(1960년 6월 30일) 직후인 7월 1일 코나카트(Conakat, 카탕가 부족연맹회의)와 모이스 촘베는 카탕가의 독립을 선언했다. 이 선언의 의도는 카탕가·카사이·키부·르완다·부룬디로 구성되는 중앙아프리카합중국 연합을 창설하는 것이었다. 벨기에와 미국은 당시에 종족 분리주의를 지지했다. 오트카탕가광산연합(UMHK)은 경제적 역할의 중심이었다. 3년간 지속된 내전과 카탕가 독립 전쟁에서 엄청난 사상자가 발생했는데, 촘베는 유럽과 남아프리카에서 기관총 부대를 모집했고 미국은 군대를 파병했다. 결국 촘베는 처형되었고 1963년 1월 4일 분리 전쟁은 종식되었다.

카탕가의 광업 거래는 25년 이상 저주가 되었다. 카탕가에서 구리를 생산하는 시카민(Sicamine)사는 미국·유럽·콩고 및 아시아 지사가 있는 멀리 떨어진 서부 광산지대로 이전했다. 수출의 핵심은 은밀한 밀약이었다. 중국은 콩고민주공화국이 공식 통계로 수출하는 양보다 10배나 더 많은 구리를 수입했다. 콩고 정부와 중국의 불공정 계약(원자재와 사회기반시설의 교환)이 횡행했다.

르완다의 드라마는 분쟁으로 더욱 악화되었다.

르완다의 충격의 물결

르완다의 인종주의는 우선은 식민화를 통해서 오랜 기간 비옥한 토양 위에서 전개되었다. 독일 식민 지배자와 그 후의 벨기에 식민 지배자는 사실상은 권위를 행사하던 투치족 귀족 정치에 의존했다. 이 귀족 정치는 학교 교육 덕택에 행정의 매개가 되었다. 후투족과 투치족 사이의 인종과 부족의 단순 분류로 생겨난 반목은 독립 후에도 다시 증오를 낳았다.

후투족은 1993년 8월 4일의 아루샤 협약(르완다 정부와 애국전선의 평화협약)으로 르완다의 권력을 장악했고, 그 당시 후투족과 투치족 사이의 화해 협약은 르완다와 부룬디 대통령의 죽음으로 효력이 정지되었다. 쥐베날 하브자리마나는 1973년에 쿠데타로 권력을 잡았다. 입학, 행정 및 군대 자리에 쿼터제를 도입하고 후투족을 우대했다. 1990년부터 투치족과 후투족 반대파는 우간다로부터 공격을 가했고, 프랑스는 르완다에 부대를 급파했다. 후투족 세력이 이식한 인종살인 기계는 이처럼 프랑스에 알려졌다. 그러나 르완다 문제는 미국·영국·이스라엘이 카가메의 르완다애국전선(FPR)과 우간다의 무세베니를 지원하는 것과는 별도로 이해될 수 없다. 이는 '아랍무슬림' 수단에 대한 남수단의 독립을 지지하는 것이기도 했다. '개발을 위한 민족혁명운동(MRND)'과 르완다애국전선의 분쟁은 우간다로 피난 간 후투족과 투치족 극단주의자들의 비중이 커지면서 격화되었다. 하브자리마나를 제거하려는 암살 기도는 종족 살해의 발단이었지만, 이는 확산되던 분쟁을 더 악화시킨 것에 지나지 않았다. 후투족과 투치족 애국전선 중 누구에게 종족 살해의 책임이 있느냐에 대해서는 논란이 분분하다. 1994년 애국전선의 수장이었던 카가메는 투치족의 인종 살해에 마침표를 찍었고 120만 명의 난민이 자이레로 탈출했다. 그는 1996년 우간다인과 부룬디인과 함께 모부투 축출을 위해 로랑 카빌라를 지지했다. 전쟁은 대량학살로 이어졌고 후투족에 대한 반인류 범죄가 저질러졌다. 르완다에 의해 키부의 일부가 사실상 합병되었고 그곳의 자원은 강탈당했다.

1994년의 르완다 인종 살해로 100만 명의 사상자와 200만 명의 난민이 발생했다. 화해 과정은 정착되었지만 부의 약탈로 콩고민주공화국은 계속 분할되었고, 마침내 부니아와 키부 두 권역으로 크게 나뉘었다. 모부투 체제에 반대하는 로랑 데지레 카빌라와 르완다·우간다의 동맹은 1997년 모부투를 실각시켰다. 카빌라는 앙골라·짐바브웨·나미비아의 지원하에 콩고 반란 운동과 르완다·우간다에 반대하는 방향으로 돌아섰다. 2001년 카빌라가 암살당하고 그의 아들 조셉 카빌라가 뒤를 이었다. 2002년 선시티 협약으로 전쟁 수뇌부 사이에 권력이 분점되고 민주적으로 권력이 이양되었다. 조셉 카빌라는 2006년 10월 콩고공화국의 대통령이 되었다. 2009년 화해 협약이 카빌라와 카가메 사이에 조인되었다.

(2) 다르푸르와 남수단

수단을 휩쓸며 150만 명의 사상자와 400만 명의 강제이주자 및 난민을 남긴 20년간의 남·북 수단 간의 전쟁을 겪은 후 분쟁은 서쪽으로 옮아갔다. 남수단의 석유 개발, 9·11 이후의 형세, 심지어 전후 피로가 새로운 질서를 낳았다. 1916년까지 이집트의 지배 아래 독립적인 술탄이 다스리던 다르푸르—600만 명이 살고 있었다—에서 2003년 2월에 분쟁이 발발했다. 당시에 이 분쟁은 남수단의 협상에 가려져 있었다. 그때 이미 20만 명 이상이 폭력과 기아로 사망했고 150만 명 이상의 난민이 발생했다. 이것은 인도주의 위기를 외면한 국제사회의 실패를 보여주었다. 2005년 1월 유엔은 이 분쟁을 '반(牛) 인종청소', '반(反)인류범죄'로 규정했다.

다르푸르 분쟁의 행위주체들

다르푸르 분쟁은 수단인민해방군(SPLA)과 정의와평등운동(JEM)이 정부군, 잔자위드 아랍민병대, (소련제) 카라슈니코프 자동소총으로 무장한 악마기병대(무장 강도), 약탈·방화·폭력을 자행하는 정부 지급 무기로 무장한 용병 등에 대항한 전쟁이었다. 친정부 민병은 시민 특히 여성을 폭행했고 이들을 '노예', '검은 노예'로 불렀다. 이들의 분열 요인은 다양했고, 단순히 아프리카인과 아랍인의 반목으로 축소될 수 없다. 주민은 흑인·무슬림이고 아랍어를 사용했다. 다수의 무장 집단들이 끊임없이 서로 보복했다(카벨 이브라힘의 JEM, 소 미누위Minouwi, 수단해방운동·부대).

전통적 규율로는 토지 소유권 분할과 조상 대대의 분쟁을 해결할 수 없는 상황에서 다양한 분쟁 요인이 겹쳐졌다. 이 분쟁은 역사적으로 중앙 정부로부터 서수단의 소외, 조상 대대의 약탈 재발, 아랍인과 아랍화된 유목민을 정착시킨 1979~1985년의 가뭄으로 일어난 토지 분쟁 같은 여러 원인 때문인 것으로 설명된다. 당시 푸르족이 많이 모여 살던 땅을 아랍 유목민이 탐냈다. 이로 인해 같은 조상을 가졌다고 주장하는 아랍족 및 아랍화된 유목민과, 비아랍족이지만 이슬람주의자이고 기본적으로는 농경민인 아프리카인(푸르족, 베리족, 마쌀리족, 자가와족) 사이의 '정체성' 갈등이 악화되었다.

다르푸르는 차드 반군에게는 성역이었다. 차드에 있는 난민수용소는 수단 반군에게는 저수지 같은 곳이었고 자가와족은 두 나라의 국경을 넘나들었다. 남·북 수단의 평화협약 이후에도 이 분쟁은 무장 군대와 수단 민병대에게 배출구 같은 역할을 했다. 이 전쟁은 또한 페르시아만의 농산업민 집단에게는 토지 반환과 석유 장악을 위한 기회였다.

수단과 다르푸르 분쟁은 난민과 국경을 넘나드는 반군으로 인해 차드와 중앙아프리카로 점차 번져나갔다. 그리하여 수단에서처럼 백아프리카와 흑아프리카의 분열이 일어났고, 종족·언어·기후 등의 차이도 재발견되었다. 권력은 무기를 통해 장악되었고 국경은 엄청나게 길고 넓었다. 주민은 석유가 있음에도 불구하고 그것 때문에 세계에서 가장 가난한 국민이 되었다. 주민은 전사 전통을 지니고 있었고 석유로 인해 분쟁은 더욱 격화되었다. 차드 반군은 수단 성역으로부터 혜택을 입은 반면, 다르푸르 난민은 차드에 거주했다. 2006년 4월과 2008년 1월에 다르푸르에서 온 반군들이 이드리스 데비(차드 대통령)의 정부군을 공격했다. 정부군은 프랑스 작전군의 지원을 받았다. 2008년부터 유럽 작전군 3,700명(그중 프랑스군이 2,100명)이 파병되었다. 유엔·유럽연합의 합동작전군 26,000명의 주된 임무는 다르푸르의 치안 담당이었다.

국제사회는 아주 속수무책인 것으로 드러났다. 아랍연맹은 서구의 개입에 반대했다. 시리아는 수단 정부에 협력하며 화학전을 제안했다. 아프리카연합은 7,000명의 군대를 파견했다, 하지만 군사적 수단도 불충분했고, 임무(MUAS, 수단·아프리카연합작전)도 애매했다. 2005년 3월에 유엔결의안 1590호·1591호·1593호에서 유엔은 군대 10,000명을 파병할 것(UNAMIS, 유엔군수단작전)을 결의하고 무기 수출 금지를 예고했다. 2004년 9월 18일 결의안 1564호는 안보리에 수단에 대한 석유 제재를 권고했다. 2006년 말 수단 정부는 이러한 외세 개입에 반대했다. 아프리카연합과 유엔의 연합작전군에 대한 협의가 이루어졌다. 중국은 석유에 대한 이해관계로 오래전부터 안보리의 결의에 반대했다. 그러나 차드와는 관계를 재개하고 해결책을 찾기 위해 미국과 협력했다. 차드는 아랍연맹, 시리아 정부, 러시아의 지지를 받았다. 인도주의적 조치는 아주 난망이었다.

2008년 7월 국제재판소에서 대량학살 혐의로 기소된 (오마르 알바시르 대통령에 대한) 국제법 적용과 타협을 모색하는 국제사회의 현실정치가 대립하는 것을 확인할 수 있다. 2010년 1월 15일 차드와 카르툼 정부의 공식적인 화해로 분쟁이 해결 국면으로 들어섰는데, 국경 양측의 반군에 대한 지원을 중단하고 2월 초에 안보 협약을 맺기로 한 것이다. 이리하여 공동의 연합군이 편성되었다.

항구적인 약탈에 종지부를 찍고 다르푸르에 평화가 찾아올 것인가? 차드 대통령 이드리스 데비는 2003년부터 수단과 차드의 대립에서 중요한 원인이었던 카벨 이 브라힘이 이끄는 정의와평화운동의 역할을 제한하는 데 관심이 있었다. 수단의 대통령 오마르 알바시르는 2010년 4월 대통령 선거 전에 차드와 관계 정상화를 이루는 것과 2011년 1월 남부의 자결에 관한 국민투표에 관심이 있었다. 미국과 중국은 다르푸르 분쟁 종식에 합의했다. 하지만 모든 카드가 이드리스 데비와 오마르 알바시르의 손에 있는 것은 아니었다. 사회적·인종적 연대가 너무 강력해서 두 국가수반의 결정을 벗어났다. 2011년 말 수단 체제에 반대하는 수단혁명전선을 형성하면서 남수단·남코르도판·청나일·아비에이와 연관해서 여러 파로 나뉘었던 반군이 재통합되어 분쟁이 재연되었다.

남수단의 독립

2005년 평화협정이 체결될 때까지 남수단 분쟁으로 200만 명 이상의 사상자가 발생했고 500만 명 이상의 강제이주자가 발생했다. 남수단의 독립을 가져온 국민투표는 2011년 1월 9일에 실시되었지만, 남·북 수단의 경계인 아비에이 지역에서 투표가 거부되었다. 북부와 남부의 반대자들이 너무 많았기 때문이다. 가장 중요한 문제는 석유자원의 공유, 남·북부의 국경 획정, 북부에 사는 남부인의 시민권 보장이었다. 북수단에 위치한 남코르도판과 청나일이 카르툼 정권에 이의를 제기했다. 아랍연맹·중국·러시아가 지원하는 북수단은 아무 대가 없이 독립을 수용할 수 없었는데, 석유자원의 70%가 남수단에 있었기 때문이다. 개발에 필수적이고 체제의 정권 유지에 필수적인 이 천연자원을 장악하기 위해 남수단을 정치적으로 무력화시키려는 의도도 있었다. 한편 남수단은 서구 열강 특히 미국의 지원을 받았고 케냐·우간다·이스라엘·르완다의 지원도 받아 독립을 추진할 수 있었다. 남수단은 전 세계에서 가장 빈곤한 지역 중 한 곳이며, 정치세력과 군사력이 분할되어 있었다(상나일주의[SLM/A, 수단자유운동/군대] 및 종글리주의[SSDM/A, 남수단민주운동/군대와 연계된 물족과 루누에족 사이에 목축과, 과거와 현재의 카르툼과의 관계로 인해 벌어진 분쟁 참조).

북수단이 야기한 부족주의는 내전으로 치달을 가능성이 있었다. 국경 획정에도 많은 문제와 논란이 상존한다. 미국은 특히 오마르 알바시르를 완전히 실각시키려고 했지만, 그는 이슬람 근본주의에 반대하는 보호막이기도 했다. 이웃 국가들도 국경 불가침의 원리에 위배되는 남수단의 분리를 수용할 수 없었다. 2012년 초 세 가지 시나리오가 가능했다. ① 석유 수익의 배분과 북수단의 남수단 지원에 근거하여 정치적·경제적 합의에 따른 남수단의 독립, ② 다르푸르·남코르도판(국)·청나일(국)의 지지를 받는 남수단과 북수단의 분쟁 재개, ③ 남부의 시민전쟁. 파당으로 분열된 다르푸르가 SPLM-N(수단민족해방운동-북부)과 다시 합쳐져서 수단혁명전선(SRF)을 결성했다. 석유 이슈와 카르툼 정권에 직면한 소수민의 반환 요구와 관련된 이 분쟁은 아비에이·다르푸르에 인접한 남코르도판·청나일에서 일어났다. 이 분쟁은 2012년 수단과 남수단의 격렬한 싸움으로 발전했다.

소말리아와 수단-사헬 활 지대의 테러

사이버공간은 테러 운동의 주요한 모병 장소이자 정보망이 되었다. 2001년 9월 11일 이전에는 11개이던 사이트가 오늘날 수백만 개로 늘었다. 현대전은 미디어가 승부를 좌우한다. 아프리카에서 알카에다는 두 권역에서 확장되는 것을 관찰할 수 있다. 이 권역이 특성은 근본주의 이슬람의 유인, 극빈, 마약 거래, 국가에 의한 영토 통제 불능, 인구 추이 부재이다. 소말리아가 바로 그러한 경우인데(제2부 참조), 소말리아 일부와 사헬-수단 활 지대가 그렇다. 마그레브이슬람알카에다(AQMI)는 2007년부터 알카에다라는 이름으로 활동하는 조직이다. 이 조직은 알제리의 압델말렉 드루크넬 전제 통치하의 남알제리의 '포교와 전투 살라피스트단(GSPC)'에서 유래한다. 이들의 최초 테러 행동은 주로 남알제리에서 이루어졌다. 그러나 알제리군의 맹공에 직면해서 집단의 거의 절반이 야히아 쥬아디의 지도하에서 북부 말리, 북부 니제르, 모리타니, 차드에서 재편성되었다. AQMI는 또한 북부 나이지리아, 차드 권역으로 그 세력이 확대되었다. 사실상 AQMI는 500명 수준의 전사 조직으로서 중앙집권적이 아니며, 10여 명으로 구성된 이질인 카티바(Katiba. 무장 단체나 캠프)거나 소집단 규모의 전사 단체이다. 어떤 카티바는 반서구 지하드 운동에 참여하고, 또 다른 카티바는 범죄·마피아 조직에 연루되어 있다. 이들의 재정 수단은 주로 코카인, 인질 몸값, 다른 불법적 마약 거래에서 생겨난다(J. C. Rufin, *Katiba*, 2010, Flammarion 참조). 2011년 카다피 실각 이후 북부 말리의 아와자드(Awazad) 지대의 독립을 외치는 투아레그족(특히 MNLA[아와자드해방운동]과 연계하거나 샤리아를 실천하는 안사르 에딘(Ansar Eddine, 살라프파 지하드 무장집단)과 손잡고 세력을 확장했다.

AQMI는 통제가 안 되는 지역에서 설립되고 이슬람 근본주의가 급부상하면서 인원을 충원해왔고, 리비아인이나 나이지리아인의 모병 위험이 있는 곳에서도 모병을 한다. 이슬람 근본주의는 사헬-사하라 지대에서 가정과 사회구조가 해체되어 직업과 소득의 기회가 거의 없고 범죄 경제활동이 전개되는 상황에서 젊은이들에게 피난처가 되고 있다. 알카에다 운동의 영토상 기지는 프랑스보다 20배나 넓은 광활한 지역으로 거의 통제할 수가 없고 수많은 불법 거래가 이루어지는 곳이기도 한데, 특히 아메리카에서 유럽으로 향하는 코카인(kg당 5천 달러에 매매)의 20%가 거래되며, 인질의 몸값(인질 1명당 약 500만 달러로 추산)을 흥정하는 곳이다.

이 지대는 미국(사하라 횡단 반테러 이니셔티브[TSCTI]), 프랑스, 사하라-사헬 국가들의 중요한 감시 대상이다. AQMI와 범죄망에 가장 직접적으로 관련되어 있는 4개국(알제리, 말리, 모리타니, 니제르)의 군사 협력은 오랫동안 지지부진했지만, 2010년 10월에 강화되는 듯이 보였다. AQMI에 대한 보다 장기적 대책은 정치적이고 군사적이다. 그것은 (1990년대 투아레그족에 대한 말리의 사례처럼) 소수의 급진주의 단체를 정치 게임에 몰아넣는 것을 포함하고 있지만, 지속적인 해결책은 범죄(마약, 무기)의 경로를 처음부터 끝까지 즉각 차단하고 교육·일자리·급여를 받는 활동에서 소외된 젊은 사람들에게 사회에 통합될 기회를 점진적으로 제공하는 것이다.

3. 불안과 분쟁의 영향

분쟁은 물적 자본(인프라, 시설), 인적 자본, 신뢰, 규율, 사회조직망에 기반한 사회적 자본의 파괴와 가치 하락을 가져온다. 국제 비교를 통한 몇몇 연구에 따르면, 전쟁(평균 7년)은 1인당 소득을 15% 하락시키고, 성장률을 2% 감소시키며, 평화 시 평균 9%이던 운전자본의 국외 유출을 20%까지 끌어올린다고 한다. 성장에 부정적인 효과를 미치는 전쟁을 거시경제, 미시경제, 부문별로 분석해 볼 수 있다. 국경을 넘어 매우 광범위하게 미치는 분쟁의 영향은 국가 차원의 정확한 통계로도 제대로 파악할 수 없다. 1960년에서 1990년까지 전쟁을 겪은 55개국을 표본으로 살펴보면, 전후 1인당 소득은 15%, 성장률은 2% 감소했고, 자본의 국외 도피는 2배 늘었다.

1) 전쟁의 경제적 비용

(1) 소득 수준에 미치는 영향

내전을 겪은 국가는 이를 겪지 않은 국가보다 평균 소득이 50%나 더 적다. 아프리카 국가에서 1인당 소득 수준에 미치는 분쟁의 영향에 관해서는 논란이 분분하다. 1994년 르완다의 인종학살은 1인당 소득을 25% 하락시켰다. 특히 난민으로 인한 인접 국가의 부정적 영향을 관찰할 수 있다(탄자니아·잠비아·짐바브웨에 영향을 미친 모잠비크 전쟁). 간접비용이 직접비용을 능가할 수도 있다.

(2) 전비(戰費)와 빈곤의 전쟁

군사비의 비중이 분쟁의 지표가 될 수 없는 까닭은 그것이 또한 안보의 요인이기 때문이다. 남아프리카공화국은 국방비가 38억 달러에 달하는 아프리카 제2위 국가이다. 그러나 재래식 무기를 쓰는 국가(앙골라, 에리트레아, 에티오피아)의 국방비와 대외 부채를 살펴보면, 전쟁은 엄청난 비용이다. 아프리카의 국방비는 55억 달러(1995)에서 71억 달러(2006)로 계속 증가했다. 스톡홀름국제평화연구소(SIPRI)에 따르면, 2010년 4개국이 아프리카 국방비의 3/4을 차지했는데, 남아프리카공화국 38억 달러, 앙골라 38억 달러, 수단 20억 달러, 나이지리아 18억 달러였다.

빈국들은 세계 국방비의 4.1% 이하를 차지(2004년 기준 9,750억 달러 중 39억 달러)하지만, 주요 분쟁의 약 절반(19회 중 9회)과 전체 무장 분쟁의 2/3가 이들 지역에서 일어났다. '빈곤의 전쟁'이라고도 할 수 있다. 국방비는 경제적 혁신과 파급 효과를 갖지 못한다. 남아프리카공화국을 제외한 사하라 이남 아프리카가 무기 수입국이다.

(3) 저성장에 미치는 분쟁 역할

분쟁은 경제 성장을 저해하지만, 반대로 분쟁을 벗어난 많은 국가는 급성장을 이룩했다(모잠비크, 르완다). 하지만 이러한 통계적 연관성은 저개발의 덫에서 탈피라는 관점에서는 그리 유의미하지 않다. 분쟁 중인 국가는 전략 자산이 보호되는 경우(석유 내륙국) 성장할 수 있지만, 교육·건강 및 국토개발 측면에서는 개발이 후퇴한다. 대기업만이 위험을 관리하고 기능을 발휘하는 조직망을 이용할 줄 안다. 하지만 불안으로 인해 단기 회수가 가능한 투자가 선호된다.

'국가 위험도'에 대한 연구는 기업 환경, 금융 위험, 정치 위험 외에도 수출업자와 투자자를 중요 결정 요인으로 꼽는다. 불안과 전쟁 위험은 아프리카의 저조한 대외 투자를 설명하는 중요 요인이다.[4]

2) 전쟁의 인적 비용

(1) 사상자

인적 비용은 사상자라는 관점에서 보면 엄청나게 크다. 1945년에서 1995년 사이에 분쟁으로 아프리카 6개국의 1억 6,000만 명 주민 중 700만 명 이상이 죽었다. 콩고민주공화국(1998~2001년, 250만 명), 수단(1983~2002년, 200만 명), 모잠비크와 앙골라(1975~2002년, 150만 명), 라이베리아(1989~1996년, 15만~20만 명), 르완다(1994년 인종학살 때 100만 명 이상)이다. 여기에 부룬디, 시에라리온, 우간다, 소말리아, 에티오피아, 에리트레아 등의 전쟁 사상자도 포함시켜야 한다.

---

4. 위험국가(risque pays): 수출기업이나 투자자들(예를 들면, 신용평가회사, 신용보험회사 및 투자은행)에 의해 평가되는 국가 위험.

(2) 강제이주자와 난민

아프리카에는 1,300만 명의 내부 강제이주자와 350만 명의 난민이 있는데, 이 숫자는 인구가 5배나 더 많은 아시아의 2배를 초과한다.[5] 난민 이주로 가장 크게 영향을 받는 곳은 전쟁 인접 국가이다. 예컨대 분쟁 중인 4개국(라이베리아, 시에라리온, 기니비사우, 코트디부아르)과 국경이 맞닿은 기니에서 주민의 약 1/10은 난민으로 추정된다. 단지 난민수용소만 국제사회가 책임을 맡고 있으나, 중요한 것은 가족망 내부의 지출이다. 콩고민주공화국의 르완다 난민, 차드의 다르푸르 난민, 남수단 인접국의 수단 난민도 마찬가지이다.

(3) 장애자, 병자, 아사자

장애(앙골라의 반인륜적인 광산, 라이베리아와 시에라리온의 찰스 테일러 군대가 자행한 신체 절단 참조), 강간, 군대 주둔으로 인한 전염병(특히 에이즈) 창궐, 영양실조, 기아 등으로 엄청나게 많은 인적 비용이 든다.

전쟁이나 게릴라가 있는 파탄국가는 기아를 겪는다. 군부 지도자는 공포를 퍼트리고 반대 집단을 아사 상태로 만들어 제거하려고 한다. 예컨대 소말리아에서는 농작물을 파괴하여 주민을 아사시키고 식량 원조를 횡령하거나 차단했다. 2000년 기근을 겪은 에티오피아와 아프리카뿔 지역에서는 가뭄(3년간 비가 오지 않았다), 에리트레아와의 전쟁 비용, 오가덴의 소외된 유목 종족을 진압하려는 에티오피아 정부의 역할 또는 관망, 분쟁으로 인한 물류대란 등이 겹쳤다. 식량 봉쇄는 적이나 소수집단을 제압하는 무기로 항상 사용되었다(제10장 참조).[6]

---

5. Commission pour l'Afrique, *Notre intérêt commun. Rapport de la commission pour l'Afrique*, Londres, 2005.

6. J. F. Bayart, B. Hibou, Ch. Ellis, *La criminalisation des Etats en Afrique*, Paris, Éditions

3) 무장 분쟁의 장기 효과에 대한 논란

아프리카 사회는 세계시(世界時)와 단절된 채로 오랜 역사적 시간이 흘렀다. 베야르(J.-F. Bayart)에 따르면, 전쟁은 국가 형성 수단이며 원시적 부의 축적과 미래 생산물 축적의 기반을 닦는 수단이라고 한다. 또 다른 연구자는 격변과 무질서는 민족국가 건설의 요소이며 미래의 정통성 강화 요소라고 한다. 유럽의 민족국가는 대부분 전쟁으로 건설되었다. 국가는 전쟁을 일으키고 전쟁은 국가를 세운다.

반면에 아프리카에서 전쟁은 국가 붕괴나 경제적 저개발의 핵심 요인이다. 사람과 재산의 파괴 때문만이 아니라 경제 주체가 느끼는 불안정 때문이다. 전쟁은 일반적으로 이주민과 난민을 만들어낸다. 에이즈 같은 병도 확산시킨다. 소유권과 일차자원의 획득이 불안하다. 약탈이 증가한다. 분쟁의 덫과 저개발은 서로의 발목을 잡는다.

4) 국제사회의 비용

전쟁으로 국제사회도 많은 비용을 지불한다. 카네기위원회는 1990년대에 발생한 7번의 대분쟁(코소보 분쟁을 제외)으로 국제사회는 2,000억 달러 정도의 비용을 지불했다고 추정한다.[7] 이는 공적개발원조의 연간 총액의 4배가 넘는다. 국제사회가 부담한 자금은 주로 안보 조처, 평화 유지, 긴급구호, 전후 관리에 사용되는데, 이와 같은 엄청난 비용은 개발원조를 희생하고 지불된 것이다.

Complexe, 1997.

7. 카네기위원회(Commission Carnegie): 치명적인 분쟁을 방지하기 위한 위원회로서 최종 보고서를 1998년에 유엔에 제출했다.

평화 유지에는 많은 비용이 들지만, 분쟁 재발 위험과 그에 따른 비용을 엄청나게 감소시킨다. 전쟁 위험이 1% 감소하면 세계는 연간 25억 달러를 절약한다. 국외 작전(OPEX)에 소요되는 프랑스 예산은 2010년 10억 유로로 평가되었는데, 이는 1인당 약 10만 유로에 해당하는 비용이다.

4. 분쟁 예방과 분쟁의 사후관리

1) 평화·안보 행동

최우선 사항은 국내 및 역내 집단 내에서 활동하는 치안유지군(군대, 헌병, 경찰)을 조직하는 일이다. 원자재의 투명성과 군 지도자의 소유 통제 역시 분쟁 가능성을 줄이고 예방하는 기본적인 방책이다. 여러 가지로 개입 방식을 달리할 필요가 있다.

(1) 외교·군사적 행동

안보는 폭력과 분쟁의 원인이 아닐 뿐만 아니라 발발에 대한 안전 조치의 결과는 분명 아니다. 안보 수단은 **외교**이다. 협상(중재)으로부터 제재(억류, 책임자 처벌)에 이르기까지 폭넓다. 일부 지역이나 역내에 무장 군대가 단순히 주둔하는 것만으로도 **군사** 조치가 된다. 체결 협정의 준수와 분쟁의 뿌리를 없애는 개혁 조치는 **정치** 수단이다. 무장을 해제당한 자들에게 손실을 보전하고 일자리를 찾아주는 **재정** 수단도 있다. 이러한 조치들은 빈곤, 소외, 지역 불평등, 민주적 규율 위반, 경제·정치적 순환의 불투명성, 세계 범죄 경제에의 관여 등과 관련된 구조적 원인과 보다 심층적 요인이 있다면 효력이 없다.

시간, 수완, 신뢰에 찬 말을 필요로 하는 외교는 분쟁의 심층적 원인을 제거하지는 못하지만, 원인을 예측하고 결과로 생기는 피해를 줄일 수 있다. 외교는 국제관계를 세련되게 하는 데 기여한다. 무장 분쟁에 대한 인도주의적 규정과 국제 협약은 새로운 분쟁과 다양한 형태의 게릴라전에 대해 상대적으로 취약하다. 인도주의적 조치는 개입권을 가지고 이러한 약화된 기능을 일부 한시적으로 보완하는 것이다. 패망국가에 대해 사회계약의 존중을 관리하는 중재자와 제3자의 역할도 국제기구나 역내 기구, 심지어는 외세에 의해 확보된다.

우선적으로 취할 조치는 무장 해제, 동원 해제, 치안군과 민병대 재고용(대부분 실패했다), 시민행정 재건, 긴급복구, 합법 국가 재건이다. 이러한 조치는 인도주의 기구와 협력하여 군대가 수행할 수 있다. 그러나 이러한 조치는 또한 우선적으로 분쟁의 심층적인 원인 특히 마피아 경제 루트와 천연자원의 차단에도 관여해야 한다.

(2) 다수의 국제적·지역적 행동주체

유엔, 북대서양조약기구, 유럽연합은 중요한 역할을 한다. 유엔은 2004년에 4만 5천 명 이상의 군대를 운용하면서 25억 달러의 경비를 썼다. 특히 콩고민주공화국의 작전에 참여했다(MONUC). 유럽연합은 지역 및 하위 지역의 통합을 강화하고 각 국가의 내부 역량을 개발하는 데 역점을 두는데, 아프리카연합도 지원한다. 유럽연합은 2006년 콩고민주공화국에서 세 차례 작전을 수행했는데, 유럽연합경찰 킨샤사 작전(EUPOL Kinshasa), 유럽연합군 원조안보 콩고 작전(EUSEC RDC), 유럽연합군(EUFOR)의 작전이다. 이러한 군사 개입은 북대서양조약기구와는 별도로 유럽이 독자적으로 행한 최초의 작전이었다. 서구 열강은 아프리카에 깊이 관여했다. 유엔평화유지군 작전의 절반은 아프리카에서 수행되었다. 세계적으로 보면, 1999년 2천

명이던 유엔군은 2009년에 11만 3천 명이 되었고 75억 달러의 예산을 썼다. 군인 2만 명과 예산 13억 달러가 투입된 '콩고민주공화국 안정 정착을 위한 유엔군 작전(MONUSCO)'은 유엔 최초의 아프리카 작전이었다(2009년 7월~ 2010년 7월). 이외에도 유엔군 수단 작전(MINUS. MINURSS로 변경. 수단), 아프리카연합과의 연합 작전인 '유엔군과 아프리카연합군의 연합 작전'(다르푸르), 유엔군 중앙아프리카공화국 및 차드 작전(중앙아프리카공화국, 차드), 유엔군 코트디부아르 작전(코트디부아르), 유엔군 라이베리아 작전(라이베리아), 유엔군 사하라 국민투표위원회 작전(서사하라) 등이 있다. 이러한 작전은 강력한 정치적 지원이 있어야만 성공하는데, 다르푸르 사태나 콩고민주공화국의 경우에는 그렇지 못했다.

아프리카의 평화를 위한 서구 열강의 노력

프랑스 병력은 1985년 8천 명에서 6천 명으로 감축되었지만, 코트디부아르의 리콘 작전, 이투리에서의 국가적 핵심 역할(아르테미스 작전), 유럽화된 아프리카평화유지군 역량 강화 작전(RECAMP) 등을 통해 군사행동은 증대되었다. 이에 따라 2006년 말 1만 1천 명의 병력이 아프리카에 주둔했고, 카메룬·중앙아프리카공화국·코트디부아르·가봉·세네갈·토고와 방위 조약을 체결했다. 그리고 헌병군대로서 역할을 다시 하게 되었다. 1960~1994년 프랑스는 아프리카에 18회 개입했으나, 르완다에서의 터키석(Turquoise) 작전, 조스팽 시기의 무개입 의지, 군 체제의 유럽화와 아프리카화 시도 이후에는 엄청나게 감축되었다. 프랑스와 유럽 지역군 체제와는 달리 미국은 대륙 차원에서 아프리콤(AFRICOM)이라는 민간 군사 체제를 구축하고, 중요 국가들과 양자 간 군사 협력도 수행한다. 이들은 케냐에 기반을 두고 안보 작전을 수행하는데, 불도저식이 아니라 메스를 사용하는 전략을 구사한다. 2010년의 프랑스 병력은 세 곳의 군사기지(지부티 2,800명, 다카르 400명, 리브르빌 900명) 주둔 병력 중 1,000명과, 코트디부아르 리콘 작전에 유엔과 유럽연합의 일원으로 참여한 900명이다. 이 체제의 일부가 유럽화되면서 EURO RECAMP가 되었고, 다시 AMANI AFRICA와 EUROFOR이 되었다.

새로운 군사 방위 조약과 군사 협력이 이루어졌다. 분쟁 방지를 위해 기금을 이용하는 영국은 시에라리온 국내와 국경 주변, 대호수 지역, 수단과 앙골라에 파병·주둔했다. 영국은 아주 일관된 전략을 보여준다(대량원조, 개별적 대화). 영국은 프랑스의 RECAMP 같은 BMATT(영국군사고문훈련팀)를 운용하며, 나아가 '서아프리카 국가 종전 감시 경제공동체(ECOMOG)'를 라이베리아와 시에라리온에서 운용한다.

미국은 2001년 9월 11일 이후 '판 사헬 이니셔티브(Pan-Sahel Initiative)'를 정착시키고 아프리카 국가들에 자문·훈련·정보를 제공했다. 나아가 지부티와 디에고 가르시아 섬에 군사기지를 두고 비밀작전을 수행하며, 아프리카 제5군(AFRICOM)을 창설했다.

분쟁이 더 광역화되고 확산 효과가 나타나면서 각 지역에 역내 조치들이 더욱 필요하게 되었다. 이전에 가봉의 봉고 대통령과 코트디부아르의 우푸에 부아니 대통령이 했던 역할의 전통에서, 특히 남아프리카공화국의 음베키, 말리의 코나레, 콩고민주공화국의 사수 웅게소 같은 인물의 역할에서 국가수반의 중재를 볼 수 있다. CEDEAO는 ECOMOG(통제하고 종전을 정착시키기 위한 CEDEAO 조직)와 함께 라이베리아에서 중요한 성과를 얻었는데, 이는 특히 나이지리아의 역할과 찰스 테일러에 대한 코트디부아르의 입장 변화 덕택이었다. 하지만 회원국을 분열시킨 서아프리카 분쟁에는 그리 깊이 관여하지 않았다. SADC는 콩고민주공화국과 1994년부터 이 기구의 회원국인 남아프리카공화국에 개입했지만, 대외 외교가 점차 신중하지 못한 행보를 하고 있다. 유엔의 아프리카화를 관찰할 수 있다(2010년에 6만 8,126명 중 3만 632명). 아프리카대기군(FAA)은 2만 5,000명의 예비군을 예상했다. 역내 지역 군대로는 ECOMO(CEDEAO), FOMUS, MICOPAX(SADC), I'IGAD(소말리아의 이가솜[Igasom]), 아프리카연합군(다르푸르의 UNAMID, MIAB, MUASEC, AMIS, 소말리아의 AMISOM)이 있다.

2) 원조의 원칙과 실천의 여러 정의

공적개발원조는 안보, 긴급구호, 인도주의에 우선적으로 투입되었다. 이 해당사자들은 국가 재건을 돕지만, 부문에 따라(사법, 경찰, 군대 등) 대부분 일관된 비전 없이 전문화되었다. 파탄국가나 취약국가의 분쟁 현실과 불안은 원조의 원칙과 그 우선순위까지 바꾼다.

성과에 의한 사전·사후 기준으로 원조 조건을 결정하는 것은 파국적인 혼란 체제에서는 효과가 없고, 분쟁 중지와 파탄국가·취약국가의 재건이라는 우선순위의 의미도 사라지게 한다. 국경은 넘어 강제이주의 위험이 있는 역내 확산은 국가 차원에서 원조와 부채를 처리할 수 없게 만든다. 반면에 이해당사자들의 합의로 기금을 지원하여 국가와 지역이 최소한의 주권 통제 기능을 초기에 확보하는 것이 중요하다. 이는 굿 거버넌스, 균형 예산, 경제 성장과는 상관이 없다. 최빈국과는 다른 별도의 특별 조치가 분쟁 위험 국가, 분쟁 중인 국가, 분쟁 탈출 국가에는 반드시 필요하다.

영국국제개발청(DFID)[8]은 파탄국가나 취약국가의 특별 취급을 명시하고 있는데, 이는 미국의 사안별 처리 및 굿 거버넌스와 모범생이라는 정책적인 지원 우선 기준보다 더욱 현실적인 것으로 보인다.

조속히 지원해야 하는 긴급구호는 장기적인 이주민 유입, 경제 개발, 기관 재건의 보안 문제가 뒤따른다. 지원은 여러 단계로 추진된다. 지역 차원에서는 합법적인 분쟁 조정 체제를 가동해야 하고 취업과 소득 및 권리 취득의 기회를 창출해야 한다. 국가 차원에서는 원조를 분쟁 방지와 관리에 집중하고, 보다 신속한 조치를 통해 원조 체제를 개혁하고, 이해당사자들 간의 이해를 명확히 조정해야 한다.

3) '무법천지'의 규제

국제적 조처가 합법적이고 효과적이려면, 이들과 함께 자유로운 세계화와 세계적인 경제 무질서를 반드시 규제하고, 국제 마피아 루트, 역외 금융, 무기 밀거래, 뇌물 공여자와 수뢰자의 고리가 북부 진영 국가들의 규제와

---

8. 영국국제개발청(DFID): 영국 정부의 개발 프로그램 관리를 위해 1997년에 설립한 부서. 사하라 이남 아프리카는 이 부서의 최우선 순위이며, 양자 원조 비용의 48%를 차지한다.

통제를 반드시 받아야만 한다. 대부분의 아프리카 분쟁은 국제적 범죄 루트와 관계가 있고, '무법천지'에 대한 규제가 분쟁 예방과 규제의 핵심이다.

그러한 조치들은 국제 공공자산에 대한 협상, 규범과 규율 준수 체제를 전제로 한다. 해당 분야는 역외 금융의 통제로부터 무기 거래를 거쳐 불법 제품(마약)과 마피아가 장악한 합법 제품의 밀거래에 이르기까지 폭이 넓다. 특히 무기 밀거래 제한, 전쟁 지원 제품(다이아몬드, 석유, 마약)의 거래 규제, 마피아 경제와 관련 있는 역외 금융 통제에 국제 협력은 반드시 필요하다. 2002년 말에 조인된 '킴벌리 프로세스'는 전쟁 다이아몬드의 추적과 투명성에 관한 조처로, 2005년 아프리카위원회[9]가 주창한 '채굴산업 투명성 확보(ITIE)' 협정으로 전환되었다.

이 협정은 남아프리카개발공동체(SADC)의 협약에 근거하여 1997년 3월 사헬-수단 지대의 8개국이 서명한 무기 수출입과 제조에 대한 유예 모델에 의거할 수도 있고, 서아프리카국가경제공동체(CEDEAO) 내에서의 무기와 개발 교체 프로그램 모델에 의거할 수도 있다. 예컨대 무기 수출국은 '고채무 빈국(PPTE)' 조치를 받는 채무국에는 무기를 판매할 수 없다.

4) 민주주의 역할과 개발 정책의 필요성

분쟁은 결정 체계, 즉 정보(정보 조작)·표상(허위 표상)·행동(논리나 의지의 결핍)을 조정하는 불안한 (확률적으로 예측할 수 없는) 세계에서 (주관적인 확률에 따른) 위험을 담지한 체계가 붕괴될 때 발생한다. 행동주체는 부정적이 되거나 수동적(당하기), 반응적, 선제적(예단하기), 전향적(원하는 것이 일어나게 조치), 상

---

9. 아프리카위원회(Commission pour l'Afrique): 토니 블레어의 주도로 설립된 위원회로서 2005년에 특히 기업과 정부의 투명성과 행동규범 정착의 필요성을 강조하는 중요 보고서를 작성했다.

호적(사건과 관련하여 조치)이 될 수 있다.

분쟁을 예고하거나 그 범위를 정하려면 **정보**의 역할이 기본이다. 대의민주주의는 분쟁을 제약하는 통치 형태로 생각할 수 있는데, 그 조건은 통치 형태가 다당제가 아니거나 흔히 무책임한 언론의 자유에 맡기지 않을 때 가능하다. 르완다의 수천 개 언덕에 있는 라디오나 코트디부아르의 언론은 외국인 혐오증이나 인종 살해 호소에 책임이 있다. 중요한 것은 반대 세력의 역할이며 강력한 국가를 보완하는 강력한 시민사회의 구성이다.

민주주의 건설은 무차별적인 서구 모방을 금지한다. 오히려 전통적 제도와 분쟁 해결 방식에 의존해야 한다. **화해**는 극단적 폭력 상황을 넘어서는 수단이 되었다. 그 예로 남아프리카공화국의 진실화해위원회는 물론이고, 부룬디와 수단이 체결한 평화협약을 들 수 있다. 1993년에 창설된 진실화해위원회는 간단한 원칙에 기초해 있다. 이 위원회 앞에 와서 자신의 비리를 고백하는 모든 사람에게 사면의 혜택을 주는 것이다. 데스몬드 투투가 주재한 이 위원회는 노벨 평화상을 수상했고, 아파르트헤이트에서 해방된 남아프리카공화국의 유혈 분쟁을 막아주었다.

결국 분쟁 방지는 분명히 생산성 향상, 재분배 정책, 대중적인 계획의 신용과 지원을 통한 행위주체의 역량 향상을 통해 접근가능성과 이용가능성을 증진시키는 개발 정책을 통해서 이루어진다. 청년 교육과 지대경제에서 생산경제로의 창조 및 이행은 실업 청년에게 부가가치와 취업의 기회를 제공하고 분쟁 위험을 감소시키는 핵심 요인이다.

제8장

환경

1977(2002)	방기(Bangui) 협약(개정)
1987	지속가능한 개발에 대한 브룬틀란트 보고서
1997	교토 의정서
2006	기후 온난화에 대한 스턴 보고서
2009~2011	코펜하겐·칸쿤·더반에서의 기후 관련 회의

> "우리는 이 행성을 아이들에게서 빌려왔다."
>
> _앙투안 드 생텍쥐페리

지구는 하나이며 유한하다. 인간은 자원을 미래 세대의 장래를 저당으로 잡아 그들의 재원을 빌려 쓰고 그 신용으로 살아간다. 부유한 국가에서 환경 문제는 사치가 아니라 가난하고 취약한 사람들의 생존을 위한 조건이다. 아프리카의 자연 자본은 부의 주요한 원천이지만, 약탈, 낭비, 분쟁, 복구 대책 없는 지나친 사전 착취, 기후 변화의 영향 등으로 인해 파괴되는 있다.

아프리카 많은 지역과 다른 여러 지역에서 오염, 온실효과, 이산화탄소 배출, 기후 변화, 폭풍, 수자원 고갈, 생물다양성 감소, 삼림 황폐, 사막화 등과 같은 환경 문제가 점차 중요해지고 있다. 내부 및 외부의 두 가지 주요한 이류로 설명할 수 있다. 하나는, 천연자원의 이용에 관한 집단적 규율은 그 대상의 보존을 목표로 하지만 오늘날 인구·기술·교역의 급변으로 의문이

제기된다는 점이다. 둘째는, 세대 간 관점에서 보면 자산 관리를 희생시키면서 생존과 단기적 성과만을 빈번히 우선시한다는 점이다.

많은 재해에는 국경이 없다. 지구 온난화의 원인은 일차적으로 산업국 또한 중국과 인도 같은 신흥국에 책임이 있지만, 그 결과는 지구 전체에 영향을 미친다. 주민의 욕구 충족을 위해 필요한 1인당 '생태적 흔적' 또는 지표(地表)는 북아메리카 9.6헥타르와 비해 아프리카는 1.1헥타르이지만, 지구적인 영향은 모두 같이 공유한다. 아프리카 사회는 환경 쇼크에 직면해서 회복력이 더디다.

아프리카는 환경 위험이 세계에서 가장 큰 대륙이다. 세계위험지수(유엔 연구소)는 위험 노출(자연 격변)과 취약성, 위험 소인의 총량(인프라 시설 및 맥락적 환경의 기능), 대처 역량(거너번스와 원조의 기능), 적응 역량(예측과 선제 전략이나 사후 전략의 기능)을 결합시켜 측정한다. 위험지수가 가장 높은 곳은 사헬 지대, 소말리아, 르완다, 마다가스카르, 시에라리온이다. 중간 위험도의 국가는 남아프리카와 중앙아프리카의 국가들이다.

1. 생태계 관리 규칙

1) 생태 활용과 유산

역사적으로 아프리카 사회는 생태계를 보호하는 규칙을 제정했다. 오스톰 등이 분석했듯이,[1] **재산권**은 접근권, 단일 또는 다수 자원을 취하고 제거하는 철회권, 관리운영권, 배제권, 이관 및 양도권으로 구성된다. 베버와 레

---

1. E. Ostrom, R. Gardner, J. Wolker, *Rules, Games and Common Pool*, Michigan, Ann Arbor University, 1994.

버레는 다섯 가지 **활용 방식**을 구별한다.[2] 자연에 대한 (개인적·집단적) 표상
과 지각 방식, 자연에 대한 접근과 접근 통제 및 이용 방식, 천연자원의 이양
과 분배 방식, 그리고(또는) 활용 결과의 공유 방식이다.

자연 유산은 생물학적 생명과 사회적 생명 유지의 근간 요소들의 지속과
재생 필요성에 기반을 둔다. 집단적 주체로서 유산 집단은 사자(死者)와 미래
의 생존자를 위한 규칙 체계의 기초로서 법령화·제도화를 유도하는 금지,
의무와 책무를 부과한다. 고대인의 세계 표상은 생태 중심적이었지 인간 중
심적이 아니었다. 인간은 자연의 한 요소에 불과하다(제2장 참조). 전통적으
로 집단 규칙과 자연 유산의 사용권에 포함된 환경 위험 관리가 오늘날 의
문의 대상이 되고 있다.

2) 환경 자산: 공공재, 공통재, 집단재 또는 개인재?

환경재에 대한 논란이 있다. 공기, 물, 삼림 또는 생물다양성 등과 개인·
공동·집단·공공 차원의 경계를 어떻게 결정할 것인가? 여러 가지 이론적인
논거를 댈 수 있다.

(1) 개입주의 주장

환경재를 **공공재**로 규정할 수 있다. 즉 공공의 영역, 다시 말해서 최대다
수의 사람이 접근 가능한 재원으로 규정할 수 있다. 토지와 생물다양성은
분명히 국가의 소유이다. 그래서 물·전기의 관리방식을 오랫동안 지배한
국가 관리 체제처럼 국유림도 공공 서비스의 개념, 즉 중앙 관리와 모든 사
람을 위한 보편적 서비스로 정당화된다.

---

2. J. Weber, J.-P. Reveret, "Biens communs: Les leurres de la privatisation," *Une terre en
renaissance*, Orstom-Le Monde diplomatique, coll. Savoirs, n° 2, octobre 1993.

(2) 자유주의 주장

이 주장에 따르면, 환경재는 **세계적인 집단재**이다. 자유주의 전통에서 그 준거는 시장이다. 그것은 순수집단재, 공유재(배타적이지는 않지만 경합하는 집단재), 혼합재(경합적이지 않으나 배타적인 집단재)로 구별된다. 여기에 외부 영향과 자연 독점이라는 기준이 추가된다. 순수집단재의 경우 시장이 붕괴되면 세금으로 이 집단재를 지원해야 한다. 부정적 외부 영향의 경우(예컨대 환경오염), 오염 유발자가 비용을 지불해야 한다(피구세*). 하지만 과세 이외의 다른 메커니즘도 있다. 환경 쿼터 시장에서 '오염권'의 구매자와 판매자 사이의 거래를 유도할 수 있다. 어떤 경우에는 '오염 피해자'가 '오염 생산자'에게 오염방지비의 지불을 요구하거나 그 비용을 환경 서비스에 지불하게 할 수 있다(예컨대 삼림 보호와 탄소). 재산권은 가장 인센티브가 강하므로 자유재의 낭비를 줄일 수 있다. 외부 영향을 흡수하기 위한 환경권 시장도 가능하다(온실효과가스의 영향과 관련해서 그 쿼터 시장에 관한 교토 의정서가 그 사례이다).

(3) 제도주의 주장

제도주의 접근은 환경재는 **국제적 집단재**로서 거래비용을 감소시키는 조정방식, 즉 시장·위계·규칙에 따라 생산·관리되어야 한다고 주장한다. 집단재는 특히 규모의 경제 또는 자유재의 과잉 착취로 인한 '공유재의 비극'을 피하기 위한 집단 규약의 필요성으로 그 타당성을 얻는다. (기업과 공기관 사이의) 정보 불균형 감소, 기회주의적 행동을 피하기 위한 인센티브제(가격, 재정, 거래), 공동 계약자와 규제 행정기관의 상호 신뢰에 찬 약속의 관점에서 물·전기·삼림 이용에 관해 양허 계약을 맺을 수 있다.

---

* 영국의 경제학자 피구(Pigou, 1877-1959)가 제안한 세금. 그는 환경 문제를 해결하기 위한 정부의 적극적인 역할에 대한 경제학적 분석을 시도했다._옮긴이주

'대리인 이론'[3]은 불균형하고 위험한 정보라는 맥락에서 집단과, 공공 서비스 위임을 받은 사업주체 간에 효과적인 인세티브가 무엇인지를 잘 보여준다. 사업주체는 계약 조건 명세에서 미리 고정가격을 적시하여 위험을 감수하거나 비용 보상 기능을 담당한다. 조직 모델의 효율성이란 측면에서 환경재의 사적·공적 특성을 합리화할 수도 있다.

(4) 윤리적 주장

규범적 관점에서 보면 일차재가 있다. 이것은 롤스(J. Rawls)[4]의 의미에서 다른 재화를 파생하는 재화이며, 페루(F. Perroux)[5]가 지적했듯이 "인간으로서의 비용을 대주는 필수품", 즉 인간이 인간으로서 존재할 수 있도록 해주는 재화이다. 따라서 물은 (남아프리카공화국의 헌법에서처럼) 기본권으로 규정된다. 2002년 12월 유엔경제·사회·문화적 권리 위원회는 "인간의 다른 여러 권리 실현의 선제 조건으로서 인간의 **물 권리**"를 천명했다.

(5) '공유유산' 주장

유산의 개념은 사회 결속과 유대의 지속성, 유산 보존의 기초가 되는 공유된 정체성의 가치를 말한다. 이 유산의 본질적인 가치는 상속의 가치(과거에 주어진 가치), 유증(전승하고자 하는 유산에 부여된 가치), 채택의 가치(후에 자원으로서 이용가능성에 대한 가치), 존재(사용하지 않음에 주어진 가치)를 의미한다. 문화에 따라서 이처럼 서로 다른 가치들 사이의 중재는 관습, 권위, 민주적 선택의 영역에 속한다. 유산 관리는 보존, 예방의 원칙, 선택 불확실성

---

3. 대리인 이론(théorie de l'agence): 생산수단을 지니고 명령을 내리는 '주요 인물'과 그 생산수단을 이용하는 사람을 대신하는 두 대리인의 대립에 근거한 이론.

4. J. Rawls, *Théorie de la justice*, Paris, Seuil, 1971.

5. F. Perroux, *L'économie du XXe siècle*, Paris, PUF, 1961.

과 전환성 원칙을 전제로 한다. 하지만 이른바 연대의 이름으로 공동체와 공유재를 이상화할 위험성이 있다. 급수탑, 마을 우물, 삼림, 목초지 주위에서 작용하는 분규와 힘의 역학관계를 잘 간파하는 것이 중요하다. 엘리나스 오스트롬(Elinas Ostrom. 2009년도 노벨 경제학상 수상)에 따르면, 공유재는 사유재산도 아니고 공공재산도 아닌 권리에 의거해서 이용자 공동체에 의해 성공적으로 관리될 수 있다고 한다.

(6) 정치적 주장

지구적 공공재로나 사회·정치적 구성물로서의 환경재에 대한 견해이다. 이는 상반된 이해관계와 권력을 지닌 불평등한 입장의 행위주체, 즉 정부, 지방정부, 후원자, 기업, 생산자집단, 국제 연대기구 등의 집단적 결정에 따른 것이다. 각기 다른 행위주체(민간, 공공, 공동체) 사이의 구조적·관계적 힘의 불균형이 국제적 차원(원조구조)과 국가적 차원(국가 규제기관)을 통해 세계(다국적기업)에서 지역(지방정부, 지역 연합)에 이르는 다양한 규모로 경제의 주요 '구조'에 표현된다. 다수의 정치적 문제가 제기된다. 미래 세대의 관점에서는 어떻게 말할 것인가? 과거에 축적된 오염에서 생겨난 부채를 어떻게 고려할 것인가?

환경의 지속적인 관리는 지역적 조치(해양 보호구역, 농업·임업 육성지역 등의 조성)와 기본적인 환경 교육으로 시작해야 한다. 이와 같은 조치는 국가 전략과 역내 전략의 틀 내에서 상호 연계를 전제로 한다. 환경 관리는 보다 지구적인 조치를 포함한다.

2. 주요 환경 이슈

1) 기후

(1) 기후 변화와 그 영향

기후 변화는 지구적 차원에서 지역적 차원까지 여러 차원에서 시기별로 나타난다. 엔트로피 효과는 단기 기후 사이클과 함께 장기 기후 사이클의 온난화에 추가된다. 기후 변화가 미치는 영향은 복잡하고 불확실하며, 예방 원칙과 선제적 전략을 필요로 한다. 과학적 조사에서 단순하고 수사적인 정치적 담론을 이끌어내기는 어렵다. 경고성 담론은 사람들의 의식을 일깨우는 한 가지 방법이다.

기후 온난화는 거의 확실해졌다(100년에 0.6도 상승). 그 영향은 작은 섬 국가를 위협하는 해수면 영향(100년 전부터 매년 2mm 상승), 재해(홍수, 폭풍)의 증가, 사막화, 수백만 명의 난민 등으로 나타난다. 기후 온난화의 결과에 대한 2006년의 스턴 보고서(Stern Report)[6]는 별다른 변화 요인이 없는 한 온난화에 따른 피해 비용은 5조 5,000억 유로에 이를 것으로 평가한다. 예방 조치에도 세계 GDP의 1%인 2,750억 유로의 투자가 요구된다.

기후와 이와 관련된 자연재해는 더 이상 인간의 활동과 관련 없는 것이 아니다(즉, 인간적 요인이다). 온실가스 특히 이산화탄소 배출량과 지구 온난화 및 자연재해 증가 사이에는 분명하게 연관성이 있다. 전기 생산은 이산화탄소 배출량의 24%를 차지하며, 산업·운송·농업은 각각 14%, 토지 이용은 18%, 건설은 8%를 차지한다. 미국인 1인은 매년 20톤의 이산화탄소를 배출하고, 유럽인은 9톤, 전 세계 주민은 1인당 4톤, 아프리카 주민은 1인당 1톤

---

6. N. Stern(ed.), *Faire face au rechauffement climatique*, Londres, octobre, 2006.

〈지도 11〉 아프리카에 대한 환경 및 기후 위협

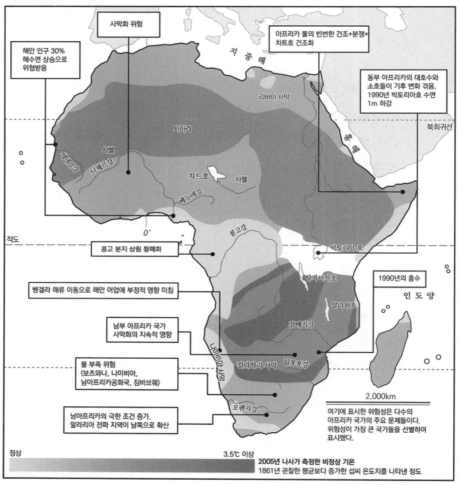

사막화 위험

해안 인구 30% 해수면 상승으로 위협받음

아프리카 불의 빈번한 건조+분쟁+ 차트호 건조화

동부 아프리카의 대호수와 소호들이 기후 변화 겪음. 1990년 빅토리아호 수면 1m 하강

지 중 해

리바아 사막

사하라

북회귀선

사헬

니제르강

차드호

사헬

베누에강

적도

0°

콩고강

콩고 분지 삼림 황폐화

빅토리아호

탕카니카호

1990년의 홍수

벵겔라 해류 이동으로 해안 어업에 부정적 영향 미침

말라위호

인 도 양

남부 아프리카 국가 사막화의 지속적 영향

잠베지강

물 부족 위험 (보츠와나, 나미비아, 남아프리카공화국, 짐바브웨)

칼라하리 사막

림포포강

2,000km

나미비아 사막

여기에 표시된 위험성은 다수의 아프리카 국가의 주요 문제들이다. 위험성이 가장 큰 국가들을 선별하여 표시했다.

남아프리카의 극한 조건 증가. 말라리아 전파 지역이 남쪽으로 확산

오렌지강

정상　　　　　　　　　　　　3.5℃ 이상

2005년 나사가 측정한 비정상 기온
1861년 관찰한 평균보다 증가한 섭씨 온도치를 나타낸 정도

출처: " L'état de l'Afrique 2006," *Jeune Afrique*, hors-série n° 12, 2006.

미만의 이산화탄소를 배출한다. 아프리카가 7억 톤의 이산화탄소를 방출하는데 비해 선진국은 125억 톤, 개도국은 124억 톤의 이산화탄소를 배출한다. 아프리카는 온실가스 배출량의 4%만을 차지하지만, 기후 변화의 영향

과 가뭄과 홍수 등 환경적 타격을 가장 극심하게 받고 있다.

그러나 예측은 일정하지 않다. 가정에 따라 2100년까지 +1.5도에서 +5.6도까지 다양하게 예측된다. 관성의 영향으로 인해 이산화탄소에 대한 안정화는 현재 배출량의 2배 감축을 요구한다. 신흥국은 에너지 소비 대국이고 산업화를 제한하는 조치에 반대한다(예컨대 2025년까지 중국은 에너지 소비를 2배 늘이고, 인도는 1/3을 늘인다). 선진국은 자신의 개발 오류 모델을 다시 문제 삼기를 원하지 않는다(예컨대 미국은 2025년까지 에너지 소비를 1/4 늘인다).

아프리카는 기후 변화와 그 영향으로 매우 다른 방식으로 받는다. 농업, 건강(말라리아), 가뭄(북부와 남부 권역)에 따른 수자원 스트레스(토양, 강, 호수, 북부와 남부 지역의 건조), 홍수(적도아프리카), 해수면 상승 위험(해안 지역), 삼림 황폐 등으로 고통 받고 있다. 또한 온실가스 배출량이 4%에 불과한데도 교토 의정서의 청정개발체제로부터 받는 혜택은 거의 없다. 특히 동아프리카의 사헬과 남아프리카 중심부에서 온난화가 심한 것이 관찰된다.

(2) 교토 의정서와 아프리카

1997년의 교토 의정서는 온실효과를 지닌 가스 6종류—이 중에 이산화탄소도 있다—를 감축하는 것을 목표로 했다. 그것은 유럽이 제안한 과세가 아니라 미국의 입장을 따라 양적 통제를 결정했다. 이 의정서는 각국에 공통적이지만 차별화된 윤리적 원리를 채택하여 북부 진영에 주요 책임과 지구적 영향을 지닌 집단행동을 부과하는 근거를 제공했다. 그것은 신흥국의 비중을 최소화하는 남북 진영의 격차에 기초했다. 협상 가능한 허용조건이나 교환 가능한 쿼터는 강력한 제왕적 간섭(국가가 기업에 배출한도를 정해주되 어길 경우 벌과금을 부과)과 시장 유연성(기업의 배출가스 구매와 판매) 사이의 타협이다.

세 가지 유연성 있는 메커니즘이 정착되었다.

- 협상 가능한 배출허가시장(PEN). 약속한 수준을 넘어 배출량을 감축한 국가는 다른 국가에 이를 팔 수 있도록 허용한다(2008-2012).
- 공동의 계획실행(MOC). 한 국가가 다른 국가가 실행하는 온실가스 감축 프로젝트에서 배출권을 획득할 수 있는 가능성을 허용한다.
- 청정개발체제(MDP). 개도국 특히 아프리카의 프로젝트를 지원함으로써 각국이 인증된 배출 감축량을 달성할 수 있도록 한다.

이들은 새로운 외국인직접투자와 개발원조의 추진 채널이다. 이것은 에너지와 경제 차원에서 이해관계가 있는 프로젝트를 전제한다. 2004년 12월에 1,154개의 프로젝트가 확인되었다. 그런데 이들 프로젝트는 주로 신흥국(중국, 인도, 브라질)과 관련된 것이었고, 교토 의정서의 희생물이 될 소지가 있는 아프리카와는 관련이 없었다(2006년 1,000개의 MDP 프로젝트 중에서 단지 9개만이 아프리카 관련 프로젝트였다).

교토 의정서의 미래에 대한 질문

130개국이 교토 의정서에 서명했지만, 당시(1997년) 온실가스 중 25%를 차지하는 이산화탄소의 주요 배출국인 미국은 서명하지 않았다. 유럽연합은 2005년 1월 1일에 1,200개사가 참여한 쿼터 교환시장을 발족시켰다. 1990년과 2012년 사이에 선진국은 온실가스의 5.2%를 감축하도록 되어 있었다. 그렇지만 여전히 많은 의문점이 남아 있다. 이산화탄소를 지속적으로 배출하는 국가들이 기후 안정화의 단계로 이행할 수 있을까? 선진국이 이산화탄소의 배출을 1/4 줄일 수 있을까? 신흥국과 개도국을 어떻게 참여시킬 수 있을까? 미국과 신흥국을 다자협상 과정에 어떻게 참여하도록 만들 것인가? 미국식 생활방식을 협상할 수 없다는 것 그리고 신흥국은 성장에 재갈을 물리는 것을 가만히 보고 있지 않을 것이라는 점에 문제를 제기할 수 있을까? 아프리카는 한 목소리를 내지만, 기후 온난화의 주요 희생양이라는 점은 거의 무시되고 있다.

교토 의정서의 수정안에는 연구개발 항목이 추가되었고 개도국 및 신흥국도 참여했다. 이로써 여러 과학 분야의 연구 역할과 특하나 남부 진영 전문가들의 역할이 생겨났다(시뮬레이션 모델과 경보예방체제의 진전된 연구).

삼림 황폐화를 막고 농업·임업 프로젝트를 지원하는 탄소기금의 설치가 교토 의 정서 이후의 주요한 과제 중 하나이다. 2050년까지 +2도를 달성하는 것이 목표였던 코펜하겐 회의(2009년 12월)는 실패했다. 그리고 칸쿤 회의(2010년 12월)에서 제안 된 유일한 의제는 온실가스 배출을 제한하고, 개도국에의 적용을 촉진하기 위한 1억 달러의 녹색기금을 2020년까지 조성하는 것이었다. 더반 회의(2011년 11월)는 상대 적 실패였다. 미국·중국·인도 등 주요 온실가스 배출국으로 여전히 유보적인 태도를 보였고 구속력 있는 조약을 원하지 않았다. 러시아·캐나다·일본은 오히려 온난화에 서 이득을 보았고, 신흥국들은 성장과 국력을 제한하려고 하지 않았다. 교토 의정서 는 2011년 더반 회의까지 연장되어 2015년까지의 로드맵과 구속력 없는 약속을 의 결했다.

국가들 간의 대립은 점차 심각해졌다. 기후 변화 적응조건, 이산화탄소의 포획과 저장, 생태적 도전에 대응하는 혁신적 금융 지원도 강조되었다. 아프리카는 삼림을 보호하기 위해 탄소기금을 이용할 수 있다. 자연자본을 확대시켜 경제와 생태를 녹 색성장으로써 조화시킬 수 있고, 특히 신흥국에서 들여오는 녹색기술을 이용하여 시골과 도시에 이중적인 녹색혁명을 구현하고 청정개발체제(Mécanismes du développe- ment propre: MDP)에 허용되는, 탄소를 거의 사용하지 않는 설비와 교통수단을 이 용할 수 있다. 그렇지만 전체적으로 보면, 아프리카는 여전히 선진국과 신흥국 정책 의 희생양이다.

2) 생물다양성과 토양

(1) 생물다양성 감소와 토양 악화

전체 생명체와 생태계 및 종의 다양성인 **생물다양성**은 기후 변화에 대한 생태계 복원력과 생태관광 및 과학 연구를 위한 자원이다. 그러나 그것은 매우 빠르게 감소하고 있다. 자연서식지 파괴, 환경오염, 기후 온난화 등으 로 인해 170만 종에 이르는 식물과 동물이 급속히 멸종 위기에 처한 것으로 추정된다.

휴경기의 단축이나 과밀방목으로 인한 토양 악화는 오래전부터 알려져 있었고,[7] 복합적인 문제를 안고 있다. 아프리카는 토지 이용가능성과 토질 면에서 매우 다양하다. 아프리카에는 경작할 토지가 없는 농민의 수를 제한하는 토지 이용 및 활용 방식이 있다. 남아프리카·케냐·마다가스카르 지역을 제외하고는 식민 지배 때 식민 지배자는 토지를 독점하지 못했다. 식민 지배 체제는 소농장주나 농민에 기반을 두었고, 땅을 경작하는 자들의 토지 소유에 기반을 두었다(예컨대 코트디부아르의 선도 개척자들).

세계은행의 평가에 의하면, 자연자본은 사하라 이남 아프리카 전체 부의 23%를 차지한다(이에 비해 OECD 국가는 2%이다). 그러나 인구와 도시 폭발, 목재 수출과 지대 경작, 토양에 유기 성분을 공급하는 물과 비료의 적은 사용, 기후 온난화, 시골 사회의 공통유산 관리능력 부재 등 다양한 요인이 결합하여 토양 악화가 아프리카에서 급속하게 이루어지고 있다. 사하라 사막 이남의 반습윤 지대 경작지가 파괴될 위험은 비옥도를 악화시키는 지나친 토양 압력으로 생겨난 것이다.

강력한 인구 압력으로 생겨나는 화전 경작은 삼림 황폐, 토양 침식을 가속화시킨다. 사회 재생을 보장해주는 조상들의 전통은 고지대나 사헬-수단 지역에는 더 이상 적용되지 않는다.

(2) 삼림 벌채

삼림은 탄소를 흡수하는 광활한 원천이다. 그러나 일부 지역에서는 이 인류 유산이 급감하고 있다. 이로 인해 국지적 기후 상태가 바뀌고, 토양이 침식되고, 생물다양성이 감소했다. 화전 경작과 에너지 수요는 주요한 두

---

7. J. P. Harroy, *L'Afrique terre qui meurt*, Bruxelles, Éditions Hayez, 1944.

가지 설명 요인이다. 여기에 수출용 목재를 위해 삼림을 엄청나게 착취한다. 아프리카는 세계 통나무의 5%를 수출하지만, 1990년과 2005년 사이에 세계 삼림 벌채의 절반을 차지했다.

서아프리카 해안 지대는 수출 작물을 위한 삼림 벌채로 황폐화되었고, 카카오나무와 커피농장으로 인해 금세기 초 800만 헥타르였던 코트디부아르의 삼림은 오늘날 150만 헥타르로 줄어들었다. 더욱 구체적으로는 사헬 지대는 특히 땔나무와 관련되어 있다. 아프리카 대륙에서의 환경 전쟁은 지구의 허파 중 하나인 중앙아프리카(인구 1억 900만 명, 면적 200만 헥타르)에서 벌어지고 있다. 흔히 마피아 경제와 관련된 산업용 벌채는 지나친 착취로 이어진다. 세계 제2의 삼림 밀집 지대인 콩고분지에서 매년 100만 헥타르의 삼림이 사라지고 있다. 삼림 벌채는 여러 가지 영향을 미치는데, 특히 강우량의 감소와 관련된다. 예컨대 삼림 보호를 위한 환경 서비스 지불금은 아프리카 행위주체들이 탐내는 수입원이다.

(3) 사막화

유엔이 정의한 사막화는 "기후 변화와 인간 활동 등 다양한 요인으로 인한 열대·반열대·저습윤건조 생태계의 토지 악화"이다. 사막화의 진전이 증명된 것은 아니지만, 2007년 가뭄과 사막화는 7억 8,000만 명의 아프리카인 중 2억 5,000만 명을 위협했다. 그런데 선제 전략이 없으면 향후 25년 내에 이 숫자는 4억 8,000만 명으로 증가할 것이다. 환경 위험에 노출된 토지 면적은 2025년에는 60만~80만㎢에 이를 수도 있다. 차드 호의 면적은 40년 전 2만 5천 헥타르가 오늘날 5천 헥타르로 감소했다(박스 기사 참조). 노벨 평화상 수상자인 케냐의 왕가리 마타이(Wangari Maathai)는 재조림을 위한 조처를 취했다.

기후 온난화 또는 복합생태계의 발달: 차드 호의 사례

차드 호는 온난화와 기후 변화를 예시하는 사례로 흔히 인용된다. 차드 호는 50년 만에 호수의 면적이 9/10가 줄어들어 2,500㎢가 되었다. 하지만 대차드 호의 소차드 호로의 변신이 특히 최근의 인간에 의한 기후 변화와 관련된 것인지 아니면 장기간에 걸친 이 호수의 확장과 축소라는 순환 과정의 일환인지에 대해서는 과학적인 논란이 있다. 또한 이러한 호수 면적의 축소가 1970년대 초의 가뭄 이후 악화된 것인지에 대한 논란도 있다. 분명 미래에 대한 예측은 더욱 불확실하고, 단선적인 결정론으로는 복잡한 생태계를 포착할 수 없다. 수자원 고갈은 차리 강의 모래 충적, 물의 증발, 지하수층의 매장, 특히 농부들의 대량 유입으로 발생한다. 경기 후퇴와 과잉 소비로 인해 농부들은 비옥한 빈 땅에 끌려 들어왔고, 이것들은 희소해지는 수자원에 대한 압력으로 이어지고 있다. 우리는 별다른 전략적인 조치가 없는 상태에서 이 '공공재의 비극'을 목격하고 있다. 물에 잠겼던 지역을 이용하는 사회집단(농부와 목축자)은 다른 집단(특히 어부와 어업 관련업자)의 희생을 기반으로 삼았다.

이 문제를 개선하려는 개혁과 정책적인 조치, 특히 댐 건설과 준설(차드 호의 경우 우방기 강)은 상반된 결과를 가져왔다. 이는 오직 복잡한 체계에 있는 다수의 이해당사자와 그들의 상호의존성을 고려해야만 이해할 수 있다. 우방기 강의 트란사카(Transaqua) 프로젝트는 그 목표가 수면을 '중기 차드' 시기의 수위로 복원하는 것이었지만, 기금이 적게 든 다른 프로젝트에 비추어 보면 경제·사회·환경 등의 효과들도 또한 있었다. 그 효과는 농업이나 목축업에 종사하는 자들에게는 아주 부정적이었고, 어업 종사자들에게는 아주 긍정적이었다. 이러한 개혁 조치들은 카메룬, 니제르, 나이지리아, 차드, 중앙아프리카 등의 여러 나라와 관련된 것이었던 만큼이나 더욱 전략적인 이슈였다. 이 조치들은 어업 자원으로부터 시작해서 공통의 유산 관리, 민간·공공 부문의 여러 이해당사자의 지역적·국가적 협력과 역내 협력을 모두 연루시키는 것이었기 때문이다.

3) 에너지

(1) 세계 에너지 지정학의 게임 참가

재생 불가능한 희소자원에 직면해서 세계적 차원에서 에너지 낭비를 확인할 수 있다. 탄화수소와 석탄은 이산화탄소를 배출하는 재생 불가능한 바이오매스 화석이다. 평균 소비량 1.6TEP(석유환산톤)에 대해 미국 8.1TEP, 영국 3.8TEP, 유럽연합 1.6TEP, 중국 0.7TEP, 인도와 아프리카 0.2TEP 등으로 편차가 있다. 1970년 이후 재생 불가능한 화석 에너지(석탄, 천연가스, 석유)의 소비는 510만TEP에서 1,030만TEP로 배가 늘었고, 2030년의 전망은 1,650만TEP이다. 중국은 세계 석유 수요에서 30%의 증가세를 보인다. 매일 1억 배럴로 추정되는 석유 소비는 2030년에는 1억 3,000만 배럴을 넘어설 전망이다. 재생 불가능 에너지는 매우 중요하지만, 특히 운송에 필요한 수요를 못 따라가고 있다. 핵융합 에너지나 수소 에너지 같은 대체 에너지는 여전히 불확실하다. 이와 같은 세계에너지 위기 상황에서 아프리카(북아프리카 포함)는 탄화수소, 석유, 석유 제품의 생산지이자 수출지가 되었다. 아프리카는 세계 석유 매장량의 15%를 차지하지만, 세계 전체 생산량의 11%를 생산하며 3%를 소비한다. 중동보다 평균 생산비가 4배나 비싸지만 육지와 특히 해저 광맥은 수익성이 아주 높다.

아프리카는 정유, 운송, 공급, 폐기물 배출의 순환 사이클에 편입되어 있고, 전략 자원에 대해 점차 다각화되는 대규모 국가집단의 전략에 편승해 있다. 아프리카는 부국이나 부국이 되려는 나라의 석유 갈증을 일부 해소시켜준다. 탄화수소는 전략적 자산이 되었고, 이를 소유한 국가의 부와 권력의 원천이자 분쟁 때로는 저주의 원천이 되기도 한다.

아프리카는 지리상으로 반드시 지나야 하는 통과 지점(아덴만, 모잠비크 해협, 케이프타운, 기니만. 물론 수에즈 운하와 지브롤터 해협도 포함된다)이 있는 해상 석유 수송의 전략 지점이다. 그래서 해상 루트 안보와 해적 소탕이 주요 이슈이다.

아프리카는 또한 우라늄 생산지이다(세계 생산량의 7%). 증가하는 수요와 가격 폭등으로 상황이 반전되었다. 니제르뿐만 아니라 남아프리카(남아프리카공화국, 나미비아, 잠비아)도 매장량이 풍부하다. 프랑스의 아레바사(Areva)는 중국 국영우라늄회사, 영국 오스트랄리아계의 리노 틴토사(Rino Tinto), 캐나다 코메코사(Comeco), 러시아 투엘사(Tuel) 등과 경쟁을 벌이고 있다. 나이지리아에서의 전기 생산과 담수화 사업을 위해 남아프리카공화국에서 핵 프로그램을 개발 중이다.

(2) 극소량의 에너지 소비

유럽의 에너지 소비량 64,000kWh와 대조적으로 아프리카는 매년 1인당 평균 160kWh의 전기를 소비한다. 아프리카 내의 편차는 10kWh(차드)부터 5,000kWh 이상(남아프리카공화국)으로 크다. 아프리카는 중요한 화석 에너지(석유, 천연가스, 일부 석탄)와 재생 가능 에너지(바이오매스, 수력, 태양열, 풍력)의 생산지이지만 그 소비량은 극히 적다. 아프리카에서 사용되는 에너지의 기본은 인간 노동력(여성의 목재 운반 포함)과 가축이다. 아프리카는 세계 인구의 약 12%를 차지하지만, 전기 소비량은 5.1%이다. 바이오매스[8]가 전체 에너지의 44%를 차지하며, 세계 소비량의 22.7%이다. 아프리카 에너지의 90%가 열대 지대의 임산물과 관계있다. 목재를 근간으로 하는 에너지는 부분적으로만 재생이 가능하지만, 벌목 증가로 각 지역에서는 삼림 황폐와 토양 파괴가 심화되고 있는데, 특히 사헬 지대와 마다가스카르가 그런 곳이다.

인구의 30%가 전력의 혜택을 받고 있고, 시골의 전력화율은 10%이다. 주

---

8. 바이오매스(biomasse): 지구 지표면에 균형을 이루면 생존하는 생물체 집단.

<표 8> 아프리카의 일차 에너지 소비량(2005)

	MTEP*	비율(전체)	비율(세계)
고체 연료	104.9	18.1	3.6
석유와 석유자원	126.7	21.8	3.3
천연가스	70.9	12.2	3.0
전기	11.7	0.2	1.1
바이오매스	265.0	44.0	22.7
전체	579.2	100.0	5.1

* MTEP: 석유 100만 톤을 기준으로 하는 단위.
출처: Enerdata, mai 2006.

로 주요 도시의 시내 중심가가 전력화 지대이다. 전력화 사업은 큰 투자가 필요하다. 아프리카는 수력 발전의 잠재력이 엄청나다. 수력자원은 특히 '습윤 아프리카' 지대인 중앙아프리카의 콩고 강, 잉가 강, 잠베지 강, 나일 강, 기니 강의 수량이 풍부하다. 하지만 전력 소비 중심지(대도시 지대와 '건조 아프리카')로부터 너무 먼 원거리에 있다. 1970년에 2억 5,000만 명이었던 전기 혜택을 받지 못하는 인구는 2000년에는 5억 명으로 추산되었고, 2020년에는 6억 5,000만 명에 이를 것이다.

태양열 발전 설치 계획이 구상되었다. 4천 억 유로의 비용을 들이면 향후 2025년에는 유럽 에너지 수요의 15%까지 담당할 수 있다(데저텍[Desertec] 프로젝트). 기술적으로 가능한 이 프로젝트는 아주 힘든 사업이지만, 안정성이 확보되지 않으면 지정학적으로 현실적인 대안이 되지 못하고 지중해 이남의 주민에게 혜택을 주지 못하면 수용이 불가능하다. 2009년에 kWh당 태양열의 생산비는 10~20상팀, 핵이나 화석 에너지 비용은 3~5상팀이었다. 에너지 효율성을 위해 여러 가지 재생 가능한 태양광과 풍력 에너지를 병합해야 한다. 지열(아프리카 대지구대), 댐(콩고 강, 잠베지 강, 나일 강, 니제르 강), 태양열 등 아프리카의 에너지 잠재력은 상당히 풍부하다.

4) 물

(1) 지정학적 자원으로서 물

물('푸른 금')은 재생 가능하고 유동적인 자원이지만 재처리와 재생 문제를 제기한다. 물은 대체가 불가능한 귀중한 자원이자 연약한 인명의 상징이다. 이 지구적인 수자원 역시 운송비로 인해 지역 차원과 역내 차원이 있다. 이용가능성, 접근성, 품질 등의 측면에서 불평등이 엄청나게 심하다. 물은 여러 차원의 문제가 있다.

- 물류가 많고 희소하기 때문에 관리비용으로 인한 경제 문제
- 재처리와 지하수층의 오염으로 인한 환경 문제
- 생명 유지에 필요한 사회 문제

물은 부분적으로는 **인류의 공유재**이다. 그것은 또한 상징적 의미도 있으며, 그 관리에는 사회·문화적 다양성도 고려해야 한다. 부국과 빈국의 물 소비 격차는 매우 크다. 미국인은 매일 1인 평균 700리터의 물을 소비하고, 유럽인은 300리터, 아프리카인은 30리터를 소비한다는 사실을 환기해야 할까? 물의 기능은 여러 가지이다. 음용수로서 양식, 농업 관개, 수력 전기, 댐, 항해, 건강 등이다. 질병과 관련하여 물은 위험성이 크다는 것을 확인할 수 있다(사상충증, 수면병, 기생충 관련 질병, 말라리아). '푸른 금(靑金)'으로 불리는 물은 무엇보다 소비 부문과 관련이 있다(농업은 물소비량의 70%, 산업은 20%를 차지한다).

가장 골치 아픈 위협은 많은 지역의 물 부족이다. 취수 사용량이 저장량을 초과하면 물 스트레스가 생긴다. 물은 **지정학적 자원**이며, 선제 전략이 없으면 21세기에는 틀림없이 **분쟁의 중요 요인**이 될 것이다. 과거에 이집트, 수단, 에티오피아, 소말리아, 남아프리카공화국, 레소토 등 나일 강이나 니제르 강 인근의 국가들이 그랬듯이 말이다. 베를린 회의 때 콩고 강과 니제

르 강의 자유로운 강물 이용에 관한 논의에서 물은 핵심 사안이었다. 극소수의 예외를 제외하면 아프리카 사회는 물에 기반한 문명이 아니다. 경작지의 4%만이 관개가 가능하다. 남아프리카공화국, 말리의 니제르 강 관리청 권역, 세네갈의 중부 계곡, 수단의 라 제지레(La Gezireh) 수력 댐 지대가 그런 곳이다. 반면에 강(니제르 강, 콩고 강, 잠베지 강, 오렌지 강)과 호수는 국경 분할이나 국가 명칭에 중요 역할을 한다.

물은 아주 불균형하게 분포되어 있어서 물이 부족한 곳과 물이 넘치는 곳(홍수)이 대조된다. 강 하류에 있는 국가는 대부분 다른 국가에 의존한다. 모잠비크, 감비아, 모리타니, 니제르, 수단이 그렇다. 수량은 점차 줄어들고 강우량도 점차 줄어드는 추세여서 호수의 건조화(차드 호의 사례)를 확인할 수 있다. 아프리카 농업은 오랫동안 물 관리를 거의 제대로 못했지만, 물의 수요는 점차 증가한다. 급수지 주변의 사헬 농민들이 목초지로 침범하는 것을 관찰할 수 있다. 수자원을 가진 인접국들 사이의 역내 협력은 분쟁 방지를 위해 아주 결정적으로 중요하다. 이에 따라 역내 수자원 협력도 발달하고 있다(나일 강 분지 프로젝트, 부르키나파소의 수루 계곡 개척처[AMVS], 세네갈 강 정비, 차드 분지 위원회, 니제르 강 분지와 남아프리카개발조정회의[SADCC]의 초국경 분지 관련 프로젝트 등).

물=푸른 금, 전략무기와 지역 협력 이슈

나일 강의 수원(水源)은 두 곳이다. 에티오피아의 청나일 강과 빅토리아 호의 백나일 강이다. 나일 강의 길이는 6,900km이며, 발원지로부터 10개국 1억 6천만 명이 이용한다. 나일 강은 상류 국가들(특히 댐을 건설하려는 급수탑인 에티오피아, 수력 발전을 일으키려는 국가)과 하류의 수자원의 89%를 향유하는 국가들(수단과 특히 이집트) 사이에 극도의 긴장을 낳는 이슈이다. 인구 압력, 경제 개발, 전기와 관개의 필요성 때문에 경합이 벌어진다.

니제르 강은 사막화로 위협을 받고 있지만, 아프리카에서 세 번째로 긴 강이다. 이

강은 9개국을 흐르면서 사막화, 강우량 급변, 삼림 벌채로 몸살을 앓고 있다. 말리의 니제르 강 관리청은 토지 거래, 특히 중국과 리비아의 10만 헥타르 프로젝트로 인해 건기에 수자원 이용을 놓고 산업화된 농업과 가계농업 사이의 분쟁을 겪었다. 면화와 설탕은 물이 많이 필요한 작물이기 때문이다.

(2) 음료수: 물 권리, 사유재, 공유재, 공공재?

대부분의 아프리카 국가에는 물 이용자에 대한 '물 아파르트헤이트'가 있다. 부유층 거주지에서는 음용수로 수영장을 가득 채우거나 정원에 물을 주는 등 엄청난 물이 낭비되고 있는 반면, 인구의 대부분은 물 판매상의 공급, 주민용 급수탑, 오염된 물 범람 지역과 함께 공존한다. 빈민 지역 대부분의 물값은 부촌과 '인기 있는' 거주지에 비해 더 비싸다.

음료수는 매우 중요하다. 음용수는 새천년개발목표의 우선사항에 속하며, 요하네스버그의 지구정상회의(2002)의 핵심 주제였다. 이 회의는 2015년까지 음료수에서 소외된 주민을 절반으로 줄이는 것을 목표로 했다. 물 소외자(13억 명)에게 음료수를 마시게 하려면 10년간 매년 1,800억 유로의 비용이 드는데, 이는 선진국의 농민이 받는 보조금의 절반이다. 문제는 가장 효율적이고 공평무사한 물 관리방식이 무엇인지 아는 것이다.

공영 관리는 인센티브 부족과 무료 제품을 연결되는 부적절한 가격 책정 체계로 인해 낭비로 이어진다. 또한 이 공영 관리는 운영방식이 관료적이어서 공공자원의 부족을 초래한다. 무상 공급은 사용한 물의 정화를 확보할 수 없고 수질을 유지할 수 없다. 무상 공급과 비용 이하의 저가로 물을 공급하는 현실에서는 단지 인구의 일부만이 무상 또는 거의 무상으로 물을 공급받으며, 대부분의 사람은 물로부터 소외되고 비공식적으로 높은 값을 치른다(특히 판자촌의 생수 공급자). 그리하여 물로부터 단절, 미지불 청구(서), 비청구 소비라는 악순환이 거듭된다.

특히 브레턴우즈 기관이 주도하는 물의 **민영화** 과정이 있는데, 이 민영화는 2000년 이후 리스크가 너무 커서 어느 정도 과거로 회귀했다. 효율성을 추구하기 위해 공공 서비스는 큰 소도시와 연계해서 민간 운영자에게 이관되었다. 대형 민간업체—비벤디 워터(Vivendi water), 소르(Saur) 그룹, 수에즈(Suez) 그룹—가 딴 많은 계약이 이런 유형의 운영방식인데, 투명성이 없고 뇌물 공여자들과 부패한 공공 결정권자가 연루되어 있었다. 1960년(코트디부아르)과 2001년(부르키나파소, 니제르) 사이의 물 민영화 계획—소르 그룹, 수에즈리요 네즈데조(Suez-Lyonnaise), 비벤디—은 전반적으로 생산성 향상, 수질 향상, 그리고 회계 및 도시에 연결된 사람의 수를 증가시키는 데 도움이 되었다. 그러나 물 값은 상승했고, 연결관의 수가 예상에 미치지 못했다.

민관 합동의 해결책이 바람직하다. 이때 규제기관 및 시민사회의 주체와 사용자에 대한 통제와 관련하여 **정치적 결정**에 속하는 공권력(지방정부 또는 국가)의 **목표**와 **민간 부문**에 의해 보다 효과적으로 보장될 수 있는 **관리**(수단 선택)를 구별하는 것이 중요하다. 민관파트너십(PPP)은 도시 및 사회문화의 복합성으로 인해 실행 과정이 매우 복잡하다. PPP 성과는 계약 당사자, 투명성, 계약 조건 명세서의 준수 여부에 달려 있다. 하지만 물 권리를 보장하는 공공 해결책은 모든 사람에게 최소한의 무상 쿼터, 공공 보조금 지원, 빈부 교차 자금 지원 등으로 남아프리카공화국에서 만족할 만한 성과를 거두었다. 분권화된 집단 관리도 가능하다. 몇몇 아프리카 국가에서 급수탑 설치와 유료 이용은 상황을 크게 호전시켰다. 그리하여 여성들은 주당 30시간의 물 긷는 고된 노동에서 해방되었다. 여성의 견제세력이 공공 서비스에서 성과가 나도록 강제를 부과한 것이다.

3. 생물다양성 이슈

그리퐁[9]에 따르면, 아프리카에는 두 가지 녹색혁명이 필요하다. 생산성 향상으로 수요에 부응하는 경제적 혁명과 삶의 질 향상 및 환경 보호를 보장하는 생태혁명이다. 생명공학[10]은 이러한 두 가지 도전의 핵심 논의 사항이다.

1) 아프리카의 생물유전자원

아프리카는 토지 생산성, 신기술 이용, 위험(리스크) 부담에서 상당한 진전이 필요하지만, 생태계의 복잡성과 취약성을 고려하여 신중하게 기술 진보를 해야 한다. 생물학적 환경과 주위 환경에 대한 많은 지식을 통해 자연유산과 관련하여 복잡한 생태계를 관리할 수 있다. 이 노하우와 생물다양성이 식물 특허, 효율성의 미명 아래 이루어지는 기술의 획일성, 수익성, 권력관계 등으로 인해 파괴될 위험이 있다.

수백 년 전부터, 심지어는 수천 년 전부터 계통발생학적 식물자원에 대한 자유로운 접근이 있었다. 농민들은 번식을 위해 사육을 해왔고, 그 결과 유전자 혼합 기술도 생겨났다. 이러한 농민과 종자업자의 권리는 오늘날 유전자에 대한 지적재산권을 지닌 소수 독과점제와 대립한다. 지식의 전 분야 특히 유전자원이나 식재료와 관련한 지식은 지불능력이 있는 독점 시장에 의거해 민간 조직이 독점 소유한다. 그 결과 북부 진영에 우선권이 있으며 온대 국가(부국 인구의 92.6%가 거주한다)의 문제에 따라 연구 방향이 결정된다.

생명체 활용 경쟁은 1980년에 미국 연방법원이 유전자에 최초의 인가를 내주었을 때 시작되었다. 동식물 세포와 그 성분 등 미세 유기물에 대한 산

---

9. M. Griffon, *Nourrire la planète*, Paris, Odile Jacob, 2006.

10. 생명공학(biotechnologies): 화학, 약학, 농식량 분야에 유용한 변형을 일으키기 위해 생유기체나 효소를 이용하는 기술.

업적 이용을 주된 목적으로 하는 생명공학과 함께 유전자 자원은 새로운 '녹색 금'이 되었다. 카르타헤나 의정서[11]는 '제3세계적이고' 민족주의적 이념을 띠지만 사실상 다국적기업에 이득이 되는 협약으로 인류 공통의 유산이라는 개념을 저버리고 계통발생적 자원에 대한 국가 주권의 원리를 채택했다.

2) 유전자조작농산물

유전자조작농산물(GMO)은 식재료 선택에 관한 주요 문제들을 노정한다 (과학기술혁명 대 생태학적 신중함, 농생명 비즈니스 대 농경인, 공공재 대 생명체의 인허가와 활용, 북부 진영의 농업 관련 산업 대 남부 진영의 농민 농업).

GMO의 영향에 대해서는 논란이 분분하다. 한편으로 소득 창출, 물 스트레스 제어, 살충제 비용 감소를 기대하는데, 경우에 따라 GMO가 영양가를 향상시키고, 노동생산성을 증가시키고, 경쟁력을 향상시키기 때문이다. 다른 한편으로는 생물다양성 감소의 가능성, 환경위생 위험(유전자 오염), 종자업자에 대한 농민의 의존도 예상된다. 미국국제개발처(USAID)는 트로이 목마를 이용한 도미노 효과(부르키나파소로부터 말리까지)를 조장하며 미국의 다국적기업 몬산토의 종자 운송사가 되었다.

엄청난 자금과 관련된 이해관계로 이 문제에 대해 미국과 유럽이 대립하고 있다. 2000년 기아로 위협받던 잠비아에 잉여 유전자 주입 옥수수를 판매하려던 미국과 유럽연합 사이에 논쟁이 붙었다. 유럽연합은 비정부기구의 압력으로 미국에 반대했으나 잠비아 주민을 아사시킨다고 비난을 받았다. 아프리카 국가는 진퇴양난의 딜레마에 빠졌다. 특히 GMO가 전 세계적

---

11. '바이오 안전성에 대한 카르타헤나 의정서(The Cartagena Protocol on Biosafety: CPB): 2000년에 협약한 GMO에 대한 1차 국제 환경협약.

으로 개발되고 있으며 과학 실험이 신중하게 예방 원칙으로 수행되어야 하기 때문에 더욱 그렇다. 백인 농장주가 가꾼 면화에 대해 얻은 성과를 아프리카 사헬 지대의 영세 농민에게 그대로 이관시킬 수 없었다. 제도적·환경적 맥락이 이 분야에서는 절실하다. GMO는 농민들이 활용할 수가 없다.

아프리카에서 이러한 규범적 갈등이 지역 공동체의 권리를 인정하는 생물자원 획득에 대한 아프리카통일기구(OUA)의 법령 모델과 세계무역기구의 제약 사항을 포괄하는 방기 협약(Accord de Bangui) 사이에 나타난다. 이 법령 모델은 공동체 권리를 이양할 수 없는 집단권리로 인정하고, 이들의 하위 권리로 농민의 권리와 유전자 조작자의 권리를 인정한다. 1977년에 조인된 방기 협약으로 아프리카지적재산권기구(OAPI)가 창설되었는데, 이는 회원국에 특허권을 교부하는 지역 창구이다. 그러나 세계무역기구의 창설과 무역 관련 지적재산권(ADPIC) 협약의 조인으로 결과적으로 2002년에 발효 중이던 방기 협약을 개정하게 되었다. OAPI 회원국은 ADPIC 협약을 따라야만 했다.

제9장

인구와 도시화

1945~1947	인구 폭발 시작
1950	도시 폭발 시작
1995~2011	인구 추이 시작
2050	아프리카 인구 20억 명?

아프리카는 기본적으로 인구가 증가하고, 이주와 도시화로 영토 점유 방식이 변화하는 대륙이다. 역사적 관점에서 볼 때 아프리카는 노예조약 이전 경제 시기의 세계적 비중을 되찾으면서 인구의 증가세를 보이고 있다. 1950년에 아프리카 대륙에는 세계 인구의 1/10인 2억 2,500만 명이 거주했다. 이후 2010년에는 10억 명으로 전 세계 인구의 1/7이며, 2050년에는 20억 명으로서 세계 인구의 1/4 이상을 차지할 것이다. 인구는 제2차 세계대전 이후 폭증하기 시작했으며, 1990년대 중반에 증가세가 다소 주춤해졌다. 사하라 이남 아프리카는 인구 증가 추이는 엄청나게 다양한 면모를 보였지만, 인구 증가에 따른 혜택을 누리지 못했고 **인구학적 빈곤 체제**에 머물러 있다. 아프리카는 특히 젊은 세대의 인구, 성장의 속도, 제한되고 뒤늦은 인구통계학적 전환을 포함하는 많은 도전에 직면해 있다. 인구통계학에서 아프리카라는 예외가 있는지, 또는 아프리카가 다른 대륙을 따라잡고 있는지, 아니면 다른 대륙에 뒤떨어져 있는지에 대한 논란이 있다.

1. 인구 문제

1) 아프리카의 인구학적 특성

(1) 인구학적 관점에서 대조적인 아프리카

사하라 이남 아프리카는 인구 증가가 가장 급격한 곳이다. 인구가 1950년 이래로 4배 증가하여 1억 7,500만 명에서 2011년에는 8억 5천만 명이 되었다. 총출산율에 의거해 2.5명의 자녀와 평균 기대수명 64.5세를 가정하면, 2020년에 인구는 10억 명 이상에 달하고, 2030년에는 12억~14억 명이될 것이며, 2050년에는 17억 명으로 중국을 추월할 전망이다. 하지만 아프리카는 인구통계학적 측면에서 보면 대지역권, 국가 차원, 작은 지역, 사회집단, 가족 단위 등 모든 수준에서 아주 대조적이다. 인구 증가율이 높은 국가는 나이지리아(2011년 1.5억 명, 2020년 1.76억 명), 에티오피아(2011년 8,500만명, 2020년 1.08억 명), 콩고민주공화국(2011년 6,600만 명, 2020년 9,000만 명), 남아프리카공화국(2011년 5,000만 명, 2020년 4,800만 명) 등이다. 이 4개국은 사하라 이남 아프리카 인구의 40% 이상을 차지한다. 2011년과 2050년 사이에서아프리카 인구는 3.13억 명에서 7.82억 명으로 153%, 동아프리카는 3.36억 명에서 8.26억 명으로 146%, 중앙아프리카는 1.31억 명에서 2.51억 명으로 122%, 북아프리카는 2.13억 명에서 3.23억 명으로 52%, 남아프리카는 5,800만 명에서 6,800만 명으로 19% 증가할 것으로 예측된다.

인구 통계의 변수는 지역, 국가, 도시와 시골 환경에 따라 또한 인구통계학적 잠재력에 따라 큰 차이가 난다. 아프리카의 인구학적 특성 중 한 가지는 자유로운 대이동(이주)과 강제적인 대이동(강제이주, 난민)이다. 아프리카는 개간 가능한 토지에 비해 인구가 적을 때가 아니면 인구밀도의 차는 아주 크지만, 인구가 많이 거주하는 것은 아니다. 평균 밀도는 1㎢당 30명으로

<표 9> 아프리카의 인구 추이(1960~2030)

(단위: 100만 명)

	1960	1990	2010	2020	2030*
사헬 지대	16.7	36.5	49		100
서아프리카 해안	21.1	48.8	82.1		125
나이지리아	42.3	95.0	158.7	176	220
중앙아프리카	11.7	24.4	41.2		65
대호수 지대	20.9	48.3	86.6		126
(콩고민주공화국)	(15.3)	(35.6)	(67.8)	(90)	(86)
남아프리카	35.2	94.2	91		221
인도양	6.2	13.8	21.4		32
동아프리카	53.3	125.1	262		347
(에티오피아)	(24.2)	(49.2)	(84.9)	(108)	(159)
남아프리카공화국	17.4	35.3	50.5	48	65
사하라 이남 전체	210	500	842.5	1030	1340

* 2030년의 인구 예측은 특히 에이즈가 미치는 돌발 변수로 아주 불확실하다.

출처: Statistiques des Nations Unies (FNUAP), INED (2011).

경작 가능한 토지와 비교하면 10~100배 높다. 개간 가능한 토지의 1km²당 주민 비율이 300명 이하인 국가(남아프리카공화국, 코트디부아르, 가봉)와 800명 이상인 국가(르완다, 소말리아, 모리셔스, 카보베르데)의 차이는 아주 심하다. 토질이나 생태계 수준에서 보면 그 격차는 훨씬 더 크다.

저밀도 인구, 행정 미비, 고립·격리의 특징을 갖는 '저밀도 대각선(diagonale de vide)'이라고 할 수 있다. 땅의 점유는 물리적 제약(기후, 식생, 토질)과 상관관계가 없다. 분명히 노예조약이 일정 역할을 했지만, 이 조약의 영향을 가장 크게 받은 해안 지방도 인구가 과밀한 지역이다(나이지리아 참조).

(2) 일반화되지 않는 뒤늦은 인구 추세

출산이 사회행태와 사회구조의 핵심이기에 일부 지역에서는 외래의 사망 방지 기술(접종, 음용수, 의약품)은 출산 방지 기술보다 먼저 전파되었다. 지난 50년간 높은 임신율 유지와 사망률 하락은 인구 급증과 엄청난 연령 저하로 이어졌다. 0~14세의 인구 비율은 평균 41%(세계 비율은 27%)이지만, 니제르는 50%이고 반면에 모리셔스는 22.6%이다. 영아 사망률은 7.4%(세계 비율은 4.4%)이다. 아프리카의 총출산율은 4.7명(세계 수준은 2.5명)이고, 출생률은 3.6%(세계 수준은 2%)이다.

아프리카 가족제도의 특징은 높은 임신율과 아동위탁제도지만, 또한 고아 비율이 높다(12%. 그중 1/3은 에이즈로 인한 고아이다). 가족 단위는 출산뿐만 아니라, 공식적 사회 은퇴와 공제제도가 없는 가운데 출산 전후의 책임을 맡는 중요한 역할을 한다. 총출산율[1]은 평균 5.1명이며, 다른 개발도상국은 2.8명이다. 단지 최근 10년 사이에 유의미한 수준으로 줄어들었지만, 그 감소는 사회에 따라 다르다. 여성 1인당 자녀수는 니제르 8명, 소말리아 7.2명, 콩고민주공화국 6.9명, 남아프리카공화국은 2.3명이다. 실제 총출산율과 기대 총출산율은 상당한 차이가 있으며, 원하는 자녀수는 여성은 5명, 남성은 6명이거나 그 이상이다.

거시적 차원에서 사회집단과 국가 정책 결정자는 기금공여자의 권고에 대해 정책의지가 결여되고 종교계의 출산증가 정책이 결과적으로 생겨나는 곳에서 인구통계학적 가중치를 고려한다(권력의지, 노예 유출과 식민 지배의 인구 정체 만회). 미시적 차원에서 높은 임신율은 자녀에 대한 수요(비용-이익 계산과 문화적·종교적 이유와 관련해서)와 조기 출산으로 그 이유가 설명된다. 시골 지역은 여전히 임신율이 높지만 도시권은 감소 추세이다. 도시화, 교육 수준, 여성의 지위, 특히 삶의 수준이 임신율을 결정하는 요인이다. 임신율은 가계소득 수준과 연관된다(가난한 가정이 더 많은 자녀를 낳는다). 빈곤

---

1. 총출산율(Indice synthétique de fécondité: ISF): 여성 1인당 평균 자녀수.

으로 인한 산아제한은 없다.[2] 오히려 총출산율은 시간이 지나면서 다소 감소하는 추세지만, 이는 대부분 비경제적 요인 때문일 것이다. 임신율은 기본적으로는 빈곤과 관련이 있다.

제2차 세계대전 이후 1990년까지 사망률이 급감했지만, 평균 사망률은 아주 높고 증가 추세이다(남아프리카). 아프리카는 세계 인구의 12%이지만, 세계 사망자의 18%를 차지한다. HIV는 말라리아 다음으로 사망률의 주요 원인이다. 최근 10년간 말라리아로 인한 사망률은 2배나 감소했다. 유아·청소년과 산모 사망률은 세계에서 가장 높고, 5세 이하 아동의 사망률은 17.4%(개도국은 8.8%)이다. 제2차 세계대전 이후 산모와 유아·청소년 사망률은 줄어들었지만, 전쟁(르완다의 인종학살 참조)과 에이즈로 인해 10년 전부터 다시 증가했다. 평균 기대수명은 1965년 43세에서 1992년 52세로, 2009년에는 53세로 늘어났다. 말라리아가 사망률의 가장 큰 요인이다.

이러한 인구 폭발은 창조적이고 파괴적인 압력(특히 생태계에 대한 압력)을로 초래할 뿐만 아니라 필요한 인구학적 투자와 저변이 아주 넓은 인구 피라미드를 고려하면 고비용이 든다. 아프리카의 취학 인구는 선진국에 비해 4배나 더 많은데, 선진국의 연령별 분포 피라미드는 실린더형이다. 도시 취업을 원하는 청년(18~25세)은 인구의 20%를 차지한다. 취학 인구와 성인 인구의 비율인 인구 의존율은 0.5 수준이다. 아프리카 인구의 절반 이상은 17세 이하이다. 인구 의존율은 개도국이 58%인데 비해 아프리카는 87%로 증가했다. 『만인(萬人)을 위한 교육 2015(L'éducation pour tous à l'horizon 2015)』에 따르면, 취학자 수는 6,500만 명에서 1억 4,000만 명으로 늘어날 것으로 추정된다.

대부분의 아프리카 국가는 인구통계학적 전환을 시작했으며 활동인구

---

2. 산아제한(malthusianisme): 경제학자 토머스 맬서스(Thomas Malthus)의 이름에서 유래. 그는 산아제한과 피임법을 제안했다.

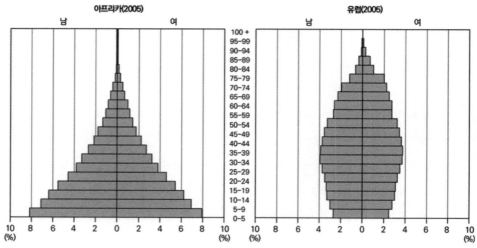

〈그림 4〉 아프리카와 유럽의 연령별 인구 분포

출처: Nations unies, *World population prospect*, The 2004 revision, New York.

가 상대적으로 증가하면서 인구학적 분포의 혜택을 누린다. 문제는 이러한

기회를 보상하는 수급(受給) 활동의 문제이다.

　　일반적으로 확인되는 사실 외에 네 가지 인구학적 체제가 구별된다.

> ◆ 사망률 감소와 임신율 유지 국가(특히 사헬 지대의 10개국)

> ◆ 사망률과 임신율이 감소하면서 인구통계학적 전환을 겪는 국가(특히
> 　 남아프리카의 10개국)

> ◆ 높은 임신율에 수반하여 높은 사망률을 보이는 국가(특히 아프리카뿔 지
> 　 역의 5개국)

> ◆ 임신율 감소에 수반하여 사망률이 증가하면서 인구 정체(停滯)를 보이
> 　 는 국가(12개국으로서 그중 5개국이 남아프리카에 있다).

2) 몇 가지 인구학적 도전

(1) 환경적 도전

사회가 생태계를 복원해야 할 때 인구학적 도전은 환경적이다. 흔히 공동체와 결부되고 다수의 권리로 특징지어지는 오래된 규제와 가부장적 관리 방식은 일반적으로는 산림 황폐, 생물다양성 감소, 물의 수급 등과 같은 환경 문제를 더 이상 해결할 수 없다. 전통 기술과 연계된 인구 압력은 토양의 유기질 미회복(휴경의 단축), 불충분한 재산림화(땔감 소비), 호수나 지하수층 비복원, 사막화 등을 가속화시킨다.

(2) 경제적 도전

인구의 도전은 또한 경제적이다. 향후 25년 내에 농업생산성을 2배 이상 올리고, 노동생산성을 3배 이상 올려야 한다. 생산자와 비생산자의 비율을 조절해야 한다. 1995년과 2005년 사이에 일자리를 찾는 15~24세 인구는 30% 가까이 증가했다. 서아프리카에서 600만 명의 젊은이가 매년 노동시장에 쏟아져 나오지만 그중 1/10만이 급여를 받고 일한다.

(3) 사회적·정치적 도전

젊은이들의 열망은 훈련과 직장이지만, 또한 섹스와 새로운 가치, 새로운 도덕규범 위에 서 있다. 이들은 흔히 영상으로 전해지는 서구 모델을 열렬히 원하지만, 그러한 접근에서 좌절한다. 종교 통합 모델은 점차 인기를 누린다. 인기에 영합하는 이슬람 모델과에 대해 복음주의 모델의 ABC 즉 절제(abstinence)·충실(be faithful)·콘돔(condom)이 대치한다. 증가하는 젊은이들은 일자리와 소득에 대해 거의 전망을 가질 수 없다. 개발과 창의성의 유발요인으로서 젊은이는 또한 범죄에 빠질 수 있고, '길거리 흥행사' 같은 포퓰

리스트, 소년병 징용자, 종교 통합론자 등의 밥이 될 수 있다.

젊은이는 정치적 준거를 아주 급속히 바꾼다. 짐바브웨와 코트디부아르
의 대통령 무가베와 그바그보는 포퓰리스트 영웅이 되었고, 남아프리카공
화국의 만델라와 말리 출신의 전임 대통령 코나레가 차지하던 자리에 앉았
다. 탄자니아의 독립 지도자 니에레레와 가나의 독립 지도자 은크루마는 신
세대에게는 거의 알려지지 않은 인물이다.

3) 인구와 개발

(1) 직접적 관계의 부재

잘못된 증거에도 불구하고 인구학적 변수와 지속 가능한 발전 사이에는
직접적인 연관성이 거의 없지만, 다양한 변화를 성취하려는 사회 주역들의
역량은 더 크거나 작다. 1인당 소득과 총임신율 사이에는 유의미한 관계가
없다. 오히려 총임신율은 인간개발지수 및 천년개발목표 달성과 관계가 있
다(Vimard·Fassassi, 2010). 전략에 따라서 바밀레케 고원이나 케냐 고원 지대
에 대한 인구통계학적 압력이 보여주듯이 악조건은 도전이자 자산이 될 수
도 있다. 또한 그러한 자산이 장애가 될 수도 있는데, 마다가스카르의 고지
대, 코모로, 차드 호 주변에서 부정적인 역할을 한 인구 압력이 그렇다. 경제·
사회체제·환경에 미치는 인구학적 영향은 제도와 행위주체의 전략으로서
단지 중개 역할만을 할 수도 있다.

인구 압력이 심각한 긴장을 유발하는 맬서스적 상황이 있다(르완다와 부룬
디의 경우 수많은 구릉 지대의 땅 조각마다 경작이 이루어진다). 또한 인구 고밀도
와 관련된 창조적 인구 압력의 보세럽 상황도 역시 있다.* 인구 역동성은 상

---

* 맬서스 학파는, 인간 집단 성원들이 비참하게 살게 되는 지경에 이르기까지, 그리고 환
  경이 겨우 성원들을 지탱해내는 지경에 이르기까지 인구가 증가한다고 주장한다. 또한

위 수준에 적응하려는 행위주체의 역량에 따라 진보적이거나 퇴보적인 영향을 미칠 수 있다. 인구 압력은 창조적이어서 기술 혁신을 일으키고 투자 오류를 흡수할 수 있다. 사헬 지대의 1㎢당 40~50명의 밀도는 기술 혁신을 강제하는 한계치이다. 그러나 인구학적 투자는 생산 투자를 희생하고 이루어지기도 한다. 인구 증가와 이주 압력 사이의 관계는 입증된 적이 없다.

하지만 아프리카와 동아시아 사이의 역사적 차이를 설명하는 여러 연구는 1950년대에는 취학률, 총출산율, 지니계수[3]의 세 가지 요인이 결정적이었음을 보여준다.

(2) 빈곤의 인구학적 체제

인구학적 행태(임신율, 사망률, 발병률 등)의 변화가 경제 상황과 관련이 있는지, 아니면 비가역적인 구조적 변화인지에 대한 논란이 있다. 그 영향으로 서로 다른 변화 추이나 인구학적 축적이 있는가? 인구학적 변수, 교육, 건강 사이의 상호의존은 생산체제에 의해 조정된다. 이것들은 가계 지출이나 정부 지출을 통해 교육과 보건을 위한 재정 지원을 가능하게 한다. 그것들은 고용을 보장하고 훈련과 보건으로 형성된 인적 자본을 개발한다.

전체적으로 인구·교육·보건의 역동성은 빈곤의 덫과, 축적경제가 아닌 지대경제에 상응한다. 지대경제에서는 급여체계가 제대로 발달하지 않아서 학교 팽창은 종종 지식인의 실업, 노동시장의 저질인력 공급, 유능인력의 국외유출로 이어진다. 부는 재생산에 대한 고려 없이 토지 점유, 노동력

기술 혁신은 더 많은 인구 증가를 가져오고 인구는 환경의 수용능력에 도달하기까지 증가한다고 한다. 즉 인구는 그 집단의 생물·문화적 체계의 수용능력의 한계에까지 불가피하게 증가한다. 반면에 보스럽(Boserup) 학파는 인구 압력은 기술 혁신을 야기하고 기술 혁신은 증가하는 인구를 감당해내기에 항상 충분하다고 주장한다._옮긴이주

3. 지니계수(Indice de Gini): 한 사회에서 소득 분포의 불평등을 보여주는 지수로서 0(완전한 평등)과 1(완전한 불평등) 사이에서 변동한다.

동원, 지하자원 개발, 폭력에 의한 부의 강탈에 동원된다. 시골이나 도시의 비공식 부문의 유휴 인구는 부의 직접적인 원천이며 노후 보장이다. 식민 지배 이후의 지대 체제는 교육과 보건의 수준에서 '질'은 무시한 아동의 수적 증가를 설명해준다.

임신율 저하는 분명 개발의 최우선 사항이지만, 아프리카 인구의 연령별 구조로 볼 때 15세 이상의 인구에만 유의미한 영향을 미칠 것이다. 빈곤의 감소는 여전히 최선의 피임법이다.

2. 도시화

인구 유동은 아프리카 역사에서 항구적인 사건이다. 이는 불안정과 외부 충격에 직면한 허약한 자구책이다. 그것은 변화에 적응하는 방식이다. 현대에 와서 주요 이주는 사헬 지대에서 해안 지대로, 사막화가 진행되는 권역이나 인구 밀집 권역에서 이용 가능한 공간이 있는 지역으로, 남아프리카에서 남아프리카공화국으로 일어난다. 이주는 이용 가능하고 접근 가능한 땅과 이주자가 이주권을 받는 것을 전제로 하므로 '외래인'과 '토착인'을 구별하는 국수주의나 차별주의와 대립된다. 인구 이동은 또한 많은 강제이주자와 난민(1,000만 명 이상)처럼 강제적이다. 이주는 급속한 도시화 과정 속에서 일어난다.

1) 아프리카 도시화 특성

(1) 최근의 폭발적인 도시화
도시 인구는 독립 이후 6배나 증가했고, 2050년에는 3배 증가하여 3억 명에서 10억 명에 이를 것이 거의 확실하다. 시골 인구는 1960년과 2000년 사이에 2배 증가했고(2% 수준의 증가율), 2000년과 2030년 사이에는 1%가량 증가할 것이 틀림없다. 이러한 인구 증가의 영향은 생태계 발달에 따라 큰 차이가 난다. 2005년과 2025년 사이에 도시 인구는 3억 5천만 명 수준에 이를 것이다. 세계적인 도시 인구 증가는 4억 8천만 명이다. 10만 명 이상의 주민을 수용하는 신도시가 300개 늘어날 전망이다. 1930년과 2030년 사이에 도시 환경은 인구 증가의 70%를 흡수할 것이다.

때로는 도시와 시골, 질서의 세계인 도시 중심가와 소도시 외곽—소외 지역이자 빈민·범죄·탈선 지역—의 두 가지 모습이 대립한다. 실제로는 두 경계의 상호 침투, 섞임, 사회 혁신만이 존재한다. 도시와 시골의 경계는 이중의 귀속망으로 인해 사라진다. 지배적인 관점에서 주변인 지역이 다른 시각에서 보면 중심이나 규범이 된다.

식민 지배 이전과 식민 지배 시기의 아프리카 도시

아프리카 도시들은 식민 지배 이전과 식민시대에는 거의 중요한 곳이 없었다. 에티오피아·나이지리아·스와힐리·사헬의 도시들은 예외였다. 몇몇 도시 문명이 오늘날 나이지리아 지역이 된 옛 베냉(오요, 이바단, 이페), 하우사(카두나, 카노), 사하라 횡단 교역지(제네, 몹티, 톰북투), 동아프리카 교역 도시에서 발견되고 있다. 이들 도시는 상업·정치·종교 활동의 중심지였다.

오늘날의 대부분의 아프리카 도시는 식민시대 또는 특히 식민 지배 이후에 행정과 상업의 기능을 가지고 주로 해안·하천·철로를 따라 집중적으로 건설되었다. 도시는 산업이나 광산들과는 거의 연결되어 있지 않다. 내륙 국가 도시들은 주로 강가에 조성되었다. 1900년 도시화 비율(도시 인구와 전체 인구의 비율)은 10% 수준이었다.

늦게 시작된 도시화는 제2차 세계대전이 그 기원이다. 도시화는 매년 평균 5%의 증가율로 급속하게 이루어진다. 1950년과 2000년 사이에 도시 인구는 11% 증가했고 도시화 비율은 40% 이상이었다.

도시화는 세 가지 현상에서 기인한다.

- 인구의 자연 증가
- 시골 주민의 이주
- 영토 확장으로 인한 시골권역의 인구 밀집

처음에는 시골 주민의 이주로 도시화가 이루어지지만, 자연적인 인구 증가로도 증가 지역이 생기는 것을 목격할 수 있다. 독립 시기에는 시골 인구 유출로 도시 인구의 2/3가 공급되었지만, 오늘날에는 자연 증가가 도시 인구의 2/3를 차지한다. 1990년대부터 시골 인구의 증가가 완화되면서 도시 인구의 자연 감소와 도시 매력의 저하가 나타났다. 아프리카는 도시 성장률의 매년 4~5% 정도 하락과 더불어 이제 막 도시의 전환이 시작되었다.

(2) 느슨하지만 팽창 중인 도시망

아프리카 도시들은 역사가 서로 다르다. 어떤 도시는 식민 지배 이전의 도시에서 확장되었고(아가드, 안타나나리보, 이페, 이바단, 몸바사, 툼북투), 어떤 도시는 독립 시에 무(無)에서 건설되었다(누악쇼트). 정치·행정 행위(국가의 자매수도), 경제활동(상업, 항구, 때로 산업적인 광산), 이주와 난민, 종교활동(세네갈의 투바) 등과 관련해서 도시 기능은 다양하다. 도시 위계에는 주도시(主都市), 2차 중심 도시, 소도시가 있다. 공간 구성에 따라 도시 자체도 다양하게 분화되어 있다. 경우에 따라 시골 배후지와 연계되며, 팽창 요인은 '고립된 항구'이다. 빈곤한 섬 도시가 부유한 섬 도시와 나란히 공존한다. 도시 공간 편성은 도시계획이 아니라 토지 시장과 사회문화적·경제적 분리라는 두 가지 기능에서 유래한다.

아프리카 **도시의 특징은 두부가 비대하고 골격이 약하다는 점이다.**[4] 주거

---

4. 도시 두부 비대(Macrocephalie urbaine): 도시 환경에서 제1의 도시 몫에 대한 지나친 선호 및 의존

〈지도 12〉 식민 지배 이전의 도시화와 도시 비율

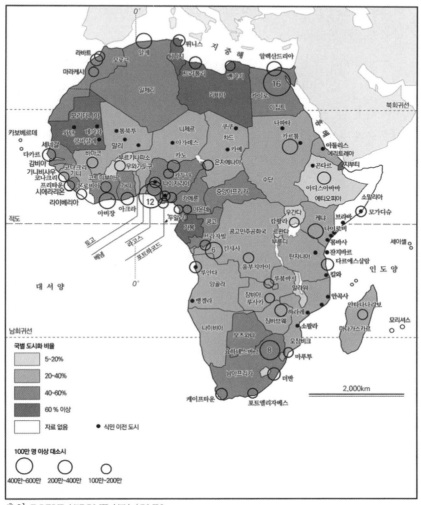

출처: POPULATIONDATA/ONU.

도시 골격(armature urbaine): 도시망 조직이나 짜임새.

밀집 지대가 도시의 절반 이상을 차지한다. 하지만 1990년대부터 주도시의 헤게모니는 도시망의 균형 조정으로 감소되었다. 삶의 조건 악화로 소도시와 중도시가 발달했다.

도시 형태는 역사적으로 유럽 구역과 토착 구역으로 분할되는 차별적 분리 경향이 특징이다. 그래서 오늘날 부촌과 빈촌이 흔히는 완충 촌락으로 구분된다. 도시는 거주 구역의 인구 밀집으로 확장되고, 완충 지대의 점진적 확충과 자생 거주지인 외곽 판자촌으로 인해 팽창한다. 도시계획은 인구 유입을 조절할 수 없는 상태이다. 건물의 절반 이상이 무허가이며 내구성이 없다. 토지·건물대장의 부재로 도시를 관리할 수 없다.

도시의 공공기관은 급속히 대형화되었으나, 특히 최빈국에서는 구역 단위라 하더라도 도시계획이나 토지계획에 따라 도시를 관리·조정하는 것은 불가능하다. 개발자의 설계도면, 건설사의 구체적·계획적인 계획서는 점차 시민사회 주체들이 주요 역할을 하는 탈중심적 도시 구상으로 대치되었다.

2) 도시의 엄청난 도전

향후 20년이면 두 명 중 한 명 이상은 도시민이 되는데, 그 수는 6억 명으로서 1950년의 190만 명과 대조된다. 인구 밀집은 기본 욕구에 부응하는 일관된 시설(물, 위생, 운송, 전기 등)과 도시가 범죄·불안·공해를 발생하는 새로운 빈곤 요인이 아니라 개발의 추동 요인으로 만드는 재정 확보를 전제로 한다. 주요 동력은 도시 민중경제로부터 나온다. 주민 100만 명이 넘으면 도시의 정비와 관리에 많은 비용이 든다. 도시 대중경제의 창의성과 재간이라는 이미지는 사회관계의 해체, 폭력, 탈선, 심지어 범죄 이미지와 대조된다. 마르크스가 『자본론』에서 "불도 거소도 없는 농민이 믿음도 법도 없는 부랑자가 되는"이라고 묘사한 것처럼 노동계급은 흔히 고용 하락과 더불어 하층계급이 된다. 도시는 근대성의 상징적 장소가 되었다. 아프리카 도시는 점차 국가의 소산과는 다른 것이 되었다. 도시는 구속적 가치(강제 결혼, 여성 할례, 다처제)와는 상대적으로 단절되었지만 해체의 위험성도 있다.

3) 도시화 영향

(1) 식량 안보에 긍정적인 영향

도시화는 모방이라는 측면에서는 역할이 모호하지만, 특히 도시의 외곽 지역 농산물을 개발하는 시장 창조의 측면도 있다(채소 재배). 어떤 도시는 배후지에 파급효과를 일으키지만, 어떤 도시는 자족적이든 외향적이든 구멍이 난 지역이다. 구심력의 견인효과는 원심력의 전파효과와 대립된다.

과거의 도시 발달을 보면, 아프리카 생계 농업과 식량 공급·유통은 일반적으로 도시의 도전에 대응하는 것이었다. 농민이 상업화한 농업체제는 농업인구와 비농업인구의 비율에 따라 증가했다. 시장과의 연계는 상업화된 식량 생산에 의해 점진적으로 이루어졌고, 이 농업체제는 수출 재배와 국내 소비 식량 생산을 넘어 상업 GDP와 농업 GDP에서 그 역할이 증대되었다. 전체적으로 시골 인구 밀도의 발달은 도시 시장의 발달을 뒤따라갔다.

그리하여 농식품 사슬(가공, 저장, 배달, 식사 준비)에서 시골권역의 부가가치가 도시권역으로 이동한 것을 관찰할 수 있다. 도시 비공식 부문의 기본은 농식품이다. 이와 반대로 권력은 흔히 생산자들을 희생시키면서 식량 수입을 조장하고 최저비용으로 도시민에게 식량을 공급하고 상업적 이익을 누린다.

(2) 개발에 미친 영향

시골 지역과 비교해서 아프리카 도시는 교환과 시장 창조, 부와 권력의 집중 장소이다. 생산의 공간이며 공제의 장소이기도 하다. 도시는 규모의 경제와 밀집경제로 인해 최고의 생산성이 있는 곳이다. 이 밀집경제는 국지화된 경제(동일 산업에 동일한 기업이 있다는 점과 관련해서), 도시화된 경제(근접성과 관련해서) 등 여러 가지 형태가 있다. 다국적기업은 인프라시설, 물류, 시장을 갖춘 지역을 찾는다. 그리하여 도시화 비율과 1인당 소득은 다소간의 관계가 있다. 저소득 국가에서 도시는 GNP의 55%를 생산하고, 중소득 국가에서는 73%를, 고소득 국가에서는 85%를 생산한다.

도시의 사회적 지표(식수, 하수도, 보건, 영양, 교육 서비스 등의 획득)는 비교적 양호하다. 이들 지표는 시골 지역의 사망률 지수에 비해 낮은 사망률로 나타난다. 이와 반대로 도시의 도전은 공해, 교통, 건설, 하수도와 바로 연결된 수세식 장치 같은 것이라고 말할 수 있다. 파국 사태를 맞은 국가(전쟁, 에이즈, 분쟁, 기아)에서는 사회 해체와 폭력의 관계를 볼 수 있다. 100만 명 이상의 뿌리가 뽑힌 사람들, 도시 난민, 에이즈에 걸린 수백만 명의 고아를 목격할 수 있다. 판자촌 역시 직업 전망이 없는 젊은이들에게 파멸과 불안의 장소이다.

그러나 도시의 특성은 부유층과 외국인에게는 심한 차별적 분리와 '포템킨 마을'[5]이며 비위생적인 구역은 은폐된다. 아프리카의 대도시들은 불안한 장소가 되었고, 불한당뿐만 아니라 마피아 갱단이 경찰의 묵인 아래 활동하는 장소가 되었다. 요하네스버그, 라고스, 킨샤사, 나이로비에서 부유층의 안보는 사설 경호를 통해 확보되고 가난한 자들은 스스로 방어함으로써 확보된다.

---

5. 포템킨(Potemkine) 마을: 1787년 러시아의 여왕 예카테리나가 방문할 때 총독 포템킨이 인위적으로 급조한 마을. 국가의 지도자를 속이거나 여론을 오도하는 것을 목표로 하는 선전 작전.

4) 아프리카 도시, 사회적 재편성의 장소

상당히 많은 사람들의 도시생활은 일반화된 부채, 매일의 필요를 충족시키기 위한 현금의 추구, 빈자와 소외자에게는 일상의 부담이 짓눌리는 삶이다. 이처럼 아프리카의 도시는 양면성을 지니고 있고, 파괴의 공간, 불만과 사회적 보상의 공간이기도 하다. 고래의 준거를 다시 취하고 재해석하여 혼합된 관행, 다논리의 접합, 새로운 사회화 의식(儀式)이 생겨나는 곳이 도시이다. 사회 혁신은 자기 조직화의 과정을 노정한다, 그러나 도시세계는 또한 폭력과 불안, 사실상의 아파르트헤이트가 있는 곳이다. 도시의 특징은 기반시설 건설, 새로운 문화 기준, 정보통신기술의 획득, 시장 건설이다. 도시는 경우에 따라서 개인주의화나 새로운 사회화의 공간이다. 그리고 연대성의 위기를 보여주거나 위기의 연대의식을 촉진하는 곳이기도 하다.

제10장

사회문제

1961	만인을 위한 교육 목표(아디스아바바 회의)
1973~1974	사헬의 가뭄과 기아
1987	바마코 이니셔티브
2002	천년개발계획
2008	기아 폭동

　사회문제는 흔히 빈곤의 비교 지표로 축소된다. 아프리카에서 사회문제는 한편으로는 사람들의 불안정·불확실성·취약성·불평등 등과 밀접하게 연관되어 있다. 취약성은 금전적인 빈곤보다는 종교적·인종적·태생적 지위에 따른 권리의 배제(소외)로부터 생겨난다. 다른 한편으로 더 근본적으로는 사회문제는 개인이 아니라 집단 차원의 문제이다. 이들은 규범화된 지표로 귀착될 수 없다. 봉급자가 인구의 10%밖에 안 되고, 신분이 복수인 사회에서는 측정 개념과 도구는 구체적이어야 한다(제1부 참조). 예컨대 직업과 실업 범주로는 다면적 활동, 노동의 계절성, 사회적 지위로 인해 보상받지 못하는 활동 등을 파악할 수 없다. 실업은 구직자를 전제한다. 그런데 아프리카에서 실업은 숨어 있다. 사람들은 상호관계를 맺고 있으며, 특정한 상황에서는 자신들의 시각에서 행동한다. 사람들은 소지역에서 전체 지역에 이르는 시민사회를 표상하는 다수의 사회와 집단에 속해 있다. 앞서 살펴보았듯이 아프리카에서는 공동체 귀속이 시민사회의 기초 집단보다 우세하

다. 또한 행위주체와 피동주체, 소속자와 소외자, 사회화·탈사회화 및 폭력에 의해 재사회화된 자 등이 서로 대립하는 사회구조이다. 사회구조는 때로는 비정상적이거나 의미가 없는 것으로 생각되기도 한다.

교육·보건·식량은 개인과 사회집단 사이의 불평등을 가장 잘 보여준다. 죽음과 질병 앞의 불평등, 치료 및 취학의 불평등, 역량 이용 가능성과 잠재능력 발휘의 불평등이다. 아프리카의 인간개발지수는 낮지만 대조적이다. 소득, 의료 접근성, 교육으로 보면 불평등은 세계 최하위권이다. 유엔개발프로그램(UNDP)의 보고서에 따르면, 아프리카는 기대수명·교육·소득의 관점에서 최하위에 속하지만 점차로 이러한 후진성에서 벗어나고 있다. 세계 인간개발지수는 1970년 이래 세계적으로 41% 상승했지만, 아프리카는 53% 상승했다. 단 3개국만 하락했는데, 콩고민주공화국·잠비아·짐바브웨였다. 취학 기간은 모잠비크 1.2년에서 보츠와나 8.9년으로 격차가 심하다. 1인당 소득도 적도기니 2만 2천 달러로부터 콩고민주공화국 2,918달러에 이르기까지 격차가 크다.

천년개발계획 목표

국제사회는 향후 2015년까지 삶의 조건을 향상시키는 목표를 설정했다. 유엔은 천년계획(2000)의 틀 안에서 사실상 2002년에 189개국이 관련되는 개발 목표를 정했다. 천년개발목표(MDG)에 속하는 목표는 8가지인데, 그중 5개 목표는 인구학적 내용이다. ① 절대빈곤과 기아 퇴치, ② 보편적 초등교육 달성, ③ 남녀평등 및 여성의 능력 고양, ④ 아동 건강 증진과 5세 이하 사망률 감소, ⑤ 모성 보건 증진과 사망률 3/4 감소, ⑥ HIV, 말라리아 및 기타 각종 질병 퇴치, ⑦ 지속 가능한 환경 보존, ⑧ 개발을 위한 전 세계적 파트너십 구축이 그것이다.

이들 목표는 상호의존적이다. 목표 ②는 목표 ①(절대빈곤 추방)과 ⑦(환경 자원의 지속 가능성 보장)뿐만 아니라 목표 ③·④·⑤·⑥에도 영향을 미친다.

〈지도 13〉 인간개발지수

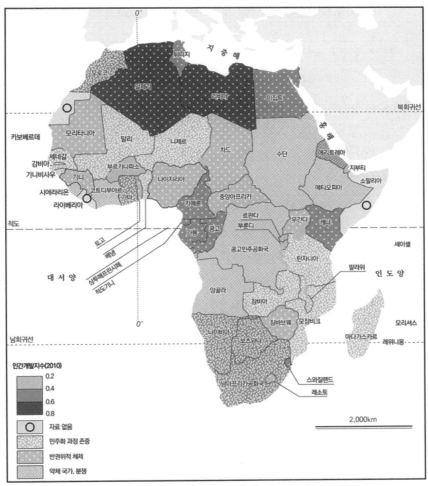

출처: PNUD, *Rapport mondial sur le développement humain*, 2008 et 2010.

<표 10> 아프리카의 인간개발지수 변화(독립 이후 새천년개발계획까지)

독립 후의 진전(2010)	천년개발목표의 편차와 퇴보
평균 기대수명	
·평균 기대수명 50세가 1960년 이래로 9년 증가	·에이즈로 인해 1990년 이후 감소 ·남부 아프리카 46세
보건(식수 이용)	
·주민 48% 의료 서비스 이용(1960년 30%) ·인구 60% 식수 이용 가능(1960년 27%) ·공공 의료비 지출: 1960년 GDP의 0.7%에서 2010년 1%로 증가 ·40%가 에이즈 치료 받음	사하라 이남 아프리카: 세계 인구의 13.7%, 질병의 25%, 의료진의 1.3%, 아프리카 질병 연구의 5% 미만 ·2010년 2천만 명 이상이 에이즈에 감염 ·3억 명 이상이 식수 이용 불가
식량 · 영양	
·식량의존계수(수입/소비) 1960년 13%에서 1990년 10%로 하락	·25%의 영양실조(2억 4천만 명) ·칼로리 섭취량: 1965년에는 92%였으나 1997년에는 정상
교육(보편적 초등교육)	
·문자해독률 51%(1970년 27%) ·초·중등 통합교육 비율 46%(1970년 26%) ·공교육비: 1960년 GNP의 1.3%에서 1998년 6.1%로 증가 ·순재학률: 1991년 59%에서 2004년 70%로 증가	·교육의 질 저하 ·인재 유출(1985년과 1990년 사이에 6만 명 이상의 중상위 인재) ·초등교육 이수율: 1980년 55%에서 2005년 75%로 증가
여성(초 · 중등 교육, 성평등)	
·교육 수준과 문자해독 수준에서 성별 차이 축소	·문맹률: 여성 53%, 남성 34%
아동(5세 이하의 아동 사망률 절반 감소)	
·5세 이하 아동 사망률: 1960년 284%에서 1998년 175%, 2005년 144%로 감소	·100만 명 이상의 아동이 에이즈에 감염 ·400만 명이 에이즈 고아
소득(극심한 빈곤을 반으로)	
·1인당 조정 실질 GDP: 1960년 622달러, 1980년 1,955달러, 1996년 1,887달러, 2005년 2,163달러 ·빈곤선(하루 1.25달러 사용) 이하 인구 비율: 1981년 54%, 1996년 59%, 2010년 51%	·3억 명의 빈곤층 ·최빈곤층 5분위는 1990년과 2004년 모두 소비의 3.4% 차지

주: 2004년 40개국 중 7개 목표 모두를 달성한 국가는 1개국(모리셔스)이고, 3개국(보츠와나, 카보베르데, 나미비아)이 5개 목표, 5개국(남아프리카공화국, 레소토, 말라위, 세네갈)이 4개 목표, 9개

국(베냉, 코모로, 지부티, 감비아, 케냐, 마다가스카르, 말리, 모리타니, 세이셸)이 3개 목표, 9개국
(앙골라, 부르키나파소, 콩고, 에리트레아, 가봉, 기니, 적도기니, 우간다, 르완다)이 2개 목표, 8개
국(카메룬, 부룬디, 콩고민주공화국, 코트디부아르, 나이지리아, 중앙아프리카공화국, 상투메프
린시페, 시에라리온)이 1개 목표를 달성했다. 그러나 5개국(에티오피아, 기니비사우, 라이베리아,
모잠비크, 니제르)은 1개의 목표도 달성하지 못했다.

출처: PNUD, 2000 ; Banque mondiale, 2000 ; Bad, 2011.

1. 빈곤, 불안정, 취약성

조정은 오늘날 '시민사회'의 행위주체들을 고려하여 빈곤 감소로 바뀌는
추세이다. 그것은 최소한의 안전망, 기본 수준의 교육과 위생, 나아가 빈자
들을 위한 최저통합수당(RMI)의 확보에 관한 문제이다.

1) 빈곤

(1) 빈곤, 불안정, 취약성

빈곤에는 금전적인 것과 비금전적인 것이 있다. 절대적 수준(1인당 소득)
과 상대적 수준(다른 사람과의 비교)에서 소득, 재화 획득, 기본욕구 충족, 건
강한 삶, 개인의 잠재력과 역량[1] 개발 등의 관점에서 정의될 수 있다. 유엔
개발프로그램에 따르면, 빈곤은 "개인이 고상한 삶을 영위할 수 있도록 하
는 선택과 기회의 박탈"이다.

불안정과 **취약성**은 역동적이다. 이 두 가지는 생활보장과 회복 수단으로
리스크·불확실성·충격에 대처할 수 있는 능력으로 표현된다. 취약성은 내·
외부적인 충격, 행동주체의 회복능력과 관계가 있다. 이것은 보안, 즉 신체

---

1. 역량(capabilités): 역량에 의한 접근은 금융적 접근과 생활조건적 접근을 보완한다. 개인
   이 누리는 자유의 확장을 강조한다.

<표 11> 빈곤 지수 비교(2005)

	사하라 이남 아프리카	북부 · 중동부 아프리카	라틴 아메리카	동아시아	남아시아	세계
총출산율	5.5	3.5	2.6	1.8	3.1	2.7
평균기대수명(년)	47	66	70	69	63	65
인구 증가율	2.4	2.0	1.5	0.8	1.6	1.3
인간개발지수	0.468	0.662	0.777	0.382	0.722	0.723
1인당 국민소득 (PPP, 달러)	1,830	5,040	7,050	2,730	4,233	7,380
1일 1달러 미만 인구(%)	46	31.6	11.0	44.0	15.0	21.0

출처: D. Tabutin, "Démographie et pauvreté," B. Ferry (éd.), *L'Afrique face à ses défis démographiques*, Paris, AFD, 2007.

적·정신적 완전함을 보장하는 개인과 사회의 권리 취득과 존중이다.

(2) 빈곤의 '측정'

계량적인 지수만 보면, 1990년과 2000년 사이에 절대빈곤(1일 1달러 미만) 세계 인구는 13억 명에서 11억 명으로 감소했다. 하지만 사하라 이남 아프리카에서는 2억 4,200만 명에서 3억 명으로 증가했으며, 2015년에는 3억 4,500만 명으로 예상된다. 세계적으로는 7억 5,300만 명으로 추정된다(UNDP에 의거).

빈곤은 부의 창출이 적고 재분배가 불평등한 것과 관계가 있다. 빈곤 퇴치와 취약성 회복은 재분배와 인센티브 정책뿐만 아니라, 특히 위험과 불확실에 따른 소지역 상황 및 여러 사회 표상과 문화적·심리적 차원(빈곤에의 적응)을 고려해야 한다. 불평등 감소를 통해 빈곤 퇴치를 위한 근본적인 개혁은 운용상의 목적을 지니고, 경험적인 방식에 의거한 제한적인 조치에 국한할 수 없다(E. Duflo 참조).

2) 사회적 불평등

기회의 공정성과 평등은 또한 개인이 선택한 삶을 영위하고, 극단적인 박탈감이 없어야 한다. 현시점에서 세계 인구 1/3은 불평등한 지위가 개선되어야 하고(아시아), 나머지 최빈국 특히 아프리카에서는 불평등이 오히려 증가하는 것으로 미루어 보면 개선 추세가 불확실하다. 30년 전 부터 1인 1달러를 사용하는 세계 인구의 비중은 41%에서 21%로 줄었고, 빈곤층은 15억명에서 11억 명으로 줄었다. 그러나 이러한 감소는 기본적으로 중국과 인도에서 생긴 것이고, 라틴아메리카의 빈곤자 수는 정체 상태이고 아프리카는 오히려 1억 5,000만 명 증가했다.

불평등, 정의, 기본 욕구

사회 지표는 정치철학과 암암리에 관련이 있다. 국제기구가 정한 목표이기도 한 기본욕구 충족과 빈곤 퇴치는 욕구의 차이, 자유와 안보 간의 조정, 원조와 책임에 대한 논의를 제외시킨다. 불평등은 다수의 원리에 따라 해석될 수 있다. 롤스에 따르면, 정의의 기초가 되는 네 가지 원리는 기본적 자유 보장, 기회의 평등 허용, 가장 열악한 상황 개선, 자연적·사회적 일차재 공급이다. 센은 역량 즉 행위를 수행할 수 있는 능력을 우선시한다. 그리하여 사람에 따른 일차재 접근의 차이를 인정했다.

사회적 불평등은 교육, 기본 보건, 기대수명, 간호나 학교에서 받은 수혜에 비례한 가정의 역할, 사회 이동과 사회적 지위상승으로서 학위의 역할, 간호나 학교의 재정 지원 방식이 기회 평등에 미치는 효과 등 여러 기준에 따라 측정이 가능하다. 또한 소득 분포지수(지니계수, 로렌츠 곡선, 빈곤선, 빈곤의 강도 등)로 불평등을 측정할 수도 있다. 여러 기준(소득, 집단, 주거)에 따라 세대차에 의한 횡적·종적 분석을 이용할 수도 있다. (1인당 소득으로) 대내적·대외적 불평등을 구별하고 규모의 효과(인구 크기)를 고려하는 것이 중요하다.

아프리카는 세계에서 가장 빈곤한 곳이며, 소득 불균형이 가장 심하다.

가장 부유한 아프리카인의 1/4이 가장 빈곤한 아프리카인의 1/4보다 4배 더 소비하는 것으로 추정된다. 이러한 불평등은 과거 식민 지배 이전, 식민 지배 시기, 식민 지배 이후 시기에 누적적으로 형성된 것이다. 아프리카 지니계수는 0.46으로 라틴아메리카와 카리브해 지역을 제외하고 가장 높다. 아프리카는 소득과 교육기회로 보면 불평등이 가장 심하지만, 토지 분배의 관점에서 보면 상대적으로 불평등이 그리 심하지 않다. 시골과 도시 가계의 소득 격차, 농업 가계와 비농업 가계의 소득 격차는 1~3배이다. 세대 간 기회 불균등 역시 크다.

하지만 가나(높은 소득 수준, 낮은 집단 간 및 세대 간 불평등, 낮은 출산 율, 높은 취학률)와 코트디부아르·기니·마다가스카르의 상황은 대조적이다. 신흥국은 지속 가능한 재화라는 관점에서 보면 제3차 수요의 근간인 중산층이 형성된 반면에, 대부분의 아프리카 국가에서는 경제 위기와 구조 조정은 오히려 기존의 태아 수준의 중산층을 짓눌러버렸다.

3) 불평등, 빈곤, 성장

(1) 시장과 빈곤의 동반 성장

빈곤과 경제 성장의 상호 관계에 관해서는 논란이 있다. 경제 성장이 빈곤 감소의 필요조건이라면, 불평등 해소를 위해서는 현재와 미래의 재분배 정책이 뒤따라야 한다. 소득 불평등은 일정한 한계까지는 동반 성장하며, 그 이후 감소한다(쿠즈네츠 종형 곡선)는 의견이 있었다. 그러나 이러한 관계는 오늘날 계량경제학적 테스트와 분석으로 의문시되었다. 소득 불평등에서 1인당 생산성 증가나 물리적 투자 증가로 이어지는 확실한 관계는 없다. 오히려 그 역의 관계가 성립한다. 경제 성장은 극심한 불평등을 야기하는 동력이었다(남아프리카공화국, 케냐, 수단 사례 참조). 가장 취약한 부류의 사람들

(토지 없는 농민, 도시 프롤레타리아 등)에게 식자재 가격과 관련된 사회적 분열은 식량 불안과 폭동의 요인 중 하나이다(2008년 부르키나파소, 코트디부아르, 카메룬, 케냐, 세네갈의 '기아 폭동' 참조).

2000년대 5%의 경제 성장이라는 맥락에서 보면, 아프리카 전체에서 1%의 빈곤 한계를 넘는 가계(구매력 평가 기준)는 34%에서 24%로 줄었지만, 기본 욕구를 충족하는 인구(2천~5천 달러 사이의 인구는 29%에서 32%로 증가, 5천 달러 이상의 인구는 35%에서 43%로 증가)는 2000년의 5,900만 명에서 8,500만 명으로 증가했다(맥킨지글로벌연구소). 유동적인 중산층 인구가 1980년의 10%에서 20%로 증가한 것으로 추정한다(〈그림 5〉 참조).

(2) 재분배 메커니즘

빈곤과 사회적 불평등의 문제는 대부분 사회적 서비스의 자금 지원방식과 관련 있다. 많은 아프리카 국가에서 취학, 의료체계, 물과 전기 이용에서 나타나는 사회집단 간의 심각한 차이를 고려하면, 공공 요금과 공공 서비스는 오히려 특혜를 받은 특권층과 관련된다. 국가 수지의 상당한 부분이 수출 농산물에 기반한 준재정으로부터 생기는 한 학교, 의료, 음료수와 전기 공급은 대부분의 농촌 사람에게는 분배효과가 부정적이다(이들의 세수 기여도는 받는 반대급부보다 더 크다).

이처럼 아프리카에서는 5등분[2]한 집단들의 각 부류에서 볼 수 있는 소득 총액의 격차는 이용회수의 차이와 교육 서비스 비용의 차이를 동시에 반영한다. 상급 학교의 기술교육비는 초급 교육의 30년간의 비용이다. 그런데 1995년의 상위 소득층 20%는 중급과 상급의 기술교육을 받은 독점적인 수혜자들이었고 상급 교육을 받는 주요 수혜자였다. 따라서 재분배 메커니즘

---

2. 5등분 집단(Quintile): 표본이나 모집단을 5개 등급으로 나눈 부분.

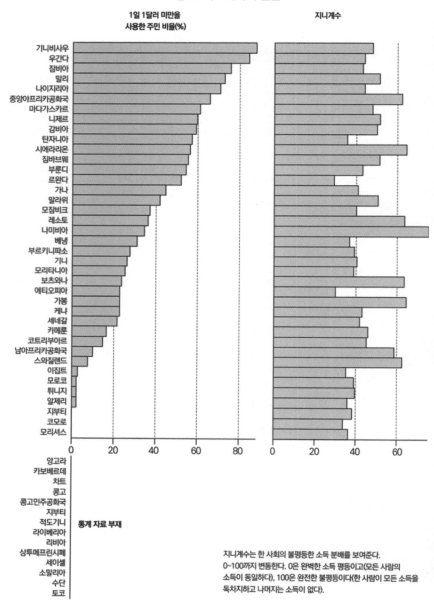

〈그림 5〉 아프리카의 빈곤

**1일 1달러 미만을
사용한 주민 비율(%)**

지니계수

기니비사우
우간다
잠비아
말리
나이지리아
중앙아프리카공화국
마다가스카르
니제르
감비아
탄자니아
시에라리온
짐바브웨
부룬디
르완다
가나
말라위
모잠비크
레소토
나미비아
베냉
부르키나파소
기니
모리타니아
보츠와나
에티오피아
가봉
케냐
세네갈
카메룬
코트리부아르
남아프리카공화국
스와질랜드
이집트
모로코
튀니지
알제리
지부티
코모로
모리셔스

앙고라
카보베르데
차드
콩고
콩고민주공화국
지부티
적도기니   **통계 자료 부재**
라이베리아
리비아
상투메프린시페
세이셸
소말리아
수단
토고

지니계수는 한 사회의 불평등한 소득 분배를 보여준다.
0~100까지 변동한다. 0은 완벽한 소득 평등이고(모든 사람의
소득이 동일하다), 100은 완전한 불평등이다(한 사람이 모든 소득을
독차지하고 나머지는 소득이 없다).

과 차별적인 요금제가 없다면 시장의 사회 서비스 공급은 계속 극빈자들을
소외시킬 것이다.

2. 교육

1) 보편적 교육

(1) 컨센서스와 교육 갈등
개발 과정에 교육과 훈련의 결정적 역할은 국제사회 컨센서스의 목표였다.
아디스아바바 회의(1961) 이후 다카르 포럼(2000)과 새천년개발목표(2000)
에 이르기까지 모든 이를 위한 교육(보편적 교육)은 최우선사항으로 확인되
었다.[3] 교육의 역할은 정보, 지식, 지식자본의 경제에서 더 강화되는 듯이 보
인다. 그런데 가치와 지식 전달, 보편주의와 특수주의, 사회적 부류에 따른
학교의 차별적 접근, 국가 간의 차이가 어떤 것이든 교육 이슈만큼 여전히
갈등의 소지가 많은 분야는 없다.

(2) 신기루?
훈련의 접근 불평등, 지식의 양극화, 개도국 또는 신흥국과 빈곤의 덫에
사로잡혀 있고 자국 내 학교의 과밀 및 두뇌 해외 유출(교육받은 아프리카 전
문직의 30%가 아프리카 밖에 있다)을 겪는 빈국 사이의 과학 격차 등은 국제적

---

3. 아디스아바바 회의(Conférence d'Addis-Abeba, 1961)에서는 아프리카 국가들의 교육부
   장관들이 모여 1970년 말까지 보편 교육의 실시를 목표로 삼았다. 세계교육포럼(다카르,
   2000)에서는 181개국 대표가 자국 정부가 만인을 위한, 특히 여자아이들을 위한 질 높
   은 기본교육을 실시하겠다고 약속하는 행동강령을 채택했다.

인 불균형을 잘 보여준다. 기대 교육 연한은 빈국은 5년, 선진국은 12년으로 격차가 크다. 아프리카인의 절반, 여성의 2/3가 문맹이다. 만인을 위한 교육은 가까워지면 다른 곳으로 움직이는 신기루로 보인다.

2) 취학

(1) 양적 폭발

식민 지배하의 아프리카에는 교육 아파르트헤이트가 있었다. 학교 교육은 제2차 세계대전 이후에 가능했다. 독립 당시 취학률은 식민 지배를 벗어난 아시아보다 3배나 낮았다. 국가에 따라 차이가 심하지만, 취학은 양적으로 급증했다. 사하라 이남 아프리카의 학생 수는 1980년대 1,400만 명에서 1990년대 2,400만 명으로 증가했다. 1990~1991년 아프리카 아동의 1/4이 초등학교에 입학하지 못했으며, 이는 2002~2003년의 10%와 대비된다. 그리고 아동의 10명 중 4명은 초등학교를 졸업하지 못했는데, 대다수가 여학생이었다. 중급과 상급 학교로의 진학률은 높아졌다. 2002~2003년 해당 연령의 46%가 중등학교 1학년에 등록했고, 이 비율은 1990~1991년의 28%와 대조된다. 그리고 졸업학년에 39%가 등록했는데, 이는 1990~1991년의 21% 보다 높았다. 초등학교 취학률은 2000년대에 아프리카 전체에서 12%가 증가했고, 2010년에는 75% 이상에 달했다. 중등학교 취학률은 10% 상승하여 35%가 되었다. 놀랄 만한 취학률 증가는 부르키나파소·기니·마다가스카르·니제르에서 분명하게 나타난다. 아프리카는 세계 전체 학생의 3%밖에 되지 않는데, 동아시아와 태평양은 30%를 차지한다. 아프리카는 GDP의 5%, 예산의 20%를 교육에 투자한다.

이러한 양적인 진전에도 불구하고 4천만 명 이상의 아프리카 아동이 학교에 다니지 않으며, 남아와 여아의 취학률에 격차가 있다(9%). 단지 10개국만이 보편적인 초등교육을 실시한다. 1990년대 여아의 취학률은 41%에서 48%로 증가했고, 남아는 47%에서 56%로 증가했다. 가장 큰 진전을 보인 곳은 동아프리카(소말리아 제외)와 남아프리카였다.

(2) 교육의 질 결여

이러한 양적 발전은 과정별 엄청난 이질성(공립학교, 사립상업학교, 사립종교학교)과 기능 장애를 은폐한다. 많은 아프리카 국가의 교육제도는 기능을 제대로 발휘하지 못한다. 지식 생산, 지능 개발, 역량 형성, 초급 수준의 읽기능력, 문어로 쓰기와 계산 등에서 그렇다. 교재의 미비, 과밀교실, 교육을 제대로 실천하지 않고 책임감도 창의성도 없는 교사 등이 이 모든 어려움을 설명해준다.

학교는 흔히 지식 습득의 장소라기보다는 암기한 지식을 전달하는 사회적 보호소가 되었다. 대학은 분석적이고 실용적인 지식보다는 비교적 봉급을 많이 받는 자리를 얻을 수 있는 자격을 쌓는 곳이 되었고, '제대로 된 수업'을 하지 않는 학교나 대학이 많아졌다. 직업 및 기술 훈련 대신에 일반적인 훈련이 이루어지고, 고급 수준의 학교로 가려는 유혹으로 중간 수준의 학교가 부족해졌다.

교육체제와 생산체제 간의 **불일치**를 보여주는 여러 지수가 있다. 예컨대 많은 대졸자와 관련된 학위 소지자의 실업, 일반 교육보다 상위 교육을 받은 전문 직업교육 학위 소지자의 실업, 중간 단계의 자격 소지자(자격증 가진 노동자, 실무 스태프, 수리공) 부족, 두뇌 유출이다. 봉급체계 발달이 미약한 지대경제에서 학교 확산은 대부분 지식인의 실업 상태, 노동시장에서 자격 상실과 두뇌 유출로 이어진다.

교육은 **지지**(support)이다. 경제 개발의 효율성은 교육이 제시하는 모델과 동기 유발 및 전달 가치에 의존한다. 학교교육은 사고의 기본 메커니즘, 인과관계와 선적 시간 개념의 발견, 놀이와 형식의 접촉 등을 학습하는 과정의 일부이다. 그래서 교육에 대한 투자는 개발의 중요 잠재력이다. 성장동력을 만들어내는 가치를 전파하고, 혁신·실험정신·적성을 확산시킨다. 그러나 동시에 그것은 사회적·역사적 체제에 기대어 관습과 태도를 이끌어내고 특정 가치체계를 걸러내기도 한다.

3) 개발에 미약한 영향을 미치는 교육

(1) 영향과 설명 요인

시민사회 건설, 과학 격차를 벗어난 지식, 수많은 서비스 취업 기회라는 관점에서는 교육의 긍정적 역할을 관찰할 수 있다. 교육은 직업생활의 사이클과 관련되는 세대 간의 투자이다. 하지만 동시에 지식인 실업, 두뇌 유출, 수많은 직업의 자격 박탈, 다수의 무교육자와 심지어 학위 소지자들을 흡수하는 비공식 부문 등은 빈곤의 덫에 걸린 국가들의 특징이다.

교육—취학은 교육의 한 부분이다—은 **사회화** 과정이다. 학생들의 역량을 개발해서 사회에 이들을 통합시키는 것을 목표로 한다. 경제 개발에 미치는 교육의 영향은 기능적이다.

- 아동의 교육 가능성을 조건 짓는 교육 환경 조절
- 교육제도가 전하는 지식의 내용과 질, 학생에 의한 지식 통합을 결정 짓는 교육제도
- 지식 보유와 활용을 허용하는 직업적·사회적 환경의 존재

(2) 훈련, 직업, 생산성

다수의 아프리카 국가에서는 훈련·취업·생산성 사이에 큰 차이가 있다. 몇 가지 이유는 개선될 수 있다.

• 학위소지자의 실업이 높다.

• 지적 수준이 낮은 교육으로 역량과 자격증을 얻지 못한다. 자격증은 생산체제에서 사용될 수 없다.

• 한계효과를 달성하지 못한다.

흔히 교육은 역량 획득의 수단이라기보다는 급여를 받는 직위로의 취직 수단으로 기능한다. 따라서 학교의 수익성과 생산성 사이에는 관계가 없다. 소득과 직업은 부의 창출 기여도보다도 권력망 내의 지위와 연관된다. 여기에서 역량의 악용과 지식의 비자본화가 생겨난다.

교육이 생산적인 영향을 행사하려면 프로그램 내용, 학생의 적성과 태도, 훈련의 질이 학습을 허용하고, 주위 환경이 이들을 사용할 수 있도록 만들어주어야 한다. 생산적 자본과 지식을 중요시하는 환경이 조성되지 않는다면 학교 교육은 지식으로부터 벗어날 수 있으며 철자 학습으로 돌아가거나 두뇌 유출이 일어난다.

(3) 지식, 소유, 권력

지식·소유·권력 사이의 관계 척도는 교육의 장(보편주의와 특수주의의 긴장, 혁신과 유산 보존에 주어진 가치)의 복잡한 관계와 관련 있고, 결국은 여러 행위주체의 이데올로기적·정책적 프로젝트와 관련 있다.

교육은 사회의 긴장과 모순의 핵심 사안이다. 교육체제의 위기, 교육체제 개혁의 난이도는 이러한 긴장을 드러내준다. 예측 가능한 인구학적 변수가 중심 역할을 하고 선제적 전략이 필요하지만, 공권력은 교육 개혁을 정치 논쟁의 장에서 벗어나게 함으로써 대부분 분쟁 조정자 역할이나 책략적인 역할을 한다.

4) 세계화와 두뇌 유출

많은 아프리카 국가에서 교육체계가 붕괴되거나 해체되고 있어 내부 조사나 질적·양적 측정이 불가능하다. 독립 이후 국가체제로 바뀌면서 국가가 주도하고 관료가 뒷받침하면서 국가 목표에 부응하는 교육과 연구가 실시되었다. 이러한 교육체제는 쌍무적인 국제 협력의 지원을 받았다. 오늘날 이것은 북부 진영의 요구에 부응하는 과학자들의 자유 노동시장이라 할 수 있는 사립대학으로 발달했다. 이러한 발달은 국제기구의 자금 지원을 받는 최고의 세계적 조직망과 개별적으로 연계한 연구자들의 개인적 활동에 기초해서 동료들이 아니라 시장의 조정으로 이루어진 것이다.

경험에 따르면, 구획된 세계에서는 첨단기술과 암묵적 지식은 빈국의 국민들에게 접근을 허락하지 않는다. 오늘날 교육 문제는 대부분 국가의 틀을 넘어선다. 교육은 세계화 또는 '삼중화(三重化)'되었다. 빈국에서 교육받은 자들은 성장의 자기장 속으로 빨려들어 간다.

3. 보건

아프리카 국가는 의료 서비스의 발달, 보건 인프라의 개선, 면역 캠페인, 몇몇 중요한 전염병의 근절 등으로 전후에 괄목할 만한 진보를 했다(예컨대 말라리아 퇴치를 위한 살충제 DDT). 제2차 세계대전 이후 1980년까지 상당한 보건상의 진전이 이루어졌고 평균 기대수명도 급격히 증가했다. 보건 프로그램의 지속 가능성은 자원 한계와 조정 프로그램으로 의해 1980년대에 도전에 직면했다. 이에 따라 전체적으로 공중보건 서비스가 약화되었고, 민간 서비스가 일부 제공되면서 의료 서비스 이용률도 낮아졌다. 그러나 기대수명과 영아사망률은 자원의 재분배, 민간 자금의 부분적 연계, 효율성 개선 등으로 인해 1인당 공공보건비의 하락과 직접적인 상관관계가 없다. 1990년대 중요 질병(예컨대 에이즈)의 재발과 의료비 지출의 감소 등이 관찰되었기 때문이다.

1) 보건체계

공식 보건체계는 정부 정책, 전문단체의 진단 및 치료에 대한 다양한 서비스, 신체적·정신적·사회적 건강과 안녕을 원하는 주민들의 관행으로부터 생겨난다. 공중위생, 식량 안보, 수질, 청결, 환경 문제는 국민 건강의 핵심이다. 의약품 획득 역시 중요하다.

(1) 피라미드형 보건체계

표준화된 지표에 따르면, 다수의 특징이 목격된다. 공중보건체계는 주민의 극히 일부에게만 혜택을 주고 있다. 실제적인 사회안전망이 없기 때문이다. 질병과 죽음에 직면하여 불평등은 아주 극심하다. 보건체계는 교육체제처럼 일차 수준의 구조(보건소, 진료소), 준거 구조(일반병원), 전문 구조와 대학병원 등 피라미드 방식으로 되어 있다. 예방치료(예컨대 예방접종)와 재활치료로 나눌 수도 있다. 일차 진료체제와 일차 수준의 보건소는 기본적으로 모자보건(산전 보건관리), 일반 질병, 지역사회 진료에 중점을 둔다.

많은 아프리카인은 최소한의 질병 예방과 치료를 담당하는 공중 및 민간 보건체제를 이용하지 못한다. 보건은 국가 공공 행위주체, 의료단체, 비정부기구, 제약회사, 국제 원조, 세계보건기구(WHO)·유엔아동기금(UNICEF)·유엔인구기금(UNFPA)과 같은 국제기구 등과 관련된 전략적 이슈이다. 지역사회에 기반을 둔 의료연맹 지원조직이 발달하고 있다.

(2) 현대적 보건체계와 전통적 보건체계

현대적 보건 인프라가 전통적인 치료(약방, 마법사, 치료사)와 공존한다. 어떤 지역에서 보건은 지역사회의 세계관 속에 편입되어 있다. 보건은 적어도 시골 사회에서는 개인 차원보다는 사회적 문제로 다루어진다. 질병은 때로는 쫓아내야 할 마법으로 인식된다. 약방, 신들린 춤, 집단치료는 심신의 질병에 치료 효과가 있지만, 백신 접종이나 현대 의학의 치료를 대신할 수는 없다.

주요한 실패는 여성과 아동의 보호, 전염병과 기생충 퇴치와 관련 있다. 눈에 잘 띄지 않는 예방 체계에 응급조치보다 훨씬 더 적은 자금이 투입된다. 5세 이하의 아동과 모유 수유 여성의 심각한 영양실조로 아동의 절반이 사망하지만, 이를 위한 지원은 에이즈·말라리아·결핵보다는 훨씬 적다.

2) 부족하나 유의미한 진보

아프리카 보건체계는 불충분하기 그지없다. 아프리카 국가의 1인당 의료비는 1달러이며, 사망률과 발병률은 세계에서 가장 높다. 아프리카에서는 여성 16명당 1명꼴로 분만 시 사망하는 반면, 선진국은 2,800명당 1명이다. 영아(5세 이하)사망률은 약 13%로 높다. 아프리카는 전 세계에서 새로 발생하는 에이즈 감염의 72%를 차지한다. 아프리카는 특히 재단(예컨대 멜린다-빌게이츠재단)과 항공표에 부가되는 세금같이 혁신적인 자금 지원으로 주요 풍토병과 전염병(에이즈) 퇴치를 위해 엄청난 노력을 기울였다. 2005년에는 에이즈 감염자의 14%가 치료 혜택을 받았으나 2010년에는 40%가 치료를 받았다. 에이즈로 인한 사망률은 1990년 1,000명당 185명에서 165명으로 줄었지만, 27개국에서는 유의미한 사망률 감소가 없었다. 영아사망률은 129.8%이며, 사망의 중요한 요인은 폐렴, 설사, 말라리아, 에이즈이다.

<표 12> 영아 · 청소년 사망률 추이(1,000명당)

	1990~1995	2000~2005
사하라 이남 아프리카	163.6	148.4
동아프리카	71.2	87.9
중앙아프리카	206.9	207.0
서아프리카	174.3	150.7
남아프리카	-	90

출처: D. Tabutin, B. Schoumaker, "La démographie de l'Afrique au sud du Sahara des années 1950 aux années 2000," *Population*, n° 593-4, 2, 2004, pp.521-622.

공중보건의 중앙 의료체계는 일차 보건진료와 가족의 분담으로 나아가고 있다. 말리의 '바마코 이니셔티브(1987)'는 보건을 위한 지역 사회와 가정의 부담률을 정하면서 의료비를 보전했다. 더 최근에는 빈곤 퇴치의 전략적 틀이 정착되면서 부채 탕감과 관련하여 사회 부문의 최우선순위로 책정되면서 보건체계가 많이 개선되었다. 1990~1995년과 2000~2005년에 남아프리카를 제외하고 보건 관련 지표가 향상되었다. 남아프리카의 영아·청소년 사망률은 9%를 넘어 25%나 증가했다.

3) 대조적인 상황

하지만 상황들이 크게 대조된다. 보건 향상의 변화가 여러 군데에서 나타난다. 사헬 지역(최근 정체를 보이는 차드, 부르키나파소 제외)의 보건은 꾸준히 향상되었고, 전쟁에서 벗어난 파탄국가(콩고민주공화국, 라이베리아, 르완다)는 최근에 향상되었으며, 다소 후퇴하거나(카메룬, 코트디부아르, 케냐, 탄자니아) 크게 후퇴한 곳(남아프리카)도 있다.

에이즈의 문제

HIV는 말라리아 다음으로 많은 제2의 사망 요인이며, 전쟁보다 2배 이상 치사율이 높다. 아프리카의 HIV 보균자는 3,000만 명 수준으로 세계 보균자의 2/3를 차지한다. 평균 기대수명은 에이즈에 걸리지 않은 상태보다 9년 더 짧다. 즉 56년이 아니라 47년이다(2012년). 15~24세는 특히나 이와 관계가 깊다. 아 파국적 사태의 중심에 있는 남아프리카는 가장 큰 타격을 받는다. 에이즈는 경제적 영향(엘리트 자원을 파괴하고 엄청난 비용을 치른다), 인구학적 영향(기대수명 저하, 가장 큰 피해를 입은 국가의 인구 정체), 사회적 영향(가족, 공동체, 사회조직의 해체)을 미친다.

HIV에 '감염된' 사람들과 가족 중 한 명 이상이 사망하여 '영향을 받는' 사람들을 구별할 수 있다. 400만 명의 에이즈 고아들을 위한 학교와 보육 그리고 심리적 장애를 치료에 필요한 자원이 부족하다. 정책은 영향을 받는 사람들과 지역사회를 위한 예방, 치료, 간호, 원조 등과 관련된다. 이러한 재원은 공공권력, 개인적 자선, 국제원조에서 나온다.

4. 식량

식량 문제는 전략적이다. 세계식량농업기구(FAO)에 따르면, 2010년 아프리카에서 2억 6,500만 명이 영양실조 상태였고 1억 200만 명이 식량 지원을 받았다고 한다. 그 수가 1990년 이래로 줄어들기는 했지만, 2008년과 2011년 사이에 식량 가격이 다시 급등하고 있다. 전반적인 조사를 넘어 국가 차원에서 특히 기아가 휩쓰는 영양실조 지역과 지대들이 있고, 자급자족하는 곳도 있다. 식량 안보 역량의 최우선 사항은 한 가족이 항상 양적으로나 질적으로 충분하게 영양소를 섭취할 수 있게 하는 것이다. 반면에 식량 주권과 식량 자급은 주요한 목표이지만, 여러 단계의 행위주체자들이 결정권을 가진 목표이다. 그것은 일반적으로 지역적, 비국가적 또는 지역적 규모에서만 가능하다.

1) 영양실조, 기아, 식량 안보

만성적인 영양실조는 빈곤·저개발과 관련 있는 반면, 기아는 기본적으로 지정학적 요인에서 생겨난 것이다. 기아는 소수자·반대자를 굶겨 죽이기 위한 수단으로 생겨났고 투기꾼, 무능한 권력, 원조를 횡령하는 자들에 의해 증폭되었다. 식량 불안은 무엇보다도 취약층(아동, 임산부나 수유 여성, 노인, 환자)에 영향을 미친다. 세계의 다른 지역과는 반대로 아프리카는 지난 10여 년 동안 식량 상황이 악화되었고, 영양실조자의 3/4이 시골사람들이었다.

(1) 기아

오늘날 세계적으로 식량은 남아돌지만 아프리카에서 기아는 상당히 심각하다. 식민 지배 이전(송하이 왕국, 말리 왕국, 가나 왕국)과 식민 지배 시기(에티오피아, 1888~1892)에도 기아가 있었다. 가뭄이 기아의 중요한 원인이었다. 사헬(1973~1974), 에티오피아(1973, 1984, 1988), 수단(1994), 니제르(2005~2006), 마다가스카르 남부(2007)에서 그랬다. 분쟁이 결정적인 역할을 한 곳도 있다. 비아프라(1970), 에티오피아(1972~1974), 라이베리아(1989~1992), 소말리아(1992), 수단(1994), 모잠비크(1974~1977), 짐바브웨(2004)가 그렇다.

식량 부족의 극단적 상태가 일반화되면 곧 기아가 되는데, 양양 부족과 질병이 합쳐져 엄청난 사망자를 낳는다. 기아는 식량체제에 대한 충격과 취약계층에서 유래한다. 이들 취약층은 결정권자들이 예측하지도 못하고 범위도 한정할 수 없으며, 전파효과가 있어서 대량의 사망률을 초래한다. 취약자들은 회복력이 거의 없어 재난에 대처하지 못한다.

자연적 요인(가뭄, 재해), 정치적·경제적·기술적 요인이 있다. 설명 요인은 특히 인구밀도, 이주 방해요소, 천연자원의 악화, 시장 진입의 조직 미비 등과 관련이 있다. 2025년까지 식량 수요가 2배로 증가하고, 토양이 악화되고,

이주의 장벽이 높아질수록 식량 불안이 엄청나게 고조될 것이다.

2006년 기아로 인한 소요는 국제적 요인(에너지 가격과 연관된 식량 가격의 폭등, 안전자산 투자로서 농산물에 대한 투기, 농탄화수소의 역할, 신흥국의 동물성 단백질 수요 변화)과 대내적 요인(불균형한 소득, 규제 및 정부 보조금 정책 부재, 농업에 대한 저투자)으로 발생했다. 아프리카뿔 지역에서 1991년의 소말리아 위기 이후 1991~1992년 가장 심각한 위기가 발생했다(식량 안보의 프레임 5범주 분류에 따르면, 인도주의적 재난에 속한다). 가뭄, 허약한 생태계, 취약한 인구, 강제이주와 난민으로 인한 영토의 안보 부재 상황이 발생했다. 최악의 상황은 무정부 상태의 소말리아였다. 과도정부는 단지 마가디슈의 극히 일부만을 장악했고, 알샤밥(Al-Shababs, 소말리아 기반 호전적인 이슬람 청년 전사)이 영토를 통제했다. 기아는 전쟁의 무기이자 협상의 도구였다. 허약한 상부 기관, 현지의 물류와 저장, 전쟁 수뇌부와 지역 마피아의 착복 등의 문제로 인해서 필요한 식량 원조는 주민의 손에 거의 들어가지 못했다.

해결책은 우선 정치적인 것이었다. 국가 권위, 지역 협력, 서방 국가의 원조 역할뿐만 아니라 아랍과 이슬람 세계와도 관계가 있었다. 아프리카연합, 특히 소말리아 주둔 9천 명의 아미솜(AMISOM, 아프리카연합 소말리아 작전) 부대는 단기적으로 긴급구호에 참여해서 식량 안보를 보장해주었다. 더 장기적 해결책으로는 영토 보안과 농식품과 축산기업에 대한 투자, 이 두 가지와 관련된다. 영양실조는 우선 시골(영양실조자의 3/4 차지)에 영향을 미쳤다.

최근 아프리카는 물량면에서 안정을 되찾았지만, 곡가 폭등으로 인해 식량 구입에 필요한 돈이 2002년 65억 달러에서 2007년 150억 달러로 급증했다(알제리 이집트, 나이지리아). 유엔식량농업기구에 따르면, 2억여 명의 아프리카인이 영양실조 상태라고 한다. 세계적으로 보면, 개도국에 식량을 일부 공급하는 것은 선진국과 신흥국의 생산 농산물이다. 공권력은 의지도 없고 때로는 농업을 성장시킬 가능성도 없을 뿐만 아니라 자국민을 먹여 살리기 위해서는 국제적 저곡가로 인한 혜택을 오히려 선호한다. 아프리카는 약 2,500만 톤의 쌀을 수입하며, 이는 전 세계 수입량의 20%이다. 하지만 세계 곡물가의 상승이 예측되면서 아프리카의 개간지에 대한 외국인 투자가 쇄도하고 있다.

2) 설명 요인

아프리카의 영양실조의 설명 요인은 서로 연결되어 있다. 취약한 농업, 농업 생산력의 상대적 정체라는 근본적인 요인에 더해 물 부족, 관리 미숙, 인구 압력, 분쟁과 HIV의 영향, 식량 원조의 도구화 및 횡령 등을 추가적으로 지적할 수 있다. 자연재해에 노출된 식량 위기의 절반이 내전·강제이주·난민에게서 기인한다. 하지만 농식품의 사슬은 근본적인 식량 문제나 식량 자원과 관련된 분쟁의 문제로 축소될 수 없다.

네 가지 주요 설명 요인을 지적할 수 있다.

(1) 생산량 부족

광범하게 실시되는 아프리카 농업은 여전히 취약하다. 대부분 천수농업으로 자연재해에 노출되어 있으며, 장기 휴경과 생산요소의 이용이 없는 화전에 의존하고 있다. 국제식량정책연구소(IFPRI)는 관개 가능한(즉 경작 가능한) 땅의 72%, 초지의 31%에서 토양이 악화되었다고 추정한다. 1인당 이용 가능한 관개지도 15년 만에 24.5% 줄었다. 비료 소비는 아시아가 헥타르당 100kg인 것에 비해 아프리카는 9kg이다.

농업 투자도 70억 달러로 모자라고, 필요한 추가 농업 투자는 40억 달러이다. 아프리카는 2050년까지 70% 더 많은 양식을 생산해야 한다. 국가, 사기업, 투자기금의 토지 매입—농업 투자의 잠재요인이자 생산력 향상의 요인—도 농가를 배제하고 분쟁을 야기할 수도 있으며, 식량·사료·바이오연료의 생산 및 수출로 이어질 수 있다.

생산요소와 기술을 이용한 집중농업도 인구 밀집 지대의 몇몇 곳에 국한되어 있다. 녹색혁명은 몇몇 권역과 산물에만 관련된다. 녹색혁명은 단순히 유전자 개량만으로 귀착될 수 없고, 지적재산권과 공공 정책의 변화를 전제로 해야 한다. 사바나 지역의 면화 백색혁명은 옥수수에 대한 연계효과가 있었다. 동아프리카와 남아프리카에서 가뭄에 강한 잡종 옥수수, 삼림지대의 다년생 작물 성공 사례들을 관찰할 수 있다. 그러나 전체적으로 볼 때 생산성 향상은 제한적이고 사헬 지대에는 아무 영향을 못 미쳤다.

토지 소유권은 일반적으로 조방식이나 집중식에 적용되지만, 그 요인과 위험의 정도에 따라 이러한 방식을 이용하는 것이 농민에게 합리적이라고 생각할 수 있다. 시골 사회가 직면한 생태적·인구학적 도전에는 아직 적용이 되지 않는다. 상업적 식량 생산에서는 농업의 역동적 모습이 목격되지만, 조방농업에서 생산성 향상과 소득 증가는 거의 없다. 재배방식은 화전을 하는 이동농경에서 노동·기계·생산요소에 기반한 집중농경을 거쳐 관개농경으로 바뀌고 있다. 농산물 가격이 불안하고 보장되지 않은 아프리카 농업과 농산물 가격이 보장된 산업국의 농업 생산성 격차를 결정하는 요인은 다음과 같다.

- **헥타르당 생산성과 소출**. 이들은 너무 적거나 정체되어 있다.
- 인구 규모에 비해 **제한된 재배 면적**. 시골 인구는 도시화에도 불구하고 계속 증가하고 있으며, 생태계에 대한 압력으로 소출 감소, 삼림 황폐, 대부분의 도시 및 시골 인구의 농업 대체연료 사용으로 토질 악화와 더불어 토지 과부족 현상 추세를 목격할 수 있다.
- **소비와 구매력**. 구매력이 정체되어 있다.
- 기후 변화(가뭄, 홍수), 사회적 소요, 전염병, 토지 독점자들의 투기, 가격 요동에서 기인하는 **충격**

(2) 시장 붕괴

이상적인 경쟁사회에서 균형가격은 시장 사유화를 막아준다. 시장이 커지면 커질수록 운송비는 줄어들고 기아로 인한 위험은 축소된다. 실제로 시장은 기대하는 역할을 효율적으로 하지 못한다. 구성력이 없어 불완전하게 기능하며, 다양한 선택을 조정하는 소비자의 생존을 전제로 한다(일반균형이론의 핵심 가정). 시장은 위험을 안은 맥락에서 기능한다. 위험이 있는 상황에서 선택가치[4]를 고려하면, 일반적으로 바람직한 전략은 다양한 농경활동이나 광범위한 재배활동이다. 행위주체들은 환경에 대한 위험을 외부로 돌리고 안전에 우선을 둔다.

상인과 투기꾼이 안정시키는 역할을 한다는 자유주의적 주장은 예측 오류 부재, 경쟁, 위험과 수익성 조장의 논리를 전제로 한다. 시장이 혼란스러우면 투기꾼은 오류를 범하고 다른 주체의 예측에 따라 예측을 조정하고 흐름을 쫓을 수 있다. 시장 정보와 자원 할당 실패에 관한 이러한 이론적 주장에 더해 인프라시설 미비, 물류 부족, 중개자의 경쟁 게임 부재, 부족 상황을 일으킨 인위적 전략 부재 등을 추가할 수 있다. 아프리카 농업은 보조금을 지원받거나 원조 형태로 들어와 도시의 저가나 중간상 수익을 허용하는 수입 농산물과 경쟁한다. 식품과 농지는 흔히는 안전한 투자이며, 그것은 금융상품이 되었고, 엄청난 불안을 조장하고 취약계층의 배제하는 투기대상이 되었다.

(3) 권리의 결여

우선적인 문제는 여러 번 지적했듯이 물고기를 주는 대신 물고기 잡는 법을 가르쳐주는 것이 아니고, 행위주체들 사이의 역학관계를 바꾸어 어업권이 효력을 갖도록 만드는 것이다. 시골 사회에서 권리 부재는 토지가 없는 농민들과 관련되는데, 동생은 형의 토지를 받을 수 없고 타지(他地) 출신은 소유권에서 배제된다.

아마르티야 센[5]에 따르면, 기아는 주로 소유권이나 무자격과 관련이 있

---

4. 선택가치(valeur d'options): 결정의 번복에 부여한 가치.

다. 식량 획득 역량은 교부금·교환권·자격에 의존한다. 기아는 또한 능력 부족, 인간적인 기능(적성, 필요), 사회조직(존재와 행위)에도 의존한다. 권리는 상업적일 수도 있고(실제적인 수요), 비상업적일 수도 있다(공동체나 집단에 귀속). 자격의 배제는 곡물가 인상, 소득 감소, 공동사회로부터 소외 등으로부터 유래할 수 있다. 월로(Wollo) 지방(1973)과 사헬 지대(1973~1974)에 적용한 경험적 연구는 어떤 사회집단은 식량이 충분한데도 곡가의 급상승과 권리 상실로 인해 기아로 큰 피해를 입는다는 것을 보여주었다.

아프리카 사회는 생계형 상품과 식량과 현금작물로 얻은 재화나 돈을 교환할 수 없도록 하여 생산 이전과 이후 그리고 생산이 없을 때도 생존할 수 있는 규칙을 마련했다(마다가스카르의 쌀과 커피의 사례). 그런데 이와 같은 권리는 예컨대 사적 소유권으로부터 아주 강력한 인구 압력이나 식량 무기를 이용하는 권력자들의 의도적인 행위 등 많은 요인의 결합으로 인해 수정될 수 있다.

(4) 식량의 지정학

기아의 지정학은 식량 무기에 대한 게임, 국가 차원이나 국제 수준에서 자산과 소득의 분배를 추구한다. 국제적인 식량 원조는 수입으로 이어지는 소비방식을 발달시키는 데 사용되었다. 권력을 얻기 위해(시에라리온에서의 슬로건은 "카바[Ahmad T. Kabbah] 없이는 식량도 없다"였다), 반대자를 굶겨 죽이기 위해, 주민을 인질로 삼기 위해 지역 수혜자들이 원조에 개입한다. 식량 봉쇄는 적이나 소수자들에게 대처하는 무기로서 항상 이용되었다.

센에 따르면, 따라서 민주주의는 기아의 위험을 제한하는 정부 형태이다. 지도자들은 결코 기아에 영향을 받지 않으며, 극단적으로는 그것을 무시해

---

5. A. K. Sen, *Poverty and Famines, an Essay on Entitlements and Deprivation*, Oxford, Clarendon Press, 1981.

버린다. 민주주의 국가에서는 식량은 부족해도 결코 기아는 없다. 반대 세력과 정보의 투명성, 목소리 즉 발언의 표출은 허쉬만[6]의 의미에서 권리 행사를 허용한다.

또한 국제적인 열강의 전략을 고려하는 것도 중요하다. 미국은 식량 무기를 맹기추 마리암(Mengitsu Mariam)의 에티오피아 노동당 정부를 전복시키는 수단으로 이용함으로써 나름의 역할을 했다. 대부분의 아프리카 국가는 특히 미국의 식량 무기 의존국(옥수수 수출의 78%)이 되었을 뿐만 아니라 프랑스, 캐나다, 호주, 아르헨티나에도 종속되었다(이들 5개국은 세계 밀 수출의 90%를 차지한다). 이러한 의존은 세 가지 곡류 즉 밀, 쌀, 옥수수에 관한 것이다. 또한 생태계와 관련해서 위험을 지닌 생산적 농업의 주요한 생태적 이슈도 목격할 수 있다.

3) 예방과 전략

(1) 공권력의 조치와 NGO

1980년대 동일한 가뭄이나 생산량 감소에 대응한 보츠와나의 선제적 전략, 케냐의 사후 전략, 에티오피아·수단·말리·모잠비크의 무대응 전략 등을 구별할 수 있다.

식량 안보를 위해 일반적으로 세 가지 자유주의적인 조치가 시행된다. ① 시장 자유화와 식량 유통, ② 리스크 관리에 사적 도구 사용, ③ 사회안전망의 수립이다. 공권력과 비정부기관은 필수적인 예방 역할을 하여 정보체계, 조기경보체제, 신속한 대응에 기반해서 체계적인 위험을 피했다(재고 조정, 일차 생필품 보조금 지원 등). **사회안전망과 재고**는 시장에서 소외된 가장 취

---

6. A. O. Hirschmann, *Defection et prise de parole*, Paris, Fayard, 1995.

약한 계층에게 필요하다. 국내 차원과 국제 차원에서의 식량 **안정화 정책**은 식량 안보를 확보하는 최선의 정책이다. 기아의 위험이 있는 경우 **긴급조치**가 요구된다. 즉 구제, 태스크 포스, 재고 조정이다.

(2) 긴급 식량 원조

인도적 긴급조치는 필요하지만 단기적인 상황을 악화시킬 수 있다. 인도주의적 행동은 식량 위기 관리의 항구적인 파트너십이 되었다. 이러한 행동은 권력관계와 아프리카 사회의 사회구조를 고려하고, 생성된 식량과 물류라는 관점에서 기술적 해결책으로 귀착되어야 한다. 식량 원조의 역효과는 지역 생산자들과의 경쟁을 비롯해서 수없이 많다. 기아 예방은 가격과 안보라는 측면에서 우선적으로 행동할 것과 약탈 논리와 주민을 아사시키려는 의도적인 전략에 반대할 것을 전제로 한다.

(3) 장기적 정책

마지막으로 영양실조 퇴치와 기아 소멸은 다양한 생태계에 미치는 두 가지 녹색혁명을 거친다. 한 가지는 생산성, 관개, 토양 침식 방지, 공급망 조직, 재분배 정책, 신용 접근, 대중적인 계획의 지원, 농민 조직 지원 등의 수단으로 이용 가능성과 접근 가능성을 높이는 개발 정책을 함의한다. 또한 역내 시장의 보호조치를 전제한다. 농산업은 생산성 향상과 소출 증가에 기여할 수 있다. 복잡한 생태계와 농민의 지식을 고려하고 농업 가계와 농민을 위한 보완책과 외부 여건을 조성시키는 것을 함의한다.

제4부

아프리카와 국제관계

 아프리카는 오랫동안 외세의 진출지였다. 식민 지배 국가들은 아프리카를 극단적으로 무의 대륙(res nullus), 즉 자신의 이해관계에 따라 갈라먹는 텅 빈 영토로 간주했다. 그곳은 여전히 열강 세력과 광물 및 석유자원회사의 경쟁지이며, 영토를 직접 점령하지는 않지만 경쟁자들이 다변화되고 경쟁 형태도 달라졌다. '현실주의적' 관점에서 보면, 군사력(또는 우산) 없이는 지속적 번영도 전략적 영향력도 없다. 반대로 이 같은 사실들은 튼튼한 경제를 전제로 한다. 이와 같은 관점에서 지리경제적으로 빈약한 지수(GDP, 기술 수준과 혁신)는 군사적으로 낮은 지수(군대 편성, 핵무기 소지 유무) 및 외교적으로 허약한 지수(국제기구에서 낮은 목소리)와 결부되고, 그 결과 아프리카 국가들을 무시할 정도의 국가, 부차적인 국가, 약소국처럼 보이게 만든다.[1]

 하지만 아프리카 국가들은 국제적인 주역으로 떠올랐다. 국제기구 내에서 그 힘은 제한적이지만 국제기구에 편입되었다. 이러한 통합은 국가 수준, 즉 국제법의 유일한 당사자이자 국제관계가 인정하는 유일한 주체의 수준에서 이루어질 뿐만 아니라, 국제적 행위주체(그 행동주체가 기업, 국제연대조직, 지역기구, 이민망 등 그 어느 것이든)의 수준에서도 이루어진다. 상호의존이 불균형한 세계에서 영향력을 행사하기 위해 동원하는 자원은 여러 가지가 있다. 냉전시대에 그랬듯이 아프리카 국가들은 서구 열강과 아시아 열강 사이

---

1. 국력(puissance): 관계적이고 역동적인 개념으로서 국가가 지닌 물질자원(군대, 재정, 인구, 자원)과 비물질자원(이데올로기, 영향, 정보)을 포괄한다.

에서 이해 충돌을 조정할 줄 안다. 주추국, 미국의 동맹국, 아랍연맹의 회원국 등은 협력을 자원으로 이용한다.

오랫동안 국제체제의 주변에 머물러 있던 아프리카는 이주민들이나 다가오는 위험이나 골칫거리, 지하자원이나 생물다양성의 전략적 측면이나 인구 증가의 비중에서 이따금 국제체제의 중심에 서게 된다. 아프리카 국가들은 권력이나 권력에 준하는 역할의 행사라는 면에서 큰 차이가 있다. 남아프리카공화국만이 지역 강국이고, 나이지리아는 단지 잠재적인 강국에 지나지 않는다. 이 두 국가는 모두 프랑스라는 강국과 맞서고 있다. 아프리카 국가는 압력 행사를 위해 역내 국가 전체(아랍연맹, 석유수출기구, 아프리카연합, 서아프리카국가경제공동체, 남아프리카개발공동체)를 이용한다. 극소수의 국가들만이 군사력과 자금력을 이용하며, 대부분의 국가는 천연자원과 이데올로기 관계를 이용하여 영향력을 행사한다.

나이(Jospeh Nye)에 따르면, 힘(국력)의 경제적·외교적·군사적·이념적 자원은 대체 가능성이 없다.[2] 약소국의 무기와 힘은 골칫거리, 동맹 또는 책략의 위험이다. 종속(의존)은 의존국의 입장에서 무기이자 골치 아픈 술책을 쓰는 이슈로 사용할 수 있다. 힘은 '하드 파워', 즉 정치적·전략적 제도나 경제적·군사적 수단을 결집시켜 행사할 수도 있고, 또한 다른 행위주체에게 자기 의지를 관철시키기 위해 강제로 또는 무력으로, 필요하면 분쟁을 통해 행사할 수도 있다. '소프트 파워'는 합병, 모델 유인, 호의 기금, 신뢰, 규범적 이슈, 종교적 강권(强勸), 가치와 정보 등을 이용하여 설정한 목표를 달성할 수 있는 역량이다.

마지막으로 외교·군사·경제·금융·상업 분야에서 신흥 열강이 출현함으로써 아프리카는 다극체제를 지향하는 세계에 등장하게 되었다. 이제부터 세

---

2. 자원의 대체가능성(Fongibilité des ressources): 한 자원을 다른 자원으로 교체할 수 있는 가능성.

계사는 서구에 의해서만이 아니라 신흥국과, 때로는 역사 밖에 있는 것으로 취급되었지만 2050년에는 세계 인구의 1/4을 차지할 것으로 전망되는 아프리카에 의해서도 기록될 것이다. 세계체제는 신흥국의 출현, 부와 힘과 인구 비중의 대격변으로 다극체제로 나아가고 있다. 이와 같은 새로운 지형의 탄생으로 남북 진영의 상호의존 체제에 의한 자유주의적 분석, 중심부와 주변부의 불평등한 교환이라는 종속주의자의 견해, 거버넌스와 건전한 제도를 분석하는 제도주의자의 생각은 케케묵은 것이 되어가고 있다.

우리는 자본주의의 무게중심이 신흥 아시아로 이동하는 것을 목격할 수 있다. 미국의 초강력한 세력이 종식되고 유럽과 옛 식민 지배 열강이 아프리카로부터 상대적으로 퇴조함으로써 협력 파트너들이 다변화되었고, 이러한 다변화로 아프리카는 국제체제로의 편입과 더불어 운신의 폭이 훨씬 자유롭게 넓어졌다.

유엔에서 1/4의 발언권을 지니고 있는 아프리카는 신흥국에게는 잠재적인 동맹국이자 천연자원을 겨냥한 탐욕의 대상이기도 하지만, 고래의 식민 지배 열강과의 관계를 탈피하고 점차 운신의 폭을 확대하고 있다. 남북 진영의 동맹은 2008~2011년의 세계 금융 위기로 불확실성이 커지면서 상대적으로 남남 진영의 관계 증진으로 바뀌고 있다. 이러한 금융 위기로 아프리카에 대한 빈국 원조가 직접적으로 감소되었고, 세계적인 저성장으로 신흥국의 지속 가능한 역할에 대해 의문이 제기되었다.

제11장

아프리카와 국제기구

1945	남아프리카공화국과 에티오피아, 유엔 창설국으로 참여
1955	반둥 회의
1989~2000	국제통화기금(IMF)과 세계은행의 안정화·구조 조정 정책
1994	세계무역기구(WTO) 창설

"누가 아프리카를 잡고 세계를 붙잡을 것인가!"_레닌

국제기구는 몇몇 개도국에 대해 무역 측면(WTO)에서 특별대우를 하고 차관 특혜와 부채 탕감을 받게 해준다. 많은 아프리카 국가가 빈곤의 덫에 사로잡혀 있거나, 파산국가이거나, 파산 상태로 가고 있거나, 취약국가이거나, 심지어는 불량국가이다. 새로운 지역 강국들, 예컨대 남아프리카공화국은 중국·인도·브라질과 함께 신흥국으로 부상하여 전후 서구 열강에 의해 구축된 국제체제 내에서 새로운 지위를 확보하고 있다.

언어는 정치적으로 올바른 기준에 따라 국제기구에 의해 표준화되어 있으며, 정치를 배제하고 보편적인 표준 지표에 입각해서 비교를 강조한다. 유럽연합 내에서의 언어 전쟁에서도 앵글로색슨인이 승리했다. '시민사회', '거버넌스', '이해관계자', '빈곤'(이 용어들이 '불균형', '지배' 같은 용어를 대치했다), '사회범주'나 '사회계급', '민주화', '권력과 반대 세력의 관계' 같은 것들이다. 하지만 '워싱턴 컨센서스'는 '베이징 컨센서스'로 대치되는 추세이다.

1. 국제체제 내의 아프리카

1) 국내 질서와 국제 질서

한 영토 내에서 합법적 폭력을 독점적으로 휘두르는 국가권력이 표출하는 **국내 질서**와, 서로 다른 힘의 관계를 이용하여 세력이 불균형한 열강들이 활개 치는 **국제 질서**를 구별하는 것은 더 이상 타당성이 없다. 아프리카에서 국내 질서는 안보, 자금, 심지어 신탁통치의 기능을 행사하는 외세에 의해 보장받고 있다. 반면에 한 국가 내의 무질서는 최소한 국제관계로 소급되기도 한다.

식민 지배 제국의 몰락으로 아프리카 국가들이 국제사회의 행위주체로 등장하여 과거 식민 지배국(프랑스, 영국)의 역할을 했지만, 그 권한을 국제기구, 유럽연합, 슈퍼파워 미국에 양도하기에 이르렀다. 이와 동시에 중국, 인도, 브라질, 남아프리카공화국 같은 신흥 세력이 국제정세의 판도를 바꾸면서 세력권이 여러 곳으로 분산·확대되어 아프리카 약소국들은 패권국뿐만 아니라 원조 조건을 부과하고 아프리카 사회에 규범 설정을 목표로 하는 국제기구에 대해 다소 운신의 폭을 갖게 되었다.

2) 영토와 네트워크

새로운 국제질서의 판도는 부분적으로는 영토 기반을 벗어나 권력구조와 권력관계를 동시에 가진 다수의 공적·사적 행위주체를 개입시킨다. **영토**

논리에 아프리카가 관계하는 **네트워크 논리**가 추가되었다. 이 네트워크는 종교, 마피아 조직, 유민, 국제 경제 통로 등과 연계되어 있다. 한 국가의 영토 경계는 (근대 이전) 완료되지 않았고 (근대 이후) 초국가적으로 압도당했다. 하지만 영토는 국제관계의 준거틀로 여전히 남아 있다.

역사의 상흔인 아프리카의 **국경** 이슈는 어느 지역의 포함 또는 제외, 기하학적 가변성이 있는 협력 게임, 친소관계, 국가가 규정한 국경과 이해당사자들이 내부적으로 정한 국경 사이의 격차 등을 이해하는 데 핵심적인 사안이다. 아프리카는 공식적으로 54개국으로 구성되며, 그중 53개국이 아프리카연합의 회원국이다. 그러나 사하라 이남 아프리카와 지중해 아프리카의 **경계**는 분명하다(이러한 이유로 이 책에서는 사하라 이남 아프리카만 다루었다). 그리고 아프리카의 여러 지역은 **세력권**과 동맹권으로 다양하게 통합되어 있다.

아랍연맹은 수단, 소말리아, 지부티, 에리트레아 같은 사하라 이남의 여러 국가를 아랍무슬림 세계와 근동·중동의 영향권과 관계 짓는 정치적 준거이다. 동아프리카와 인도양은 언제나 근동과 중동의 영향, 그리고 인도네시아·중국·인도 등 아시아의 영향 아래 있었다. 유럽 세력권은 과거 식민 지배 시대 및 식민 지배 열강 간의 차이와 여전히 관계가 있다. 예컨대 통화권, 소통언어권, 방위조약이나 협력관계 협약 같은 것들이다. 초강대국인 미국은 주축국들과 국제관계망에 근거하는데, 이들은 역사적으로 유럽의 영향 아래 있던 아프리카 대륙의 지정학적 게임에 참여하고 남아프리카공화국, 에티오피아, 우간다, 나이지리아, 세네갈 등과 우선적인 동맹을 맺고 있다.

아프리카의 몇몇 '준국가들'은 국제관계의 이해당사자로서 허구적 존재이며, 공식 담론은 당사자 같은 시늉만 하는 것으로 그친다. 이들은 동등한 주권국가들로 구성된 아프리카연합이 채택한 국제법의 허구성과 일맥상통한다.

3) 아프리카의 국제관계 분석

(1) 국제관계학

아프리카의 예외를 중시하는 아프리카 연구가 출현하여 전통적인 범주를 해체하며 반론을 제기했다. 국제관계학에서 지배 국가 중심 또는 다국 중심의 의견 대립은 상대화되어야 한다. 국제사회에 속하는 국민국가를 중심으로 한 **영토** 기반의 아프리카는 초국적 **네트워크**(기업, 유민)을 중심으로 서로 얽혀 구조화된 아프리카와 대조된다. 저변의 행위주체들의 분열·전도(轉倒)·책략에 대한 '포스트모던'의 담론은 독립국의 **민족주의**나 **범아프리카주의**적 담론과 대립된다. 아프리카 중심주의는 흑아프리카인의 희생이라는 현실을 우선시하면서 **세계화**에 편입된 아프리카의 모습을 직시한다.

국제관계 이론

국제관계 분석은 서구 특히 앵글로색슨 세계에서 만들어져 아프리카 사회에 이식·적용되었다. 제국주의론, 체제론, 패권론, 지배론 등이 산업 사회와 중심부 기반 사회와 관련해서 전개되었다.

- 국가 중심의 현실주의는 국가의 이해 충돌과 힘의 투쟁을 강조한다.
- 자유주의는 시장에 의한 상호의존을 분석하고 개발도상국을 주로 얘기한다.
- 연대주의는 협력의 역할을 부각시키고 제3세계란 용어를 선호한다.
- 이상주의 또는 인도주의는 원조와 회개를 강조한다.
- 종속 이론은 세계자본주의 체제 내의 중심부와 주변부를 대립시킨다.

패권의 안정성은 오직 패권(hégémon)의 관점에서만 문제가 제기되고, 약소국은 이처럼 강요되거나 수용된 질서에 관심을 갖는다는 것을 전제한다. 반면에 미셸 푸코처럼 '비정상적' 상황과 주변부의 역학관계에서 출발해야만 이 체제와 전체의 복잡성, 빈틈의 힘을 이해할 수 있다.

---

(2) 국제정치경제와 세계정치경제

크라스너[1]의 고전적 정의에 따르면, 체제(régimes. '원리, 규범, 결정규칙과 과정.' 이들을 중심으로 상호작용의 영역 내에서 행위주체들의 기대가 맞물려 있다) 이론가들은 패권이 없는 질서와 규율 존중을 상정한다. 국제정치경제를 아프리카 문화권역과 정치체제에 적용한다면, 결정 수준에서 상호의존과 결정 과정에 서로 얽혀 있는 위계를 고려해야 한다. 국가나 기업에 귀속될 수 없는 여러 행위주체(유민망, 국제연대기구, 교회, 여론 주도층)도 포함해야 한다. 힘·강제·설득·영향에 의한 순수 영향력 또는 영향 역량을 고려해야 한다.

스트레인지[2]처럼 구조와 제도에 작용하는 강한 구조적 권력과 행동주체들의 조직에 대한 영향력인 관계적 권력을 구별하는 것이 중요하다. 세계정치경제는 세계 자본주의(금융 세계화, 국제 가치사슬, 초국가적 연계망)와 정치권력을 연계시키는데, 정치권력은 국내에서는 주로 권력을 강도(强度)를 달리해서 행사하고 국제 차원에서는 권력을 불평등하게 행사한다.

국제정치경제학의 여러 학파, 즉 현실주의·신현실주의·신제도주의 사이에서 체제, 세계 공동자산, 세계 거버넌스 등의 개념을 둘러싸고 벌인 논쟁은 새로운 분석틀에서 남부 진영 국가들의 권력 불균형과 종속 문제를 다시 제기한다. 그리하여 그 양상은 다면적이고, 영토와 연계망, 국가와 초국가, 하위 행동주체와 구축된 권력 사이의 상호작용으로 표출된다.

피지배자들과 주변부는 작용과 반작용의 힘을 가지고 있다. 국제외교 게임에서 우정, 오랜 관계, 협력관계 같은 용어로 된 담론은 이해관계를 은폐하고 과거 추억을 감추려는 경향이 있다. 역사의 희생제물인 아프리카에 대한 묘사 역시 과거의 식민 지배자들과 관련해서 자신의 자리를 정하는 방식

---

1. S. D. Krasner, *International Regimes*, Ithaca, Cornell University Press, 1983.

2. S. Strange, *The Retreat of the State. The Diffusion of Power in the World Economy*, Cambridge, Cambridge University Press, 1996.

이기도 하다.

4) 국제기구와 그 분류

국제기구 내에서 국가 명칭과 분류는 시대에 따라 바뀌었다. 비동맹운동
(처음에 77개국이던 것이 이제 130개국 이상)과 북남의 대립은 특히 유엔무역개
발회의(UNCTAD)에 의해 추진된 것으로 제2차 세계대전 이후에는 남부 진
영과 주변부, 제3세계의 기치였다(1955년 반둥 회의, 은크루마의 역할 참조).[3] 당
시 제3신분으로 부상하던 제3세계(알프레드 소비[4]의 용어. 서구 열강과 소련과
함께 제3의 목소리를 냈다)는 양극체제와 '중심의 의미를 내포한 표현(동-서, 남
-북)'의 종식과 함께 대부분 빈 조개껍질이 되었다.

남부 진영의 분열은 새로운 협상과 규제의 장(場)과 민간주체 세력의 부
상뿐만 아니라 시민사회의 대항세력이란 시각에서도 재해석되어야 한다.
남부 진영의 국가들은 IMF, 세계은행, WTO에 가입했다. 중국, 인도, 브라
질, 남아프리카공화국 같은 몇몇 국가는 G8과 더불어 G20, IBAS(인도, 브라
질, 남아프리카공화국), BRICS 같은 국제 토론의 장에서 중요한 역할을 한다.
국제 협상은 재화가 아니라 규범, 규제, 국제·세계 공공자원의 위계(보편법,
공통의 유산)에 기반을 두고 이루어진다. 국제적 행위주체는 기업, 정부, 시민

---

3. 반둥 회의(Conférence de Bandung, 1955): 제3세계 29개국이 모인 최초의 국제회의로서
   아프리카 4개국(영국령 골드코스트, 에티오피아, 라이베리아, 리비아)가 참여했다. 비동맹
   운동의 기원으로 평가된다.
   콰메 은크루마(Kwame Nkrumah, 1909-1972): 1957년 영국령 골드코스트를 독립시킨 범아
   프리카주의의 아버지로서, 그 후 이 국가는 '가나'가 되었다. 가나는 식민 압박으로부터
   해방된 최초의 아프리카 국가이다.
4. 알프레드 소비(Alfred Sauvy, 1898-1990): 1952년 『누벨 옵세르바퇴르』 기사에서 제3세
   계(tiers-monde)란 용어 처음 사용했다. 이 용어는 프랑스 혁명 당시 시에예스의 '제3신
   분'에서 나왔다.

사회 대표 등으로 다변화되었다. 절차와 사법적 문제는 세계정부나 글로벌 거버넌스가 없는 상태에서 세계적 차원에서 필수적이 되었다. 시민사회운동 역시 아주 다변화된 관심사를 보여준다.

아프리카 국가의 국제기구 가입은 많은 규칙과 명칭에 의해 규정되었다. 사안의 결정 규칙이 '시민=목소리'란 등식을 가진 국제적 민주주의란 존재하지 않는다. 유엔과 WTO에서 각국은 한 표의 투표권을 갖는다. 준국가나 약소국은 강대국과 동일한 형식적 권리를 갖는다. 세계은행과 IMF의 결정권은 강대국의 거부권과 더불어 할당몫(1달러=1표?)에 비례해서 권한을 갖는다. 실제로는 몇몇 국가는 비중이 더 크고 협력관계로 따라 결정 과정이 불균형하게 이루어진다. 협력, 책략, 실패의 거부, 제휴로 아프리카 국가들은 주권사회의 행동주체가 되었다. 준거틀과 헤게모니 제한에 사용되는 조약, 협정, 국제'체제'가 있다.

2. 아프리카와 유엔

1) 유엔기구 내의 아프리카

남아프리카공화국과 에티오피아는 1945년 유엔을 창설한 51개 국가에 속한다. 아프리카의 모든 국가는 유엔 회원국이다. 유엔은 원조·평화·안보 차원에서 아프리카에 개입하며, 문화·사회·보건·농식품·아동 관련 사업에도 당연히 관여한다.

국제법과 국가 간 협상의 최고 공식기관인 유엔은 주권 동일성의 원칙에 입각해 있다. 또한 유엔은 힘으로 대립하는 국가들의 경기장이지만 권한은 축소되고 있다. 가장 중요한 곳은 안전보장이사회(안보리)이다. 유엔 안보리는 60년 전에 세계대전이 종식되면서 승전한 5개국으로 구성되며, 거부권을 갖는다.

국제기구에 가입한 아프리카 국가는 국제질서 내에서 동일한 발언권을 갖는다. 이들은 또한 비동맹운동에도 가입해 있다. 2011년 현재 192개국이 가입한 유엔은 아프리카에 대한 원조를 통해서 그리고 개입세력으로서 중요성이 점차 커지고 있다. 유엔은 다자간 틀에서 국제사회체제의 나침반 역할을 한다. 아프리카 3개국이 비상임이사국이며, 정식 자격 취득에는 반대가 있지만 상임이사국으로서 한두 자리를 차지할 것으로 전망된다.

아프리카는 유엔의 여러 분야와 비금융 부문의 전문기구에 참여한다. 농업(FAO), 보건(WHO), 산업화(UNIDO), 개발(UNDP), 교육과 문화(UNESCO), 노동(ILO), 아동 복지(UNICEF), 인구(UNFPA) 등이다. 또한 유엔무역개발회의(UNCTAD)에도 가입해 있는데, 이 기구는 국제무역과 개발을 연계시키고 자유 교역에 대한 유보를 통해 무역 자유화의 부작용을 개선하기 위해 노력하는 빈국들의 토론의 장이다. 모든 회원국은 비핵확산조약에 서명했고 국제원자력기구(IAEA)의 회원국이다. 남아프리카공화국은 핵무기를 포기했다.

2) 불안정한 국제기구

오늘날 국제기구는 세계화 과정 중의 경제 및 국민국가, 국가주권, 영토권에서 유래하는 국제정치체제와, 초국가적 권한이 없는 국제기관들 간의 "공간적 불일치"[5]를 반영한다. 반면 국제연대기구는 세계 시민권을 겨냥하는 공공 공간을 열망한다.

국제 공간은 정치적으로는 군사력과 기술력을 가진 패권국가들 사이의

---

5. R. Palan, "Les fantômes du capitalisme mondial: l'économie politique internationale et l'école française de la régulatuion," *L'Année de la régulation,* vol.2, 1998. ·

힘의 역학관계에 의해 구조화되고, 경제적으로는 독과점기관과 기관 주주에 의해 움직인다. 규율과 제재를 가할 수 있는 세계정부가 없는 상황에서 국제 규범의 협상, 규범과 가치의 조정, 다양한 행동주체들이 확보한 규정 등을 통해서 세계적인 통치가 이루어지고 있다. 또한 국제기구 내에서는 영향관계, 협상관계, 심지어 결정을 내리는 부과관계까지 작동한다. 국가와 국제기구·기관들의 힘이 약화됨에 따라 종교기관과 인도주의 기구가 그 역할을 대신하고 있다. 좀 더 광역적인 기반을 가진 국제기구·기관의 구성이 문제이다. 국제사법권은 국제관계의 규범 확립을 위해 그 역할이 점차 증대되고 있다(국제형사재판소, 국제사법재판소 등).

3. 아프리카와 브레턴우즈 협정 기관

국제경제·금융기관은 제2차 세계대전 이후 정치와 경제를 분리시키면서 국제관계의 틀 내에서 탄생했다. 아프리카 국가는 거의 대부분 브레턴우즈 협정 기관에 가입한 회원국으로 이들 기관으로부터 금융 지원을 받는데, 이로 인해 신탁 관리, 국제 자금 조달, 부채 관리 등과 관련된 조건이 생겨났다. 21세기 초부터 아프리카에 대한 이들의 영향력은 줄어들었는데, 다른 자금·재원 획득과 경제적 평가가 가능해졌기 때문이다.

1) 국제통화기금(IMF)

(1) 기능
브레턴우즈 협정에 따라 설립된 국제통화기금(IMF)은 오랫동안 서구 열강, 특히 미국 재무성 및 거부권을 행사하는 미국의 지배를 받았다. 신흥국을 향한 세계적 편향성과 세계 금융 위기의 관리방식은 정책 수단, 결정기관의 구성, 참여 쿼터의 차원에서 그 지형도를 바꾸었다. 2008년의 결정에 따라 쿼터의 재분배, 규정에 대한 재검토, 관리위원회의 회원국 변경은 신흥국과 개도국의 대표권 부족에 대한 대응 조처였다. 쿼터 할당의 6%가 이들에게 양도되었고 7,500억 달러에 달하는 할당액을 채우기 위해 쿼터를 두 배로 증액했다. 집행위의 당연회원국에 과거의 5개국(미국, 일본, 독일, 프랑스, 영국) 외에 BRICS와 이탈리아가 포함되었다. 유럽은 자체의 통제하에 있던 9석 중 2석을 내놓았다.

여전히 여러 가지 문제가 미해결된 채로 남아 있다. 세계 금융 불균형 해소, 금융 전쟁의 종식, 금융체제의 심층 규제 등이다. 소방수 역할을 하는 IMF는 최종 자금 대여자이자 세계 금융체제의 조정자 역할을 하는 것이 어렵다. 다자 부채는 재협상 대상이 되었다.

2008~2009년 세계 금융 위기의 여파로 아프리카가 필요로 하는 차관에 대해 2,170억 달러의 추가 자금이 2014년에야 지원되었다. 차별적 조치와 더불어 새로운 도구들이 이용되었는데, 양허재원, 차관조건의 완화, 요주의 차관, 긴급차관 같은 것이다. 2009년 아프리카는 전체 차관국의 절반을 차지했고 IMF 차관의 11%를 점유했다.

IMF의 규정에 따르면, IMF는 "국제 무역의 조화로운 확대와 성장을 꾀하고, 고수준의 고용과 실질소득의 유지와 증진에 기여"하는 사명을 갖는다. 실제로 IMF는 국제 평화체제와 금융체제의 조정자 역할을 하면서 금융화된 세계에서 금융체제의 위기를 막으려고 노력한다. 화재 발생과 확산을 방지하는 소방수이자 금융 정통성의 보증인이다.

국제 금융을 받기 위해서는 IMF의 승인이 필수적이다. 그것은 국가 간의 상호부조 기금이기 때문이다. 사실상 몇 가지 중요 임무를 수행하는데, 외환 및 거시 금융·경제정책의 다자·양자 감시, 기술적 프로그램 및 지원 같은 것이다. IMF는 적법성(쿼터에 따른 투표권), 재정(대여자금 감소), 신뢰성('유일한 건전 정책 모델') 등의 위기에 직면해 있다. 하지만 때로는 비정상적인 금융체제의 규제, 세계 유동성 창출에 대한 다자적 수용(특별인출권[DTSI), 3대 통화인 달러·유로화·위안화의 외환 관계 등에 대한 새로운 요구에 부응해서 중요한 역할을 한다.

(2) 아프리카에서의 활동

IMF는 1980년대의 부채 위기에 직면한 아프리카 사회를 '정상화'하려고 노력했으며, 구조 조정 및 적자재정을 안정화시키려는 프로그램을 시작했다. 아프리카 국가들과 IMF 사이의 대기협약(accord stand-by) 서명은 부채의 재협상 조건이 되었다. 신탁관리를 받는 재정부와 금융적 권한은 의회에서 브레턴우즈 협정 기관으로 이관되었다. 2000년 이후 구조 조정 강화책은 저소득국가를 위한 '빈곤 감소 성장 촉진책'으로 바뀌었다. 이것은 정책을 빈곤 퇴치의 전략적 틀에 기반한 국가들에게 제공하는 차관이다.

2) 세계은행

(1) 금융 관행과 변화

세계은행(국제부흥개발은행[IBRDI)은 국제 금융기관의 두 번째 기둥이다. 이것은 이윤 창출 행위 외에도 할인 이자율로써 자금을 대여하고 개발 프로젝트에 금융을 지원하는 개발은행이다.

세계은행의 아프리카 개입은 시간이 흐르면서 변화했다. 1950·1960년대에는 엔지니어 문화와 기반시설에 대한 자금 지원이 지배적이었다. 1970년대에는 특히 총재 맥나마라(Robert McNamara)의 강력한 추진에 따라 생산부문 프로젝트에 대한 금융 지원, 공공단체 지원, 빈곤 퇴치가 지배적이었다. 1980년대에서 1990년대 중반까지는 부채, 거시경제 구조 조정, 거시경제 우선투자가 지배적이었다. 신자유주의 이데올로기는 '워싱턴 컨센서스'를 탄생시켰고 국가를 무력화했다. 이후 세계은행의 개입 범위는 에이즈 퇴치, 신기술 등으로 넓어졌다. 그리고 최우선사항으로 빈곤 퇴치, 제도 강화, 하드웨어(물리적 기반시설)보다는 소프트웨어(지식) 지원에 집중했고, 지원 자금 이용, 시민사회의 역할, 굿 거버넌스 등에 대한 새로운 원칙을 개발했다. IMF처럼 세계은행도 투명성 강화로 비판에 대응하고 프로젝트 자금 개선을 위한 평가체제를 구축했다. '고채무빈국(PPTE)' 조치는 다자간 채무 변제의 일정 비율 조정 규정을 무시하고 '빈곤 퇴치 전략문서(DSRP)'의 범위 내에서 빈곤 퇴치를 우선시함으로써 출자자들의 협의 조정을 가능하게 했다.

(2) 이론적 준거의 변화

오랫동안 세계은행은 경제 성장이 빈곤 퇴치의 최선책이라는 전제를 가지고 있었다. 그 후 금융 불안 시기에 금융 안정화가 우선사항으로 떠올랐다. 1981년의 베르그 보고서[6]는 개도국 비전에 반대하고 모든 시장에 호의적이었던 아프리카에 엄청난 충격을 던져주었다. 오늘날 강조하는 사항은 제도(신제도주의 이론), 성장 요인으로 불평등 축소(신자유주의 이론과 토착 자생성장이론), 역량(센의 이론)이다.

1990년 중반 이후 두 번의 중요한 이론적인 단절을 겪었다. 개발(또는 발전)은 모든 부분을 동시에 조화롭게 통합하는 것을 전제로 총체적 발전의 틀을 만들고자 하는 것이다. 과거의 패러다임에서는 소득 불균형이 저축을 늘리고 인구가 저생산성 부문에서 고생산성 부문으로 이동할 것이라고 상

---

6. E. Berg, *Le développement accéléré en Afrique subsaharienne*, Washington, Rapport de la Banque mondiale, 1981.

정했다. 2003년의 워싱턴 컨센서스에서는 소득의 균등 배분이 출산율 감소, 시장 확대, 신용 이용가능성, 정치적 안정 등의 여러 경로를 통해 이룩한 경제 성장의 한 가지 조건에 지나지 않는다는 것이 드러났다.

3) 패권과 권한 약화

(1) 금융 정상화

브레턴우즈협정 기관은 사회를 정상화시키는 것을 목표로 한다. 이들 기관은 대개 G8 특히 미국 재무성과 연계되어 있다. 구조 조정은 국제 협상, 원조 조건 정착, 외부 자금 획득, 경제정책 개혁, 국가의 궤도 진입이나 탈선을 허용하는 수행 기준 감시 등을 처리하는 일련의 조치들과 관련이 있다. 합리적 경제 담론과 금융의 균형 복원을 넘어 워싱턴 컨센서스가 있다. 워싱턴 컨센서스는 이론적 논거, 사례 연구, 성공 스토리가 뒤섞여 있고 개방·자유화·민영화·민주화를 권고한다.[7]

(2) 실패의 거부

퍼거슨[8]처럼 국제 차원에서 '실패를 계속 거부하는 게임'으로 말할 수 있다. 기금 출자자는 '꼭 잡아매 두어야 할' 수많은 대여 조건을 제시한다. 정부는 국제 금융사회와의 단절 위험성을 고려하지만, 또한 비제재나 중개 대여기관의 가능성도 기대한다. 이것은 이중의 담론과 권력의 이중적 관행 즉 드러난 갈등이나 은폐된 저항에 대한 조치를 미루는 것으로 귀결된다. 많은 국가들이 신뢰할 만한 정보체계를 갖추지 못했을 뿐만 아니라, 대안 모

---

7. B. Hibou(éd.), *La privatisation des États*, Paris, Kartha, 1999.

8. J. Ferguson, *The Anti-politics machine development, Depolitization and bureaucratic power in Lesotho*, Minneapolis, University of Minnesota Press, 1990.

델을 제안하거나 조처의 타당성을 평가할 수 있는 분석역량 특히 거시경제적 분석 역량이 아주 미약하다는 것이다. '포템킨 마을' 같은 수행 기준은 때로는 눈속임이고 전면에 모습이 드러나지 않은 실체를 은폐하고 있다. 그 결과 시늉만 하는 위장 게임이 생겨났다.

(3) 내부 저항

국내 차원에서 표준화는 추천한 조치가 아무리 적절하더라도 자체적인 내부화를 금지하고 외부에서 강제로 부과된 것으로 느끼게 한다. 국제 환경 요인뿐만 아니라 국내의 구조적 요인과 제도적 요인도 최빈국의 경제정책 성공을 지나치게 제약한다.

구조 조정은 흔히 취약한 사회정치적 균형을 깨트린다. 구조 조정 프로그램 간에는 절차·규정·타당성의 충돌이 있는데, 이는 구조 조정 프로그램이 기술적 관리와 법률에 달려 있기 때문이다. 예컨대 개발계획은 국가주권에 속하는 문제인데, 주권이 점차 침해당하는 결과가 초래된다.

(4) 양면을 지닌 기관

이처럼 IMF와 세계은행은 두 얼굴을 가진 야누스로 볼 수 있다. 한편으로 그들은 **헤게모니의 안정화** 역할을 한다. 언어를 규범화하고 자유주의의 이데올로기 투쟁에서 승리를 거두었다. 경제적 합당성과 경제 모델에 기반한 이들 기관의 전문적 담론은 모범국가에 유일하게 훌륭한 경제정책이 적용되었다고 믿게 한다. 이들 기관은 규정상 정치가 금지되어 있지만, 국가만을 상대로 협상하며, 정치 게임의 핵심에 있으며, 국제 금융사회에 내적 합당성과 외적 신뢰성을 보장하고 대여조건을 제시한다. 하지만 다른 한편으로 이들은 불법자금을 포함한 민간 자본, 국가(가장 종교적 국가나 마피아적 국가도 포함), '워싱턴 컨센서스'의 재검토 등의 무게에 **압도당한다**.

4. 아프리카와 세계무역기구

1) 세계무역기구의 규정과 운영

세계무역기구(WTO)의 목표는 자유 무역에 입각해서 다수의 무역 규정을 정하고, 분쟁을 판단하는 위한 기관을 만들고, 이 규정을 위반한 국가를 제재함으로써 국가 간의 무역 분쟁을 조정하는 것이다.

관세 및 무역에 관한 일반협정(GATT)은 1948년에 창설되어 국제 무역에 관세·비관세 장벽을 제거하고 **다자간 무역**을 증진한다. 그것은 몇 가지 원칙에 기반하는데, 차별 금지(최혜국주의 조항), 관세 철폐 추진, 수량 제한 금지이다. 대외 개방이 성장의 제일 요인이라는 것이 합의되었다. 이러한 조치에 적용되는 평등 원칙에는 언제나 예외가 있다. 예컨대 관세 통합, 자유무역지대, 비상호성, 개도국에 대한 차별적인 특별 조치의 수용 등이다.

1955년 WTO의 창설 때부터 무역 협상은 일상적인 일이 되었다. 이 기구는 세계무역 자유화, 제반 규정의 제정, 분쟁 조정 등을 목표로 하기 때문에 148개 회원국 각각이 투표권을 갖는 협상 조정기구이다. 세계 무역의 2/3를 차지하지만 점차 그 비중이 줄어들고 있는 주요 강국들은 자국의 이해를 강제하지만 반대 세력 국가들(G20)[9]이 출현하고 있다.

상호양허체제(계몽중상주의)에서 협상의 틀로 이행했고, 생산 상품체제에서 세계적 토론의 장으로 바뀌었다. 양허 사항들은 보상을 요구하는 비용처럼 인식되었으나, 국제 교역의 표준 이론은 자유화는 복지 증진을 위해 호혜성을 필요로 하지 않으며 자국 내의 이득 게임에서 승자가 패자를 보상할 수 있다고 가정한다. 이러한 이슈는 농산품·서비스(GATS),[10] 지적재산권(TRIPs)

---

9. G20: 1999년에 창설된 국제 협의포럼으로 몇몇 국가의 경제적 성장을 고려했다. G8 회원국을 포함해서 남아프리카공화국과 신흥국이 포함된다.

의 규범이 되었다. 이들은 국가주권에 속하는 핵심 사안이다(예방 조치, 사회적·환경적 규범).

2005년 WTO 홍콩 회의에 따른 WTO 관련 무역 협정과 협약의 내용은 다음과 같다.

- 농산물: 시장 진입 개선, 왜곡효과를 갖는 자국의 지원 및 보조금 폐지, 수출 보조금 철폐, 양허관세율 인하, 최저개발국(PMA)의 수출품 관세부과 제외
- 비농산물: 관세 및 고관세의 인하·철폐, 개도국에 대한 차별적 특별우대
- 서비스: GATS의 틀 내에서 자유화
- 싱가포르 주제: 투자, 경쟁, 공공시장, 거래 장벽의 철폐

WTO는 특히 농산물 문제에서 미국과 유럽연합 그리고 G20(자유화에 우호적인 신흥국을 대표한다. 동맹관계가 다수이고 불안정하다)의 대블록에 반대한다. 새로운 동맹·비동맹 관계가 G20과 G90[11] 사이에 생겨났다. 2001년부터 협상이 교착 상태에 빠졌고 2006년에 WTO 총재 라미(Pascal Lamy)는 '도하(Doha) 개발 라운드'[12]를 실패로 간주했다.

2) 아프리카에 미친 상반된 영향

거의 모든 아프리카 국가는 WTO 회원국이며, 비회원국은 카보베르데·

---

10. GATS(General Agreement on Trade in Services). 서비스 교역에 관한 일반협정. 네 가지 방식의 조달이 포함된다. 대외조달, 해외소비, 상업적 주재, 인적 주재.
    TRIPs: 무역 관련 지적재산권에 관한 협정.
11. G90: 개도국 90개국으로서 최저개발국(PMA)과 아프리카연합 회원국이 포함된다.
12. 도하 개발 라운드(Cycle de Doha): WTO 산하의 세계무역 자유화에 대한 협상 라운드로 3년간 지속되었다. 계속된 협상 실패로 도하 라운드는 2006년에 실패한 것으로 간주된다.

에리트레아·에티오피아·적도기니·소말리아·수단이다(2011년). 아프리카 국가들은 무역 협정의 경기장에서 가진 패가 아무것도 없다. 미국과 유럽의 보조금과 보호라는 역풍을 맞고 있으며, 관세 특혜 침해(설탕, 바나나), 생산업자의 과당 경쟁(농업, 축산, 섬유) 등으로 무역 자유화의 패자(敗者)가 되었다. 아프리카 생산물은 2008년 유럽 시장 우선진입 자격을 상실했다(경제파트너협정[APE]). 특혜를 받은 농산물(바나나, 설탕)도 아메리카와 아시아 국가들의 위협을 받았다. 아프리카정상회의(AGOA)는 예외가 필요 없는 특혜 품목에 합의했지만, 특별부가세는 최저개발국 전체를 대상으로 한 것이었기에 차별적이지 못했다.

도하 개발 라운드의 종식은 매우 큰 문젯거리이다. 경험적으로 볼 때 자유화와 농업보조금 철폐는 오히려 공급을 더욱 감소시키기 때문에 농산물 가격의 인상을 초래한다. 하지만 중요한 것은 실천이 원칙과는 거리가 멀다는 점, WTO의 규정이 거의 준수되지 않는다는 것, 힘의 역학관계에 직면해서는 불확실성이 크다는 점 등이다. 특혜 품목이 줄어드는 것을 체험한 아프리카 국가들은 보조금(1일 10억 달러) 지원을 받고, 아주 생산성이 높은 농업과 부당경쟁을 한다. 예컨대 중국의 WTO 가입, 생산품의 8.5%에만 생산보조금 지원 제한, 관세 인하는 몇몇 품목(차, 기름, 괴경)의 생산을 촉진할 수도 있다. 실제로 가장 중요한 영향은 농업시장에서 차지하는 중국의 비중에 대한 엄청난 불안감이다.

무역 자유화는 특히 농업 보조금의 비중을 줄임으로써 아프리카 국가에 긍정적인 영향을 미친다(면화와 관련된 상자글 참조). 반면에 신흥국과는 달리 최빈국은 특혜 품목과 무역 수지에서 손해를 보고 있다(2005년 섬유에 대한 다자간 섬유 협정의 폐지 영향, 설탕 보조 협약). 유럽연합과의 무역 분쟁 요소는 육류, 곡류, 유제품, 설탕, 그리고 개도국의 차별적 특혜에 관한 GATT 24조와 중요한 무역 자유화에 대한 해석이다.

아프리카 면화의 전략적 이슈

프랑화권의 면화 사례는 '백색 금'의 지정학적 이슈를 잘 드러내 보여준다. 그 논란은 오늘날에 와서는 국제적인 정부 보조금 문제로 비화했다, 지원금을 받는 몇몇 국가는 자국의 구조 개혁에 선행조치를 취했다. 미국(기본적으로 수출을 통한 정부 지원), 유럽연합, 중국(생산업자 지원)은 세계 면화 가격의 인하를 초래하고 세계 시장에서 자국의 몫을 분명히 확대시키는 공공 정책을 펼쳤다.

WTO의 지원하에 아프리카 4개국은 도하 라운드의 틀 내에서 계획을 세우고 서구 정부의 지원금에 대한 보장을 받으려고 했다. 면화가 2004년 칸쿤 회의의 실패 요인 중 하나라는 사실을 잘 알고 있었기 때문이다. 브라질은 WTO의 분쟁기구에 정부 보조금 문제를 제기하여 2005년에 승소했다. 면화는 한 국가 내(예를 들면, 프랑스의 외무부, 통상부, 농업부), NGO(면화의 다목적성을 지원하는 보조 정책이나 공공 정책에 반대)와 아프리카 국가들 간, 남부 진영 국가들 간(예를 들면 브라질과 사헬 지대 국가), 미국과 유럽연합 간 다양한 지형을 가진 동맹과 대립의 문제이다.

면화의 세계는 국제적 불균형을 보여준다. 2~3헥타르를 경작하며 하루 1달러 미만의 인건비를 받는 100만 명 이상의 사헬 지대 면화 재배자들은 1,000헥타르 이상을 경작하는 2만 5,000명의 재배업자와 경쟁하면서 50% 이상 더 높은 원가로 면화를 생산한다. 면화 1헥타르의 필요 노동시간이 미국은 12시간인데 비해 아프리카는 80~100일이다.

제12장
지역 통합

1889	남아프리카관세연합(SACU) 창설
1963	아프리카통일기구(OUA) 창설
1992	남아프라카공화국 가입으로 남아프라카개발조정회의(SADCC)가 남아프라카개발공동체(SADC)로 바뀜
1994	서아프리카경제통화연합(UEMOA), SEMAC 창설
2000	아프리카개발신파트너십(NEPAD) 창설
2002	OUA가 아프리카연합(UA)으로 바뀜
2006	동아프리카공동체(EAC)에 부룬디·르완다 가입

식민 지배와 독립으로부터 물려받은 분열된 국가들로 인해 지역 통합 계획은 언제나 타당성을 얻었다. 분열된 아프리카는 54개국으로 구성되며, 대부분의 국가는 소규모이고 많은 국가는 내륙국이다. 이러한 지역 통합의 필요성은 세계화의 통제로 지역 기구를 요구하는 상황에서 강조된다. 실제로 지역화 과정은 여전히 태동기이며 다양하다. 통합 조직의 형태는 부문별 협력, 예컨대 아프리카·마다가스카르 항공안전기구(ASECNA), 가뭄 퇴치 정부 간 상임위(CLISS) 같은 것부터 주권 양도를 포함한 정치 연합에 이르기까지 다양하다.

'법정 지역화'는 기관들과 교역 단체가 책무를 맡는다. 200개의 지역 기구가 있다. 아프리카연합(UA)이 인정하는 5개의 지역 통합 기구는 서아프리

카국가경제공동체(CEDEAO), 중앙아프리카국가경제공동체(CEEAC), 남아
프리카개발공동체(SADC), 동남아프리카시장공동체(COMESA), 아랍마그레
브연합(UMA)이다. '실제적 지역화'는 지역 차원의 교역망, 금융망, 문화망,
기술망을 형성하는 행위주체들의 관행으로는 좀처럼 드러나지 않는다. 이
는 아프리카 국경 교역 즉 '국경국가'의 교역과 남아프리카공화국의 주축국
역할을 제외하면 여전히 태동기에 머물러 있다.

1. 정치 통합

최근 아프리카는 아프리카개발신파트너십(NEPAD)을 실행하고, 아프리카
통일기구(OUA)를 아프리카 53개국을 포괄하는 아프리카연합(UA)으로 변
경하면서 정치적 통합을 강화했다.

1) 아프리카개발신파트너십(NEPAD)

(1) 목표

NEPAD는 아프리카연합과 국제적 파트너십을 위한 준거틀이다. 이는 장
기적 전망(10~15년)에서 이루어진다. 아프리카연합의 5대 권역에 기초하여
민간 부문에 역점을 둔다. 아프리카인에 의한 개발의 향유를 우선시하고 책
임공유와 상호이해에 기반한 새로운 파트너십을 목표로 한다. 아프리카동
료평가메커니즘(MAEP)은 NEPAD의 주춧돌로서 그 신용에 대한 담보이다.
공동 투자 프로젝트를 확인·평가하고 자금을 지원하는 것은 아프리카 국가
가 스스로 해야 하는 일이다. 하지만 NEPAD는 여전히 위로부터 내려오는
하향식(top down)이며, 오직 장기적인 전망에서 판단할 수 있다. 이 프로그램

은 과거 추세와 예측이란 점에서 아주 야심적이다. 그렇지만 여러 아프리카 국가들과 시민사회의 주체라는 관점에서 보면 또한 신뢰성과 정당성을 결여하고 있다.

(2) 의문점

NEPAD의 미래에 대해 몇 가지 의문 사항이 있다.

- 연 7% 성장 목표는 관찰된 4~5% 수준의 성장률에 비해 지나치게 높은 것으로 보인다. 우선순위에 있는 인프라시설은 과중한 투자를 요구할 뿐만 아니라 현행 예산에도 계속해서 부담을 준다.
- 성장 요인으로 수출 강조. 그런데 전반적인 경기 상승과 수출품의 다변화가 지속 성장을 가져온다.
- NEPAD의 목표 달성을 위한 연간 자금 수요는 600억 달러로 추산되는데, 이는 아프리카의 외국인직접투자와 공적개발원조의 연간 총액을 상회한다.
- NEPAD는 아프리카 전체가 관심 대상이다. 이것이 그 독자성이자 아프리카연합 설립과도 부합한다. 그러나 북아프리카와 사하라 이남 아프리카, 남아프리카공화국과 나이지리아 같은 아프리카 강국과 군소 국가들의 관계가 밀접해진다고 하더라도 과연 확고한 관계를 맺을까 하는 것이 문제다.
- NEPAD는 공식 기구가 있지만 한계가 크고, 또 지역 통합 과정이 국경 인접 국가들과 비공식적 경제 역동성을 지닌 다른 국가들을 중심으로 이루어진다는 것은 주지의 사실이다.

〈지도 14〉 아프리카의 지역 통합

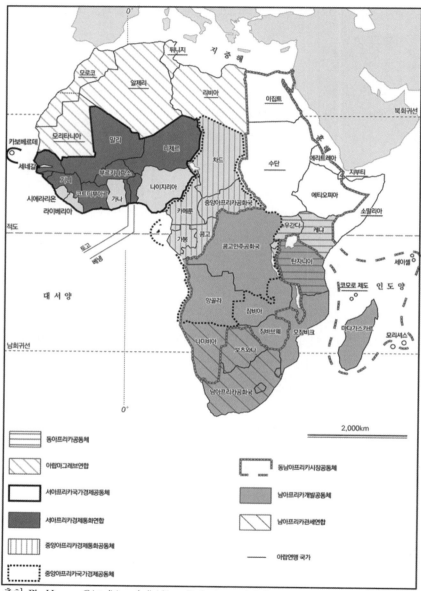

튀니지
지 중 해
모로코
알제리
리비아
이집트
북회귀선
카보베르데
모리타니아
말리
니제르
세네갈
기니
부르키나파소
차드
수단
에리트레아
지부티
시에라리온
코트디부아르
가나
나이지리아
라이베리아
적도
카메룬
중앙아프리카공화국
에티오피아
소말리아
토고
가봉
콩고
우간다
케냐
베냉
콩고민주공화국
탄자니아
세이셸
대 서 양
앙골라
잠비아
코모로 제도
인 도 양
짐바브웨
모잠비크
마다가스카르
모리셔스
남회귀선
나미비아
보츠와나
남아프리카공화국
2,000km

동아프리카공동체
아랍마그레브연합
동남아프리카시장공동체
서아프리카국가경제공동체
남아프리카개발공동체
서아프리카경제통화연합
중앙아프리카경제통화공동체
남아프리카관세연합
중앙아프리카국가경제공동체
아랍연맹 국가

출처: Ph. Hugon, *Géopolitique de l'Afrique*, Paris, Armand Colin, 2006.

2) 아프리카연합기구에서 아프리카연합으로

(1) 아프리카연합(UA)

2002년 아프리카연합기구(OUA)는 아프리카연합(UA)으로 바뀌었다. 제도적 측면에서 조직이 더욱 복잡해졌고(총회, 집행위원회, 상임대표위, 위원회), 조정기구에서 통합기구로 변화했다.

2004년 10월 12일에 채택한 실행 계획은 5가지 선결 사항을 정했다.

* 제도 변경(범아프리카의회)
* 평화 진작(평화안보위원회), 인간의 안전 보장과 거버넌스의 진흥(인권 및 국민권익 범아프리카법원)
* 지역 통합 진흥
* 아프리카연합법원과 관련된 프로토콜 채택

UA는 OUA와 비교해서 두 가지 점을 혁신했다. ① UA 정책과 결정을 존중하지 않는 국가들에 대한 재제 가능성과, ② 위협이 있는 경우 합법적 개입권이다(이것은 베스트팔렌 불간섭 원칙에 위배된다). 그러나 유럽연합과 대조적으로 주권국가의 권력과 관련하여 운신의 폭이 좁고 자율적인 작전권이 없다.

아프리카합중국(États-Unis d'Afrique) 정부를 건설하려는 의도를 가진 아프리카 지도자들(카다피, 압둘라에 와데)도 있었다. 이러한 야망은 남아프리카 국가들의 반발, 아랍·무슬림 아프리카와 사하라 이남 아프리카의 분열, UA의 허약한 분쟁 개입, 확고하지 못한 지역 통합에 부딪혔다.

이러한 진전에도 불구하고 UA에는 재정도 컨센서스도 없다. 2005~2006년의 다르푸르 사태에 대한 군사 개입(수단-아프리카연합군작전[AMIS])은 군비와 병참 문제가 있었고, 더욱이 유엔과의 합동작전이었지만 소말리아에 주둔하는 데 애로가 많았다. 평화안보위원회, 대륙기동체제, 원로자문위원회,

아프리카대기군, 분쟁 후 재건·개발 수단, 아프리카평화기금 등의 평화·안보 장치 강화책을 목격할 수 있다. 부룬디의 아프리카연합군 부룬디 작전(AMIB), 수단의 아프리카연합군 작전 같은 것이 그 성과들이다. 현실적으로 아프리카연합은 작전 수행의 수단들이 거의 없어서 유럽연합으로부터 병참·자금·군대(Amani africa)를 지원받는다. 인권 및 국민권익위원회가 있지만 콩고민주공화국·코트디부아르·소말리아의 위법 사항이나 민주주의 부정, 국민혁명(예컨대 2011년 1월의 튀니지 재스민 혁명) 같은 사건에 대해 한 발 물러나 있다.

(2) 통합의 필요성

강력한 정치 통합은 주권 이양과 분쟁 예방 목표를 전제로 한다. 경제적 이해의 일치나 정치적 경쟁과 적대를 넘어서는 한 가지 방법이다. 주권과 공공재 생산을 지역 차원으로 이관하는 것은 세계화 환경에서 국가의 무절제한 행태에 대한 해답이다(예컨대 지역 화폐의 발행을 통해서).

또한 지역 통합은 국가 통합으로서 회원국을 위한 정치적 조건이 전제되어야 하는데, 강력한 국가가 반대 세력을 형성하는 시민사회에 기반한 지역 분화를 막기 때문이다. 이와 반대로 **지역적 해체** 과정은 국가 해체와 정부 해체에 대한 사회정치적 요인, 국가적 목표를 우선시하는 경제적·재정적 위기, 예외 없이(erga omnes) 개방을 유도하는 국제 환경, 지역 합의를 무시하고 이루어지는 정책 등에 기인한다.

지역적 군사·외교 행동은 분쟁이 전파효과를 지니면서 지역화될수록 또한 취약국가들과 지역의 상호의존이 클수록 그만큼 더 필요하다. 양자 간의 행동은 지역 차원의 분쟁에서는 적절하지 않다. 지역 규모의 집단재(초국경적 분쟁)와 집단체제가 운용하는 광역재(CEDEAO·UA가 처리하는 분쟁)를 구별하는 것이 중요하다. '접경 국가들'에 대한 행동은 전략적이다. 이처럼 분쟁 관리는 분쟁 결과에 영향을 받는 접경 국가들에 대한 분쟁의 영향을 고려하면서 고찰해야 한다.

2. 경제 통합

1) 경제 지역화 개요

(1) 역내 교역의 약점

세계 경제와 대비해서 주변 지역은 지역적으로 통합되지 못했고, 국가 해체로 인해 지역 통합이 제약을 받는다.

아프리카 역내 교역은 11% 정도이다. 몇몇 나라를 중심으로 다극화되어 있다. 남아프리카공화국을 제외하면, 5개국(코트디부아르, 나이지리아, 케냐, 짐바브웨, 가나)이 아프리카 역내 교역의 3/4을 차지한다. 각 지역 제조품의 역내 교역도 아주 미약하다. 몇몇 원자재가 중요한 역할을 하는데, 석유는 교역의 1/3을 차지한다. 면화, 가축, 옥수수, 카카오가 18%이다. 아프리카 대권역은 국제 교역에서 비중이 아주 차별적이다. 남아프리카가 51%(이 중 15% 가 이 지역의 역내 교역), CEDEAO가 28%(11%가 이 공동체의 역내 교역), COMESA 가 12%(이 중 7%가 이 공동체의 역내 교역), UMA가 6%(이 중 2%가 이 공동체의 역내 교역), CEEAC가 3%(이 중 2%가 이 공동체의 역내 교역)이다.

지역화

지역 통합 과정은 여러 가지 형태를 취한다. 공동의 대외 관세(관세연합)로써 대내 장벽을 철폐하고(자유무역지대), 교역 이동과 화물 운송(공동시장)을 강화하는 것이 특징이다. 경제정책과 사회정책의 조정은 경제 연합을 만들어낸다. 다른 형태들도 존재한다. 경제 집중에 이르는 경제들 간의 상호의존(시장 통합과 기관 협력), 행위

주체들에 의해 정착된 부문별 협력 프로젝트(기관 통합이나 연방식 지역 통합), 규율이나 제도적 구조를 갖춘 주권의 이양이나 규율의 정착, 기업들이나 연계망 내의 내재화된 관계(생산적이고 망조직을 갖춘 통합) 등이다.

공동통화권(CMA)[1]이나 프랑화권의 경우 통화 연합이 지역 통합 과정의 핵심이다. 이와 반대로 다른 권역에서는 이러한 통화 통합이 부재하며, 동일권역 내의 회원국들이 주요 통화를 기반으로 하는 경우에만 단지 간접적으로 통화 연합이 이루어진다.

아프리카의 여러 국가 특히 남아프리카의 여러 국가만이 대기업, 광업, 유통, 통신 등의 본사(모기업)와 지사(자기업) 사이에 국경을 넘어 다국적 연계를 통해 통합을 증진하는 데 점차 중요한 역할을 한다.

(2) 설명 요인

역내 교역에 대한 주요 설명 요인은 다음과 같다.

- 개발 수준(생산과 소비 구조가 다변화되기보다는 국가경제 간의 교환), 경제 규모, (운송비와 거래비용으로 볼 때) 지리적 근접성, 사회문화적·정치적 근접성(동일한 통화, 언어, 역사)과 관련된 **구조적 요인**
- **정치경제적 요인**(지역적 교역 협약, 개방정책, 관세장벽의 고저)

이와 반대로 사실상의 자유교역지대를 만들어내는 비공식 교역의 비중은 주로 다음 요인으로 설명된다.

- 국경으로 인해 생겨난 정치경제 및 교역체제의 차이
- 교역망 구축과 초국경 사회망 귀속의 존재
- 보완 경제와 비교우위의 이점

---

1. 공동통화권(common monetary area):남아프리카공화국, 레소토, 나미비아, 스와질란드를 포함하는 공통의 통화권.

이러한 비공식 교역은 기본적으로 생산품 가공으로 부가가치를 창출하기보다는 수입 제품에 주로 관련되어 판매마진을 중시하기 때문에 경제 통합을 제대로 달성하지 못한다.

2) 지역 통합의 주요 협의체

지역 통합 기구는 그 수가 많고 계속 재구조화되면서 상당히 중첩되는 특징을 보인다. 많은 국가가 여러 기구에 소속되어 역할을 한다. 그 결과 규정과 관례들이 일치되지 않는 난점이 많다. 경제파트너협정(APE)의 틀 내에서 아프리카연합의 목표는 지역경제공동체를 유지하고 제도적 역량을 강화하는 것이지만, 그것은 아프리카연합의 지역집단공동체와는 다른 지역집단에 기반하고 있다. APE는 사실상 협약이 비조직적이었고 회원국 간의 교역정책의 수렴과 조정에 실패했다.

(1) 서아프리카

서아프리카 지역은 인구가 2억 5,000만 명이고, 서아프리카국가경제공동체(CEDEAO)에 15개국이 통합되어 있으며, 여기에 모리타니가 추가되었다. 여기에는 많은 종족이 있다(제1장 참조).
- 마노강연합(UFM)

UFM은 1973년에 탄생했다. 3개국(기니, 라이베리아, 시에라리온)이 소속되어 있다. 관세연합을 맺을 예정이었다. 그러나 전쟁, 정치 위기, 난민 등으로 3개국이 파산했다.
- 서아프리카경제통화연합(UEMOA)

UEMOA는 프랑화권의 8개국이 가입했고, 모두 프랑스어권 국가이며, 프랑스 옛 식민지의 프랑스령 서아프리카(AOF) 회원국(기니비사우 제외)으로서 통화관세연합이다. AOF의 회원국이던 기니와 모리타니는 프랑화권에서 탈퇴했다. 통화 통합은 프랑스 재무성과의 재정 협의에 따라서 아프리카국가 중앙은행(BCEAO)의 통제하에 있다. 또한 아프리카상법통일기구(OHADA)에서 각종 법규를 통한 통합, 관세 연합(공통의 상업정책과 4% 세율의 역외공통 관세), 경제 연합도 관찰된다. UEMOA의 견인차인 코트디부아르는 특별한 활동이 없다. 하지만 2011년의 경제성장률은 4%를 넘었다. 외채는 GDP의 1/3을 조금 상회하고 재정 결손은 GDP의 3%였다.

- 서아프리카국가경제공동체(CEDEAO)

CEDEAO는 UEMOA의 8개국 외에 영어권 5개국(옛 영국 식민지와 라이베리아), 옛 포르투갈 식민지인 포르투갈어권 1개국(카보베르데), 옛 프랑스 식민지인 프랑스어권 1개국(기니)가 포함된다. 이 경제자유권역의 인구는 향후 2025년에는 4억 2,000만 명으로 추정된다. 그래서 이 권역은 사하라 이남 아프리카에서 가장 도시화된 지역이 될 것이다. 그러나 문화와 언어 차이, 분쟁(시에라리온, 라이베리아, 코트디부아르) 등 장애물이 많다. 이들 해안 국가는 사헬 지역을 제외하고 공식 관계가 별로 없다.

CEDEAO 내의 지역 통합은 여러 요인으로 제약이 있다. 통화 태환의 난점, 사회기반시설 미비, 제품의 보완성 부족 등이다. 이 지역의 잠재적인 축인 나이지리아는 국내의 정치 사정으로 견인차 역할을 할 수 없었다. 세파프랑(CFA)이 자본 유출이 가능한 태환 허용을 하기 때문에 주요 교역은 자국 통화를 가진 국가들 사이에 이루어진다. CEDEAO는 최근 지역 통합의 야심찬 계획을 내놓았지만, 이는 교역(역외공통관세)과 통화(단기의 단일통화에 앞선 두 통화체제의 연합)의 문제를 여전히 노정하고 있다.

서아프리카 모니터링그룹 경제공동체(ECOMOG. CEDEAO의 무장 군대)는 1990년에 창설되었고 군사 개입을 한다. ECOSAF(CEDEAO의 대기 병력) 프로그램은 소형 무기의 확산을 저지하는 투쟁을 한다. 이 지역통합군은 CED-

<표 13> 긴밀도에 따른 지역 협약

통합 정도	기능적 경제협력	최우선 협약	자유거래 지표	관세협약	공동시장	경제연합	통화연합
부문별 프로젝트	COI SADC						
회원국 간 거래에 대한 관세·비관세 상호 호혜		COMESA					
회원국 간 거래 물량 제한 및 관세 철폐			COMESA CEDEAO				
공동 대외 관세				SACU			
회원국 간 화물 자유 이동					EAC (CEDEAO) (COMESA)		
경제정책 조정						UEMOA CEMAC	
정책 통일 (통화 통합)							UEMOA CEMAC CMA

주: ( )는 프로젝트
출처: Ph. Hugon, *Les économies en développement à l'heure de la régionalisation*, Paris, Karthala, 2003.

EAO 회원국 사이에 이해가 일치하면 중요 역할을 한다(라이베리아의 경우가 그랬다). 조직망을 통한 군사행동은 식량 위기를 예방하고 조치하는 데 아주 중요한 역할을 했다(사헬건조방지투쟁국가간위원회[CILSS] 참조). 평화·안보를 위한 지역적 군사행동은 전략적인 것이다(제7장 참조).

(2) 중앙아프리카

대호수국가경제공동체(CEPGL)는 1976년에 창설되었다. 옛 벨기에 식민지였던 3개국(부룬디, 콩고민주공화국, 르완다)이 소속되어 있다. 이 공동체는 설정한 목표를 전혀 달성하지 못했다. 공식적 역내 교역은 거의 없다. 이들 국가는 분쟁의 영향을 크게 받았다. 콩고민주공화국은 엄청난 혼란의 진앙지이다. 부룬디와 르완다는 동아프리카공동체(EAC)에 재가입했다.

• 중앙아프리카국가경제공동체(CEEAC)

CEEAC는 1983년 관세동맹을 수립하고 특정 부문에서 정책을 통일시키려는 목적으로 설립되었다. CEPGL의 3개국과 CEMAC의 6개국, 앙골라, 상투메프린시페가 가입되어 있다. 기본적으로 평화·안보 정책의 역할을 한다. 이 분쟁 권역은 거의 통합이 안 된 상태이다.

• 중앙아프리카국가경제통화공동체(CEMAC)

CEMAC는 중앙아프리카관세경제연합(UDEAC)에 뒤이어 1994년에 창설되었다. 프랑화권의 7개국이 가입되어 있다. 이 중 5개국은 프랑스 식민지였고, 프랑스령 적도아프리카(AEF) 회원국이었거나 총독령(카메룬)이었다. 이들 국가는 모두 프랑스어권이고(스페인 식민지였던 적도기니는 제외), 산유국이다(중앙아프리카공화국 제외). 이 통화 연합은 프랑스 재무성과의 재정 협약에 의해 중앙아프리카국가은행(BEAC)의 통제를 받는다. 관세 연합은 4% 세율의 역외공통관세(TEC)를 정착시켰다.

통화 연합과 프랑화권이지만 회원국들 간의 교역은 1970년 5%에서 오늘날 2%로 떨어졌다. 그 이유는 주로 석유경제 수출 구조, 경제 다각화 부족(카메룬 제외), 사회기반시설 미비 등이다. 나이지리아와 인접한 CEMAC 회원국들은 CEDEAO에 더욱 밀접하게 통합되어 있다. 지역 통합을 위한 산유국들의 이해는 별로 크지 않다. 반면에 이 산유 지대는 2011년에 4% 이상의 성장세를 기록했다. 외채는 GDP의 12.4%이고, 재정 흑자는 GDP의 1.7%이다.

(3) 동아프리카

동아프리카는 역사적으로나 언어적으로 통일성이 매우 크다(제1장 참조). 하지만 지형과 기후는 아주 대조적이다. 동남아프리카시장공동체(COMESA)에 가입되어 있다. 몇몇 하위 통합 집단이 있는데, 수단과 아프리카뿔, EAC 회원국들이다.

• 동아프리카공동체(EAC)

케냐, 우간다, 탄자니아 3개국이 EAC에 속한다. 부룬디와 르완다는 2006년에 가입했다. 1993년의 중앙아프리카공동체(CAC)는 케냐와 우간다의 1917년 관세협정에 뒤이어 생겨났고, 여기에 탕가니카가 1927년에 가입했다. 또한 그 이전에 1967년 동아프리카공동체(CAE)가 있었으나 1977년에 해체되었다. 1966년 아루샤에서 창설된 EAC는 문화 정체성의 기반(스와힐리어)이 강하다. 야심찬 프로그램도 있다. 그 목표는 단기간에 진정한 공동시장을 형성하고 중기적으로는 통화 연합을 하는 것이다. 창설 3개국은 비교적 동질적이고 경제적 관계를 많이 맺고 있다. EAC는 장애가 많은데, 그중에는 열악한 운송도 있다. 탄자니아는 남아프리카개발공동체(SADC)를 선호하는 성향이 있다. 케냐는 오히려 자유무역의 장(場)인 COMESA란 카드를 들고 있는데, 케냐는 오랫동안 EAC가 COMESA의 하위 기구라고 생각해왔기 때문이다. 이 경제권역은 경제동력이 아주 활발하고 진정한 의미의 지역 시장을 형성한다.

• 월경 이니셔티브(Cross-Border Initiative: CBI)

CBI는 1993년에 결성되었고, 아프리카개발은행(ADB), 유럽연합, 세계은행, IMF의 지원을 받는다. 13개국이 가입해 있다. 경제 자유화가 목적이다.

• 정부 간 개발관리처(Autorité intergouvermentale pour le développement: IGAD)

정치적 의향을 지닌 개발 프로젝트 관리기관이다(분쟁 예방과 관리). 7개국(지부티, 에리트레아, 에티오피아, 케냐, 소말리아, 수단, 우간다)이 가입해 있다. 다수 국가가 전쟁 중이다. 소말리아에 대해 아프리카연합으로부터 작전을 위임받았다(IGASCOM).

(4) 남아프리카

남아프리카는 남아프리카공화국이란 지역 열강의 영향으로 남아프리카

개발공동체(SADC)를 중심으로 조직되어 있다.

• 남아프리카관세연합(SACU)

SACU(또는 UDAA)는 1889년으로 거슬러 올라간다. 현재의 협약은 1969년에 조인되었다. 5개국이 가입한 관세 연합이다. 보츠와나를 제외하면, 공동통화권(CMA)과 동일하다. 1999년 7월 짐바브웨와 자유교역 협정에 서명했다. 회원국은 또한 SADC 회원국이기도 하다.

SACU는 주요 목표를 달성했다. 생산요소의 자유로운 유통과 교역의 장애물 제거가 그것이다. 교역은 중요하며, 점차 증가하고 있다. SACU는 대체적으로 성공했다. 5개 회원국 간의 경제적 수렴이 목격된다. 남아프리카의 교역은 경제 불균형을 보완한다. 남아프리카의 대기업은 통합 역할을 한다. 경제 주축국과 소수의 소규모 국가들이 공존한다. SACU는 남아프리카공화국과 유럽연합 사이의 자유무역 협정 조인과 남아프리카의 상호 교역의 감소로 도전을 받고 있다.

• 남아프리카개발공동체(SADC)

남아프리카개발조정회의(SADCC)는 원래 아파르트헤이트에 대항해서 부문별 정치협력구조로 구상되었는데, 1992년 남아프리카공화국이 가입하면서 지역 통합기구로 바뀌었다. 회원국들은 1996년에 2007년까지 자유무역지대 창설을 포함한 협약에 서명했다. 무역 자유화는 남아프리카공화국의 비중을 고려하여 두 배 빠르게 이루어졌다. 상호보완성은 사하라 이남 아프리카의 다른 지역보다 비교적 높다. 교역은 불균형하지만, 엄청난 무역흑자를 내면서 남아프리카에서 엄청난 역할을 하는 대기업을 거느린 남아프리카공화국을 중심으로 축이 형성되어 있다. SADC의 회원국은 2007년 15개국이다.

• 동남아프리카시장공동체(COMESA)

COMESA에는 2006년 22개국이 가입해 있다. 1993년 특혜교역지대(ZEP)

를 대신해 발족했다. ZEP는 1992년 라고스 계획에 따라 발족한 기구이다. COMESA의 목적은 무역 자유화이다. 지역 통합을 용이하게 추진하기 위해 ZEP은행, 교역분쟁조정센터 같은 여러 기관을 만들었다. 최우선사항으로 운송, 통신, 농업, 산업, 인적 자원, 투자 진흥을 정했다. 성과와 진전 사항은 크게 없었다. 회원국 사이의 관세·비관세 장벽의 철폐는 제한적이었다. 회원국들이 너무 이질적이었던 까닭이다.

(5) 인도양

• 인도양위원회(COI)

COI에는 5개 회원국(세이셸, 마다가스카르, 모리셔스, 코모로, 레위니옹)이 포함되어 있다. 회원국의 공동 이해가 걸린 다양한 부문의 협력을 도모하는 지역 협력기구이다. 1996년에 시작된 '교역 발전을 위한 통합 프로그램(PRID)'으로 자유교역지대를 지향한다. 역내 교역은 많지 않고, 상호보완성도 적다. 단지 모리셔스 섬만이 지역 협력과 통합에 뚜렷한 전략을 가지고 있다. 이들 각 섬은 유럽에 강하게 통합되어 있다. 하지만 문화적·언어적 측면에서는 동질성이 비교적 크다. 프랑스는 해외도(海外道)인 레위니옹을 통해 중심적 역할을 한다.

• 인도양안지역협력연합(IOR-ARC)

IOR-ARC는 인도양안의 국가들을 결성하는 것을 목적으로 한다. 남아프리카공화국, 호주, 인도, 인도네시아, 케냐, 마다가스카르, 말레이시아, 모리셔스, 모잠비크, 오만, 싱가포르, 스리랑카, 탄자니아, 예멘이 가입해 있다. 동남아시아의 섬들, 인도, 중국과의 교역망은 오래되었지만 경제관계는 미약하다. 여러 가지 취한 조치들을 보면, 교역과 투자의 자유화를 목표로 한다. 취약한 제도적 형식은 아시아 지역성을 못 벗어나고 있다. 신흥 강국을 포함한 아주 이질적이고 서로 거리가 먼 광범위한 지역이다. 하지만 구조화된 교역망을 통해 견인역할을 할 수 있는 경제축이다.

　　행동주체들과 조직망을 통한 아프리카 지역화는 제도적 지역화를 초월한다. 이는 특히 아프리카 지역의 개발은행(아프리카개발은행)이 자금을 지원한 기반시설(도로, 철도, 통신 등), 역사에 기반한 교역과 교통망, 이주망, 지역연합망(농민, 기업가 등)에서 생겨난 결과이다. 경제적·사회적으로 밀집한 활동을 통해 만들어진 독특한 영토로부터 경계(코나레[Alpha Oumar Konaré]에 의하면 '경계국가')들이 형성된 것이다.

　　지역화 과정은 세계 시장으로부터 탈피하는 것과 동시에 반대로 세계 시장에의 통합을 목표로 한다. 영토적·제도적 망상 조직이란 관점에서 지역화 과정을 분석할 수 있다. 이 과정에는 경제적·정치적·언어적·문화적 차원이 있다. 지역화는 국경을 없애는 것이 아니라 그것을 초월하고 국경을 넘어 상호의존관계를 만들어내고 긴장을 완화시킨다. 사회집단은 소속 경계가 있고, 이는 문화·사회·경제·언어의 공간을 형성한다(제1부 참조). 다국적기업은 본사를 국내 영토에 뿌리를 두더라도 지역 분사들의 통합을 증진시키는 지사망을 만들어낸다. 지역화는 유럽연합을 필두로 해서 출자자의 지지를 받는다. 반면에 중국을 필두로 한 신흥 강국은 아프리카 국가들과의 양자관계를 선호한다.

제13장

국제 협력과 국제 열강

1957	로마 조약
1994	세파프랑 평가절하
1997	프랑스의 국제 협력 개혁
2000	코토누 협약(Accords de Cotonou)
2000~2010	파트너 다변화와 중국의 역할
2005	아프리카위원회(La Commission pour l'Afrique)

"왜 나를 원하니, 나는 너에게 아무것도 주지 않는다."_공자

"주는 손이 받는 손보다 낫다(위에 있다)."_아프리카 속담

국가, 자치지역, 기금재단, 비정부기구의 **국제 협력**은 분쟁과 국제 지배 관계의 대칭축이다. 그것은 국제사회의 여러 행동주체들 사이의 공동 협력 행위이다. 자치지역들 사이의 공동 개발이나 분권 협력 프로젝트 같은 사례를 들 수 있다. 이는 상호교환의 관계를 전제로 한다.

이와 반대로 **개발원조**라는 수직적 개념은 불균형한 힘을 가진 행동주체들이 만들어낸 개념이다. 감정적 관계, 양심 가책, 미청산 부채, 독립의지, 관계 단절과 복수에 대한 두려움 때문에 형성된 식민 지배 이후의 환경에서 고안된 개념이다.

남북 진영 사이의 수직적 원조 개념은 지구의 세계적 공공재와 지역적 공공재에 대한 자금 지원을 목적으로 하는 공공정책의 개념으로 바뀌는 추세이다. 민간 연대의 물결이 고조되는 가운데 행동주체, 자금 지원 동기, 금융구조가 끝나고 있음을 관찰할 수 있다. 기후 온난화 억제 노력, 복구 및 적응 지원 같은 새로운 이슈들이 빈곤 퇴치를 점차 대체하는 추세이다.

1. 개발원조

1) 원리와 발전

공적개발원조(ODA)[1]는 경제 개발을 촉진하고, 삶의 질을 개선할 목적으로 공공 부문이 제공하는 유상차관이나 무상증여로 정의된다. 이것은 증여, 양허차관, 부채 탕감, 외국인 접객비(대학 등록금, 비호권) 같은 것을 포괄하는 아주 이질적이고 다양한 집합 개념이다.

베를린 장벽이 붕괴하면서 아프리카에 대한 원조는 지정학적 기능을 상실했다. 그 후 공적개발원조는 지구촌의 안보, 상호의존 관리 같은 문제들 때문에 재정의되었다. 세계화된 환경에서 원조는 국가가 지닌 세 가지 기능을 할 수 있는데, 세계적 공공재의 안정화·재분배·생산이 그것이다.

---

1. 공적개발원조(Official Development Assistance)에는 네 부문이 있다. ① 공공 경비(국가, 분권화된 집단 등), ② 영토나 개도국의 이익을 위한 것, ③ 그 의도는 개발하려는 것, ④ 양호한 금융 조건을 수반한다. 성질상 원조의 종류는 금융, 기술원조, 인도주의가 있다. 프로젝트나 프로그램(재정 원조)의 특성이 있으며 구속적이거나 비구속적일 수 있다. 그 측정은 까다로운 문제이다. 원조 평가는 공여국과 수원국이 동일하지 않을 수 있다. 전체 금액에 다양한 경비가 포함되며 측정은 눈속임일 수도 있다. O. Chamoz, J.-M. Severino, *L'aide publique au développement,* Paris, La Découverte, coll. Rèperes, 2007.

원조 재원의 반 이상을 유럽연합(회원국과 연합체)에서 출연한다. 이 원조 재원으로 주로 중소득 국가를 지원한다. OECD의 아프리카 원조는 1990년 147억 달러(아프리카 GNP의 5.8%)에서 2000년 480억 달러(세계 원조 총액의 40%)로 증가했다. 2004년과 2010년 사이에는 예상된 추가액 250억 달러를 제하고도 35%가 늘어났다. 신흥국과 산유국으로부터의 원조가 더 많아지고 있다(+150억 달러). 세계 금융 위기로 무상원조는 축소되었고, 2007년과 2015년 사이에 지원할 아프리카에 대한 2배 증액 원조는 목표와 멀어져버렸다. 아프리카가 지원받은 원조 규모는 외국인직접투자와 이주민이 보낸 송금을 합한 총액보다 적어졌다.

2) 개발원조의 목표와 영향

(1) 다양한 동기
공적개발원조의 동기는 여러 가지이다.
- 인도주의: 빈곤 퇴치와 긴급구조 원조
- 실용적 목적: 천연자원의 획득, 시장 보호 개입
- 지리전략적 동기: 안보, 분쟁 예방, 테러 방지, 이주나 전염병 등의 위기 관리, 국제적 결정에 대한 목소리, 힘의 논리
- 문화적 발전: 언어와 문화 보호, 자선기금
- 양심 가책 : 식민 지배에 대한 죄의식, 백인의 짐
- 재분배 또는 개발주의 : 국제적 불균형과 역사적 차별 해소

(2) 원조 효과성에 대한 논란
민간 유입자금의 고갈을 고려하면 공적개발원조는 대외 유입자금의 구속을 벗어나 신선한 산소를 공급해주고 저축 부족과 역량 결핍과 기술 후진

성을 보충했다. 민간 자금의 유입 위험에 노출된 국가에 안전한 자금을 지원할 필요가 있다.

하지만 원조는 흡수력이 약한 것이 문제였다. 흔히 그 목적에서 벗어나 증식 효과에는 아주 한계가 컸기 때문이다. 유입자금 100에 대한 산출효과는 60이었다. 또한 자금 투자 계획의 편향성, 계속 발생하는 비용 등의 부작용도 생겨났다. 사용한 자금의 낭비와 엄청난 액수의 증발을 고려하면 원조는 정당성이 없다. 공적개발원조의 기금 할당은 종종 지금까지 없던 민주적 통제를 전제로 하며, 흔히 몇몇 특혜국이 소득 보장을 누리는 유산 상속 체제가 되었다. 또한 공공의 낭비와 부패를 조장하고 극빈자들에게는 아무런 효과가 없었다. 남부 진영의 문제 해결보다는 북부 진영에서 만든 도구를 양도하는 것처럼 되었다. 원조와 관련해서 낭비, 부패, 손실, 왜곡 등이 폭로되었다. 그런데 이러한 주장은 부국의 원조 무용론(cartiérisme)과 이기주의를 강화시켜주었다. 몇몇 국가는 원조의 수요와 공급 시장, 시장점유율 확보 논리를 말하기도 했다.

원조는 전반적 개발전략 내에서 국내 동력이 수반된 경우에만 효과적일 수 있다. 일부 학자들은 원조의 효과성은 굿 거버넌스에 달려 있다고 주장하는 반면, 또 다른 학자들은 특히 국외 충격과 관련된 구조적 장애가 있다고 주장한다. 국외 충격과 관련해서 예측 가능한 정규적인 자금 흐름이 있어야 한다는 것이다. 원조는 또한 조건성 문제를 제기한다. 이 조건성은 사전('올바른' 정책의 시행)이나 사후에 상황(예컨대 취약국이나 분쟁국가)에 따라 결과와 연관되거나 차별화되어야 한다.

원조 자금의 증발이 심해져 불법적이 되면 착복이나 횡령 문제로 인해 그 전망이 흐려진다. 자금 출연국들 사이의 일관성과 조정 문제도 제기된다. 공여국과 수원국은 지식·권력·소유의 불균형으로 인해 그 관계는 매우 복잡다단하다. 또한 원조의 매관매직과 후견인제에 대한 논란이나 기금 출연자의 일관성과 조정 문제에 대한 논란도 있다. 유럽 유형의 다자 원조 및 양자 원조의 상대적 비중도 논란거리이다.

3) 전망

빈곤 퇴치를 위한 새천년개발약속은 2012년부터 공적개발원조가 공여국 GDP의 0.22%에서 0.44%로 배가될 것으로 전망한다. 하지만 이 원조에 포함된 부채 경감 조치는 신규 유입자금의 기여를 제한한다. 부채 탕감은 공적원조의 선택과는 상관없이 이루어지기 때문이다. 프랑스의 원조 증액은 부채 탕감, 해외도의 통합, 난민과 학생 수용 지원 같은 눈속임 계산에서 나온 것이다. 이와 같은 것들을 제외하면 81억 유로란 원조액은 절반으로 줄어든다. 유럽연합 내에서 유럽개발기금(FED)의 예산 확보 논의는 재정 확대란 맥락에서 우선순위를 재검토해야 하고 유럽의 자금 확보를 안정화시키는 데 기여해야 할 것이다.

2005년 아프리카위원회(La Commission pour l'Afrique)는 북부 진영 국가의 보조금 삭제뿐만 아니라 빈곤선을 넘기 위한 **대도약**을 제안하고, 2010년부터 250억 달러의 아프리카 원조를 500억 달러로 배가할 것, 신규 자금 지원 체제(편리한 국제금융, 항공운송에 대한 강제 부과금이나 선택과세 등)를 갖추고, 기금 출연국뿐만 아니라 주민들에게도 보고서를 제출할 것을 제안했다. 영국이 제안한 국제금융기관은 중요 자금을 차용하고 활성화하는 것이었다. 하지만 이 금융기관은 다음 세대에 그 부담을 결국 떠넘기게 되었다. 프랑스가 제시한 국제적 세제(稅制)는 예측가능성과 양허성에 관심을 가졌지만, 기본 욕구에 집중할 가능성도 있다.

계획된 다자간 부채 탕감과 양자 간 부채의 일부 탕감으로 부정적 양도가 없어졌는데, 아프리카 국가는 이러한 조치의 희생물이었다(비정부기구 아지리[AGIR]에 따르면, 2002년 부채 상환액 300억 달러 중 원조로 170억 달러 탕감). 그러나 과거를 잊고 새 출발을 한다고 해서 국제 금융 지원을 계속 받을 수는 없으며, 구조 개혁과 제도 개혁이 없으면 금융 지원은 채무국의 허약한 자금 흡수력과 충돌한다. 채무는 지속 가능성(채무국의 자금 상환 가능성)과 지불 능력의 문제를 제기하기 때문이다. 벌처펀드(vulture fund)는 시장에서 공채를 사들이고 채무국에게 이를 소지하도록 유도한다.

2. 양자 관계

아프리카는 국가들 간의 경쟁의 장(場)이자 영향력의 장이 되었고, 원조 수원과 국제 협력의 최우선 지역이 되었다. 옛 식민 열강은 영향력을 상실했지만 여전히 거기에 현존하면서 제왕적 기능을 한다(프랑스 자본과 군대의 경우가 그런 사례이다). 그렇지만 유럽연합 내에서 영향력은 점차 희석되어간다. 미국과 아시아 신흥국들은 전략적 행위주체가 되었다. 이러한 새로운 파트너에 대한 아프리카 대외 교역의 방향 재설정은 새로운 양자관계의 신호탄이다. 오늘날 교역의 절반이 남부 진영 국가들과 이루어지고 있다.

1) 프랑스와 아프리카

프랑스는 역사적으로 아프리카의 지역 강국 역할을 했다. 외무부 장관 기랭고(L. Guiringaud)는 500명의 남성이 아프리카의 운명을 바꿀 수 있다고 생각했다. 미테랑(F. Mitterand) 대통령의 말은 빌리면, "아프리카 없이는 19세기 프랑스 역사는 존재하지 않는다."[2] 아프리카는 프랑스 외교와 군사에 중추적 역할을 했다. 프랑스는 아프리카가 없었다면 전략도 불가능했고 세력

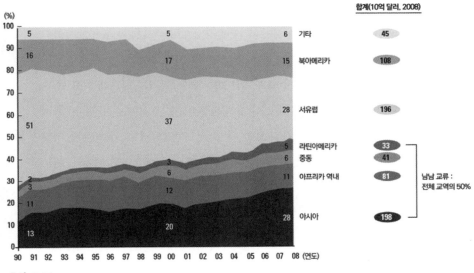

<그림 6> 아프리카와 협력 파트너 간의 교역 구성(1990~2008)

합계(10억 달러, 2008)

	기타	45
	북아메리카	108
	서유럽	196
	라틴아메리카	33
	중동	41
	아프리카 역내	81
	아시아	198

남남 교류 : 전체 교역의 50%

출처: IMF.

도 얻지 못했을 것이다. 프랑스는 공동체를 이뤘을 때 정착된 협약과 외교 관계를 유지했지만, 그 유대의 일부에 균열이 간 것을 엿볼 수 있다. 프랑스 와 아프리카의 양자관계는 '프랑사프리카(Françafrique. 우푸에 부아니의 표현)' 라는 파트너 관계와 많은 논란의 대상(르완다 문제, 프랑스어권의 방위협약, 정 치·군사·원유·금융 관계의 불투명성)으로 인해 긴장관계를 유지했다.

(1) 프랑스의 아프리카 정책

프랑스의 사하라 이남 아프리카 정책은 특정한 경제적 이익, 광물 및 석 유자원에 대한 이익 창출 또는 사업지를 찾는 기업의 지원을 포함하고 있지 만, 기본적으로는 문화적·지정학적·인도주의적 고려로 설명된다. 경제적 이

---

2. F. Mitterand, *Présence française et abandon*, Paris, Plon, 1957.

해관계를 앞세우면 감정적 유대, 죄의식, 청산되지 않은 부채, 원조와 좌절 등으로 인해 식민 지배 전후와 냉전 전후의 상황을 이해하기 어렵다. 프랑스와 아프리카의 복잡하고 난감한 관계는 거울의 반사된 모습처럼 상반된 두 담론으로 귀착된다. 즉 프랑스는 내정간섭과 무관심 사이에서 망설이고, 아프리카는 소외감과 신식민주의 개입이라는 양극적 상황에 처해 있다.

아프리카 국가에 대한 프랑스의 정책 비중은 혼란으로 인한 공포, 분쟁 예방의 의지를 포함한 여러 가지 요인, 즉 프랑스어권의 수호, 후원관계, 정당의 자금 지원을 유도하는 관계망 형성, 유엔에서 프랑스어권 국가가 내는 목소리 등으로 설명된다. 정책 결정권자들의 제도적 불협화음에는 명확한 전략을 가로막는 목표에 대한 혼란도 있다.

(2) 원조와 협력의 역할

베를린 장벽 붕괴 이후 프랑스의 대외 원조 감소(2010년 기준 100억 유로, GNP의 0.5%. 그 일부는 분식계산이다)에도 불구하고 절대금액이나 GNP에서 차지하는 공적개발원조의 비율로 보나 프랑스는 여전히 최대 원조 공여국이다. 프랑스의 원조 대상은 주로 사하라 이남 아프리카로서 전체 원조액의 59%를 차지한다. 원조액의 30% 이상은 다자간 원조이다. 여러 담론에도 불구하고 원조의 핵심은 빈국이나 사회의 기초 부문이 아니다. 관계망과 연계 탯줄은 지나치게 오래된 것이어서 저의(底意) 같은 것은 없다. 뒤늦은 탈식민지화가 원한의 씨앗이다.

냉전 기간 사하라 이남 아프리카에 대한 프랑스의 경제정책은 드골의 정치 노선에 따라 프랑스 정부가 프랑스어권, 유민(流民)과 석유 문제, 공산주의에 대한 공포 등으로 이 지역을 지정학적으로 얼마나 중요하게 여기는지를 반영한다. 1989년 11월 베를린 장벽 붕괴, 유럽의 확장, 세계화의 가속화로 인해 아프리카의 지정학적 위상이 흔들렸고, 프랑스와 아프리카 관계의 정상화도 손상을 입었다. 1990년 미테랑 대통령이 라 볼(La Baule)에서 행한 연설(아프리카에 대한 원조를 민주화와 연계), 1993년 발라뒤르 독트린(브레턴우즈 협정 기관과의 협정에 서명한 국가와의 양자 원조를 전제로 한다), 1994년 1월 프랑스어권 아프리카(세파프랑화권)의 외환 평가절하는 옛 식민 지배 국가가 아프리카와 연결된 탯줄을 자르고 결별을 알리는 신호탄이었다. 프랑스의 사안별 정책, 위압적인 영어권 아프리카에 대한 강박관념에서 나온 방어적 태도 때문에 민주주의가 미성숙한 아프리카 국가에 대한 담론은 입장이 모호했다. 여론과 아프리카 국가들 특히 남아프리카공화국이나 나이지리아 정권이 비판의 대상이었다.

프랑스는 중재자이자 동시에 때로는 양자의 협공을 받는 이해당사자이다(코트디부아르에서 수행한 프랑스군의 리콘 작전 참조). 프랑스군은 유엔이나 유럽연합의 위임을 받아 작전을 수행했지만, 몇몇 아프리카 국가들과는 군사 협력을 포함하는 방위협약이나 협력관계는 그대로 유지하고 있다. 현실 정치에서 폭정을 하는 독재자들과 타협하고 독재체제의 인위적 생존 유지를 도와주는 것으로 비난을 받는다. 프랑스는 개입과 방조라는 두 가지 아프리카 정책을 시행한다.

프랑스-아프리카/프랑사프리카(Françafrique)

우푸에 부아니가 만든 이 용어를 베르샤브(F. X. Verschave)와 언론 기자들이 3E(엘리제[Élyséel, 엘프[Elf], 군수뇌부[État major])가 관여하는 프리메이슨식의 정치군대망 조직을 특징짓는 용어로 다시 사용했다. 포카르와 드골에 의해 만들어진 이 체제는 큰 변화를 겪으면서 부분적으로 살아남았다. "프랑스-아프리카의 논리는 아주 간단하다. 이는 이중적인 언어이다. 즉 공식적인 것과 현실적인 것, 드러난 것과 잠재된 것, 합법적인 것과 불법적인 것의 이원적 개념이지만, 둘째 항의 개념이 지배적이다."[3] 혼란, 체제 유지, 시기에 따라 때로는 반공주의와 반미주의에 대한 두려움으로 인해 민간과 공공의 이해(국가이성), 정당의 재정 지원 등이 뒤섞였다. 지정학적 분석은 상투적인 표현을 넘어서서 아프리카에서 다른 강국들(미국, 영국, 이스라엘, 중국, 사우디아라비아 등)의 역할과 관련해서 프랑스의 역할을 구축할 것을 전제로 하고 있다. 아프리카의 다양한 파트너십 역시 정세를 급변시켰다. 프랑스와 아프리카의 복잡한 관계는 프랑스-아프리카라는 것으로 단순화시킬 수 없다.

(3) 강력한 군대의 주둔

프랑스의 군사협정과 군대 주둔은 독립 시 체결한 협정에서 유래하며, 그 목적은 정치 안정, 다른 외세의 패권 장악 방지, 지정학적·지경학적 이해의 보호 세 가지이다. 이미 주둔해 있던 군대는 방패막이다. 오늘날 전쟁은 반란·게릴라전·테러를 통해 비대칭적이 되었다. 무장 군대는 다차원적인 작전에 투입된다. 작전 수행 경비는 반드시 예산상의 심의를 요한다. 2007년 유럽긴급개입군(Eurofor)은 1억 4,000만 유로, 차드에서 실시한 에페르비에 작전(Epervier)은 1억 700만 유로, 코트디부아르에서 실시한 리콘 작전은 1억 1,100만 유로의 작전비를 사용했다.

2011년 상당히 많은 프랑스군이 아프리카에 주둔했는데, 9천 명이 코트디부아르·지부티·가봉·세네갈·중앙아프리카공화국·차드에 주둔했다. 일시적인 군사 개입도 아니었고 유엔이나 유럽연합의 지휘를 받은 것도 아니었다. 군사 주둔 기지는 방위협약에 따라 지부티와 가봉에 있다.

프랑스는 방위조약을 재협상하기 전에 카메룬·코모로·코트디부아르·지부티·가봉·중앙아프리카공화국·세네갈 8개국과 방위협약을 체결했고, 군대 보호를 포함해서 13가지 기술 협약을 맺었다. 이들 협약에 따라 재협상이 이루어졌는데, 코트디부아르(외부 작전)·차드(유럽군의 대체)·지부티(아부다비 방어)는 일부 협정이 제외되었고 리브르빌과 지부티는 조정이 이루어졌다.

프랑스는 간섭이란 딱지가 붙는 군사 개입, 무관심의 표시인 방조, 최악

---

3. F. X. Verschave, *Noir silence*, Paris, Arènes, 2000, p. 277.

의 경우 수용이나 참전(르완다 인종학살)이라는 딜레마에 빠져 있다. 아프리카 평화유지군(RECAMP)의 유럽군화(아프리카군의 지원과 훈련)와 가봉과 지부티의 군대 재정비도 이루어졌다. 군대 개입은 원유를 확보하고 도미노 효과를 방지하기 보호책이다(2006년·2008년의 중앙아프리카공화국과 차드에 대한 군사 지원은 조스팽의 불간섭주의로 재검토되었다).

지부티의 군사기지에는 첨단 군사 장비를 갖춘 3,000여 명의 군대가 주둔하고 있다. '대테러전'으로 인해 미국이 군사기지(연합기동타격대CJTF)를 건설했고, 독일군·스페인군·일본군이 주둔하기에 이르렀다. 이러한 홍해의 감시초소나 '군사 조차장' 기지로 영공과 영해를 감시할 수 있게 되었는데, 예멘·소말리아·케냐의 해안을 따라 암약하는 알카에다의 감시와 페르시아만과 홍해에서 벌어지는 군사작전의 감시가 그것이다. 원유의 1/4이 홍해를 통과하는 까닭이다. 대테러 작전과 해적 소탕이 군대 주둔의 일차적인 목표가 되었다.

(4) 소원해진 교역관계

1929년 대공황 이후 프랑스는 식민 제국에서 후퇴했다. 로마 조약[4]과 더불어 지속되었던 교역 특혜가 사라지자 아프리카는 극히 단조로운 일차 제품만 계속 수출했다. 1950년 프랑스 식민 제국은 프랑스 대외 무역의 50%를 차지했다. 1970년에 프랑스의 아프리카 수출은 8.7%, 2006년에는 5%였다. 당시 아프리카는 프랑스 수입의 4%를 담당했다. 3개국(남아프리카공화국, 나이지리아, 코트디부아르)이 프랑스의 사하라 이남 아프리카 수입의 50% 이상과 프랑스의 사하라 이남 아프리카 수출의 45%를 차지한다.

하지만 석유 부문이나 틈새시장에서는 프랑스 기업의 이해관계가 지속

---

4. 로마조약(Traité de Rome): 유럽공동체를 설립하려고 1957년 3월 25일에 서명한 조약.

되고 있다. 이 기업들은 언어, 프랑화권 국가의 단일 통화, 금융 협력 메커니즘, 프랑스 정부의 지원, 코파스(COFACE. 프랑스 수출기업의 위험을 보장하는 공기업), 국가관계망, 아프리카 주재 프랑스 기업 연계망 등의 이점을 누린다. 신자본주의는 민영화와 경제의 구조 조정으로 이득을 본다. 프랑화권에 대한 프랑스의 직접투자 규모는 15억 유로로 추산되는데, 프랑스 직접투자 총액의 1.5%에 해당한다. 프랑스의 투자는 프랑스어권 국가가 아니라 주로 석유(앙골라, 나이지리아)와 더 중요한 시장 특히 남아프리카공화국에 진입하려는 의도에서 재편성된다.

아프리카는 토탈사(Total)가 운용하는 저유량의 30%, 2011년에는 투자액의 40%를 차지한다. 볼로레사(Bolloré)는 화물 운송, 철도, 도로, 항구, 광산 등의 사업에 참여하고 있다.

(5) 프랑화권과의 관계 유지

아프리카 15개국이 프랑화권이다. 프랑화권은 프랑스 식민 제국을 국제시장에서 분리시키고 1929년 대공황 이후 특혜 지대를 만들 목적으로 구상되었다. 식민지 특혜 폐지, 탈식민지화, 유연한 외환 관리, 프랑스 프랑화와의 자유로운 교환, 외화 관리의 폐지 등이 강력한 격변에 대응하여 운용되었다. 1994년 1월 세파프랑화의 평가 절하에도 폐지되지 않았고, 1999년 유로화와의 화폐 교환 때에도 그대로 유지되었다.

프랑화권 아프리카는 식민 지배 역사의 산물로서 다른 통화권(스털링, 에스쿠도 등)과는 달리 생존했다. 프랑화권은 부침을 많이 겪은 독자적인 통화체제이다. 프랑스 재무성과 사회·정치적 통화관계를 맺고 있기 때문에 수직적이며, UEMOA 및 CEMAC와의 내부 통합관계로 수평적 차원을 가진 통화권이다. 이러한 프랑화권의 수직·수평 구조는 유럽의 역사나 다른 통화권의 이론적 모델과 관계가 별로 없다.

2000년 프랑화권 아프리카 국가의 대외 교역의 50%는 유럽연합과 이루어졌다. 인플레이션은 별로 없다. 지역 통화로서 공동의 교역·통화 정책이 있기 때문이다. 그리고 적극적 외환 정책을 불허하는 고평가된 유로화와 결부되어 있다.

프랑화권에 가입하면 여러 가지 이점이 있다. 자유로운 외환 교환, 지역 통용 화폐, 외부 충격 흡수, 투기세력에 대한 방어, 통화에 대한 불신 불식, 회원국 간의 수렴규칙, 저인플레 등이다. 또한 애로점과 위험성도 있다. 고평가, 환율 조정의 부재로 통화주권에 대한 공격 시도로 인식될 수도 있다. 특히 프랑스 재무성이 행사하는 프랑스 패권의 영향을 반영하기 때문이다.

프랑스에 대한 프랑화권의 역할은 미미하다. 이 통화권의 총통화량은 프랑스 총통화량의 1.5%밖에 안 된다. 프랑스와 해외 주재 프랑스 기업 외화의 4%에 불과한 액수이다. 그러나 프랑스는 프랑화권 국가 외화의 17%를 차지한다. 해외 주재 기업들은 기본적으로 프랑화권 국가 이외의 국가들과 경제적 이해관계를 가진 것으로 평가된다.

1994년 환율 인하로 지역 통화의 공고화, 통화 연합 내의 수렴 지표 구축, 정치권력과 더욱 독립된 지역 은행들의 정통적인 정책 입안, 서아프리카와 중앙아프리카의 통화 연합은 점차 프랑스 재무성에 대한 의존에서 벗어나 자율적이 되었다. 유로화 실시로 프랑스 재무성과 아프리카중앙은행 사이에 예산상의 합의를 폐기하지는 못했지만, 유럽중앙은행의 조사권이 강화되면서 배타적 성격은 점차 없어지고 더욱 투명하게 되었다.

두 통화 연합인 UEMOA와 CEMAC의 차이도 있다. 이러한 발전은 이 두 통화권의 통화 교환 규정의 변화와 통화 연합의 비동기적 경제상황에서 생겨난 것이다. CEMAC는 UEMOA와는 다르게 석유기금을 바탕으로 설립된 통화 연합이다. UEMOA가 CEDEAO의 통화권에 흡수될지 아니면 가나 같은 국가를 통합할지의 문제는 여전히 남는다.

올랑드가 집권한 이후 많은 질문이 제기되었다. 드골-미테랑-시라크의 정책 연속성이 있는가? 프랑사프리카는 단절인가 아니면 급변기에 끊임없는 정책 변화가 있는 것인가?

프랑스로서는 전략적인 새로운 이슈가 있다. 천연자원의 획득, 신흥 세력의 진출(미국, 중국, 인도), 환경과 전염병의 상호의존적 관리 등이다. 더욱이 수단-사헬과 아프리카뿔 지역의 테러망 조직의 확산(살라피야 운동 등)은 지부티·다카르·리브르빌의 프랑스 군사기지의 전략적 이해에 영향을 미친다. 그러면 프랑스는 아프리카에서 발을 뺄 것인가? 아니면 적어도 장기적이고 복합적인, 심지어는 해결이 난망한 위기가 팽배한 이 대륙과의 관계를 정상화할 것인가? 이러한 새로운 이슈들을 감안하여 프랑스의 존재를 확인시켜야 하는가?

프랑스는 군사기지와 지속적인 동맹관계를 유지하고 광신주의에 반대하는 전투적 외교를 통해 '현실주의적' 아프리카 정책을 고수해야 하는가? "도덕적·정치적 배려를 완전히 무시하는 중국 기업의 아프리카 구매에 반대하는 투쟁"[5]을 전개하면서 미국·유럽의 동맹국들에 대해서는 자율과 책임이라는 행동노선 지침을 따라야 하는가?

유럽에 핵심적 특권(군사, 군사, 외교 분야의)을 양도할 것인가? 아니면 희생하는 아프리카 주민을 구하려는 인도주의 개입이라는 명분으로 '변화 외교' 정책에 입각해 민주적 변화와 인권 옹호를 위한 압력을 계속 가해야 하는가?

2) 그 외 유럽 국가와 아프리카

(1) 영국과 아프리카

영국은 프랑스와 함께 아프리카의 유일한 유럽 군사 대국이며, 오늘날 가장 활발하게 아프리카 정책을 추진하는 유럽 국가이다. 영국이 아프리카와

---

5. B. Kouchner, *Le Monde*, 27 décembre 2006.

맺은 전통은 오래되었지만, 독립 이후에는 진정한 아프리카 정책을 수립하지 못했다. 이 정책이 영연방 내의 관계 속에서 희석되었기 때문이다. 영연방은 영국 국왕에 준거를 두고 영어와 고상한 품행을 지닌 규범에 근거하는 클럽이다. 영연방의 원조는 나이지리아와 남아프리카공화국에 집중되어 있으며 대부분 영국이 집행한다.

1997년 이후 노동당 토니 블레어의 외교 정책은 근본적으로 바뀌었다. 그 전환점은 2000년 5월 시에라리온에 대한 군사 개입이었다. 무가베 정권에 대한 거부는 영연방 전체에 퍼져나갔다. 대외 정책에서 현실정치 외에도 윤리적 측면이 확인되었다. 시민사회와 교회가 이 새로운 정책에서 큰 비중을 차지했다. 오늘날 이 신정책은 두 개의 큰 축을 중심으로 구성된다. 대외 협력 정책과 원조 증액이다(아프리카위원회의 이니셔티브, 국제금융위원회, NEPAD의 지원). 아프리카는 최빈국 우선권과 함께 지정학적 차원에서 주요 전략적 이슈로 등장했다. 영국의 아프리카 정책은 세계윤리, 이해관계, 경제자유주의 원리를 조화시킨다.

(2) 아프리카와 이베리아 반도

스페인은 아프리카에 식민지가 거의 없었고, 단지 오늘날 CEMAC 회원국인 적도기니뿐이었다. 라틴아메리카에 미친 영향과 비교하면 아프리카에서는 별로 중요한 역할을 하지 못했다. 이와 반대로 포르투갈은 아프리카 최초이자 최후의 식민 지배국이었다. 포르투갈의 식민지였던 앙골라·기니비사우·모잠비크는 엄청난 참사를 겪은 전쟁을 치른 후 식민 지배에서 벗어났다. 포르투갈은 포르투갈어권 국가(PALOP)에서 주요한 역할을 하지만, 브라질의 중개 역할이 점차 커지고 있다. 과거 식민 지배국의 부채 및 저성장과 고속 성장하는 피식민 지배국 사이의 관계 역전은 역사의 아이러니이다. 앙골라(대통령 가문과 소난골(Sonangol) 그룹)는 포르투갈에 투자하는 투자자가 되었다. 앙골라는 시가 총액의 3.8%를 차지하며, 2011년 회사 민영화 지분(포르투갈항공[TAP], 에네르기아스[Energias], 포르투갈상업은행[BPN])에 참여했다.

(3) 유럽연합과 아프리카

유럽연합(회원국과 공동체)은 아프리카 교역의 50% 이상을 차지하며, 투자액의 2/3를 점유하고 있다. 아프리카와의 대외관계의 역사나 친근관계는 회원국에 따라 다르다. 두 지역의 관계는 아주 불균형하다. 아프리카 인구는 유럽연합의 2.5배이지만, 유럽연합 27개국과 ACP(아프리카·카리브·태평양 국가연합) 77개국의 1인당 국민소득 격차는 1~40배, GDP 격차는 1~31배(23조 달러 대 5,400억 달러)이다. 유럽연합 27개국과 ACP는 자유무역협정을 맺었다. 전자의 1인당 소득은 2만 2,600유로이고, 후자의 1인당 소득은 424유로이다. 유럽연합은 북아프리카(유로메드 협정,[6] 지중해연합)·남아프리카(자유무역협정), ACP의 아프리카(코토누 협정[Accords de Cotonou])와의 관계를 차별화하고 있다.

원래 모델에서 유로아프리카 관계의 정상화로

유럽연합의 구축은 탈식민지화와 때를 같이해서 이루어졌고, 최초의 개발원조 정책이 그 특징이었다. 유럽연합 창설국에게 남부 진영 국가와의 관계는 유럽연합의 정체성을 이루는 핵심이었다. 최초의 원칙은 4P였다. 즉 파트너십(partenariat), 정치적 등거리(parité politique), 참여(participation), 무역특혜(préferences commerciales) 원칙이다. 양자의 불균형 관계, 안정화 메커니즘, 시장 불안정 보완을 고려해서 개발권리를 우선적으로 설정한 것이었다.

---

6. 유로메드 협정(Accords Euromed): 유럽연합과 지중해 남부와 동부 국가 사이의 협약으로서 공동의 번영을 위한 유럽지중해권 구축과 2010년 이후 자유무역권 창설을 겨냥한다.

유럽연합과 아프리카 사이의 협정은 유럽연합 회원국과 아프리카 국가의 확대와 더불어 발전했다. 제1차 야운데 협정(1963~1969)은 유럽공동시장의 창설 6개국과 아프리카 18개국(17개 프랑스어권 국가와 소말리아) 사이에 체결되었다. 오늘날 이 협정은 유럽연합 27개국과 ACP 78개국을 포함하고 있다.

　　유럽연합은 점차 비호혜원칙을 폐기하고 브레턴우즈 협정(1990)의 구조 조정과 우위성을 수용하면서 올바른 관리와 거버넌스 문제를 앞세우고 당사국과의 관계를 민간부문·시민사회·자치지역으로 다변화시켰다. 이 협정은 ACP를 세계 경제에 편입시키는 것을 목표로 했다(마스트리히트조약 130조). 유럽연합은 제도 개혁, 인권, 민주주의에 역점을 두었다. 그리고 정치적으로 정확한 앵글로색슨계의 용어(예컨대 governance, civil society, empowerment 등)를 채택했다. 무역집행총국(DG commerce)이 개발집행총국(DG développement)에 비해 더 큰 역할을 했다.

　　이러한 발전의 '요인'은 여러 가지이다. 국제환경은 세계화, WTO와의 다자간 교역, 금융의 세계화였다. 유럽연합도 확장되었고 제도적으로도 변화했다. ACP 국가들의 특징은 정체, 주변화, 구조 조정 정책을 요하는 과도한 부채 비중이었다. 유럽연합은 선언의 단계를 넘어서는 강력한 아프리카 정책을 펼쳤다. 동아시아의 지역 블록화와는 반대로 유럽연합은 적대적인 두 강국의 타협과 주변부 아프리카를 희생·조정한 덕택에 생겨났다. 그리하여 노동의 지역적 분화, 아프리카에 대한 전반적인 수출 증가에 다른 성장의 파급효과를 누리지 못했다. 유럽연합은 확장되면서 중부유럽, 동유럽, 북유럽 국가들을 중심으로 구심점이 형성되었다. 국가 간 불균형 및 정치적 중립을 고려하여 비호혜 원칙, 개발권리의 안정화 원칙을 포기했다. 네 가지 축은 평화 및 안보, 거버넌스, 무역 통합 및 교역, 개발이다.

군사·외교 측면

유럽연합은 국제주권과 중요한 군사 개입을 할 수 있는 군대를 가진 열강 제국이 아니다. 그것은 북대서양조약기구의 정책을 따르고, 유엔의 역할을 수용하고, 파트너로서 다자주의와 현장외교를 통해 소프트 파워를 가지고 아프리카에 참여한다. 유럽연합은 세 가지 측면, 즉 **예방 외교, 전시(戰時) 군대 관리, 분쟁의 평화적 해결**이다. 2003년 12월부터 공동외교안보정책(PESC)을 수립했다. 2009년에 조인한 리스본 조약은 보다 강화된 제도적 장치를 정착시켰다(유럽의회의장, 외교안보정책의 유럽연합최고위대표). 그러나 개발정책은 유럽연합의 외교적 목표에 종속시켰다.

유럽연합은 병참 지원, 군대의 경찰력 양성, 무장 해제와 군대 동원에 재정을 지원한다. 예컨대 아르테미스 작전으로 이투리(Ituri)에 주둔했고, 2007년 유엔과 협력하여 콩고민주공화국에 파병했다. 그 주요 임무는 최초의 유럽 위기 관리체제인 킨샤샤유럽연합경찰작전(EUPOL-Kinsasha), 콩고유럽연합안보작전(EUSEC DRCongo), 콩고유럽연합군작전(EUFOR DRCongo)이다. 수단·소말리아·서아프리카에도 참전해서 임무를 수행했다. 유럽연합의 안보 이관(ex-RECAMP)으로 과거 식민 지배국과 피지배국 사이의 양자관계를 해소시켰다. 불행히도 유럽연합은 아프리카에서의 참사, 특히 다르푸르 분쟁에는 참여하지 못했다. 2008년 초 유럽연합군은 간신히 거기에 주둔할 수 있었다. 유럽연합군의 전신(前身)은 '아마니 아프리카(Amani Africa)'로 바뀐 유로캠프(Eurocamp)와 관련이 있고, 아탈란테(Atalante) 작전은 소말리아 식량 원조를 보호하고 해적을 소탕하는 것이었고, 또한 아프리카평화유지군에 대한 병참과 재정을 지원하는 것이 임무였다.

감소 추세의 교역 및 원조

교역과 개발의 측면에서 유럽연합 공동체와 ACP 국가들 사이에 체결된

야운데 협정(1963~1975)과 그 후의 로메 협약(Convention de Lome, 1975~2000)은 국제적 불균형 관계를 고려한 특혜·비호혜 관계의 지역적 전망에서 나온 것이었다. 그 목표는 불안정한 국제관계를 바로잡는 것이었다. 이들 협정은 유럽이란 공간으로 통합되는 과거에 ACP를 지배한 식민 지배국과 피지배국 간의 우대 협정을 맺게 하려는 것이었다. 이들은 과거에 식민지 경영의 경험이 없던 국가들이 유럽이 확장되면서 적법성과 세력이 약화되었고, 베를린 장벽 붕괴 이후 동유럽에 대한 이해관계를 재조정할 필요가 있었다. 브레턴우즈 협정 기관의 주도 아래 기금 공여국의 원칙에 따라서 구조 조정을 하게 되었다. 유럽연합은 로메 협약의 개도국들 사이에 비호혜와 차별 원칙이 WTO 규정(GATT 제24조)과 상대적으로 배치된다는 것을 알면서도 WTO에서 거의 한 목소리로 발언하면서 WTO의 규정에 따라 협정을 맺었다.

로메 협약의 준수 결과는 혼잡스러웠다. 설탕 의정서와 특혜 산업제품은 늘어난 수입 할당 덕택으로 모리셔스의 산업화를 촉진시켰다. 로메 협약의 특혜 사항은 촉매제로 이용되었고, 케냐·모리셔스·짐바브웨 등에서 산업이 확산되고 다각화되었다. 무상 증여 형태의 원조는 특히 사회기반시설, 보건, 식량 등 우선적인 것으로 판단되는 부문의 안정화를 꾀했다. 그러나 이러한 특혜 사항은 충분조건은 아니었다. 아프리카 국가들은 시장 참여도 없었고 제품도 다변화시키지 못했지만, 수출 농산물의 95%는 유럽 시장에 자유로이 진입할 수 있었다. 특혜 품목이 점차 사라졌다. 1975년 ACP에서 들어온 수입품 비중이 6.2%에서 2005년 약 3%로 떨어졌다.

2000년 ACP와 유럽연합 사이에 조인된 코토누 협정은 자유 교역 협상과 경제파트너협정(APE)을 정착시켰다. 그리하여 일반특혜관세제도(SPG)나 '무기를 제외한 모든 것에 대해' 최빈국에 부과된 특혜 품목(무기를 제외한 모든 제품에 대해 우선교역체제를 상정)으로 대체될 수 있었다. 2008년과 2020년 사이에 실시 예정이었던 유럽연합과 ACP(또는 이 지역의 모든 국가) 사이의 APE 는 많은 난관에 부딪혔다.

APE는 관세 징수를 감소시키고 무역 적자를 증가시킬 수도 있지만, 장기적 관점에서 재정 전환을 촉진하고 지역 차원에서 신용과 예측가능성을 가능하도록 하는 제도적 기반으로서 공통의 무역 정책과 보호에 민감한 제품에 대한 협약을 촉구할 수 있는 기회를 만들었다. 반면에 리스크도 있었다. 민감하거나 전략적인 부문의 보호는 해제하고 개발 차원보다는 교역 차원을 우선시했다. APE는 다양한 파트너들이 아프리카 국가들에 더 큰 자율성을 부여하는 상황에서 이루어졌다. 2007년 몇몇 지역(EAC, COI, SACU)과 국가(카메룬, 가나, 코트디부아르)가 APE를 체결했지만, 무기를 제외한 모든 품목의 수혜를 누리는 거의 모든 최빈국은 거부했다. 그리하여 그것은 지역 통합 과정에 사실상 해가 되었다. 주요 논쟁점은 GATT 24조(특별한 차별대우, 상당한 수준의 자유화)의 해석, 수출 관세, 농업 보호를 위한 특별장치, 원산지 규정 등이었다. 아프리카 국가들은 유럽산 제품(그중에는 보조금을 지원받는 것들도 있다)의 범람을 우려했고, 수입품의 75% 수준에서 자유화를 25년 뒤로 연기하기를 원했다.

요컨대 유럽은 옛 동유럽 국가들에 대한 개방과는 대조적으로 과감한 아프리카 정책을 갖고 있지 않았다. 역사적으로나 지리적으로 남부 진영과 가까우면서도 개정(改訂) 중이던 공통의 농업정책은 유럽개발기금(FED)의 아프리카 농업 지원과 충돌하는 것이었다. 2015년 유럽 원조는 GNP의 0.7%에 도달할 전망이다. 신규 가입 10개국에 쏟아 부은 구조 조정기금은 1인당 매년 500유로 이상인데, 이는 아프리카 국가에 투입한 공적개발원조액 1인당 15유로와 크게 대비된다. 매년 50억 유로에 이르는 유럽개발기금과 유럽의 아프리카 지원(5억 유로)에 비추어 볼 때 매년 550억 유로의 농업공동정책기금(PAC)을 투입해야 할 것이다. 그렇지만 유럽연합은 원조 조정을 위해 특

히 국제 협력과 지역 통합을 통해서 그리고 회원국에게 다른 기금 출연국과
비교해서 상대적 이점을 누리게 할 수도 있다.

3) 미국과 아프리카

미국의 아프리카에 대한 전략적 이해관계는 점차 커지고 있다. "아프리
카는 미국의 문제라기보다는 유럽의 문제"라는 말은 더 이상 사실이 아니
다. 특히 라이베리아의 아프리카계 미국인과의 직접적 관계는 옛일이 되었
다. 냉전 기간에 미국의 아프리카 정책은 주로 반소련 정책이었다. 소말리아
사태(1992~1994. 〈블랙 호크 다운〉 참고)에 개입한 이후 미국은 사상자 제로를
목표로 한다. 흑인사회(300만 명)의 로비도 있고 유엔에서 아프리카의 목소
리가 중요한 데도 불구하고 경제적 이해관계가 이를 훨씬 능가한다.
　미국 대통령 클린턴의 아프리카 외교 정책은 세 가지 주요 목표를 겨냥
한다.
- 아프리카 문제에 대한 아프리카인의 해결책 모색
- 아프리카를 세계 경제의 순환 내에 통합시키는 것
- 이슬람 테러 반대(리비아, 수단)

2011년 9·11 사태 이후 미국의 초강력국가 정책은 다시 활성화되었다.
세 가지 최우선사항은 다음과 같다.
- 첫째, 테러와의 전쟁과 군사 원조 프로그램을 통해 이슬람 저지 전략
  의 강화
- 둘째, 교류와 석유 투자의 강화, 기니만의 해상 보안(아프리카산 원유의
  미국 수입은 2006년 15%에서 2020년 25%로 늘어날 전망이다)
- 셋째, 민주주의와 시장에 입각한 교역과 원조, 군대와 연계한 민간 지
  원(문명화)

미국은 규제 역량을 지닌 주축국(남아프리카공화국, 에티오피아, 케냐, 나이지리아, 우간다, 세네갈)의 지원을 받는다. 디에고 가르시아 섬과 지부티에 군사기지가 있고 상투메프린시페에도 기지를 건설할 예정이다. 이들은 또한 불균형한 위험(국내 분쟁, 밀매가 가담하는 채무불량국가, 기술적 우위성이 없는 테러분자)에 대비해서 대책을 마련하려고 한다. 미국은 통합군사령부계획(UCP) 내에 아프리카 안보체제를 구축했다. 이슬람주의자와 무슬림을 동일시하고, 이를 돕는 이슬람 근본주의자를 소탕하는 군대를 지원한다(2006년·2007년 소말리아에서 에티오피아를 지원한 것 참조). 여건 조성[7]은 미국의 규범·가치·표준의 확산을 겨냥한다(복음화 운동 참조). 아프리카뿔은 원유 수송과 이슬람 근본주의자 때문에 전략적인 지역이다.

미국은 원유 수송을 보호하고, 은폐된 알카에다의 은신처인 채무불량국가에 뿌리내린 근본주의자들의 조직망을 소탕하기 위해 아프리카군 제5부대를 창설했다. 즉 UCP 틀 내에 새로운 '전투사령부'인 미국아프리카사령부(AFRICOM)을 창설했다. AFRICOM의 아프리카 내 주둔은 몇몇 아프리카국가의 반발에 부딪혔다. 미국은 '연합태스크포스·아프리카뿔'과 '사하라횡단대테러군'을 통해 아프리카에 군대를 주둔시켰다. 리비아(트리폴리)·중국(베이징)·아랍연맹의 반발로 다르푸르 사태 때 군사적·외교적 실패를 이미 경험한 바 있다.

'아프리카 성장과 기회법(AGOA)'은 현재 아프리카와 미국 사이에 국한된 교역을 증진시킨다. 농산물 교역의 2/3가 남아프리카공화국·코트디부아르·마다가스카르와 이루어진다. 이 이니셔티브는 특히 원유와 관계가 있고 섬유와도 일부 관계가 있다.

2008년 11월 4일 오바마 대통령의 당선은 대서양 양안의 아프리카인과

---

7. 여건 조성(shaping): 틀을 짜고, 규범화하는 행위.

미국인을 결합시키는 상징적인 대사건이었다. 아프리카의 꿈이 미국의 꿈과 만난 것이다. 부친의 뿌리가 케냐 흑인인 정치가가 세계 최강국의 대통령이 된 것이다. 하지만 미국의 아프리카 정책에는 큰 변화가 없을 것이다. 공화당의 아프리카 정책은 민주당보다 더 적극적이었고 아프리카와의 교역 규모를 500억 달러 이상으로 늘렸으며, 특히 안보 분야의 원조를 증액시켰다. 오바마의 대통령의 최우선 사항은 세계적인 위기 관리이며, 근동과 중동은 아프리카보다 더욱 전략적인 지역이다.

주축국에 기반을 둔 미국 정책은 지역에 더 큰 기반을 둔 프랑스 및 유럽의 접근방식과는 대립된다. 미국은 우방국 특히 이스라엘과 관계를 유지하는 아프리카뿔·동아프리카·중앙아프리카에 더 적극적인 정책을 편다. 특히 우간다의 무세베니 정권, 케냐, 르완다의 카가메 정권 등이다. 콩고민주공화국·르완다·마다가스카르에서는 프랑스와 입장이 서로 대립한다. 몇몇 비정부기구의 프랑사프리카에 대한 비난, 인종학살 강조, 복음교회의 확산은 미국 '소프트파워'와 함께한 것이다.

4) 러시아와 아프리카

냉전시대에 소련은 반제국주의와 반자본주의, 그리고 특히 포르투갈 식민지에서 마르크스주의의 빈국 해방 투쟁을 통해 적극적으로 아프리카 전략을 세웠다. 그러면서 사회주의 아프리카 국가들 및 공산당과 연계된 반대세력을 지원했다. 10만 명의 아프리카인이 소련에서 교육·훈련을 받았다. 소련은 많은 사회주의 국가(말리, 기니, 마다가스카르)에 기술 지원과 군사 지원을 했다. 아파르트헤이트와 소련 시절에 아프리카민족의회(ANC)와 소련의 관계가 돈독했다.

그런데 1980년대 말에 공산주의와 아파르트헤이트 체제가 무너진 후 그

관계도 허물어졌다. 2005년부터 남아프리카공화국과 러시아 사이에 지정학적 재편이 이루어지는 것을 목격할 수 있다. 이는 전략적인 동맹의 발단이 될 수도 있다. 오늘날 양국은 광업 붐의 이득을 보면서 아프리카 무대에 영향력을 행사한다(다르푸르 사태에 대한 안보리 논의에서 러시아의 기권 행사 참조). 남아프리카공화국은 유엔 안보리에서 자리를 차지하기 위해 지지 세력을 찾는다. 러시아는 남아프리카공화국·가봉·가나·기니·나이지리아·콩고민주공화국에서 광물·가스·석유를 과독점하고 있다. 러시아는 핵분야의 로스톰(Rostom), 루코일(Lukoil. 가나와 우간다의 석유), 가스프롬(Gazprom. 나이지리아의 가스) 등을 통해 관여한다. 2008년 러시아는 외국인직접투자 880억 달러 중 40억 달러를 아프리카에 투자했다. 아프리카와의 교역 규모는 70억 달러에 이른다. 러시아는 아프리카의 최대 무기 공급국 중 하나이다. 알제리, 남아프리카공화국, 코트디부아르, 에티오피아, 가나, 나이지리아 등 6개국이 러시아의 전략 국가이다. 신흥국 특히 중국의 진출로 러시아는 군사·외교적 측면에서 보다 더 적극적으로 움직인다.

아프리카라는 무대에 15년 동안 등장하지 않았던 러시아는 아프리카와 인도·중국 같은 신흥국의 관계 증진을 저지하려면 폭넓은 지지와 인지도를 필요로 한다. 러시아와 아프리카의 관계를 새롭게 모색하는 것이 중요하다. 서구 열강과 더불어 브라질·인도·중국 같은 신흥국이 아프리카에서 새로운 행위주체로 활동할 것을 예상해야 한다.

5) 아프리카와 라틴아메리카

아프리카-라틴아메리카 정상회의(2006년 에티오피아, 2008년 베네수엘라)는 아프리카의 파트너 변화를 알리는 것이었다. 이들은 공동이해에 기반하여 제3세계 비전(비동맹, 남부 진영의 은행, 노예제 비판)에 일부 의지하면서 G8에 대한 입장을 정리하여 표명했다. 노예제과 관련된 옛 기억에 뿌리를 둔 라틴아메리카와의 관계는 독립 이후 많은 변화를 겪었다. 쿠바는 전위국가(남아프리카), 사회주의 국가, 소련을 연결하면서 냉전시대에 중요한 역할을 했다. 오늘날 새로운 변화로 인해 베네수엘라(석유자원 소유, 남아프리카공화국에 정유공장 설립)나 특히 브라질 같은 국가가 중요한 역할을 하게 되었다. 브라질은 아프리카에 대해 '노예 부채'를 인정한다. 브라질은 포르투갈어권 국가들과의 관계가 밀접하며, 남아프리카공화국처럼 새로운 국제질서에서 중요한 역할을 하기를 원한다. 석유와 광업(콤파냐발레도리오도체 그룹, 발레)에 진출했고, 육류·자동차·항공기 등을 판매하려고 한다. 아프리카와 브라질의 교역은 4년 만에 50억 달러에서 140억 달러로 급증했다. 남아프리카관세연합(SACU)과 남아메리카 무역 블록인 남아메리카공동시장(MERCOSUR)은 서로 특혜 관계 협정을 맺었다. 예컨대 브라질은 삼림 문제, 농업 비즈니스, 석유, 광업(철강업의 발레) 등에 외교적 지지를 표명한다. 입사(IBSA. 인도, 브라질, 남아프리카공화국 3개국)는 브릭스와 나란히 정치적으로 영향을 미치기를 원한다. 동시에 서아프리카는 라틴아메리카에서 오는 마약의 통과 지역이 되었다.

6) 아시아와 아프리카

세계은행의 2006년 보고서의 제목은 '아프리카 실크로드: 중국과 인도의 신경제'이다. 2006년 자카르타에서 열린 아프리카-아시아 정상회담은 반둥회의의 비동맹국 정신을 재개하면서 아시아와 아프리카의 아주 실용적인 관계를 갱신하는 상징적인 신호였다.

아시아의 3대 강국 중국·인도·일본은 아프리카 국가들과 같은 입장이 아니다. 이 세 아시아의 대국은 사하라 이남 인구의 3배이고, 국방력(수치상)은

30배이며, GDP는 아프리카보다 14배나 더 높다. 마지막으로 최근 15년간 경제가 정체한 후 일본 경제가 회복되는 상황에서도 경제성장률은 사하라 이남 아프리카보다 2배나 더 높다.

아시아의 세 거대 국가가 진출한 것은 대부분 대외 교역의 다변화, 특히 WTO 체제 안에서이다. 또한 이들이 아프리카에 진출한 것은 원자재와 강력한 에너지 수요와 국제무대의 강국으로 등장하려고 하기 때문이다.

(1) 일본: 실용주의적 관계

일본과 아프리카의 관계는 다시금 지정학적 문제가 되었다. 오랫동안 이 관계는 교역·투자·원조에 국한되었다. 일본은 희소 원자재와 일본에서 나지 않는 원자재를 얻기 위해 몇몇 아프리카 시장에 진출하기를 원했다. 또한 중국과의 경쟁의식과 전략적인 패권, 평화와 안보의 축 때문에도 점차 아프리카에 적극적으로 진출하게 되었다. 남아프리카공화국 이외의 다른 국가들과의 교역은 일본의 전 세계 교역의 2%밖에 되지 않는다. 일본은 언제나 남아프리카공화국과 특혜 관계를 유지해왔다. 그리고 아파르트헤이트 시절에는 일본인을 '명예 백인'으로 고려해줄 것을 원했다.

도쿄·아프리카개발국제회의(TICAD)는 일본·아시아·아프리카의 협력을 위한 대화 장소로서 교역을 강조한다. 카메룬, 가나, 케냐, 세네갈, 탄자니아, 튀니지, 우간다, 잠비아 등 아프리카 8개국이 여기에 참여했다. 일본은 아프리카 대륙의 제일의 원조 공여국이 되었다. 아프리카에 대한 공적개발원조(전 세계의 8.8%)는 2005년에 5억 3,000만 달러로 증액되었고, 차후 3년간 투입할 예정이다.

일본은 유엔 안보리의 상임국 지위를 얻기 위해 아프리카 국가들의 지지를 받으려는 지정학적 관심 외에도 아프리카와의 국제 협력 목표는 실용적인 것이다. 원자재의 획득과 일본 기업 진출 전략이 그것이다. 일본은 또한 워싱턴 컨센서스의 '대안 모델', 즉 난국에 빠진 국가를 재건하기 위한 자유주의적 열망을 지닌 경제 처방이라고 자처하면서 개발에서 국가의 역할을 강조한다(Banque mondiale, *East Asian Miracle* 참조). 그 외에도 일본은 분쟁 예방을 위한 지지를 계속해왔다.

(2) 인도: 석유 사냥

인도는 인구, 경제 성장, 개방 전략, 첨단기술 분야의 성과, 군사무기 등 여러 측면에서 신흥 강국이다. 오래전부터 해외 유민을 통해 동아프리카, 남아프리카, 인도양(모리셔스, 마다가스카르)에 진출했다.

인도는 인산(세네갈, 탄자니아), 통신(말라위), 육로 수송(세네갈), 비교우위로 고부가가치를 창출하는 첨단 분야(금융, 신기술, 과학연구 등)뿐만 아니라 특히 석유 분야에도 투자했다. 인도는 석유 소비량의 70%를 수입에 의존하는데, 석유 수요 증가량이 연 10%에 달할 것으로 예측·평가된다. 아프리카 8개국(부르키나파소, 차드, 코트디부아르, 가나, 적도기니, 기니비사우, 말리, 세네갈)은 2004년부터 인도 정부가 착수한 '이니셔티브 팀 9'의 수혜를 받는다. 이들 국가는 인도 기업과 연계된 경제와 사회 프로젝트, 기반시설 개발을 위한 인도수출입은행의 양허차관을 받아들였다. 인도 기업은 그 대가로 석유 탐사를 얻어냈다. 인도 기업은 특히 남아프리카·동아프리카·인도양에서 역사적으로 오래된 연계망을 이용하여 통신·전기·제철 분야에 진출했다. 케냐, 우간다, 더욱이 모리셔스의 경제력은 대개 인도인이나 인도-파키스탄인의 손에 달려 있다.

인도와 아프리카의 교역은 10년 전부터 엄청나게 증가하여 2011년에는 600억 달러에 달했다. 이들의 교역은 주로 원자재 교역이다. 또한 기술 이전(원격진료·원격교육을 위한 범아프리카 전산망), 저가품 판매, 일반의약품, 산업 현지화 등을 통해 유럽 시장과 북아메리카 시장에 진출하는 것을 관찰할 수 있다. 법률을 위배하거나 권리를 수없이 침해한다는 점에서 자국용의 민주주의 정치 노선의 일부는 중국과 궤를 같이한다. 오늘날 국제관계의 측면에서 볼 때 인도는 중국보다는 그리 전략적이지는 않지만, 아프리카와 지정학적 관계를 맺고 있다.

(3) 중국: 윈윈관계인가, 신식민 지배인가

중국은 윈윈관계, 역사적 관계, 제3세계주의(제3세계와의 연대), 식민 지배 경험의 부재를 수사적으로 강조한다. 중국 외교는 '소프트파워'를 발전시켜나간다(공자학원, 텔레비전, 교육·훈련, 베이징 컨센서스). 행동주체는 여러 부류인데, 국가, 성(省) 정부, 국가의 대리인 역할을 하는 공기업(하지만 이들은 경쟁한다), 유민, 중소기업망 등이다. 2011년 중국은 아프리카의 교역과 투자의 약 10%를 차지하지만, 점차로 급증하고 있다. 교역의 본질은 아프리카의 지상자원(삼림과 토지), 지하자원(광산과 수소탄화)이다. 세계의 공장 역할을 하고 자기 세력을 부식시키기 위해 중국은 또한 공자학원, 기반시설 건설, 아프리카인의 연수, 연구시설과 적정기술 및 기술 이전 등을 통해 지속적인 노력하고 있다. 중국이 관할하는 아프리카 주요 공사장은 알제리(조선), 나이지리아(정유), 콩고민주공화국(인프라), 앙골라(해저유전), 남아프리카공화국(은행)이다.

오랜 관계를 더욱 강화

중국 해외 유민은 수세기 전부터 아프리카에 거주했다. 한나라(기원전 2세기) 이래로 중국 선단은 동아프리카 해안 지역과 교역했다. 국제 전략이 여전히 신중하지만, 중국은 일본-미국의 축과 경쟁하는 지역 강국이다. 중국은 WTO에 가입함으로써 세계화되었고 해외 유민망을 통해 지역화되었다. 이를 통해 중국은 영향권을 확대하고 있다. 중국과 아프리카의 관계는 기본적으로 경제적이며 윈윈원칙에 입각해 있다. 중국과 아프리카의 교역은 미국과의 교역 규모를 넘어섰다. 1970년대 중반에 중국은 서구와 소련의 영향과 균형을 이루었다. 에티오피아·우간다·탄자니아와 군사 협력 협정을 체결했다. 가옥·도로·철도 건설을 엄청나게 많이 한다.

천연자원의 전략적 이슈

전략적 이슈는 지하천연자원(광산, 탄화수소, 유전)과 지상천연자원(토지, 농업, 삼림)이다. 아프리카 국가는 원자재의 수출 대가로 제조품을 수입하고 사회기반시설을 가져오는 '패키지딜'에 서명했다. 중국은 원유가 필요하다. 앙골라·적도기니·콩고민주공화국·가봉·니제르·나이지리아·수단과 외교관계를 맺었다. 이것으로써 다르푸르 사태에 대한 중국 입장을 설명할 수 있다. 중국은 세계 제2위의 석유 소비국이며, 아프리카는 원유 공급의 30%를 중국에 제공한다(2006년 기준, 1억 2,700만 톤 중 3,800만 톤). 일차 제품과 원자재(철, 목재, 면화, 다이아몬드, 구리, 망간 등)의 수요는 엄청나게 많다.

원자재에 대한 중국의 갈증으로 아프리카 시장은 활성화되고 제품 가격은 인상되고 투자와 성장은 촉진되고 있다. 또한 경제의 부작용도 많이 나타났다. 경제의 가치 하락, '네덜란드 질병' 효과, 연금체제 지원, 흔히 일방적인 계약, 내륙국 효과, 오염의 악영향 등이 그것이다.

전략적인 교역 관계

중국과 아프리카의 교역은 10억 달러 미만 수준이었다. 그러나 2000년에 100억 달러, 2011년에는 1,290억 달러에 달했다. 49개국에 대한 원조 계획이 800가지, 다국적기업이 800개인 것을 확인할 수 있다. 원조 이슈는 경제적인 이유(원자재 획득과 시장 진입)와 외교적인 이유(유엔의 투표권)이다. 아프리카와의 교역에서 대차대조는 다소 적자이다. 2011년 중국은 500억 달러 이상을 수출했는데, 기계, 전자, 신기술처럼 고부가가치를 지닌 제품이 절반을 차지했다. 중국은 종종 싸구려 저질 제품, 밀수품, 짝퉁을 판다. 800개 기업이 아프리카에 진출해 있다. 2005년 1월 1일 미국과 유럽에 쿼터제로 수출품을 제한했던 다자간 섬유 협정의 폐지로 중국 섬유 분야가 폭발적으로 늘어나 남아프리카공화국·모리셔스·마다가스카르·모로코·튀니지의 기업들과 치열한 경쟁을 벌였다.

중국은 앞선 기술과 낮은 제조비와 공공 보조금을 결부지어 합작투자 형식으로 10억 달러 이상을 아프리카에 투자했는데, 특히 통신 부문에 투자했다. 중국의 우선적인 추진 사항은 교역 루트와 원유 공급로의 안전을 확보하는 것이었다. 고대의 인도 항로를 통제하던 지부티는 이런 이유로 중요한 기항지였다.

이러한 상업적인 투자는 아프리카의 성장과 투자를 활성화시키면서 긍정적 영향을 크게 미쳤다. 아프리카에 수입된 제품의 가격 인하와 원자재 가격 상승은 거래조건을 뒤바꾸었다. 중국 제품은 인도 제품처럼 다양한 저가의 소비제이다. 반면에 이러한 관계는 아프리카의 산업화를 쇠퇴시킬 위험이 있다. 다시 말해, 규모의 경제, 장기적인 산업 전략, 인건비가 상승하지만 저가의 노동력, 기술 이용, 강도 높은 노동훈련을 가진 국가들과 경쟁하는 '후발주자'에 대한 산업화를 방해할 위험이 있는 것이다.

다변화된 외교 및 원조 관계

중국과 아프리카의 정치적 관계는 현실정치이다. 중국 원조는 수가 많고 급증하는 추세이다. 일반적으로 원조의 대가로 타이완의 불인정만 요구한다. 유일한 원조 조건으로 타이완의 불인정을 제시하고 인권, 사회규범, 환경규범은 염두에 두지 않는다. 나아가 공공토목공사, 통신이나 섬유 부문의 판로를 아프리카에서 찾는다.

중국은 아프리카에 기대어 일본의 유엔 안보리 가입을 방해한다. 중국은 자국에서 1만 명의 아프리카인을 교육·훈련시킨다. 이러한 외교관계는 국제적인 규제의 테두리 밖에서 이루어지는데, 무이자 차관 대여, 국가정책과 관련한 중국 공기업의 역할 등이다. 중국은 아프리카가 수출하는 감귤의 60%를 수입하고 경제 개발이라는 미명하에 환경규범을 준수하지 않는다.

중국과 재정적인 산소(酸素)를 공급받고 파트너를 다각화하는 검은 대륙의 밀월관계는 생태 파괴, 사회문제, 과밀인구로 인한 폐기물 위험에 노출되어 있다. 민주주의를 보다 폭넓게 보려는 아프리카 정부 책임자들 사이에 합의를 했다고 하더라도 문화충격, 중국식 행보의 속도와 충돌, 노동자들의 현지 체류, 과밀인구가 사는 중국 소식민지(85만 명?)의 쓰레기, 국제결혼 회피(옛 마다가스카르는 제외) 같은 문제들이 많다. 인도 투자자들이 그랬던 것처럼 북아메리카나 유럽 시장에 진입할 수 있는 적정기술의 이전, 아프리카 주재 기업의 현지화가 가능한 것인가 하는 문제가 여전히 남아 있다.

중국은 유엔 내에서 강자의 지위를 이용하여 '제3세계' 논리로 우방국을 보호하는데, 그 논리에 따르면 빈국들은 서구 열강에 대해 공통의 이해관계를 가지고 있고 중국은 과거 식민지 건설에는 관여하지 않았다는 것이다. 이러한 논리를 가지고 아프리카 국가(짐바브웨, 수단)는 국제적 제재를 피해 갈 수 있었다. 중국은 아프리카와 강력한 군사관계를 맺었다. 짐바브웨나 수단처럼 서구가 신뢰하지 않는 국가에 군사기지를 확보했다. 몇몇 깡패국가에 대한 중국의 무기 판매와 지지는 아프리카에서 무역 분쟁을 키웠다(앙골라, 에티오피아, 수단, 차드). 하지만 중국은 지속적으로 주둔하기 위해 실용정책을 펴야만 하고, 아프리카 내의 비판과 국제적 비난을 극복할 수 있어야 한다. 2007년에 환경선언과 다르푸르 평화선언을 발표했고, 2011년 남수단의 독립을 반대하는 북수단을 지지하던 입장에서 선회하여 남수단과의 협약에 조인했다.

(4) 새로운 파트너들의 아프리카 이해관계

아프리카의 파트너는 아시아의 세 거대 국가로 다변화되었고, 이들에게서 자본과 기술의 혜택을 입었다. 그 덕택에 아프리카의 경제 성장은 촉진되었다. 이 파트너들은 영향권을 확대하고 국제적인 협상에서 운신의 폭을 넓혔다. 하지만 전반적으로 보면, 경제적 이해관계는 남아프리카공화국을 제외하면 후기 식민 지배의 행태를 보인다. 아프리카는 원자재 보유고이며, 산업 제품의 배출구 역할을 하기 때문이다.

무이자 차관은 아프리카 국가들이 다시 채무를 지는 결과를 초래한다. 과밀한 인구가 거주하는 중국 소식민지는 장기적으로 긴장을 야기한다. 인도와 중국은 아프리카의 특화된 신제품(섬유, 농식품)과 경쟁관계를 형성한다. 끝으로 인도와 특히 중국의 경제 관행은 국제사회의 규범에 어긋나며 인권과 환경규범을 무시하고 있다. 물론 다른 아시아 국가들도 아프리카 시장에 관심을 가지는데, 특히 말레이시아(석유)와 인도네시아이다.

교역의 우회로는 보이지 않는다. 이들 신흥국의 투자는 다른 기금 출연국의 투자에 비해 오히려 부수적이다. 미지의 국가들도 여전히 많이 있다. 국제적인 가치사슬에 편입되거나 편입되었고, 또한 다각도의 국제적인 활동, 생산성 향상과 자국 시장을 확대하는 등의 불평등 해소가 과연 가능할까? 특정 경제자유지대만으로 과연 지역적인 생산체제가 발전할 수 있는가?

(5) 산유국

아랍과 페르시아만의 산유국은 고유가에 따른 자금력과 거세지는 종교 세력으로서 영향력을 키우고 있다. 그 지지기반은 아프리카 무슬림이다. 그 관계는 공적 라인(이슬람개발은행)이나 그 외의 채널(레바논 조직망)을 통해서 이루어지며, 사우디아라비아, 이란, 카타르, 아랍에미리트 등과의 관계 속에서 형성되었다. 또한 종교 영역(모스크, 쿠란학교, 메데르사[Medersa. 이슬람종교학교) 등을 통해서도 영향력을 행사한다. 종교 통합 전통을 지닌 흑인 이슬람과는 대조적으로 와하브파과 시아파 사이의 투쟁도 목격할 수 있다. 아프리카는 간접적으로 근동과 중동 분쟁에 관여하거나 연루되어 이스라엘·사우디아라비아·이란 분쟁의 영향을 받는다. 페르시아만 국가, 아랍에미리트, 특히 사우디아라비아는 기반시설 건설, 학교, 수도시설, 메데르사를 통해 이슬람 국가나 이슬람권역, 심지어 시골권역에까지 상시로 관여한다(특히 세네갈).

이란은 전통적으로 동아프리카에 상주했고 서아프리카에 영향력을 행사하기를 원했다. 마약 밀매, 해적질, 테러를 연계시켜 미국과의 협상 지렛대로 이용한다. 이란이 친헤즈볼라에 동조하는 시아파 운동을 지원하기 때문이다. 이란은 자동차 조립공장, 기반시설 건설, 석유 관계를 발전시켜나간다. 이란은 시아파 유치, 반서구주의, 아프리카뿔에 실질적인 주둔함으로써 그 영향력을 행사한다. 하지만 '시아파 초승달 지대(croissant chiite)'란 존재하지 않고 시아파 연계 조직만 있을 뿐이다.

(6) 아프리카의 신흥국

남아프리카공화국, 모로코, 튀니지, 모리셔스 같은 아프리카 신흥국은 광물, 첨단 분야(항공우주, 무기, 자동차), 통신뿐만 아니라 서비스, 관광, 수력, 재생에너지(태양열, 풍력) 분야에서 아프리카에 상당한 규모로 투자하는 투자국이 되었다.

다른 새로운 파트너들도 점차 그 역할이 커지고 있다. 예컨대 터키는 주요 강국인데, 2009년 아프리카와 터키 정상회담이 그 신호탄이 되었다. 터키와 아프리카의 교역은 2010년에 170억 달러로 증가했다. 터키의 투자분야는 주로 공공 토목·건설, 운송, 섬유 등이다.

3. 분권화된 협력과 국제연대

국가의 역할을 우선시하는 '현실주의' 이론에 입각해서 범국가적 행동주체들은 국제적인 영역에 개입한다. 사기업이든 자치지역이든 비정부기구이든 수많은 행위주체이 자신의 역할을 키우면서 국제무대의 전면에 등장했다. 세계화에 대한 비판으로서 이타적 세계주의 운동은 잔여 국가들의 연합체를 구성하여 남부 진영 국가들의 유대를 강화하고 포르투알레그리에서 다보스(Davos)포럼에 대항하는 연대를 구축했다. 여러 행동주체의 문서들이 점차 복잡해지면서 협상이 경색 국면을 맞이했다. 이질적이고 구심점이 다극화되었고, 공공 영역과 규제 영역을 탐색하는 시민사회에 대한 개괄적인 개요만 있었다.

1) 분권화된 협력과 자치지역

분권화된 협력은 도시의 연결, 시민사회 행위주체들 간의 공동 프로젝트, 직종 간의 관계, 파트너 간의 상호이해와 공동 목표를 지향하는 공동체에 기반해서 이루어진다. 다수의 행위주체, 특히 자치지역사회와 국제연대조직에 의해 분권 협력이 이루어진다. 무척 불안정한 권역(예컨대 사헬 지역)에서 볼 수 있다.

(1) 분권화된 협력의 이점과 위험

분권 협력은 인접성의 이점이 있다. 거래비용을 줄이고 투입자금과 최종 집행자의 사용자금의 증발 비율도 줄인다. 그러나 분권 협력은 북부 진영과 남부 진영의 자치지역의 힘과 조직역량의 불균형한 구조에 직면한다. 그것은 자원 부족, 자치지역의 부적절한 조직, 북부에서 남부로의 기술 이전에 따른 모방의 위험성 등 때문이다. 많은 아프리카 국가에서 지역 공공기관은 무능하다. 도시의 중요 서비스(물, 전기, 도로, 안전, 쓰레기, 운송)를 소비 수준이 높은 주민을 위해서는 민간 부문에 '책임을 떠넘기고', 빈민을 위해서는 비정부기구나 단체에 '책임을 떠넘긴다.'

(2) 분권화

분권화(décentralisation) 과정은 선출된 심의기구나 시민사회를 참여시켜 자치지역의 업무를 운영하는 제도적 조직의 운영방식이다. **권력의 지역분산** (déconcentration)과 다른 점은 권한의 지역분산은 권력과 권한을 지역기관에 이관하는 행정조직의 운영방식이다. 분권화는 **지역민주주의**(démocratie locale) 가 아니다. 전자는 유력자나 소수 독점기관으로 권력이 쏠리지만, 후자는 반대세력과 공론의 역할이 있다.

여기서 두 종류의 지역 거버넌스 개념이 생겨난다. 하나는 시장의 역할과 대표민주주의를 결합시키는 자유주의적 거버넌스 개념이고, 다른 개념은 국가권력의 분권화 조직을 우선시하고, 참여민주주의와 정책 규제를 실천하는 지역의 권한을 우위에 두는 거버넌스 개념이다. 분권화는 지역집단의 책임을 맡을 수 있는 단체의 민영화와 단체 수 증가와 관련된다.

(3) 공동개발

원래 자신의 출신지 개발활동에 이주민이 자유로이 참여하는 것으로 정의되었던 공동개발은, 이주자 유입의 제한 관리, 반대급부 원조, 국가 통합 같은 정책적 문제와 관계를 맺게 되었다. 제3세계 농촌 개발 연구 및 실행모임(GRDR)에 따르면, 그것은 "이주 전후의 지역에서 개발 이해당사자 모임을 중심으로 양 지역의 동시 개발을 공유하는 과정"으로 정의된다. 세네갈의 중부 계곡 출신으로 프랑스에 정착한 이민자 수는 25만 명으로 자국 송금액은 GDP의 11%(말리)와 19%(세네갈) 사이로 추정한다.

이민자와 그 자녀들 사이에 행동(태도)·생각·관습 등의 큰 변화가 있음을 관찰할 수 있다. 이민자는 출신지 가족에 대해 사회적 부채를 지고 있으며, 귀향의 꿈을 가지고 있다. 그다음 세대는 정착한 국가에서 차별을 받고 정체성 문제를 겪지만 출신지와의 뿌리를 일부 단절한다. 이들은 양국의 경제 프로그램에 참여하기도 하지만, 더 큰 나라의 프로젝트에 관여한다. 프랑스에서 세네갈 중부 계곡 출신의 자금·단체·연맹은 분권화된 집단의 공공기금 지원을 받는 비정부기구가 되었다.

2) 비정부기구, 국제연대기구, 인도주의 활동

정부의 국정 실패, 양자 원조와 다자 원조의 과도한 부담, 긴급 상황에 직면한 국제연대기구와 인도주의 운동은 정책 개입뿐만 아니라 로비도 하고 여론도 크게 환기시킨다. 자선과 연대가 급증하는 것은 범국가적 시민의식이 출현했음을 보여준다. 비정부기구는 발 빠르게 행동을 실천하고 공적개발·협력의 빈 구멍을 대부분 메워준다. 아프리카에 대한 기부는 70억 달러로 추산되며, 이는 공적개발원조의 14%에 해당한다.

그러나 좋은 의도가 끔찍한 일을 낳을 수도 있다. 국제연대기구가 모은 헌옷이 섬유 관련 산업을 위협하지 않으며, 식량 원조가 농부를 망하게 하지 않으며, 의약품 무상 배급이 일반의약품 개발이나 회수비용과 충돌하지 않는다(바마코 이니셔티브)고 분명하게 말할 수 있을까? 종종 많은 프로젝트는 공공정책이 정한 틀과 우선순위를 벗어난다. 비정부기구는 적법성·대표성·조화성의 문제를 제기한다. 인도주의적 원조는 일상적으로는 위기 관리, 긴급구호활동, 폭력 피해주민의 구조에 참여한다. 하지만 비정부기구는 흔히 개발의 중개자 역할을 하기도 한다.

인도주의적 긴급구호는 국가에 상관없이 정치에 관여하지 않는 청렴한 행동처럼 보인다. 여러 가지 문제를 해결도 하지만, 어떤 문제를 더 악화시키기도 한다. 식량 원조 역시 대외 의존을 심화시키고 농민들과 경쟁하게 되며, 현지에 주재하는 외국 대기업은 수요를 왜곡시켜 식량 가격을 인상시킬 수도 있다.

인도주의적 활동도 독재체제에 관여하지 않고 그들에 대한 지지를 거부하지만 타협을 수용하여 희생 주민을 도와주는 것 사이에서 분열된다. 그래서 인도주의는 폭력과 반인륜 범죄 현실에 대한 여론을 호도하고, '다르푸르를 구하자'는 구호처럼 국가권력과 미디어에 의해 도구화되기도 한다. 다른 한편 뒤로는 군대 주둔과 석유자원의 장악이라는 전략적 이슈가 보이지 않게 은밀히 전개된다. 자선활동을 방해해서는 안 되겠지만, 명석함과 주의가 요청되는 이유이다.

3) 아프리카에 대한 망조직형 개입

아프리카에 있는 공식·비공식의 대규모 망조직은 국제적인 루트와 연결되어 있다. 이들의 숫자는 굉장히 많다. 사람·재화·정보의 유통은 동아프리카 해안과 항공운송·통신이 빈번한 아랍반도 사이(두바이의 길거리에서 잔지바르 섬까지)를 오가며 이루어진다. 인도 상인 집단은 남아프리카에서 인도차이나와 동남아반도의 교역을 부활시키고 있다. 서아프리카에서 온 이주자들은 유럽 이주망 조직에 편입되어 있다. 열성 무리드파 형제단 무슬림은 북아메리카와 접촉이 빈번하다. 나이지리아의 이보족 망조직은 뉴욕에서 밀거래되는 마약 거래를 대부분 장악했다.

인도와 파키스탄 유민(동아프리카와 남아프리카에 200만 명 이상 거주), 중국 유민, 레반트 지역 유민(서아프리카에 40만~50만 명 거주)은 매우 중요한 역할을 한다. 이들은 범국가적인 공간에서 활약한다. 이들은 정보체계, 종교행사 참가, 자금 송금, 심지어 정치자금 지원 등 자신의 출신지와 관련해서 경제적으로 매우 중요한 역할을 한다. 이들은 공식 경제와 때로는 지하경제(갖가지 밀매)에도 가담한다.

4) 아프리카와 세계공공자산

원조와 국제 협력의 문제는 상호의존(전염병, 이주, 환경), 집단유산 관리나 범국가적 공공자산(안보, 전염성 질병, 삼림 관리, 탄소 시추공, 생물다양성 등), 지구 온난화 등을 고려하면 타당성을 얻는다. 북부 진영의 주민은 다시 출현하는 열대성 질병 퇴치에 관심을 기울인다. 이러한 유형의 문제는 아프리카에 대한 단순한 동정이나 두려움에 대한 보호의지를 넘어선다. 이민 물결, 전염병 창궐, 폭력 수출, 테러리스트의 온상이 된 해체국가에서 보듯이 아프리카의 재앙은 부메랑 효과를 낳는다.

세계공공자산(BPM) 문제는 국제적인 집단행동으로 귀착된다. BPM을 생산하고 자금을 지원할 수 있는 적법성을 지닌 공공단체는 없다. BPM 간의 관계 문제는 시장·정부·규정의 관계 측면에서 보면 준거가 없다. 그것은 또한 세계화의 맥락에서 재산권, 유산, 초국가적인 민간 행동주체의 실패에 관한 논거를 필요로 한다. 예컨대 기후처럼 몇몇 공공자산은 비경쟁적이고 비배타적인 특성을 갖는다. 공공자산의 생산은 '무임승차자'와 공공재 생산을 위한 국익의 문제를 야기한다.

공공자산의 생산은 특히 비정부기구·개인·단체를 포함하는 여러 행위주체들과 관련된 사안이다. 이들은 문제제기 시점부터 관리상 예측되는 이슈에 대한 해결책의 비중에 따라 전문가와 학계의 해결안을 거쳐서 국제 협상의 의제 관리까지 결정적으로 중요한 역할을 한다. 국가를 국제 조직 내

의 위상에 따라 분류할 수도 있고, 중요한 의미를 갖는 최선의 자산(과학지식),
가장 허약한 요소에 의존하는 자산(테러나 전염병) 및 부가적인 자산(이산화탄
소 배출)으로 구분할 수도 있다. 아프리카는 주로 둘째 유형의 자산과 관련
되어 있다.

결론
단기 전망과 장기 전망

미래 전망이란, 쥬브넬에 따르면 "자유로이 논의한 바람직한 미래를 얻기 위해 행동할 것을 기대하는 것"[1]에 있다. 아프리카인들의 미래는 대륙 내적으로나 국제적으로나 강력한 제약 속에 있다. 이 미래는 주로 바람직한 것을 가능성으로 바꿀 수 있는 전략에서 생겨난다. **세계화** 시대(경쟁, 개방, 새로운 기술 적용 등)는 **경제 개발** 시대(제도 정착, 시장 건설, 생산성의 지속적 증가)도 아니고, **사회·역사적 궤적**의 시대(정부나 국가 건설, 국경 재정립, 권력의 국내외적 합법화)도 아니다. 아프리카는 자신의 역사적 시대(과거)와 세계화시대를 결합함으로써 고유한 근대성을 구축해나갈 것이다.

그런데 이러한 시대 격차를 어떻게 조정하고 세계화를 협상하여 개방을 통제할 수 있을까? 미래를 위한 건설적 사건과 다양한 여정에서 유의미한 현상을 어떻게 파악하여 하나의 역사를 만들 수 있을까? 뒤돌아보면, 수십 년 전에는 사회적·문화적 특성이라는 이름으로 아시아적 비관론이 지배적이었다. 하지만 몇 세대 만에 발전을 이룩했다. 위기·단절·격변은 **상반되는 아프리카**의 정체성이 모호함을 강조하는 단어였다.

---

1. B. de Jouvennel, *Perspective économique*, Paris, LGDJ, 1966.

1. 내부적 도전

아프리카는 2030년까지 인구의 2배 증가, 도시인구의 3배 증가를 경험할 것이다. 또한 생태계를 복원하고, 성장에 필요한 집단적·생산적 투자를 만들고, 국제 노동분업에 적극적으로 적응해야 한다. 나아가 환경 위협, 특히 지구 온난화와 기후 변화를 관리해야 하지만, "아프리카에서 한계공간의 시대가 시작되었다."[2]

이러한 다양한 도전은 주로 사회적·경제적 조직의 핵심을 이루는 시골과 도시의 소집단에서 일어난다. 하지만 이는 **생산성의 향상과 장기 축적**을 함의한다. 지금부터 25년 이내에 소득 2배 창출과 생산성 3배 증가가 필요하다. 인구 압력, 도시 증가, 농업 보존 경관, 자유화, 환경 위협의 중요성 등의 도전에 대응해야 한다.

국민국가가 형성 과정에 있고, 인적 네트워크와 근접 연대성이 국가제도 및 시민사회보다 우위를 차지하는 사회에서 경제 위기는 국가 해체를 증폭시킨다. 몇몇 극단적인 경우 경제 위기는 지대경제를 마피아 경제와 약탈경제로 변모시킨다. 따라서 국가의 미래는 경제의 미래를 좌우하며, 최우선 사항은 주권 기능을 구축하는 동시에 공개적 토론을 허용하여 반대세력의 출현을 도모하는 것이다.

---

2. J. Giri, *L'Afrique en panne. Vingt-cinq ans de développement*, Paris, Karthala, 1986.

2. 세계적 도전

1) 세계경제에의 편입

아프리카의 발전은 대부분 국제질서와 세계경제 내의 지위에 달려 있다. 그 지위는 비물질적 경제력의 상승, 정보·기술, 자본 유인, 제품 품질 기반과 물류와 관련되는 경쟁력에 의한 기술 및 제도적 환경에서 드러난다. 수출품의 전반적인 증가도 필요하다. 아프리카는 비용 감소(예컨대 컴퓨터, 인터넷)의 혜택을 누리고 기술을 도약시키고 새로운 경쟁틈새를 발견할 수 있다. 파트너 특히 아시아의 파트너 다각화를 이용할 수 있다. 신기술의 효율성은 사회·경제·기술을 활용하는 이들의 조직에 달려 있다.

대부분의 모의실험은 임계효과, 연관효과 및 증가하는 수익으로 인해 유럽과 아프리카 간의 격차가 점점 더 벌어질 것으로 예측한다. 인도와 중국의 성장은 원자재, 탄화수소, 아주 불안정한 농작물에 대한 수요를 강력하게 요구한다. 아프리카 경제의 후퇴에 대한 우려는 매우 심각한 수준이며, 다각화의 틈새에서 생산된 제품(예컨대 의류·섬유)은 경쟁을 겪고 있다.

2) 아프리카의 지정학적 재분류

베를린 장벽 붕괴 이후 유럽 시각은, 심지어 자본까지 동유럽을 향하는 추세였다. 아프리카는 더 이상의 냉전시대처럼 이데올로기의 격전장이 아니었다. 이는 물론 외교 경합이나 외세의 당파적 투쟁의 종말을 의미하는 것도 아니었다. 시장 지배보다 천연자원(다이아몬드나 석유)의 약탈과 불법거래(밀수, 마약)를 통제하는 것이 경제적 이득이 더 크기 때문에 긴장과 갈등이 그만큼 더 고조된다. 아프리카는 안보·원자재·생물다양성 문제로 다시 전략적인 곳이 되었다. 석유와 환경 문제는 점차 중요해지고 있다. 특히 중국과 인도라는 아시아 거대국의 등장으로 세계적인 강국들 사이의 전략적 게임은 훨씬 더 개방적이 되었고, 이로 인해 아프리카의 운신의 폭은 훨씬 넓어졌다.

3. 행위주체들의 전략과 게임

국내적·국제적 중요 요인은 채택한 전략에 따라 위험이 될 수도 있고 기회가 될 수도 있다. 제어되지 않은 폭발이나 관목 숲의 불은 아무런 선제적 행위나 선행 조치, 사후의 대응 행위가 없다면 확산될 수 있다.

전략적 행위주체들 일부는 아프리카의 **외부**에 속하지만(국제기관, 옛 식민 열강, 다국적기업, 유민 조직망), 기본적으로는 **내부**에 속한다. 상업자본이 생산자본으로 전환될 것인가? 혁신과 기술 활용을 촉진하는 인센티브가 있는가? 지대의 중심 논리와 단기성이 중장기적이고 위험을 떠안는 슘페터식의 기업가적 논리로 대체될 것인가? 영세 제조업자들이 중소 기업망을 형성하는 소규모 기업가로 변신할 것인가? 세계 경제로의 적극적 통합 전략은 생산자본과 위험한 투자를 원하는 새로운 동맹을 전제로 한다. 이는 이전까지 지속된 소득구조를 파기함으로써만 단기적으로 가능하다. 왜냐하면 이 소득 구조가 대부분의 경우 사회·정치적인 균형 요인인 까닭이다.

유사한 맥락에 있는 사회들의 궤적 차이가 보여주듯이 카드는 결정권자의 손에 달려 있다. 주요한 문제 중 하나는 인구학적·경제적·사회적·정치적·환경적 변인의 속도가 다르다는 점이다. 관성의 효과에 비추어, 오늘날의 출산에 대한 조처는 15세 이상을 넘어서야만 효력이 나타난다. 지속적 토질 개량은 당장 비용이 들지만 수익은 한참 후에 나타난다. 거의 대부분의 공공 결정권자나 민간 결정권자는 단기적 사고방식과 일상성에 빠져 있어서 단기 투자를 회수할 생각만 한다. 전략에 따라서 핸디캡이 도전과 으뜸패가 될 수 있는데도 말이다. 바밀레케족이 거주하는 케냐 고원 지대의 인구 압력 사례가 이를 잘 보여준다. 마찬가지로 으뜸패가 핸디캡이 될 수도 있다. 나이지리아·차드·적도기니·앙골라·콩고민주공화국의 '석유 저주'가 이를 보여주는 명확한 사례이다.

허쉬만이 말했듯이, 개발은 "순풍과 역풍을 골고루 이용해 가면서 바라는 목표 지점에 도달하기 위해 지그재그로 항해하는 길뿐이다."[3] 세네카의 말을 따라 또 다른 사람들은 "자기가 가는 곳을 모르는 자들에게는 순풍이란 없다"고 말한다. 통제되지 않은 폭발이나 관목 숲의 불은 아무런 사전 대책이나 행동이 없다면 확산될 수 있다. 아프리카의 미래는 대개 그 사회에 만연된 체계적인 리스크 방지와 전염병 예방에 의해 결정된다. 또한 자연재해, 에이즈 같은 질병, 기아뿐만 아니라 무기와 마약 판매, 다이아몬드·석유 같은 자원을 둘러싸고 조직된 마피아도 미래 결정에 관여한다. 예방은 투명성, 여론의 활성화, 반대세력, 시민사회의 협조, 종족에 기반한 캠페인 근절을 통한 선제적 태도나 적극적 조치를 전제로 한다.

4. 네 가지 시나리오

이러한 중요한 추세와 행위주체의 전략적 선택 방안에 따라 네 가지 다른 지정학적 시나리오가 나올 수 있다. 이것은 부분적으로 『아프리카 미래 (Futurs Africains)』[4]에 제시된 세 가지 시나리오—덫에 잡힌 사자, 은신처에서 나

---

3. A. O. Hirshmann, *Stratégie du développement économique*, Paris, Éditions ouvrières, 1964. 루킬리우스에게 보내는 세네카의 서신 76.

오는 사자, 자기 영역을 표시하는 사자—와 부합한다.

1) 공중 투하의 시나리오

세계시간과 **동기적**(同期的)**이 아닌 아프리카**(Afrique désynchronisée)[5]는 브로델식의 장기적인 승리, 식민 지배와 근대화의 역할, 산업사회가 수세기에 걸쳐 정복한 도전들의 장기적인 관리, 아프리카를 배제하고 조직된 세계 내에 적극적인 편입 불가능성이 그 특징이다. 아프리카인의 역사 궤적은 인구의 역동성, 점유 공간의 변화, 식민 지배로부터 유래하는 국경의 수정과 영토의 재배치가 특징이다.

이 시나리오는 정치적으로는 적극적 방식(전쟁으로 국가를 세우고 국가는 재구성된다) 또는 소극적 방식(자유방임에 맡겨진 아프리카는 서로 갈기갈기 찢어지고 국가는 해체된다)으로 바뀔 수 있다. 경제적으로도 적극적 방식(국민경제의 역동적 모습, 기본욕구의 충족, 바람직한 단절, 자생경제) 또는 소극적 방식(원하지 않는 단절, 근대화 실패, 포식경제, 심지어 엄청난 혼란과 이와 대조적으로 피동적인 공동체)으로 바뀔 수 있다.

무장 분쟁이 국가 건설, 영토와 정체성의 재구성 요인이 될 것인가? 아니면 전쟁을 국가와 시민사회를 해체하는 세계적인 투기 경제 또는 범죄 경제로의 통합 과정과 관련해서 분석해야 할까? 이 시나리오는 자기 운명에 맡겨진 아프리카와 적극적으로 통합된 소수의 아프리카인 및 엘도라도를 찾는 아프리카인 사이의 단절을 잘 보여주는 것은 아닐까?

---

4. Club de Sahel et al., *Futurs africains, Un guide pour les réflextions perspectives en Afrique*, Paris, Karthala, 2001.

5. F. Braudel, " La longue durée," *Annales*, 1958, pp.725-753.

2) 따라잡기 시나리오

아프리카의 세계경제 편입은 무역과 금융 순환을 통해 이루어질 수 있다. 심지어 불법활동을 통해 축적된 개인 재산이란 회로를 통해서도 가능하다. 이는 또한 행위주체의 내부적인 자유로운 개혁으로 편입될 수도 있다. 이러한 새로운 세대들 덕택에 아프리카는 경쟁적·생산적·민주적이 될 수 있다. 시민의식이 발달하고 민주주의의 역할이 커진다. 반대 세력도 출현한다. 경제는 수출과 자본 유입의 가속화, 기저경제를 이루는 중소기업·중소산업의 망조직과 연계가 늘어나면서 해외로부터 추진력을 받는다.

이 시나리오는 아프리카가 국제 질서에서 발언권을 가지고 생산성 증가에 영향을 미치는 외부 자금의 이용을 전제로 한다. 이는 또한 저축과 해외 아프리카 기술자들의 회귀, 무역과 금융에 의한 외부 지원을 전제로 한다. 생산성 있는 경쟁 경제는 국내외의 기술인력 동원과 기업가의 출현을 함의한다. 이는 양호한 제도적 기틀, 국가의 협력, 신뢰 분위기, 안보 확보를 전제로 한다. 하지만 이 시나리오는 소외의 위험성이 있고, 적어도 단기적·중기적으로 훨씬 많은 빈곤층을 계속 산출할 것이다.

세계경제로의 편입은 국가와 지역에 따라 아주 큰 차이가 날 수 있다. 두 개의 아프리카, 즉 '유용한 아프리카'와 '소외된 아프리카'가 있을 수 있는데, 이는 시간적·공간적 격차가 점차 벌어진다는 것을 의미한다. 남아프리카공화국·나이지리아 같은 강국과 교역이나 금융을 중개하는 소국이 출현할 것이고, 주축국을 중심으로 지역 재편성도 일어날 것이다. 유럽과의 과거 유대가 약해지면서 새로운 경제 파트너와 몇몇 국가의 아시아로의 전향도 예측할 수 있다.

3) 재정비 시나리오

아프리카인의 개발 방식은 잠재력을 꽃피우고 각 사회에서 잠자고 있는 자원을 일으켜 깨우는 것을 전제한다. 이는 모방할 수 없다. 서구의 낭비 모델은 일반화될 수 없다. 기본 욕구 충족과 사회적 유대 유지와 의미와 방향을 지닌 문화적 매트릭스 내에 그 궤적을 남겨야 한다면, 아프리카는 독자적인 개발방법으로 근대화를 구축할 수 있다.

국내 시장과 지역 시장의 재정비는 아프리카 기업인의 출현, 아프리카 사회 내에서 직장을 구하려는 젊은이의 욕망과 정치적·경제적 구조 개혁에서 생겨난다. 유민, 다각화된 파트너의 지렛대 효과, 정보와 기술의 세계화 편입 과정에서 지원이 이루어진다.

몇 가지 최우선 사항이 있다.

- 국가는 공통의 이해를 가진 집단에 기반하여 주권 기능을 지니고 개발의 추진주체로서 법치화를 시행한다. 또한 행정의 비효율성과 포식자적인 행정 역할을 축소한다.
- 다른 조정 방식과 연계해서 시장을 건설한다.
- 효율적 기구를 창설하고 위험 투자를 허용하는 기업가적 역량을 기른다.
- 참여와 재분배 메커니즘을 통해 사회긴장을 완화한다.

이는 분명 열강들 사이에 자산·지식·권력이 재분배되고 국제 질서가 바뀌어야만 가능하다. 전문화되지 않은 국가에 대해서는 기술 수준 향상을 허용하는 개방과 훈련의 과도기적 과정이 필요하다.

십중팔구는 아프리카 사회는 점차 **분화**되고 다양한 아프리카 개발방식이 나타날 것이다. 투아레그족의 유목 경제, 적도 삼림의 수렵·채취인, 마다가스카르의 고지대 농민 등에서는 농·목축업의 우선순위가 동일하지 않다. 대외 개방경제와 내수 시장 지향 경제의 선택은 연안 소국가와 대국가에 따라 다를 것이다. 식량 자족과 식량 안보 문제에 대해 인구 과잉의 작은 섬 국가와 토지가 풍부한 대국가는 근본적인 차이를 갖는다.

4) 새로운 도킹 시나리오

새로운 도킹 시나리오는 유럽 영향의 퇴조에 따라 신흥국 파트너 특히 중국과 동맹을 맺는 시나리오이다. 남북의 쌍은 이제 남남의 쌍으로 교체될 것이다. 이것은 세계가 다극화되는 상황에서 탐내는 대상인 천연자원뿐만 아니라 활동인구와 시장이 가진 아프리카에 어울리는 시나리오이다. 아프리카는 일차 부문의 전문화와 함께 식민 지배 이후의 관계를 분명 유지할 것이다. 이는 수출이 견인하는 모델에 기초한 것일 수 있다. 또한 적정기술과 적정화가 가능한 기술의 이전, 중소기업망의 조직, 생산체제의 다변화, 국제 가치사슬의 전반적 부상과 함께 식민 지배 이후의 협약을 가능케 할 것이다. 신흥국과의 일괄계약(package deal)이 균형을 찾는 지속적 개발 요인이 되려면, 카드를 기본적으로 아프리카 행위주체가 쥐고 그들 방식대로 파트너와 관계 협상을 해야 한다. 예컨대 자유무역지대, 경제특구의 유인, 신흥국의 공장으로서 아프리카의 위치 정립 같은 것이다.

아프리카는 다차원의 다양한 궤적, 번영과 혁신 지대의 공존, 그리고 갈등과 분쟁 등으로 더욱 명확히 대조되고 차이가 날 것이다. 사하라 이남 아프리카에만 국한해서도 '총칭적으로 아프리카라고 말하기가 더욱 어려워졌다.

사회 궤적에 대한 과학적 탐구는 윤리적·철학적 문제와 연관된다. 이 문제는 활동주체들이 겪거나 극복하거나, 또는 참여하거나 배제되는 과정이 갖는 의미와 방향에 뿌리를 둔다. 역사 자체에는 의미가 없지만, 인간이 의미를 부여한 이야기가 바로 역사이다.

약어*

ACP   Pays d'Afrique, Caraïbes et Pacifique/ African, Caribbean and Pacific Group of States_아프리카·카리브·태평양 국가연합

ADPIC   Aspects des droits de la propriété intellectuelle qui touche au commerce/ Agreement on Trade-Related Aspects of Intellectual Property Rights (TRIPS)_무역 관련 지적재산권 협약

AEF   Afrique équatoriale française/ French Equatorial Africa_프랑스령 적도아프리카

AFRICOM   African Command/ United States Africa Command/ Commandement des États-Unis pour l'Afrique_미국아프리카사령부

AGCS   Accord général sur le commerce des services/ General Agreement on Trade in Services(GATS)_서비스 무역에 관한 일반협정

AGOA   African Growth and Opportunity Act/ Loi sur le développement et les opportunités africaines_아프리카성장과 기회법

AOF   Afrique occidentale française/ French West Africa_프랑스령 서부 아프리카

APD   Aide publique au développement/ Official Development Aid(ODA)_공적개발원조

APE   Accord de partenariat économique/ Economic Partnership Agreements_경제파트너 협정

ASECNA   Agence pour la sécurité de la navigation aérienne en Afrique et à Madagascar_아프리카·마다가스카르 항공안전기구

ASS   Afrique subsaharienne/ Sub-Saharan Africa_사하라 이남 아프리카

AZF   Afrique Zone Franc_프랑화권 아프리카

BAD   Banque africaine de développement/ African Development Bank(ADB)

---

* 프랑스어에 대응하는 영어 명칭과 약어를 추가했다._옮긴이주

_아프리카개발은행

BIRD Banque international pour la reconstruction et le développement/ International Bank for Reconstruction and Development(IBRD)_국제부흥개발은행

BIT Bureau international du travail/ International Labour Organization(ILO)_국제노동기구

BPM Biens publics mondiaux/ Global Publuc Goods_세계공공자산

BRICS Brésil, Russe, Inde, Chine, Afrique du Sud_브릭스

CEA Commission économique pour l'Afrique/ United Nations Economic Commission for Africa(UNECA/ECA)_유엔아프리카 경제위원회

CBI Cross-Border Initiative/ Initiative transfrontière_월경이니셔티브

CEDEAO Communauté économique des États d'Afrique de l'Ouest/ Economic Community of West African States(ECOWAS)_서아프리카국가경제공동체

CEEAC Communauté économique des États d'Afrique centrale/ Economic Community of Central African States_중앙아프리카국가경제공동체

CEMAC Communauté économique et monétaire d'Afrique centrale/ Economic and Monetary Community of Central African States_중앙아프리카경제통화공동체

CEPGL Communauté économique des pays des Grands Lacs/ Economic Community of the Great Lakes Countries(ECGLC)_대호수국가경제공동체

CFA Communauté financière africaine_아프리카금융공동체

CILSS Comité permanent inter-États de la lutte contre la sécheresse_가뭄퇴치 정부 간 상임위원회

CJTF Combined Joint Task Force_연합기동타격대

CMA Common Monetary Area/ Zone monétaire commune_공동통화권

CNUCED Conférence des Nations unies pour le commerce et le développement/ United Nations Conference on Trade and Development(UNCTAD)_유엔무역개발회의

COI	Commission de l'océan Indien/ Indian Ocean Commission_인도양 위원회
COMESA	Common Market of Eastern and Suthern Africa/ Marché commun de l'Afrique orientale et australe_동남아프리카시장공동체
DD	Développement durable/ Sustainable Development_지속 가능한 개발
DFID	Department for International Development_영국국제개발청
DSRP	Document stratégique de lutte contre la pauvreté/ Poverty Reduction Strategy Papers(PRSPs)_빈곤퇴치전략문서
EAC	Eastern African Community/ Communauté de l'Afrique de l'Est_동 아프리카공동체
ECOMOG	Economic Community of West African States Cease-fire Monitoring Group/ Brigade de surveillance du cessz-le-feu de la CEDEAO_서 아프리카종전감시경제공동체
EDS	Enquêtes démographie santé/ Demographic and Health Surveys(DHS) _인구보건조사
EPI	Economie politique international/ International Political Economiy_ 국제정치경제
EUFOR	European Union Force/ Force de l'Union européenne_유럽연합군
EUROFOR	European Rapid Operational Force/ Force d'intervention rapide européenne_ 유럽긴급개입군
FAO	Food and Agriculture Organization/ Organisation des Nations unies pour l'alimentation et l'agriculture_식량농업기구
FED	Fonds européen de développement/ European Development Fund (EDF)_유럽개발기금
FMI	Fonds monétaire international/ International Monétary Fund(IMF)_ 국제통화기금
FNUAP	Fonds des Nations unies pour la population/ United Nations Population Fund (UNPF)_유엔인구기금
GATT	General Agreement On Tariffs and Trade/ Accord général sur les tarifs douaniers et le commerce_관세와 무역에 관한 일반협정

IAEA	International Atomic Energy Agency/ Agence internationale de l'énergie atomique(AIEA)_국제원자력기구
IBAS	Inde, Brésil et l'Afrique du Sud_인도·브라질·남아프리카공화국국가연합
IDE	Investissement direct étranger/ Foreign Direct Investissement(FDI)_외국인직접투자
IDH	Indicateur de développement humain/ Human Development Index (HDI)_인간개발지수
IFPRI	International Food Policy Research Institute_국제식량정책연구소
IGAD	Autorité intergouvernementale pour le développement_정부 간 개발관리처
IFF	International Finance Facility_국제금융위원회
IOR-ARC	Indian Ocean Rim Association for Regional Coopertion_인도양안지역협력연합
IRIS	Institut de relations internationales et stratégiques_국제관계전략연구소
ISF	Indice synthétique de fécondité/ Total Fertility Rate_총출산율
ITIE	Initiative de transparence des indutries extractives_추출산업투명성이니셔티브
MDP	Mécanisme de développement propre/ Clean Development Mechanism _청정개발체제
MERCOSUR	Marché commun du Sud/ Southern Common Market_남아메리카공동시장
MONUC	Mission des Nations unies au Congo/ United Nations Operation in Congo_유엔군 콩고 작전
MUAS	Mission de l'Union africaine au Soudan/ The African Union Mission in Sudan(AMIS)_아프리카연합군 수단 작전
NEPAD	Nouveau partenariat pour le développement de l'Afrique/ New Partnership for Africa's Development_아프리카개발신파트너십
OAPI	Organisation africaine de la propriété intellectuelle/ African Intellectual Property Organization_아프리카지적재산권기구

OCDE	Organisation de coopération et de développement économique/ Organisation for Economic Co-operation and Development(OECD)_경제 개발협력기구
OGM	Organismes génétiquement modifiés/ genetically modified organism (GMO)_유전자조작농산물
OMC	Organisation mondiale du commerce/ World Trade Organization (WTO)_세계무역기구
OMD	Objectifs du millénaire pour le développement/ Millennium Development Goals(MDG)_천년개발목표
OMS	Organisation mondiale de la santé/ World Health Organization (WHO)_세계보건기구
ONG	Organisation non gouvermentale/ Non govermental Organization (NGO)_비정부기구
ONU	Organisation des Nations unies/ United Nations(UN)_유엔(국제연합)
ONUDI	Organisation des Nations unies pour le développement industriel/ United Nations Industrial Development Organization(UNIDO)_유 엔산업개발기구
OPEP	Organisation des pays exportateus de pétrole/ Organization of Petroleum Exporting Countries(OPEC)_석유수출국기구
OSI	Organisation de solidarité internationale_국제연대기구
OTAN	Organisation du traité de l'Atlantique Nord/ North Atlantic Treaty Organization(NATO)_북대서양조약기구
OUA	Organisation de l'unité africaine/ Organization of African Unity_아프 리카통일기구
PALOP	Pays africains de la langue portugaise/ Países Africanos de Língua Oficial Portuguesa_포르투갈어권 아프리카 국가
PAS	Politique d'ajustement structurel_구조 조정 정책
PED	Pays en développement/ Developping Country_개발도상국(개도국)
PESC	Politique étrangère et de sécurité commune/ Common Foreign and Security Policy(CFSP)_공동외교안보정책

PIB	Produit intérieur brut/ Gross Domestic Product(GDP)_국내총생산
PMA	Pays le moins avancés/ Least Developped Countries(LDCs)_최빈국
PME	Petites et moyennes entreprises/ Small and Medium-sized Enterprises(SMEs)_중소기업
PMI	Petites et moyennes industries/ Small and Medium-sized Industries_중소산업
PNB	Produit national brut/ Gross National Product(GNP)_국민총생산
PNUD	Programme des Nations unies pour le développement/ United Nations Development Programme(UNDP)_유엔개발프로그램
PPA	parite des pouvoirs d'achat/ Parity of Pucrchasing Power(PPP)_구매력 평가 지수
PPTE	Pays pauvres très endettes/ Heavily Indebted Poor Countries(HIPC)_고채무빈국
PSRP	Programmes stratégique de réduction de la pauvreté_빈곤감소전략프로그램
PVD	Pays en voie de développement/ Least Developed Countries(LDCs)_후진국(개도국)
RECAMP	Renforcement des capacités africaines de maintien de la paix_아프리카평화유지군
RMI	Revenu minimum d'insertion_최저통합수당
RNB	Revenu national brut/ Gross National Income(GNI)_국민총소득
RUF	Revolutionary United Front/ Front révolutionnaire uni(FRU)_혁명통일전선
SACU	Southern African Custom Union/ Union douanière de l'Afrique australe_남아프리카관세연합
SADC	Southern African Community Development/ Communauté pour le développement de l'Afrique australe_남아프리카개발공동체
SFI	Société financière internationale/ International Finance Corporation(IFC)_국제금융공사
SIPRI	Stockholm International Peace Research_스톡홀름국제평화연구소

SPG	Système généralisé de préférences/ Generalized System of Preferences(GSP)_일반특혜관세제도
TICAD	Tokyo International Conference on African Development/ Conférence internationale de Tokyo sur le développement en Afrique_도쿄아프리카개발국제회의
TSA	Tout sauf les armes_무기를 제외한 모든 것
UA	Union africaine/ African Union(AU)_아프리카연합
UCDP	Uppsala Conflict Data Project_웁살라 분쟁 데이터 프로젝트
UCP	Unified Command Plan_(미국) 통합군사령부계획
UE	Union européenne/ European Union(EU)_유럽연합
UEMOA	Union économique et monétaire ouest-africaine/ West African Economic and Monetary Union_서아프리카경제통화연합
UFM	Union du fleuve Mano/ Mano River Union(MRU)_마노강연합
UMA	Union du Magreb arabe/ Arab Maghreb Union_아랍마그레브연합
UNHCR	Office of the United Nations High Commissioner for Refugees/ Haut Commissariat des Nations unies pour les réfugiés_유엔난민기구
UNESCO	United Nations Educational, Scientific and Cultural Organization/ Organisation des Nations unies chargée de l'éducation et de la culture_유네스코(국제연합교육과학문화기구)
UNICEF	United Nations International Children's Emergency Fund(United Nations Children's Fund)/ Organisation des Nations unies chargées de l'enfance_유엔아동기금
UNMIS	United Nations Mission in the Sudan/ Mission des Nations unies au Soudan(MINUS)_유엔군 수단 작전
USAID	United States Agency for International Development/ Agence des États-Unis pour le développement international_미국국제개발처
ZEP	Zone d'échanges préférentiels_특혜교역지대

참고문헌

서론

아프리카에 대한 일반 개설서

잡지

Afrique contemporaine, Bruxelles, De Boeck._계간지

Géoéconomie, Paris, Choiseul Éditions.

Cahiers d'études africaines, Paris, Éditions de l'EHESS(특히 '개발 관련 사회과학'을 다룬
  n° 202-203, 2011)._2개국어 사회과학 계간지

Géopolitique africaine, Paris, Washington, Brazzaville._2개국어 계간지

Hérodote, Paris, La Découverte._지리학과 지정학 계간지.

Politique africaine, Paris, Karthala._계간지

단행본

BRUNEL S., *L'Afrique*, Paris, Bréal, 2004.

DUBRESSON A., Moreau S., Raison J.-P., Steck J.-F., *L'Afrique subsaharienne. Une
  géographie du changement*, Paris, Armand Colin, 2011.

HUGON Ph., *Géopolitique de l'Afrique*, Paris, Armand Colin, coll. 128, 2e éd. 2010.

POURTIER R., *Géopolitique de l'Afrique et du Moyen-Orient*, Paris, Nathan, 2006.

PUJOLLE T., *L'Afrique noire*, Paris, Flammarion, 1994.

웹사이트

세계은행(BM/World Bank): www.worldbank.org

국제통화기금(FMI/IMF): www.imf.org

아프리카개발은행(BAD/ADB): www.adb.org

경제협력개발기구(OCDE/OCD): www.oecd.org/dev

유엔무역개발회의(CNUCED/UNCTAD): www.unctad.org

유엔개발계획(PNUD/UNDP): www.undp.org/teams/french

아프리카개발신파트너십(NEPAD): www.nepad.org

아프리카에 대한 여러 접근

BART F.(éd.), *L'Afrique. Continent pluriel*, Paris, CNED/SEDES, 2003.

COURADE G., *L'Afrique des idées reçues*, Paris, Belin, 2006._지리적 접근

D'ALMEIDA TOPOR H., *L'Afrique—idées reçues*, Paris, Le cavalier bleu, 2006._역사적 접근

CHRÉTIEN J.-P.(dir.), "Vues d'Afrique," *Esprit*, n° 317, août-septembre 2005._학제적 조명

GOUROU P., *L'Afrique*, Paris, Hachette, 1970.

HUGON Ph., *Analyse du sous-développement en Afrique noire. Le cas du Cameroun*, Paris, PUF 1968.

HUGUREUX V., *L'Afrique en face*, Paris, Armand Colin, 2010.

PÉLISSIER P., *Les paysans du Sénégal. Les civilisations agraires du Cayor à la Casamance*, Saint-Yriex, Imp. Fabrègue, 1966.

POURTIER R., *Afriques noires*, Paris, Hachette 2010.

SAUTTER G., De *l'Atlantique au fleuve Congo. Une géographie de sous-peuplement*, Paris/La Haye, Mouton, 1966.

SEVERINO J.-M., Ray O., *Le temps de l'Afrique*, Paris, Odile Jacob, 2010.

SMITH S., *Négrologie. Pourquoi l'Afrique meurt?*, Paris, Calmann-Lévy, 2004.

인류학적 접근

GODELIER M., *Au fondement des sociétés humaines. Ce que nous apprend l'anthropologie*, Paris, Albin Michel, 2007.

LEIRIS M., *L'Afrique fantôme*, Paris, Gallimard, 2e éd. 1951.

MAQUET J., *Pouvoir et société en Afrique*, Paris, Hachette, 1970.

MARIE A.(dir)., *L'Afrique des individus*, Paris, Karthala, 1997.

MEILLASSOUX C., *Femmes, greniers, capitaux*, Paris, Maspero, 1979.

LÉVI-STRAUSS C., *Race et histoire*, Paris, Gallimard, Folio Essais, 1987.

OLIVIER DE SARDAN J.-P., *Anthropologie et développement*, Paris, Karthala, 1995.

아프리카 역사

CHRÉTIEN J.-P., PRUNIER G., *Les ethnies ont histoire*, Paris, Karthala, 2003.

COQUERY-VIDROVITCH C., *Afrique noire, permanences et ruptures*, Paris, L'Harmattan, 1992.

DESCHAMPS H., *Histoire générale de l'Afrique* (2 ts.), Paris, PUF, 1970._식민 지배기부터 시작

HUGON A., *Introduction à l'histoire contemporaine, Synthèse Histoire*, Paris, Armand Colin, 1998.

ILLIFE J., *Les Africains. Histoire d'un continent*, Paris, Flammarion, 2002.

KI ZERBO J., *À quand l'Afrique?*, Paris, Éditions de l'Aube, 2003.

UNESCO, *L'histoire générale de l'Afrique*, Éditions UNESCO, coll. Histoire plurielle, 1970._기본적인 중요 종합서

MBEMBE A., *Sortir de grande nuit. Essai sur l'Afrique décolonisée*, Paris, La Découverte, 2010.

MBOKOLO E., *Afrique noire. Histoire et civilizations*, Paris, Hatier, 2 vol., 2004.

POURTIER R., *Afriques Noires*, Paris, Hachette, 2010.

WERSERLING H., *Le partage de l'Afrique*, Paris, Folio, 1991.

WERSERLING H., *Les Empires coloniaux europées 1815-1914*, Paris, Folio, 2004.

식민 지배사

BAIROCH P., *Victoires et déboires. Histoire économique et sociale du monde du XVIe siècle à nos jours*, Paris, Gallimard-Folio, 1998.

COGNEAU D., *L'Afrique des inégalités. Où conduit l'histoire?*, Paris, Cepremap/Éditions Rue d'Ulm, 2007.

DOZON J.-P., *Frères et sujets. La France et l'Afrique en perspective*, Paris, Flammarion, 2003.

FERRO M., *Histoire des colonisations*, Paris, Le Seuil, 1994.

FERRO M., *Le livre noir du colonialisme XVe-XXIe siècle: de l'extermination à la repentance*, Paris, Robert Laffont, 2003.

MARSEILLE J., *Empire colonial et capitalisme français. Histoire d'un divorce*, Paris, Albin Michel, 1984.

RIOUS J.-P., *Dictionnaire de la France coloniale*, Paris, Flammarion, 2007.

세계사

BEAUJARD Ph., BERGER L., NOREL Ph., *Histoire globale, mondialisations et capitalisme*, Paris, La Découverte, 2009.

제2장 문화·종교·법의 지정학

아프리카인들의 삶

아프리카 소설

KANE C.H., *L'aventure ambiguë*, Paris, Julliard, 1961.

BÂ HEMPÂTE A., *Amkoullel, lenfant peul, Arles*, Actes Sud, 1991.

BÂ HEMPÂTE A., *Oui mon commandant!, Arles*, Actes Sud, 1996.

KOUROUMA A., *Les soleils des indépendances*, Montréal, Presses universitaires de Montréal,1968.

MANDELA N., *Un long chemin de la liberté*, Paris, Fayard, 1995._프랑스어 번역본

SOYINKA W., *The Road*, Oxford University Press, USA, 1965.

유럽인의 작품

Le CLEZIO J.-M., *Onitscha*, Paris, Gallimard, 1993.

ORSENNA E., *Madame Bâ*, Paris, Fayard/Stock, 2003.

ROSNY E. de, *Les yeux de ma chèvre*, Paris, Plon, 1998.

문화, 종교, 법률 영역

Politique africaine, "Sorcellerie, pouvoirs sorciers," n° 79, oct. 2000.

ALEXANDRE P., *Les Africains*, Paris, Lidis, 1982.

BALANDIER G., *Civilisés dit-on*, Paris, PUF, 2003.

COPANS J., *La longue marche de la modernité africaine, savoirs intellectuels, démocratie*, Paris, Karthala, 1990.

DOZON J.-P., *L'Afrique à Dieu et à diable. États, ethnies, religions*, Paris, Ellipses, 2009.

ENGELHARDT Ph., *L'Afrique, miroir du monde?*, Paris, Arléa, 1998.

GOERG O., PONDOPOULO A., *Islam et sociétés en Afrique subsaharienne à l'épreuve de l'histoire. Un parcours en compagnie de Jean-Louis Triaud*, Paris, Karthala, 2012.

GOMEZ-PEREZ M.(éd.), *L'Islam politique au sud du Sahara*, Paris, Karthala, 2005.

KABOU A., *Et si l'Afrique refusait le développement*, Paris, L'Harmarran, 2001.

KANE O., TRIAZUD J.-L., *L'Islam et l'Islamisme au Sahara*, IMEMO, Karthala, 1996.

LABURTHE TOLRA Ph., WARNIER Ph., *Anthropologie, Ethnologie*, Paris, PUF, 1990.

LEROY E.(éd.), *Les avatars de l'État en Afrique*, Paris, Gemdev-Karthala, 1997.

NGOUPANDÉ J.-P., *L'Afrique face à l'Islam. Les enjeux africains de la lutte contre le terrorisme*, Paris, Albin Michel, 2003.

NORTH D.C., WALLIS J.J., WEINGAST B.R., *Violences et ordres sociaux*, Paris, Gallimard, 2011.

SELLIER J., *Atlas des peuples d'Afrique*, Paris, La Découverte, 2003.

제3장 사회관계와 정치권력

아프리카 사회구조

AGIER M., *Aux bords du monde, les réfugiés*, Paris, Flammarion, 2002.

AMSELLE J.-L., M'BOKOLO E., *Au cœur de l'ethnie. Ethnies, tribalisme et État en Afrique*, Paris, La Découverte, 1985.

ALTHABE G., *Oppression et libération dans l'imaginaire*, Paris, Maspero, 1969.

BALANDIER G., *Civilisés, dit-on*, Paris, PUF, 2003.

BALANDIER G., *Sociologie actuelle de l'Afrique noire. Dynamiques des changements sociaux en Afrique centrale*, Paris, PUF, 1955.

CHRÉTIEN J.-P., PRUNIER G.(dir.), *Les ethnies ont une histoire*, Paris, Karthala, ACCT, 1989.

COPANS J., *La longue marche de la modernité africaine*, Paris, Karthala, 1990.

HYDEN G., *Beyond Ujamaa in Tanzania. Underdevelopment and an Uncaptured Peasantry*, Berkeley, University of California Press, 1980.

MAMADANI M., *Citoyen et sujet. L'Afrique contemporaine et l'héritage du colonialisme tardif*, Paris, Karthala-Sephis, 2004.

GALLAIS J., "Pôle d'États et frontières en Afrique contemporaine," *Cahiers d'outre-mer*, avril-juin 1982.

PAULME D., *Les civilisations africaines*, Paris, PUF, coll. «Que sais-je?», 1980.

PERROT Cl.-H., FAUVELLE-AYMAR F.-X., *Le retour des rois. Les autorités traditionelles et État en Afrique contemporaine*, Paris, Karthala, 2003.

SELLIER J., *Atlas des peuples d'Afrique*, Paris, La Découverte, 2003.

아프리카 국가와 권력

BACH D., KIRK-GREEN E.(éd), *États et sociétés en Afrique francophone*, Paris, Economica, 1995.

BADIE B., *État importé. Essai sur l'occidentalisation de l'ordre politique*, Paris, Fayard, 1992.

BAYART J.-F., *L'État en Afrique. La politique du ventre*, Paris, Fayard, 1989.

BAYART J.-F., HIBOU B., ELLIS Ch., *La criminalisation des États en Afrique*, Paris, Éditions complexes, 1997.

BANÉGAS R., *La démocratie à pas de caméléon. Transition et imaginaires politiques au Bénin*, Paris, Karthala, 2003.

BLUNDO G., MBEMBE A., *De la postcolonie. Essai sur l'imagination politique dans l'Afrique contemporaine*, Paris, Karthala, 2000.

CARTIER-BRESSON J., *L'économie de la corruption*, Paris, L'Harmattan, 2008.

HIBOU B., *Anatomie politique de la domination*, Paris, La Découverte, 2011.

IGUÉ J., *Le territoire et l'État en Afrique*, Paris, Karthala, 1995.

MBEMBE A., *De la grande nuit, Essai pour l'Afrique décolonisée*, Paris, La Découverte, 2010.

MÉDARD J.,-F.(éd.), *États d'Afrique noire. Formations, mécanismes et crise*, Paris,

Karthala, 1991.

OLIVIER DE SARDAN J.-P., *État et corruption en Afrique. Une anthropologie comparative des relations entre les fonctionnaires et usagers*, Paris, Karthala, 2007.

OULD-AOUDIA J., *Croissance et réformes dans les pays arabes méditerranéens*, Paris, AFD-Karthala, 2008.

TERRAY E., *L'État contemporain en Afrique*, Paris, L'Harmattan, 1987.

제4장 경제 개발

ARMENDÁRIZ B., LABIE M., *The Hanbook of Microfinance*, World Scientific Publishing, 2011.

BAD, *Rapport annuel sur le développement de l'Afrique*.

BAD, OCDE, CEA, *Perspectives économiques en Afrique*, Paris, 2010.

BANQUE MONDIALE, *Can Africa Claim the 21st Century?*, Washington, 2000.

BOST F.(éd.), *Atlas mondial des zones franches*, Paris, La Documentation française, 2011.

CEA, UA, *Rapport économique sur le développpment en Afrique en 2010,* Addis-Abeba.

CNUCED, ONUDI, *Le développement économique en Afrique. Promouvoir le développement industriel en Afrique dans le nouvel environnement*, Genève, 2011.

COGNEAU D. et al., *Inégalités et équité en Afrique, Notes et documents*, Paris, AFD, n° 31, 2006.

COLLIER P., GUNNING J.W., "Explaining African Economic Performance," *Journal of Economic Litterature*, XXXVII, 1999, pp. 64-111.

COMMISSION POUR L'AFRIQUE, *Notre intérêt commun. Rapport de la commission pour l'Afrique*, Londres, 2005.

DEBLE I., HUGON Ph.(dir.), *Vivre et survivre dans les villes africaines*, Paris, PUF, 1981.

EATERLY W., *Les pays pauvres sont-ils condamnés à le rester?*, Paris, Édition d'Organisation, 2006.

ELLIS S., FAURE Y.-A., *Entreprises et entrepreneurs africains*, Pris, Karthala, 1995.

FOIRY J.-P., *L'Afrique, continent d'avenir?*, Paris, Ellipses, 2006.

GIRI J., *L'Afrique en panne. Vingt-cinq ans de développement*, Paris, Karthala, 1986.

GUILLAUMONT P., *Sortir du piège les pays les moins avancés*, Paris, Economica, 2006.

HUGON Ph., POURCRT G. et QUIERS-VALETTE S.(éd.), *L'Afrique des incertitudes*, Paris, PUF, 1994.

HUGON Ph., *L'économie de l'Afrique*, Paris, La Découverte, coll. «Repères», n° 117, 2012 (7e éd)

KABOU A., *Et si l'Afrique, refusait le développement*, Paris, L'Harmattan, 2001.

LABAZEE P.(dir), *Les grands commercants de l'Afrique de l'Ouest*, Paris, Karthala-ORSTOM, 1994.

LELART M., *De La finance informelle à la microfinance*, Paris, Éditions AUR. 2006.

SERVET J.-M., *Banquiers aux pieds nus*, Paris, Odile Jacob, 2006.

제5장 주변부로부터 세계화로

세계화

CEA, UA, *Rapports annuels économiques sur l'Afrique*, Addis-Abeba.

CHENEAU-LOQUAY A., *Mondialisation et technologies de la communication*, Paris, Karthala-MSHA, 2004.

COHEN D., *La mondialisation face à ses ennemis*, Paris, Grasset, 2004.

GEMDEV, *La mondialisation : les mots et les choses*, Paris, Karthala, 1999.

HELD D., McGREW A., GOLDBLATT D., PERRATON J., *Global Transformations*, Cambridge Policy Press, 2001.

FROGER G.(éd.), *La mondialisation contre le développement durable?*, PIE-Peter- Lang, 2006.

HUGON Ph., *Économie politique internationale et mondialisation*, Paris, Economica, 1997.

HUGON Ph., MICHALET CH.-A.(éd.), *Les nouvelles régulations de l'économie mondiale*, Paris, Karthala, 2006.

MICHALET Ch.-A., *Qu'est ce que mondialisation?*, Paris, Le Seuil, 2003.

OMC, *Rapports annuels sur le commerce mondial*, Genève.

제6장 대조적인 경제 흐름

BOUQUET C., *Géopolitique de la Côte-d'Ivoire*, Paris, Armand Colin, 2011(3e éd.).

BRUNEL S., *L'Afrique. Un continent en réserve de développement*, Rosny-sous-Bois, Bréal, 2004.

CHAVAGNEUX Ch., *Ghana, une révolution de bon sens. Économie politique de l'ajustement*, Paris, Karthala, 1997.

CLING J.-P., *L'économie sud-africaine au sortir de l'apartheid*, Paris, Karthala, 2000.

DAMON J., IGUÉ J., *L'Afrique de l'Quest dans la compétition mondiale*, Paris, Karthala, 2003.

DUBRESSON A., RAISON J.-P., *L'Afrique subsaharienne. Une géographie de changement*, Paris, Armand Colin, 2003(2e éd.)

FOUCHER M., DARBON D., *L'Afrique Sud, Puissance utile?*, Paris, Belin, 2000.

GERVAIS-LAMBONY Ph., JAGLIN S., MABIN A., *La question urbaine en Afrique australe. Perspectives de recherche*, Paris, IFAS-Karthala, 1999.

GUILLAUME Ph., KABWE-SEGATTI A.W., *L'Afrique de Sud dix ans après, transition accomplie?*, Paris, IFAS-Karthala, 2004.

HUGON Ph., *L'économie de l'Afrique*, Paris, La Découverte, coll. Repéres, 2012(7e éd.).

HUGON Ph., *La zone franc à l'heure de l'euro*, Paris, Karthala, 1999.

LAFARGUE F., *Géopolitique de l'Afrique du Sud*, Paris, Armand Colin, 2005.

MARYSSE S., REYTENS F., *L'Afrique des Grands Lacs, annuaire 2002-2003*, Paris, L'Harmattan, 2003.

MC KINSEY GLOBAL INSTITUTE, *Lions on the move : The Progress and Potential of African Economies, Report*, London, June 2010.

NDULU et al., *Challenge for Africa*, World Bank, 2006.

LE PAPE M., VIDAL Cl., *Côte-d'Ivoire. L'année terrible 1999-2000*, Paris, Karthala, 2002.

POURTIER R., *Les Afriques noires*, Paris, Hachette, 2001.

RAISON J.-P., *Les hautes terres de Madagascar*, Paris, Karthala-ORSTOM 1984.

RAND MERCHANT BANK, *Where to Invest?*, RMC-FICC Research, August 2011.

TAPINOS G., HUGON Ph., VIMARD P.(éd.), *La Côte-d'Ivoire à l'aube XXIe siècle. Défis démographiques et développement durable*, Paris, Karthala, 2002.

제7장 평화와 안보

BALENCIS M., DE LA GRANDE A., *Les nouveaux mondes rebelles*, Paris, Micholon, 2004.

BANQUE MONDIAKE, *Conflits, sécurité et développenment*, Rapport Washington, 2011.

BAYART J.-F., HIBOU B., ELLIS Ch., *La criminalisation des États en Afrique*, Paris, Éditions Complexe, 1997.

CARTIER-BRESSON J., SALAMA P.(éds.), "Entendre les violences," *Revue Tiers Monde*, n° 174, avril-juin 2003.

CHALIAND G, *Les guerres irrégulières XXe-XXIe siècles*, Paris, Folio, Gallimard 2008.

CLAPHAM C., *African Guerillas*, James Currey, Oxford, 2000.

COLLIER P., HOEFFLER A., "On Economic Causes of Civil wars," *Oxford Economic Papers*, vol. 50, 2000, pp. 563-573.

HUGON Ph., "Les liens entre conflits, insécurité et trappes à pauvreté," *Afrique contemporaine*, n° 218, avril-juin 2006.

JEAN F., RUFFIN J.-Ch. (éds.), *Économie des guerres civiles*, Paris, Hachette, 1996.

KALDOR M., *New and Old Wars Organized Violence in a Global Era*, Oxford, Polity Press, 1999.

KOUROUMA A., *Allah n'est pas obligé*, Paris, Le Seuil, 2000.

LAREMANT G., *The Causes of War and the Consequences of Peacekeeping in Africa*, London, Henemann, 2002.

MAILLARD J. DE(éd.), *Un monde sans loi*, Paris, Stock, 1998.

PÉAN P., Carnages, *Les guerres secrètes des grandes puissances en Afrique*, Paris, Fayard, 2010.

PÉROUSE DE MONTCLOS M-A., *Guerres aujourd'hui. Les vérités qui dérangent*, Paris, Tchou, 2007.

PNUD, *Conflits armés en GDC, Le rôle des facteurs économiques et leçons pour la reconstruction*, Kinshasa, New York, 2004.

SIPRI, *Yearbook 2005. Armaments, Disarmament and International Security*, Stockholm International Peace Research Institute, 2005.

TRAUB-MERA R., YATES, D.(éds.), *Oil Policy (2004) in the Gulf of Guinea : Security & Conflict, Economic Growth, Social Development*, Bonn, Friedrich-Ebert Stiftung, 2004.

VÉRON J.-B., "Sécurité et développement," *Afrique contemporaine*, n° 218, avril-juin 2006.

제8장 환경

AUBERTIN C., VIVIEN F.-D.(éds.), "Le développement durable: enjeux politiques, économiques et socieux," *Les Études de la documentation française*, Paris, La Documentation française, 2006.

BILOMBE LOGO P., DAOU J.(éds.), *La gestion participative des forêts d'Afrique centrale*, Paris, QUAE.

BIED-CHARRETON M., REQUIER-DESJARDINS M., *Désertification dt environnement mondial. De projets de développement localisés à la notion de biens publics mondiaux*, Paris, AFD/C3ED, 2005.

BOUGUERRA M.L., *Les batailles de l'eau*, Paris, Édition Écosociété, 2004.

BROWN L.R., *Éco-économie. Une autre croissance est possible, écologique et durable*, Paris, Le Seuil, 2003.

LES CAHIERS FRANCAIS, *Développement et environnement*, n° 337, mars-avril 2007; *Économie verte*, n° 355, avril-mai 2010.

COMPAGNON D, CONSTANTIN F.(éds.), *Administrer l'environnement en Afrique*, Paris, Karthala, 2000.

GODARD O., HENRY Cl., LAGADEC P., MICHEL-KERJAN E., *Traité des nouveaux risques*, Paris, Folio, 2002.

GRIFFON M., *Nourrir la planète*, Paris, Odile Jacob, 2006.

HUGON P., "Les biens publics mondiaux et le niveau transnational de la régulation," *Lettre de la régulation*, juin 2004.

JACQUET P., TUBIANA L.(éds), *Regards sur la terre*, Paris, Presses de Sciences Po, 2007.

JAGLIN S., *Services d'eau en Afrique subsaharienne. La fragmentation urbaine en question*, Paris, CNRS Sud, 2010.

OLIVIER DE SARDAN J.-P., *Anthropologie et développement: essai en socio-anthropologie du changement social*, Paris, Karthala, 1995.

OSTROM E., GARDNER R., WOLKER J., *Rules, Games and Common Pool*, Michigan, An Arbor University, 1994.

PARK S. L.(ed.), *Climate Change in Africa*, Cambridge, Cambridge University Press, 2005.

PNUE-OMM, *L'avenir de l'environnement en Afrique. Le passé, le présent et les perspectives d'avenir*, 2002.

RADANNE P., *Les négociations à venir sur les changements climatiques. Bilan et perspectives*, Québec, IEPF, coll. Études prospectives, 2004.

ROTILLON G., *Économie des ressources naturelles*, Paris, La Découverte, coll. Repères, 2010 (2e éd.).

SMOUTS M.-Cl., *Forêts tropicales, jungle internationale*, Paris, Presses de Sciences Po, 2001.

SHIVA V., *La guerre de l'eau. Privatisation, pollution et profit*, Paris, Parangon, 2003.

제9장 인구와 도시화

AGIER M., *Esquisse d'une anthropologue de la ville*, Louvain La Neuve, Académie Bruglant, 2009.

CEPED, *Population et développement. Le Caire +10*, New York, 22-26 mars 2004.

COQUERY-VIDROVITCH C., *Histoire des villes d'Afrique noire. Des origines à la colonisation*, Paris, Albin Michel, 1993.

COUSSY J., VALIN J., *Crise et population en Afrique*, Paris, CEPED, 1996.

DUBRESSON A., JAGLIN S.(dir.), *Le Cap après l'apartheid. Gouvernance métropolitaine et changement urbain*, Paris, Karthala, 2008.

FERRY B.(éd.), *L'Afrique face à ses défis démographiques, Un avenir incertain*, Paris, Karthala, 2007.

GENDREAU F., *La populartion d'Afrique*, Paris, Kathala, 1993.

GUICHAOUA A.(éd.), *Exilés, réfugiés, déplacés en Afrique centrale et orientale*, Paris, Karthala, 2004.

HUGON P., "Socioeconomic context," in G. PISON, K. HILL, B. COHEN, K. FOOTE, *Population Dynamics of Senegal*, Washington DC, National Academic Press, 1995.

HUGON Ph., COUSSY J., SUDRIE O., *Urbanisation et dépendance alimentaire en Afrique subsaharienne*, Paris, SEDES, 1989.

KESSIDES C., *La transition urbaine en Afrique subsaharienne*, Washington DC, Banque Mondiale, 2006.

LORIAUX M.(éd.), *Populations et développements: une approche globale et systématique*, Bruxelles, Academia Bruylant/L'Harmattan, 1998.

TABUTIN D.(éd.), *Population et développement en Afrique noire*, Paris, L'Harmattan, 1988.

TABUTIN D., SCHOUMACKER B., "La démographie de d'Afrique ai sud du Sahara des années 1950 aux années 2000. Synthèse des changements et bilan statistique," *Population*, 593-4, 2, 2004, pp. 521-622.

VIMARD P., FASSASSI R., "Changements démographiques et développement durable en Afrique," *Cahiers LPED*, n° 18, 2010.

제10장 사회문제

ACTION CONTRE LA FAIM, *Géopolitique da la faim*, Paris, Economica, 1998.

ALTERSIAL/CERED/ORSTOM, *Nourrir les villes en Afrique subsaharienne*, Paris,

L'Harmattan, 1986.

BRUNEL S, *La faim dans le monde. Comprendre pour agir*, Paris, PUF, 1999.

CNUCED, *Rapport sur les PMA*, Genève 2010.

CLING J.-P., RAZAFINDRAKOTO M., ROUBAUD F., *Les nouvelles stratégies de lutte contre la pauvreté*, Paris, Economica/IRD, 2003.

FASSIN D., *Quand les corps se souviennent. Expériences et politiques de sida en Afrique du Sud*, Paris, La Découverte, 2006.

GAILLARD J., HASSAN M.V., WAAST R., *Africa, UNESCO World Science Report 2005*, Paris, UNESCO, 2005.

GRIFFON M., *Nourrir la planète*, Paris, Odile Jacob, 2006.

HUGON P., POURCET G., QUIERS-VALETTE S.(éds.), *L'Afrique des incertitudes*, Paris, PUF, 1995.

HUGON P., "Le rôle de l'éducation dans le développement: facteur de croissance ou catalyseur de développement?," *Mondes en développement*, t. 35, n° 132, 2005.

MATHONAT J., *Disponibilité des ressources financières pour la santé dans les pays d'Afrique subsaharienne*, Paris, AFD, 2010.

MEILLASSOUX Cl., *Femmes, greniers et capitaux*, Paris, Maspero, 1974.

PNUD, *Rapports annuels sur le développement humain*, New York.

SACHS J., *The End of Poverty : Economic Possibilities of our Time*, Penguin Press HC, 2005.

SEN A.K., *Poverty and Famines. An Essay on Entitlements and Deprivation*, Oxford, Clarendon Press, 1981.

UNESCO, *Dakar +5. Éducation pour tous en Afrique. Repères pour l'action*, Paris, Dakar, 2005.

VINOKUR A.(éd.), "Pouvoirs et mesure en éducation," *Cahiers de la recherche sur l'éducation et les savoirs*, n° 1, juin 2006, p. 209.

WINTER G(éd.), *Inégalités et politiques publitiques en Afrique*, Paris, Karthala, 2001.

제11장 아프리카와 국제기구

AGLIETTA M., MOATTI S., *Le FMI. De l'ordre monétaire aux désordres financiers*, Paris, Economica, 2000.

ANDA M.O., *International Relations in Contemporary Africa*, New York, University Press of America, 2000.

BADIE B., SMOUTS M.-Cl., *Le retournement du monde*, Paris. Presses de Science Po, 1992.

BOURMAUD D., *La politique en Afrique*, Paris, Montchrétien, 1997.

CLAPHAM C., *Africa in the International System. The Politics of State Survival*, Cambridge, Cambridge University Press, 2001.

DUNN K.C., SHAW J.M.(éds.), *Africa's challenge to International Relations Theory*, New York, Palgrave, 2001.

HUGON P., MICHALET Ch.-A.(éds.), *Les nouvelles règulations de l'économie mondiale*, Paris, Karthala, 2005.

KELLER E.J., ROTHCHILD D., *Africa in the International Order*, Boulder, Lymme Rieder Publications, 1996.

SINDJOUN L., *Sociologie des relations internationales*, Paris, Karthala, 2002.

SALL A.(éd.), *La compétitivité future des économies africaines*, Paris, Karthala, 2000.

제12장 지역 통합

BAD, *Rapport sur le développement en Afrique*, Paris.

CEA, UA, *État de l'intégtation régionale en Afrique*, Addis-Abeba 2008.

CERED, *La comparaison des processus d'intégration régionale*, Paris, MAE, 2002.

HUGON P.(éd.), *Les économies en développment à l'heure de la régionalisation*, Paris, Karthala, 2003.

HUGON P., *La zone franc à l'heure de l'euro*, Paris, Karthala

MELO J. DE, PANAGARIYA A.(éds.), *New Dimensions in Regional Integration*, Cambridge University Press, 1993.

SIROËN J.-M., *Le régionalisme de l'économie mondiale*, Paris, La Découvertes, coll.

Repéres, 2000.

제13장 국제 협력과 국제 열강

BAGAYOKO-PENONE N., *Afrique : les stratégies françaises et américaines*, Paris, L'Harmattan, 2003.

BERTHAUD G., KEBABDJIAN G.(éds.), *La question politique en économie internationale*, Paris, La Découverte, 2006.

DEBRAT J.-M., SEVERINO J.-M., *L'aide publique au développement*, Paris, Le cavalier bleu, 2010.

GABAS J.-J.(éd.), *Quel espace de coopération entre l'Europe et les pays ACP?*, Paris, Karthala, GEMDEV, 1999.

FERGUSON J., *The Anti Politics Machine Development, Depolitization and Bureaucratic Power in Lesotho*, Minneapolis, University of Minnesota Press, 1990.

HUGON P., MARQUES-PEREIRA J.(éds.), *Économie politique tricontinentale: les nouveaux paradigmes Suds/Suds*, Revue Tiers Monde, n° 208, oct.-déc. 2011.

MICHAÏLOF S.(éd.), *La France et l'Afrique. Vade-mecum pour un nouveau voyage*, Paris, Karthala, 1993.

MICHAÏLOF S.(dir.), *À quoi sert d'aider le Sud?*, Paris, Economica, 2006.

NAUDET J.-D., *Trouver des problèmes aux solutions : 20 ans d'aide au Sahel*, Paris, OCDE, 1999.

NGOUPANDÉ J.-P., *L'Afrique sans la France. Histoire d'un divorce consommé*, Paris, Albin Michel, 2002.

NJENKEU D., *L'Afrique et les défis de l'OMC*, Paris, Karthala, 2003.

PIVETEAU A., *Évaluer les ONG*, Paris, Karthala, 2004.

RAFFINOT M., MOISSERON J.-Y., *Dette et pauvreté*, Paris, Economica, 2000.

ROCARD M., *Pour une autre Afrique*, Paris, Flammarion, 2001.

SMOUTS M.-CL.(dir.), *Les nouvelles relations internationales : pratique et théories*, Paris, Presses de Sciences Po, 1998.

TRAORÉ A., *L'etau : l'Afrique dans un monde sans frontières*, Arles, Actes Sud, 2001.

결론

CHÉNESU-LOQUAY A., *Enjeux des technologies de la communication en Afrique*, Paris, Karthala, 1999.

COUR J.-M., *Étude des perspectives à long terme de l'Afrique de l'Ouest. Pour penser l'avenir de l'Afrique de l'Ouest. Une vision à long terme*, Paris, OCDE, 2000.

CLUB DU SAHEL et al., *Futurs Africains. Un guide pour les réflexions prospectives en Afrique*, Paris, Karthala, 2001.

HUGON P., *Sudrie O., Bilan de la prospective africaine, Rapport MAE/CERED*, Paris, ronéo, 3 vol., 2000.

HUGON P., "Prospective de l'Afrique subsahararienne. Une synthèse générale des travaux de prospectives récents," *Futuribles*, n° 257, octobre 2000.

찾아보기